T. Kaiser · H. Kaiser · J. Kaiser | Materielles Zivilrecht im Assessorexamen

Materielles Zivilrecht im Assessorexamen

Von
Torsten Kaiser
Rechtsanwalt
Wirtschaftsjurist (Univ. Bayreuth)
Seminarleiter bei den Kaiserseminaren
Mitherausgeber der Juristischen Arbeitsblätter

Horst Kaiser
Vorsitzender Richter am Landgericht Lübeck a. D.
Ehem. Arbeitsgemeinschaftsleiter für Referendare
Ehem. Mitglied des Gemeinsamen Prüfungsamtes Nord für das Assessorexamen
Seminarleiter bei den Kaiserseminaren

Jan Kaiser
Richter am Landgericht Lüneburg
Wirtschaftsjurist (Univ. Bayreuth)
Geschäftsführender Gesellschafter der Kaiserseminare
Seminarleiter bei den Kaiserseminaren

9., neu bearbeitete Auflage 2018

Verlag Franz Vahlen

Zitierweise: *Kaiser/Kaiser/Kaiser* Materielles Zivilrecht

www.vahlen.de

ISBN 978 3 8006 5783 4

Wilhelmstraße 9, 80801 München
Druck: Druckerei C.H. Beck Nördlingen
(Adresse wie Verlag)

Satz: R. John + W. John GbR, Köln
Umschlaggestaltung: Martina Busch Grafikdesign, Homburg Saar

Gedruckt auf säurefreiem, alterungsbeständigem Papier
(hergestellt aus chlorfrei gebleichtem Zellstoff)

Vorwort und Gebrauchsanweisung: Sie sollten das lesen!

In den Ausbildungsstationen hat man genug damit zu tun, die Praxis kennenzulernen und sich das prozessuale Wissen anzueignen, sodass das materielle Recht meistens auf der Strecke bleibt. Und das erste Examen ist oft lange her, das materielle Wissen ist eingeschlummert! Das vorliegende Buch soll Ihnen aus dieser Klemme helfen. Es richtet sich in erster Linie an die Teilnehmer des entsprechenden **Kaiserseminars »Materielles Zivilrecht im Assessorexamen«** und dient vor allem der Nachbereitung und Vertiefung unseres Wochenendkurses, in dem wir knapp und bündig die häufigsten Examensprobleme des materiellen Zivilrechts (das nötige Assessor-Basiswissen) und die aktuellen Examensklausuren besprechen sowie Hinweise auf klausurgeeignete neue Entscheidungen geben.

Zur Vorbereitung auf die Klausuren steht Ihnen viel weniger Zeit zur Verfügung als vor dem ersten Examen, wo Sie wahrscheinlich mehrere Monate oder ein Jahr »getaucht« sind. Und genau deshalb sollten Sie sich von der Vorstellung verabschieden, sich wie vor dem ersten Examen einen riesigen Berg von Karteikarten zu machen und so viele Einzelprobleme wie möglich zu lernen. Das ist bei der immensen Fülle des materiellen Rechts nicht nur unmöglich, sondern auch dumm, da Sie sich – anders als im ersten Examen – bei Bedarf stets im Palandt schlau machen können. Zudem bestehen die Assessorklausuren nicht wie im ersten Examen aus Wissenschaftsdebatten, sondern aus einem schönen Mix prozessualer und oft relativ überschaubarer materieller praxistypischer Probleme, die praxisnah – dh orientiert an der Rspr. und begründet mit Argumenten aus der Praxis – gelöst werden sollen. Und das schafft man nur, wenn man auch noch genug Übungsklausuren schreibt und aktuelle Entscheidungen liest.

Was bedeutet das für Sie? **Sie sollten Schwerpunkte setzen und zumindest das als Basiswissen lernen, was am häufigsten in den Klausuren vorkommt.** Kann man das überhaupt sagen? Oder kann nicht vielmehr alles drankommen? Keinesfalls! Die von uns analysierten Examensklausuren der letzten 17 Jahre haben gezeigt, dass es immer wiederkehrende materielle Probleme gibt, die in die Klausuren eingebaut werden. Und auf deren komprimierter Darstellung basiert dieses Buch. Man kann eben in der Klausur in 5 Stunden nicht alles im Palandt nachschlagen, ein gewisses Grundwissen über beliebte Themen ist nötig. Dieses Buch macht aus dem riesigen Berg materiellen Zivilrechts ein bezwingbares Häufchen, Sie werden sehen! **An einigen Stellen haben wir Verweise auf den Palandt eingebaut**, um Sie davor zu bewahren, sich in Detailfragen zu verlieren (die man ohnehin nicht alle auswendig lernen kann und soll wie vor dem Ersten und – noch wichtiger – die man schnell im Palandt nachlesen kann!), um Sie auf versteckte Super-Fundstellen hinzuweisen oder um Sie vor dem Palandt zu warnen, wenn man ihm nicht folgen sollte. Wir haben jedoch bewusst darauf verzichtet, jeden zweiten Satz im Skript mit einer Palandt-Fundstelle zu belegen. Unser Ziel ist es, die Kaiser-Skripten lesbar zu machen und schlank zu halten. Dass sich etwas zur Stellvertretung im Palandt bei §§ 164 ff. BGB und zum Verzug bei § 286 BGB findet, liegt auf der Hand. Sie sollen außerdem gar nicht alles, was im Skript steht, im Palandt nochmal nachschlagen, sonst werden Sie ja nie fertig! Die restlichen, nicht im Buch aufgenommenen Themen, sind nach Auswertung der Examensklausuren auch nicht vergleichbar examensrelevant. **Kommt in der Klausur mal etwas Exotisches vor**, dann sollten Sie dies mit dem Kommentar und Ihrem durch das Schreiben von Klausuren erlernten juristischen Handwerkszeug lösen (Methodik, Argumentationsfähigkeit, Arbeit mit dem Sachverhalt und Kommentar etc.). Es geht dann auch gar nicht um eine Wissensabfrage durch die LJPAs, sondern darum, sich von Ast zu Ast zu hangeln, die Probleme des Falles sauber abzuarbeiten und zu einer vertretbaren, mit Argumenten begründeten Lösung zu kommen. **Sie können nicht alles lernen**, sondern müssen auch bewusst Lücken lassen! Das ist in Ordnung, solange die Lücke nicht ein Gebiet betrifft, das ständig Gegenstand von Klausuren ist.

Die Verfasser erheben dabei weder den Anspruch auf Vollständigkeit noch auf wissenschaftliche Darstellung der Materie. Derartige Lehrbücher gibt es in Hülle und Fülle. Wir wollen

Sie auf Ihr Examen vorbereiten und nicht Ihre Zeit stehlen! Dabei ist klar, dass dieses Buch nicht jedem gefallen kann. Der eine braucht möglichst viele Schaubilder, der andere Fließtext, noch ein anderer mehr Methodik und weniger Klausurprobleme, noch ein ganz anderer ganz viele Klausurprobleme im Detail, viel Umfang statt Verweise auf den Palandt und keine Methodik (das Buch richte sich ja an Referendare, die Methodik müsse also vorausgesetzt werden ...), und für andere ist es ein Frevel im Quadrat, wenn wir an der einen oder anderen Stelle auf unser Wochenendseminar verweisen. Da sowieso nicht der Geschmack aller getroffen werden kann, haben wir uns von vorneherein nur von einem Ziel leiten lassen und die Darstellung diesem angepasst: Auf was kommt es in den Examensklausuren an? Diese Themen zeigen wir in der gebotenen Kürze auf und betten sie in die klassische Prüfungsreihenfolge des Zivilrechts: »Vertrag, Vertrauen, Gesetz« ein. Schaubilder, Verweise auf den in der Kommentar nicht ohne Grund zur Verfügung stehenden Palandt und Ausführungen zur Methodik sind in einem in Anbetracht des Ziels dieses Buches gesunden Maße enthalten.

Wie ist dieses Buch entstanden, das mittlerweile als »Klassiker« der Referendarliteratur gilt? Wir haben hier nicht die Bücher der Konkurrenz »umgeschrieben« oder unsere eigenen Lieblingsthemen vorgestellt, sondern eigenhändig die **Examensklausuren der letzten 17 Jahre** aus dem Ringtausch der LJPAs, aber auch die Bayerischen Examensklausuren analysiert und geschaut, was wichtig ist. Zusätzlich sind über 1.600 Berichte von mündlichen Prüfungen, die wir ebenfalls analysiert haben, in die Darstellung eingeflossen. Und wer bereits unsere Crash-Kurse besucht hat, der weiß, dass wir das nicht einfach behaupten, sondern dass wir uns wirklich diese Mühe gemacht haben! Zudem ist das Feedback von Teilnehmern unserer Kurse und von AG-Leitern eingeflossen, was ebenso hilfreich war. **Weil sich die Themen in den Klausuren ständig wiederholen, hat dieses Buch daher eine extrem hohe Trefferquote!** Sie sollten dieses Werk mit geöffnetem Gesetzestext und griffbereitem Palandt durcharbeiten. Das Buch kann seine eigentliche Aufgabe nämlich nur erfüllen, wenn Sie es »durcharbeiten«, mehrfach lesen, es sozusagen zu Ihrem Referendariatsbegleiter machen und nicht nur als Last-Minute-Lektüre in den letzten zwei Wochen vor Ihren Klausuren einmal durchhetzen. Klar ist, dass natürlich nicht alles hängen bleiben kann, was wir im Buch geschrieben haben. Aber je öfter Sie es durcharbeiten, desto mehr verinnerlichen Sie.

In der vorliegenden neunten Auflage dieses Lehrbuches haben die Verfasser wieder die in der Zwischenzeit ergangene examensrelevante Rechtsprechung aufgenommen, den Inhalt des Buches mit den seitdem gelaufenen Examensklausuren abgeglichen und – soweit erforderlich – um wichtige Hinweise zu neuen Tendenzen in den Klausuren ergänzt. Die **große Besonderheit dieses Buches** ist, dass die wichtigen und daher unbedingt von Ihnen **nachzulesenden Gerichtsentscheidungen in Fettschrift** hervorgehoben worden sind. Sie haben damit nicht nur eine materielle Stoffsammlung aus den Klausuren, sondern auch eine **Rspr.-Auswertung in der Hand! Fast allen Assessorexamensklausuren liegen aktuelle Gerichtsentscheidungen zugrunde. Wussten Sie das?** Das ist anders als im ersten Examen, wo viele Klausuren »aus der Retorte«, dh von den Lehrstühlen kommen und ausgedacht sind. Sie dürfen daher nicht nur an den »Basics« kleben, sondern sollten auch ausreichend Kenntnis der aktuellen Rspr. besitzen, denn diese wird **bewusst von den LJPAs eingebaut**. Also meckern Sie bitte nicht, dass wir Ihnen im Buch immer wieder Heimlektüre aufgeben. Alleine das Lesen der Entscheidungen bildet, Sie lernen, wie sich die Praktiker ausdrücken, und es ist ein gutes Gefühl, im Examen einen bekannten Rspr.-Fall zu bekommen. Die Urteile werden (wie viele Klausuren übrigens auch) oft in der Mündlichen recycelt, sie schlagen also zwei Fliegen mit einer Klappe. Und mit Lesen meinen wir am besten die Originalentscheidung! Nur so können Sie sich mit dem Praktiker-Style vertraut machen. Die Referendare, die nur zu Hause über Skripten und Karteikarten sitzen, ohne Originalentscheidungen gelesen zu haben, sind praktisch immer die mit den schlechteren Noten. Glauben Sie uns, wir sehen das durch unsere Arbeit im Rahmen der Klausureinsicht fast jeden Tag! Es werden so vielen Kandidaten massivst Punkte wegen der nicht praxisnahen Formulierungen, der fehlenden oder unpräzisen Obersätze und der nicht praxistauglichen Formalia abgezogen. Das sind fast immer die »Einsiedler-Lern-Menschen«, die nur zu Hause hocken und keine Originalentscheidungen gelesen (und oft auch viel zu wenig Klausuren geschrieben) haben, sondern fast ausschließlich Skripte lesen. Und Karteikarten oder Rep-Fälle mit Gliederungsorgien. Vor allem das Skripte-Lesen ist zwar auch wichtig, kann aber eben nur ein Teil der Vorbereitung auf das Zweite sein. Tennis lernt man auch nicht nur, indem man ein Tennisbuch liest, sondern auf den Platz geht und Bälle schlägt.

Und nur durch das Lesen von Originalentscheidungen lernen Sie auch, **mit komplexen Sachverhalten umzugehen**. Die LJPAs verlangen neben den rein juristischen Sachen in Examensklausuren als eigentlich unjuristische Leistung auch die zügige, vollständige Erfassung einer komplexen Akte. Die Examensfälle im Zweiten sind daher mittlerweile auf einen sehr hohen Grad von Komplexität angelegt. Und Sie haben sich in der Klausur der Fülle von Informationen zu stellen. Erkennbares Zeichen: langer Sachverhalt, viele Daten, Zahlen und Personen. Es ist lästig, dies alles zu sortieren und da durchzusteigen, aber notwendig! Als Korrektor sieht man ziemlich schnell, wer nur mit Mini-Fällchen und Karteikarten gelernt hat und wer vor den Klausuren Entscheidungen gelesen hat und daher mit der Masse der Informationen besser klar kommt. Fangen Sie rechtzeitig damit an!

Die heißen, ganz aktuellen Entscheidungen für Ihre Klausuren, die nach Drucklegung dieses Werkes erschienen sind, erhalten Sie als Handout in unserem Wochenendseminar zum materiellen Zivilrecht.

Um Sie zu mehr geistiger Mitarbeit anzuregen, haben wir zum Teil **Fragen in den Fließtext eingebaut**, deren Antwort sich in der jeweiligen Fußnote befindet. Auch wenn es Sie vielleicht manchmal nervt, nicht alles gleich im Text präsentiert zu bekommen, werden Sie merken, dass sich das so »erarbeitete« Wissen bei Ihnen besser festsetzt. Zudem haben wir zum Teil Hinweise eingefügt, **wann die Themen zuletzt als Klausur gelaufen** sind, damit Sie ein Gefühl für die Examensrelevanz bzw. -häufigkeit bekommen. Oft haben wir auch die Fundstelle der Klausur angegeben, sodass Sie bei Zeit und Lust die Klausur ganz in Ruhe nachlesen können.

Die im Jahre 2018 eingeführten **Änderungen im Kauf-, Werk- und Reiserecht** sind, soweit klausurrelevant, selbstverständlich im Skript berücksichtigt.

Die Verfasser sind erfahrene Referendarausbilder. *Torsten Kaiser*, federführend im Autorenteam dieses Buches, hat zunächst als Anwalt bei Clifford Chance in Düsseldorf gearbeitet. Seit Anfang 2005 ist er Rechtsanwalt in Lübeck. *Horst Kaiser* ist Vorsitzender Richter einer Berufungszivilkammer am Landgericht Lübeck a.D. und leitete über 15 Jahre Zivilrechtsarbeitsgemeinschaften. Er war bis Ende 2004 Mitglied des Gemeinsamen Prüfungsamtes Nord für das Assessorexamen. *Jan Kaiser* ist Richter am Landgericht Lüneburg. Alle sind Dozenten der Kaiserseminare. Die Verfasser veranstalten an sieben Standorten bundesweit Wochenendseminare zur Vorbereitung auf die Examensklausuren und bieten dazu ergänzend ein umfangreiches Klausurenangebot sowie eine gezielte Vorbereitung auf die Mündliche Prüfung an. **Warum Kaiserseminare?** Für einen Erfolg im Assessorexamen brauchen Sie einerseits kein Dauer-Repetitorium, in dem Ihnen der Stoff aus dem ersten Examen monatelang noch einmal »aufgewärmt« wird. Andererseits haben Sie vor dem Assessorexamen wesentlich weniger Zeit für die Vorbereitung als noch zum ersten Examen. Sich selber alles »im stillen Kämmerlein« zusammenschreiben zu wollen, was man noch zu lernen hat, ist eine in dieser Zeit kaum lösbare Aufgabe. **Sie müssen so schnell wie möglich mit dem effektiven Lernen und dem Schreiben von Übungsklausuren beginnen! Unsere Seminare dienen dem schnellen Zusammentragen des relevanten Stoffes, der Klausurtechnik und der brandaktuellen Rspr. Danach können Sie gleich anfangen zu lernen!** Vertrauen Sie den Spezialisten für das Assessorexamen.

Nähere Informationen erhalten Sie unter: www.kaiserseminare.com

Lübeck, im Mai 2018

Inhaltsverzeichnis

Abkürzungsverzeichnis

aA .... anderer Ansicht
Abs. .... Absatz
aE .... am Ende
aF .... alte Fassung
AG .... Amtsgericht oder Aktiengesellschaft, je nach Zusammenhang
AGB .... Allgemeine Geschäftsbedingung(en)
AGG .... Allgemeines Gleichstellungsgesetz
AGV .... außerhalb von Geschäftsräumen geschlossene Verträge
AKB .... Allgemeine Bedingungen für die Kraftfahrtversicherung
AktG .... Aktiengesetz
AKU .... Ankaufsuntersuchung beim Pferdekauf
Alt. .... Alternative
AnfG .... Gesetz betr. die Anfechtung von Rechtshandlungen außerhalb des Insolvenzverfahrens
AnwBl. .... Anwaltsblatt
APR .... Allgemeines Persönlichkeitsrecht
ArbGG .... Arbeitsgerichtsgesetz
ARGE .... Arbeitsgemeinschaft als Gesellschaftsform
Art. .... Artikel
ASGL .... Anspruchsgrundlage
AT .... Allgemeiner Teil (des Schuldrechts)
AVM .... Anscheinsvollmacht
AWR .... Anwartschaftsrecht

BAG .... Bundesarbeitsgericht
BauR .... Zeitschrift für das gesamte öffentliche und private Baurecht
BayObLG .... Bayerisches Oberstes Landesgericht
BB .... Betriebsberater
BBG .... Bundesbeamtengesetz
BBesG .... Bundesbesoldungsgesetz
betr. .... betreffend
BeurkG .... Beurkundungsgesetz
BGB .... Bürgerliches Gesetzbuch
BGB-InfoV ...... BGB-Informationspflichten-Verordnung
BGH .... Bundesgerichtshof
BGHZ .... Amtliche Sammlung des Bundesgerichtshofs in Zivilsachen
BMV .... Besitzmittlungsverhältnis
BNatSchG .... Bundesnaturschutzgesetz
BORA .... Berufsordnung für Rechtsanwälte
BRAO .... Bundesrechtsanwaltsordnung
BSG .... Bundessozialgericht
BT .... Besonderer/Besonderen Teil (des Schuldrechts)
BVerfG .... Bundesverfassungsgericht
BVerfGG .... Bundesverfassungsgerichtsgesetz
bzgl. .... bezüglich
bzw. .... beziehungsweise

c.i.c. .... culpa in contrahendo

DAR .... Deutsches Autorecht
DB .... Der Betrieb
DENIC .... Domainverwaltungs- u. Betriebsgesellschaft e.G.

dh	das heißt
DOSB	Deutscher Olympischer Sportbund
DSL	Drittschadensliquidation
DVM	Duldungsvollmacht
eA	einer Ansicht
EBK	Einbauküche
EBV	Eigentümer-Besitzer-Verhältnis
EFZG	Entgeltfortzahlungsgesetz
EGBGB	Einführungsgesetz zum Bürgerlichen Gesetzbuch
EGRDG	Einführungsgesetz zum RDG
Einf v	Einführung vor
Einl v	Einleitung vor
EMRK	Europäische Menschenrechtskonvention
EStG	Einkommensteuergesetz
etc.	et cetera
EV	Eigentumsvorbehalt
evtl.	eventuell(e)
f./ff.	folgende/fortfolgende
FamFG	Gesetz über das Verfahren in Familiensachen und in den Angelegenheiten der freiwilligen Gerichtsbarkeit
FamRZ	Zeitschrift für das gesamte Familienrecht
FGW	Fremdgeschäftsführungswillen
GbR	Gesellschaft bürgerlichen Rechts
gem.	gemäß
GG	Grundgesetz
ggf.	gegebenenfalls
GH	Geschäftsherr
GKG	Gerichtskostengesetz
GmbH	Gesellschaft mit beschränkter Haftung
GmbHG	Gesetz betreffend die Gesellschaften mit beschränkter Haftung
GoA	Geschäftsführung ohne Auftrag
grds.	grundsätzlich
GV	Gerichtsvollzieher
GVG	Gerichtsverfassungsgesetz
h.	herrschende
HPflG	Haftpflichtgesetz
HausratsVO	Hausratsverordnung
HeimG	Heimgesetz
HGB	Handelsgesetzbuch
hL	herrschende Literatur
hM	herrschende Meinung
HOAI	Verordnung über die Honorare für Leistungen der Architekten und Ingenieure
Hs.	Halbsatz
idR	in der Regel
iHv/iHd	in Höhe von/in Höhe der/des
insbes.	insbesondere
InsO	Insolvenzordnung
iRd/iRe/iRv	im Rahmen der/des, im Rahmen einer/eines, im Rahmen von
iSd/iSv/iSe	im Sinne der/des/von/einer/eines
iÜ	im Übrigen

iVm . . . . in Verbindung mit

JA . . . . Juristische Arbeitsblätter
JURA . . . . Juristische Ausbildung
JuS . . . . Juristische Schulung

KBS . . . . Kaufmännisches Bestätigungsschreiben
KG . . . . Kammergericht oder Kommanditgesellschaft, je nach Zusammenhang
KunstUrhG . . . . . . Kunsturhebergesetz

LG . . . . Landgericht
Lit. . . . . Literatur
LJPA . . . . Landesjustizprüfungsamt
LK . . . . Leistungskondiktion/-en
LNatSchG . . . . Landesnaturschutzgesetz
LPartG . . . . Lebenspartnerschaftsgesetz

MaBV . . . . Makler- u. Bauträgerverordnung
MarkenG . . . . Markengesetz
MDR . . . . Monatsschrift für Deutsches Recht
MFS . . . . Mangelfolgeschaden
MMR . . . . MultiMedia und Recht
MM . . . . Mindermeinung
mwN . . . . mit weiteren Nachweisen

neLG . . . . nichteheliche Lebensgemeinschaft
nF . . . . neue Fassung
NJOZ . . . . Neue Juristische Online Zeitschrift
NJW . . . . Neue Juristische Wochenschrift
NJW-RR . . . . Neue Juristische Wochenschrift – Rechtsprechungs-Report
NLK . . . . Nichtleistungskondiktion
Nr. . . . . Nummer
NZA . . . . Neue Zeitschrift für Arbeitsrecht
NZM . . . . Neue Zeitschrift für Miet- u. Wohnungsrecht

obj. . . . . objektiv
OHG . . . . Offene Handelsgesellschaft
OLG . . . . Oberlandesgericht
OLGR . . . . OLG-Report (getrennt für jedes OLG)
OWi . . . . Ordnungswidrigkeit

PartGG . . . . Gesetz über Partnerschaftsgesellschaften Angehöriger Freier Berufe
PflVG . . . . Gesetz über die Pflichtversicherung für Kraftfahrzeughalter
PfÜB . . . . Pfändungs- u. Überweisungsbeschluss
Pkw . . . . Personenkraftwagen
ProdHaftG . . . . . . Produkthaftungsgesetz
PV-Anlage . . . . Photovoltaikanlage
pVV . . . . positive Vertragsverletzung/Forderungsverletzung = §§ 280, 241 II BGB

ReaG . . . . Recht am eingerichteten und ausgeübten Gewerbebetrieb
RBW . . . . Rechtsbindungswillen
RDG . . . . Rechtsdienstleistungsgesetz
RG . . . . Reichsgericht
RGZ . . . . Amtliche Sammlung in Zivilsachen/Strafsachen des Reichsgerichts
RiStBV . . . . Richtlinien für das Strafverfahren und das Bußgeldverfahren
Rn. . . . . Randnummer

Rspr.	Rechtsprechung
RVG	Gesetz über die Vergütung von Rechtsanwältinnen und Rechtsanwälten
RzB	Recht zum Besitz
S.	Seite/Satz/Siehe
s.	siehe
SB	Selbstbedienung
SchwarzArbG	Gesetz zur Bekämpfung der Schwarzarbeit
SGB	Sozialgesetzbuch
sog.	sogenannt(e/er)
st.	ständige(r)
StGB	Strafgesetzbuch
StBerG	Steuerberatungsgesetz
stRspr	ständige Rechtsprechung
StVG	Straßenverkehrsgesetz
StVO	Straßenverkehrsordnung
TAN	Transaktionsnummer
TMG	Telemediengesetz
uE	unseres Erachtens
uU	unter Umständen
UWG	Gesetz gegen den unlauteren Wettbewerb
v.A.w.	von Amts wegen
VersR	Versicherungsrecht
vgl.	vergleiche
VOB	Vergabe- u. Vertragsordnung für Bauleistungen
Vor/Vorb	Vorbemerkung
VSD	Vertrag mit Schutzwirkung zugunsten Dritter
VSP	Verkehrssicherungspflicht(en)
v.u.g.	vorgelesen und genehmigt
VV	Vergütungsverzeichnis
VVG	Versicherungsvertragsgesetz
VzD	Vertrag zugunsten Dritter
WBVG	Wohn- und Betreuungsvertragsgesetz
WE	Willenserklärung(en)
WEG	Wohnungseigentumsgesetz oder Wohnungseigentümergemeinschaft, je nach Zusammenhang
wg.	wegen
WM	Wertpapiermitteilungen oder Weltmeisterschaft (je nach Zusammenhang)
WoVermG	Gesetz zur Regelung der Wohnungsvermittlung
WuM	Wohnungswirtschaft und Mietrecht
zB	zum Beispiel
ZBR	Zurückbehaltungsrecht
ZGS	Zeitschrift für das gesamte Schuldrecht
ZIP	Zeitschrift für Wirtschaftsrecht und Insolvenzpraxis
ZMR	Zeitschrift für Miet- u. Raumrecht
ZPO	Zivilprozessordnung
zT	zum Teil
ZVG	Zwangsversteigerungsgesetz
ZVS	Zwangsvollstreckung

Literaturverzeichnis

Baumbach, Adolf/Hopt, Klaus J., Handelsgesetzbuch, 37. Aufl. 2016 (zit.: Baumbach/Hopt/*Bearbeiter*)

Bamberger, Heinz Georg/Roth, Herbert, Beck'scher Online-Kommentar BGB, 43. Edition, 15.6.2017 (zit.: BeckOK BGB/*Bearbeiter*)

Baumgärtel, Gottfried, Handbuch der Beweislast im Privatrecht, Band 1, 2. Aufl. 1991 (zit.: *Baumgärtel* Beweislast)

Benner, Susanne A., Referendarklausurenkurs Zivilrecht, 2009 (zit.: *Benner* Referendarklausurenkurs)

Gsell, Beate/Krüger, Wolfgang/Lorenz, Stephan/Mayer, Jörg (Hrsg.), beck-online Großkommentar zum Zivilrecht, Stand: September 2016 (zit.: BeckOGK/*Bearbeiter*)

Jauernig, Othmar, Kommentar zum BGB, 16. Aufl. 2015 (zit.: Jauernig/*Bearbeiter*)

Kaiser, Horst/Kaiser, Jan/Kaiser, Torsten, Die Zivilgerichtsklausur im Assessorexamen, Band I, 7. Aufl. 2016 (zit.: *Kaiser/Kaiser/Kaiser* Zivilgerichtsklausur I)

Kaiser, Torsten/Kaiser, Horst/Kaiser, Jan, Die Anwaltsklausur Zivilrecht, 7. Aufl. 2017 (zit.: *Kaiser/Kaiser/Kaiser* Anwaltsklausur)

Kaiser, Torsten/Kaiser, Horst/Kaiser, Jan, Die Zwangsvollstreckungsklausur im Assessorexamen, 7. Aufl. 2017 (zit.: *Kaiser/Kaiser/Kaiser* Zwangsvollstreckungsklausur)

Kaiser, Torsten/Köster, Thomas/Seegmüller, Robert, Materielles Öffentliches Recht im Assessorexamen, 4. Aufl. 2018 (zit.: *Kaiser/Köster/Seegmüller* Materielles Öffentliches Recht)

Looschelders, Dirk, Schuldrecht Allgemeiner Teil, 15. Aufl. 2017 (zit.: *Looschelders* SchuldR AT)

Looschelders, Dirk, Schuldrecht Besonderer Teil, 12. Auflage 2017 (zit.: *Looschelders* SchuldR BT)

Medicus, Dieter/Petersen, Jens, Bürgerliches Recht, 26. Aufl. 2017 (zit.: *Medicus/Petersen* BürgerlR)

Palandt, Otto (Begr.), Kommentar zum Bürgerlichen Gesetzbuch, 77. Aufl. 2018 (zit.: Palandt/*Bearbeiter*)

Säcker, Franz Jürgen/Rixecker, Roland/Oetker, Hartmut, Münchener Kommentar zum BGB, 7. Aufl. 2015 bis 2018 (zit.: MüKoBGB/*Bearbeiter*)

Schulze, Reiner u.a., Handkommentar BGB, 9. Aufl. 2017 (zit.: Hk-BGB/*Bearbeiter*)

von Staudinger, Julius (Begr.), Kommentar zum BGB, Bearb. 2012, 2013, 2016 (zit.: Staudinger/*Bearbeiter*)

Tempel, Otto/Graßnack, Christiana/Kosziol, Frank/Seyderhelm, Bernhard, Materielles Recht im Zivilprozess, 6. Aufl. 2014 (zit.: *Tempel/Graßnack/Kosziol/Seyderhelm* Materielles Recht)

Thomas, Heinz/Putzo, Hans, Kommentar zur ZPO, 38. Aufl. 2017 (zit.: Thomas/Putzo/*Bearbeiter*)

1. Teil. Die Prüfungsreihenfolge im Zivilrecht

§ 1 Die Rangfolge der Anspruchsgrundlagen

Ist die Ausgangsfrage (»**Wer will was von wem woraus**[1]**?**«) geklärt, sollten Sie bei der Suche 1
nach bzw. bei der Prüfung der möglichen Anspruchsgrundlagen stets nach dem folgenden Schema vorgehen:

- **Vertragliche Ansprüche**, dh Primäransprüche u. Sekundäransprüche aus Vertragsverletzungen
- **Vertragsähnliche Ansprüche (zum Teil auch »Vertrauen« genannt)**, dh c.i.c., §§ 280, 241 II BGB/pVV[2], GoA
- **Dingliche Ansprüche**, wichtig sind vor allem §§ 1004, 985 ff., 861 ff., 894 BGB
- **Ansprüche aus unerlaubter Handlung**, vor allem §§ 823 ff., 831, 833 f. BGB und Ansprüche aus dem StVG
- **Ansprüche aus ungerechtfertigter Bereicherung**, §§ 812 ff. BGB
- **Sonstige Ansprüche**, vor allem Vertrag mit Schutzwirkung zugunsten Dritter, Vertrag zugunsten Dritter, Drittschadensliquidation und Regressansprüche

Die Beachtung dieses Schemas ist von grundlegender Bedeutung für das Gelingen Ihrer Klausur. Vor allem in den Fällen, in denen Sie nach dem ersten Lesen des Klausurtextes überhaupt nicht wissen, wo die Lösung liegen könnte, hilft die systematische Suche dabei, die gegebenenfalls passenden Anspruchsgrundlagen zu finden. Die aufgeführte Reihenfolge ist zudem zwingend, da zwischen den einzelnen Anspruchsgrundlagen ein **Konkurrenzverhältnis** bestehen kann. Ist eine Anspruchsgrundlage gefunden, ordnen Sie die weitere Prüfung nach dem sog. »juristischen Dreiklang«:

1. **Anspruch entstanden?**
   Tatbestandliche Voraussetzung der Anspruchsnorm eingehalten? Beweislast: idR Gläubiger.
   Bestehen rechtshindernde Einwendungen? Beweislast: Schuldner.
   Hier ist zB an §§ 116 ff., 125, 134, 138 BGB zu denken.
2. **Anspruch nicht untergegangen?**
   Bestehen rechtsvernichtende Einwendungen? Beweislast: Schuldner.
   Hier müssen Sie vor allem an Widerruf, Anfechtung, Kündigung, Rücktritt, Erfüllung/Erfüllungssurrogate sowie Gewährleistungsrechte und § 313 BGB denken. Auch ein Vergleich kann rechtsvernichtende Wirkung haben.
3. **Anspruch durchsetzbar?**
   Bestehen rechtshemmende Einwendungen = Einreden? Beweislast: Schuldner
   Hier sind vor allem ZBR, Verjährung und § 242 BGB bedeutsam.

Bevor es weitergeht vorweg ein kleiner Gruß aus der **Klausureinsichts- und Prüfungsanfechtungs-Küche:** Kenntnisse des materiellen und prozessualen Rechts sind für eine gute Note natürlich unabdingbar, aber eben nur eine Seite der Medaille. Die **andere Seite der Medaille ist nicht minder wichtig**, nämlich so scheinbar nebensächliche – aber in der Prüfungspraxis unglaublich wichtige – notenprägende Aspekte wie

- eine gute **zivilrechtliche Arbeitsmethode,**
- **eine richtige Schwerpunktbildung,**
- **gute (dh praxisnahe) Formulierungen und**
- **die Beherrschung der Formalia im praktischen Teil** (Rubrum, Schriftsätze etc.).

---

1 Das »woraus« meint hier nicht die Anspruchsgrundlage, sondern den Lebenssachverhalt!

2 Die pVV hier zu prüfen, ist dogmatisch eigentlich Quatsch, weil sie idR bei Vertragsverhältnissen relevant wird. Es hat sich aber so eingebürgert. Sie können das auch im ersten Schritt prüfen. Vgl. → Rn. 24 zur Bezeichnung »pVV«.

Man sieht im Rahmen der Prüfungsanfechtung immer wieder, wie viele Referendare das ignorieren. Es werden nur allgemeine Ausführungen gemacht, der Sachverhalt nicht ausreichend in die Lösung eingewebt und unreflektiert Textbausteine abgeladen, statt nach einem **chirurgisch genauen Obersatz mit präziser Benennung der Norm** mit den sich aus der Akte ergebenden Informationen die einzelnen Tatbestandsvoraussetzungen der Norm abzuarbeiten. Alle LJPAs und alle Korrektoren wollen zudem, dass Sie an mehreren Stellen – den Schwerpunkten – »Fässer aufmachen«, also Problembewusstsein zeigen, wertungsmäßig stimmige Argumente und **Begründungen anbieten (»Eindringtiefe«)** und nicht nur behaupten, dass etwas so ist wie es ist. Für das richtige Ergebnis gibt es im Assessorexamen keine Punkte. Es kommt auf die Tiefe der Argumentation bei den Schwerpunkten des Falles an. Examensklausuren sind nicht zum Runterprüfen von Schemata da oder als Beweis dafür, dass Sie Gliederungsorgien wie in einer Rep-Lösungsskizze machen können! Es sind Denksportaufgaben aus aktuellen Entscheidungen mit mehreren aufzuspürenden und von Ihnen herauszustellenden Problemschwerpunkten, bei denen Sie **mit praxisnahen Formulierungen** mit **Minimum 25 Seiten** (für wenig Inhalt gibt es wenig Punkte!) richtig Masse abliefern müssen. Sie haben eins zu eins wie in der Praxis Formalia, Sprache und Begründungen anzuwenden, um in den Notenbereich »4 Punkte aufwärts« zu gelangen. *»Verfasser prüft ohne gebotenen Obersatz«, »fehlt die Bildung ordnungsgemäßer Obersätze«, »Kand. geht nicht von einer Anspruchsgrundlage aus«, »fehlt strukturierte Anspruchsprüfung«, »ohne normative Anknüpfung«, »ohne saubere Subsumtion«, »nicht geprüft«, »äußerst knapp behandelt«, »Darstellungen sind durchweg zu knapp«, »zu oberflächlich«, »argumentativ nur unzureichend«, »ohne Diskussion«, »fehlt ausführliche Argumentation«, »Formulierung nicht praxisgerecht«, »Sprachkompetenz nicht praxisnah«, »Bearbeitung fehlt hinreichend qualifizierte Sprache«, »in sprachlicher Hinsicht ist die Arbeit mit Schwächen behaftet«, »Begründung nicht praxisgerecht«, »keine praxisgerechte Darstellung«, »ohne Eindringtiefe«, »nahezu durchgehend wäre eine wesentlich detailliertere Prüfung erforderlich gewesen«.* Das sind alles Originalkommentare der Examenskorrektoren, die am Rand von Klausuren oder in den Voten standen – und es gab jedes Mal Punktabzug!

Die Fähigkeit, Klausuren schreiben zu können – dh die zweite Seite der Medaille – ist eine Kunst, die man erlernen muss. Damit ist noch kein Jurist auf die Welt gekommen! Und das lernt man nicht durch das alleinige Durchlesen von Lösungsskizzen oder bunten Karteikarten im stillen Kämmerlein (so wie man es vielleicht zum ersten Examen gemacht hat), sondern nur dadurch, dass man **viele Originalentscheidungen liest** (am besten die ohnehin klausurrelevanten Urteile, die wir Ihnen im **Wochenendseminar zum materiellen Zivilrecht** geben, die müssen Sie ja ohnehin kennen), schaut, wie es die Praktiker dort machen (so viel wie möglich davon übernehmen!) **und viele examensnahe Übungsklausuren schreibt** und sich hart durchkorrigieren lässt. Es ist mühsam, aber notwendig.

Wenn Sie merken, dass Sie schon methodische Probleme haben und damit bei Ihnen automatisch bei höchstens 4 Punkten Schluss ist, dann ist die Lektüre von Teil 1 und 2 bei *Diederichsen/Wagner/Thole*, Die Zwischenprüfung im Bürgerlichen Recht, empfehlenswert, bevor Sie dann mit diesem Buch weiterarbeiten.

§ 2 Vertragliche Primäransprüche

A. Entstehen eines vertraglichen Primäranspruchs

I. Die Vertragsarten

Neben den typischen (dh im BGB geregelten) Verträgen wie Kauf- oder Mietvertrag ist es den 2
Parteien wegen der Privatautonomie unbenommen, einen **atypischen Vertrag** zu schließen. Das sind Verträge, deren Charakter nicht ausschließlich einem der klassischen Vertragstypen zugeordnet werden kann, da sie zB Elemente verschiedener Vertragstypen aufweisen oder aus sonstigen Gründen nicht richtig zu einem geregelten Vertragstypus passen. Auf Primärebene ist es nicht fallentscheidend, welchem Vertragstyp der geschlossene Vertrag zuzuordnen ist, da Anspruchsgrundlage die von Ihnen genau zu kennzeichnende Vereinbarung selbst ist. Im Falle einer Pflichtverletzung oder eines Loslösungsverlangens muss aber herausgearbeitet werden, welche Vorschriften Anwendung finden, wenn die Parteien keine eigenen Regelungen vereinbart haben. Nach der Rspr. wird der Eigenart solcher Verträge grundsätzlich nur die Unterstellung unter ein einziges Vertragsrecht (zB Kaufrecht, Verwahrungsrecht etc.) gerecht, nämlich dasjenige, in dessen Bereich der **Schwerpunkt** liegt. Allerdings ist dadurch nicht ausgeschlossen, **auch Bestimmungen eines anderen Vertragstypes** heranzuziehen, wenn allein hierdurch die Eigenart des betroffenen (gemischten) Vertrags richtig gewürdigt werden kann. Und genau das macht die Praxis: Ist es sinnvoll, das Vertragsrecht des Schwerpunktes anzuwenden, dann wird das gemacht. Ist es dagegen praktikabler, auf den vom Parteienstreit betroffenen Vertragsteil ein anderes Vertragsrecht als das Schwerpunkt-Vertragsrecht anzuwenden, weil dies der Eigenart dieses Teiles besser gerecht wird, dann wird das gemacht. Die Rspr ist daher flexibel.[3] Wenn kein besonderes Vertragsrecht passt, gilt nur das allgemeine Schuldrecht, zB §§ 280 ff., 323 ff., 314 BGB.

Reihenfolge der Prüfung bei Pflichtverletzungen in atypischen Verträgen

1. Stufe: Existieren eigene vertragliche Regelungen?
Wenn (–)

↓

2. Stufe: Welches Vertragsrecht bildet den Schwerpunkt des Vertrages?
ZB Miete, Verwahrung, Dienstrecht, Werkrecht etc.

↓

3. Stufe: Was ist der von der Störung betroffene Vertragsteil?
Passt dazu das Vertragsrecht des Schwerpunktes? Wenn (+), ist dieses anzuwenden.
Oder ist es angemessen, ein anderes Vertragsrecht anzuwenden?
Wenn Schwerpunkt und anderes Vertragsrecht nicht passt: nur allg. Vorschriften anwendbar.

3 Palandt/*Grüneberg* BGB Überbl v § 311 Rn. 24 ff.; BGH NJW-RR 2017, 622 = MDR 2017, 334; NJW 2011, 1674; 2008, 1072; 2002, 1336; KG NJOZ 2016, 441; OLG Jena NJW 2012, 2357; LG Verden BeckRS 2013, 09320; OLG Brandenburg BeckRS 2008, 09564; OLG Karlsruhe NJW-RR 2004, 1610; OLG Köln NJW-RR 1994, 25; AG Köln NJOZ 2017, 111.

Beispiele aus Examensklausuren: Personalvermittlung/Headhunter (in der Regel Maklerdienstvertrag), Spielsperrvertrag mit einem Casino (nur allgemeines Schuldrecht)[4], Anwalts-, Mediations- und Steuerberatervertrag (in der Regel Dienstvertrag iSv § 675 BGB), Textilreinigung (Werkvertrag), Hausnotrufvertrag (Dienstvertrag), Opern-Abo (Werk- und Mietrecht), Hochzeitsorganisation (»wedding planer«, in der Regel Werkrecht), Bauträgervertrag (Werk- und Kaufrecht, vgl. § 650u BGB), Taxibeförderungsvertrag (Werkrecht), Heimvertrag (geregelt im WBVG – kommentiert im Palandt!), Freibad-, Disco- oder Saunabenutzung (vor allem pVV und § 823 BGB bei Nebenpflichtverletzungen des Betreibers), Treuhandvertrag (§ 675 BGB, Auftrag bei Unentgeltlichkeit), Fitnessstudiovertrag[5] (in der Regel Miet-, Dienst- und allg. Schuldrecht), Behandlungsvertrag mit Arzt (in der Regel Dienstrecht und §§ 630a ff. BGB), Veranstaltungsvertrag mit Musikern (in der Regel Werkrecht), Unterrichtsvertrag wie zB Tennis-, Reit- oder Fahrunterricht (Dienstrecht), Zuschauervertrag mit dem HSV (Miet- und Werkrecht und vor allem pVV und § 823 BGB bei Nebenpflichtverletzungen), Vermietungsvermittlung auf fremde Rechnung (§ 675 BGB), Tiereinstellvertrag/Tierpensionsvertrag mit Fütterung/Pflege (nach herrschender Rspr. Verwahrungsrecht, nach BGH im Jahre 1990: Dienstrecht; Vollberitt: Dienstrecht), Stutendeckvertrag (Werkrecht), Vertrag über Bereitstellung und Aufbau eines Messestandes (Miet- und Werkrecht), Beherbergungsvertrag (Mischung aus Miet-, Werklieferungs- und bezüglich Service Dienstrecht, nicht abschließende Teilregelung in §§ 701 ff. BGB), Bewirtungsvertrag (Mängel der Speise: Werklieferungsvertrag; Mängel im Bereich des Services: Dienstrecht; Klassiker aus dem Ersten: Abhandenkommen der Garderobe oder Beschädigung des Kfz bei Beherbergung oder Bewirtung[6]), Wohnungsverwaltungsvertrag (§ 675 BGB), Internet-System-Vertrag (in der Regel Werkrecht), DSL-Anschlussvertrag (Dienstrecht), Tätowierung, Permanent-Make-up und Frisör (alle Werkrecht) und die Anlageberatung (Dienstvertrag iSv § 675 BGB), Bankschließfach (Miete), Parkhaus (Miete, nur bei Überwachung Verwahrung). **Das Thema atypischer Vertrag hat unglaubliche Klausurrelevanz!**

§§ 312, 312a BGB enthalten für alle **Verbraucherverträge** iSv § 312 I BGB geltende Vorschriften (zB Offenlegungs- und Informationspflichten). In **§§ 312b ff. BGB** sind spezielle Normen für sog. **AGV-Verträge** = »außerhalb von Geschäftsräumen geschlossene Verträge« (früher: Haustürgeschäft), **Fernabsatzverträge** (§ 312c BGB) und Verträge im elektronischen Geschäftsverkehr (§ 312i BGB) enthalten, die über das darin enthaltene **Widerrufsrecht** in §§ 312c, 312g, **355 ff. BGB** in eine Klausur rutschen können (→ Rn. 15). Hinsichtlich des Inhalts der Widerrufsbelehrung und der sonstigen nach §§ 312d ff. BGB erforderlichen Belehrungen sind in der Anlage zu Art. 246a f. EGBGB Muster enthalten (diese stehen alle hinten im Palandt beim EGBGB!). Lesen Sie bei Bedarf *Förster* JA 2014, 721 ff. u. 801 ff. als Überblick über die Regelungen der §§ 312 ff. BGB. Spezialkenntnisse zu §§ 312 ff. BGB werden in den Klausuren nicht abgefragt, es genügte sauberes Abarbeiten der Normen und der Palandt!

II. Klausurprobleme zum Vertragsschluss

1. Angebot und Annahme, §§ 145 ff. BGB

3 Jetzt kommt ganz schweres Tennis: Ein Vertrag kommt in der Regel durch Angebot und Annahme zustande. Peng! Im Ernst: Im Assessorexamen sind hier wenn überhaupt nur kleine Klausurprobleme versteckt. So spielen zuweilen § 147 und § 150 BGB (lesen!) eine Rolle. Haben sich die Parteien zu Nebenpunkten nicht geeinigt, so liegt ein Dissens nach §§ 154, 155 BGB vor (lesen!). Bei fehlender Einigung zu den *essentialia negotii* dagegen liegt ein sog.

4 Und zwar **§ 280 BGB für den Spielsüchtigen** bei Missachtung der Spielsperre durch das Casino, BGH NJW 2008, 840 ff.; 2012, 48 ff.

5 Überwiegend wird bei **Fitnessstudioverträgen** die ordentliche Kündigung analog §§ 621 Nr. 3, 580a III BGB zum 3. Werktag zum Ablauf des jeweiligen Monats zugelassen (umstr.). Die außerordentliche Kündigung läuft über eine Gesamtanalogie zu §§ 626 I, 543 I, 314 I BGB (wichtiger Grund?), BGH NJW 2016, 3718; 2012, 1431. Achtung: Der Wohnsitzwechsel (anders bei Umzug des Fitnessstudios!) berechtigt nach der Rspr. in der Regel nicht zu einer außerordentlichen Kündigung des Fitnessstudiovertrages (eigene Risikosphäre), auch § 313 BGB greift daher nicht.

6 Vgl. dazu Palandt/*Sprau* BGB § 688 Rn. 6, Einf v § 701 Rn. 3; § 701 IV BGB sperrt beim Beherbergungsvertrag nicht!

Totaldissens vor, der ulkigerweise nicht im BGB geregelt ist. Ein missglückter Vertragsschluss (Folge: Rückabwicklung nach §§ 812 ff. BGB) liegt auch vor, wenn Klauseln zum **Angebot oder Annahme nach § 308 Nr. 1 BGB (lesen!) unwirksam** sind. Dazu gab es in den letzten Jahren mehrere BGH-Entscheidungen.

Klausurtipp: In manchen Klausuren liegt bereits bei der Frage, **wie** der Vertrag zustande gekommen ist, ein Schwerpunkt, vor allem wenn die Parteien sich mehrfach getroffen oder telefoniert haben und/oder eine Auftragsbestätigung oder ein KBS vorliegt. Hier müssen Sie dann sauber darstellen, worin das Angebot und die Annahme liegen. Zum Teil muss zudem per Auslegung geklärt werden, **wer** Partei des Vertrages geworden ist.

Gegebenenfalls macht der Anspruchsteller an ihn **abgetretene** vertragliche (oder außervertragliche) **Ansprüche** geltend. Dann prüfen Sie neben dem Zustandekommen auch **§§ 398 ff. BGB**. Relevant werden können dann § 134 BGB (→ Rn. 10) und die Schuldnerschutzvorschriften **§§ 404 ff. BGB**. Eventuell ist zu problematisieren, ob überhaupt eine Abtretung vorliegt oder nicht vielmehr »nur« eine Einziehungsermächtigung analog § 185 BGB (zuletzt Novembertermin 2016, kommentiert bei Palandt/*Grüneberg* BGB § 398 Rn. 32 ff.!). Möglicherweise ist die Forderung nur **zur Sicherheit abgetreten** (→ Rn. 38). Die Sicherungsabtretung ist gut bei Palandt/*Grüneberg* BGB § 398 Rn. 23 ff. kommentiert. **Auch künftige Forderungen** können abgetreten werden, wenn die zukünftige Forderung bestimmbar ist. Überhaupt sollten Sie bei Abtretungen auf den Bestimmtheits- bzw. Bestimmbarkeitsgrundsatz achten. Die **Vertragsübernahme** ist – anders als die Abtretung – nicht im BGB geregelt (nur im Reiserecht in § 651e BGB nF). Sie ist bei Zustimmung aller Beteiligten möglich. Das Gegenteil der Abtretung ist übrigens die in §§ 414 ff. BGB normierte Schuldübernahme, die bislang nicht klausurrelevant war.

Das regelmäßig im Examen vorkommende Problem zum Vertragsschluss sind die eBay-Fälle (teilweise kommentiert bei **Palandt/*Ellenberger* BGB § 156**). Auch hier gilt für die Examensklausuren und die Mündliche: Die LJPAs prüfen regelmäßig die aktuellen eBay-Urteile zu diesem Thema ab, Sie sollten also diesbezüglich up to date sein!

Problem: Vertragsschluss per Internet (insbesondere »eBay-Fälle«)

- Bei Online-Shops gelten **§§ 145 ff. BGB**. Das Freischalten der Angebotsseite ist lediglich *invitatio ad offerendum*, das Angebot kommt daher vom Besteller, die Annahme vom Verkäufer. Anders bei Auktionsplattformen wie eBay: Dort ist gemäß den AGB von eBay von einem Rechtsbindungswillen des einstellenden Verkäufers (= Angebot) auszugehen. Die Annahme ist das Höchstgebot des Käufers bei Ende der Auktion. Es liegt **kein Fall von § 156 S. 1 BGB vor, was Sie stets in der Klausur darzulegen haben!**
- Wenn ein Dritter unter dem **Benutzerkonto eines anderen agiert**, handelt er nicht »in fremdem Namen« iSd § 164 BGB weil er nicht nach außen seine Nichtidentität mit dem Namensträger deutlich macht, sondern »**unter fremdem Namen**« (→ Rn. 6). Weil er dabei eine Identitätstäuschung hervorruft, liegt ein Fremdgeschäft vor, das nur unter den Voraussetzungen der §§ 164 ff. BGB analog dem echten Inhaber zugerechnet wird. Fehlt Vertretungsmacht, prüfen Sie die Duldungs- und Anscheinsvollmacht, sonst gelten §§ 177 ff. BGB analog.
- Die von den Parteien akzeptierten **AGB** und §§ 305 ff. BGB gelten eigentlich nicht, da die AGB von keiner Vertragspartei, sondern von eBay gestellt werden. Sie sind aber **Auslegungsgrundlage** für Erklärungen der Parteien und spielen so »durch die Hintertür« doch eine (maßgebliche!) Rolle. »Beißen« sich im Rahmen der Auslegung das Erklärte und die AGB, hat das individuell Vereinbarte Vorrang (so **BGH NJW 2017, 1660 ff.: E-Bike-Urteil, lesen!**).
- Dem Käufer kann ein Widerrufsrecht nach **§§ 312c, 312g, 355 ff. BGB** zustehen. Dieses Widerrufsrecht ist nicht nach § 312g II Nr. 10 BGB ausgeschlossen, weil eben gerade keine Versteigerung vorliegt (s. oben).
- Wird die **Auktion vorzeitig abgebrochen**, kommt mit dem Höchstbietenden der Vertrag zustande. Ob man an seine WE gebunden ist, richtet sich nach §§ 116 ff., 119 ff., 130, 138, 313 BGB. Zudem steht per Auslegung jedes Gebot stets unter dem Vorbehalt, es zurück-

nehmen zu dürfen, wenn ein **berechtigter Rücknahmegrund nach den eBay-AGB/** Bedingungen gegeben ist. Auch der Einwand des Verkäufers, es liege ein besonders grobes Missverhältnis zwischen dem Kaufpreis und dem Wert der Kaufsache vor (1 EUR für ein Kfz), erfüllt nicht per se den Missbrauchseinwand (§ 242 BGB), weil ein ungünstiger Auktionsverlauf Risiko des Verkäufers ist. Auch die subjektive Seite von § 138 I BGB wird in der Regel nicht ohne Weiteres vorliegen, denn es macht gerade den Reiz einer Auktion aus, zu einem »Schnäppchenpreis« zu erwerben (alles Rspr.! lesen Sie bei Bedarf *Kaiser* JA 2017, 372 f.).

- Aktuelles: Zum »shill bidding« und »Abbruchjäger« bitte **BGH NJW 2017, 468 ff. und 487 ff.** lesen!

Klausurtipp: Das Bestehen/Nichtbestehen einer Forderung kann auch über die **materielle Rechtskraft iSv § 322 I ZPO** anzunehmen sein, nämlich wenn hierüber bereits ein Prozess zwischen den Parteien geführt wurde und die dort entschiedene Rechtsfolge für die jetzige Rechtsprüfung vorgreiflich (»präjudiziell«, dh als Vorfrage zu prüfen) ist. Arbeiten Sie in der Klausur mit der **Kommentierung zu § 322 ZPO**. Die Rechtskraft eines Vorprozesses kann auch dergestalt eine Rolle spielen, als jetzt eine Partei ein Gestaltungsrecht (Rücktritt, Anfechtung etc.) geltend macht, dessen zugrunde liegenden Tatsachen bereits objektiv im Vorprozess vorlagen und daher dort auch hätten vorgebracht werden können (dies aber nicht geschehen ist). Zum Schutz der Rechtskraft ist der Einwendende dann mit diesem Gestaltungsrecht in einem zweiten Prozess zwischen den Parteien ausgeschlossen, wenn die Zulassung der Alttatsache (dh der Anfechtung etc.) ein kontradiktorisches Urteil über den Streitgegenstand des Vorprozesses bewirken würde, auch wenn er im ersten Prozess überhaupt nicht wusste, dass er zB anfechten konnte (**»Präklusion« außerhalb von § 767 II ZPO**).[7] Wichtig ist, dass Sie das Problem in der Klausur überhaupt erkennen. Typische Anmerkungen in den Lösungsretenten der Klausuren sind zB *»Tatsächlich haben sich nur wenige Kandidaten überhaupt mit dieser Fragestellung brauchbar auseinandergesetzt«*[8] oder *»wurde praktisch von keinem Kandidaten angesprochen«*.[9]

2. Die Willenserklärung

4 Für eine Willenserklärung muss ein für den objektiven Empfänger erkennbarer **Rechtsbindungswille**[10] gegeben sein. Schweigen ist grundsätzlich keine Willenserklärung (»rechtliches Nullum«), die einzig relevanten Ausnahmen sind die in Sonderfällen mögliche Konstruktion einer Willenserklärung über § 242 BGB und das kaufmännische Bestätigungsschreiben (→ Rn. 105). Bei der *»offerta ad incertas personas«* (Realofferte) liegt eine Willenserklärung vor, da sich das Angebot an einen unbestimmten, aber bestimmbaren Personenkreis richtet, zB Verkaufsautomat, Zapfsäule an SB-Tankstelle (Kaufvertrag daher schon an der Zapfsäule, das gleichzeitige dingliche Übereignungsangebot ist nach wohl hM aber aufschiebend bedingt durch Kaufpreiszahlung!), öffentlicher Parkplatz, Zurverfügungstellung des Stroms durch das Versorgungsunternehmen an vertraglosen Abnehmer. Die Annahme erfolgt dann in der Regel konkludent, wobei eine sog. *»protestatio facto contraria«* desjenigen, der die Leistung in Anspruch nimmt (»Ich nehme die Leistung, will aber keinen Vertrag schließen«), nach Treu und Glauben unbeachtlich ist. Die *»invitatio ad offerendum«* ist keine Willenserklärung, sondern eine Aufforderung zur Abgabe eines Angebots (zB Zeitungsanzeigen, Werbezettel, Speisekarten). Das sind die Basics, nun zu den Problemen in den Assessorklausuren.

---

7 BGH NJW 2017, 3438 ff.; 2017, 893 ff.; 2004, 1252 ff. Zur Präklusion bei § 325 ZPO BGH BeckRS 2017, 136403 = MDR 2018, 225.

8 Aus: Prüfungsaufgaben der Zweiten Juristischen Staatsprüfung in Baden-Württemberg, Bearbeiter: *Rolf Renner*, Herausgeber: Justizministerium Baden-Württemberg, 10.

9 Aus: Prüfungsaufgaben der Zweiten Juristischen Staatsprüfung in Baden-Württemberg, Bearbeiter: *Wolfgang Clauß*, Herausgeber: Justizministerium Baden-Württemberg, 105.

10 Fehlt mangels Erklärungswillen subjektiv der RBW, besteht er aber nach obj. Kriterien, ist die WE grds. wirksam, allerdings analog § 119 I BGB anfechtbar. Übrigens: Die Unterscheidung obj. – subj. Tatbestand der WE ist im Assessorexamen idR nicht anzubringen.

a) Klausurprobleme zur Willenserklärung

Problem: Abgrenzung Vertrag – reine Gefälligkeit des täglichen Lebens

- **Rechtsbindungswille für Vertrag** oder Handeln im außervertraglichen Bereich? Anhand von **objektiven Indizien** festzustellen: persönliche Nähe zwischen den Beteiligten, gleichwertige Entgeltlichkeit, wirtschaftliche und rechtliche Bedeutung, Art und Anlass der Tätigkeit, drohendes Risiko für die Beteiligten, Wert des anvertrauten Rechtsguts.
  - **Wenn Rechtsbindungswille (+): Vertrag (+)**: zB konkludente GbR, Auftrag (kostenlose Hilfe durch Arzt, Angehöriger verwaltet Vermögen über **Kontovollmacht**[11]), Beratungsvertrag (mit Bank oder Verkäufer), Verwahrung oder Leihe (→ Rn. 78). Liegt trotz Rechtsbindungswille kein typisierter Vertrag vor, ist auch ein »atypischer Gefälligkeitsvertrag« iSv § 311 I BGB möglich. Ob ein Rechtsbindungswille und welcher Vertrag vorliegt, muss dann sauber von Ihnen herausgearbeitet werden.
  - **Wenn Rechtsbindungswille (–): Vertrag (–)**: sog. **reine Gefälligkeit des täglichen Lebens.** Es greifen bei Verletzungshandlungen **nur §§ 823 ff. BGB** und im Straßenverkehr Ansprüche aus **StVG.** Etwaige gesetzliche Haftungsregelungen zB aus §§ 521, 599, 603, 690 BGB sind nach der Rspr. hier nicht übertragbar, weil bei dem ebenfalls unentgeltlichen Auftrag eine solche gesetzliche Haftungsbeschränkung fehlt, sodass diesen Regeln kein grundsätzliches Rechtsprinzip zu entnehmen ist. Auch § 31a BGB ist nicht übertragbar. Die Gefälligkeit als solche begründet auch **keine Haftung aus c.i.c.** (vgl. Wortlaut § 311 II Nr. 3 BGB),[12] mangels Geschäftsübernahmewillen sind Ansprüche im Innenverhältnis aus **GoA in der Regel ebenfalls zu verneinen** (»Kreismeisterschafts-Urteil« des BGH).[13]
- Der »Clou« ist dann Folgender: Bei Gefälligkeiten ist zugunsten des Gefälligen bei gegen ihn gerichteten Schadensersatzansprüchen im Wege der ergänzenden Auslegung auf Grundlage von § 242 BGB dann von einem **stillschweigend vereinbarten Haftungsverzicht** für leichte Fahrlässigkeit auszugehen, wenn **»besondere Umstände«**[14] dies gebieten. Voraussetzung ist, dass der Schädiger, wäre die Rechtslage vorher zur Sprache gekommen, einen Haftungsverzicht gefordert und sich der Geschädigte dem ausdrücklichen Ansinnen einer solchen Abmachung billigerweise nicht hätte versagen dürfen. Die Rspr. bejaht die Haftungsbeschränkung dann in der Regel auch für etwaige nichtdeliktische vertragliche Ansprüche gegen den Gefälligen (er ist insgesamt schutzwürdig!). Eine Haftungsreduzierung wird von der hRspr nicht angenommen, wenn der gefällige Schädiger Regress bei seiner Haftpflichtversicherung nehmen kann, da dann letztlich nur die Versicherung des Schädigers profitieren würde, was in der Regel nicht dem Willen der Parteien entspricht. Ob der Geschädigte eine Versicherung hat, die im Innenverhältnis zu ihm den Schaden übernimmt (dann an § 86 VVG denken!), ist für die Haftung des Schädigers dagegen irrelevant. Im letzteren Fall kann eine Haftungsbeschränkung unter Nachbarn auch nicht durch Übertragung der für das Dreieck Vermieter – Gebäudeversicherung – Mieter gebildeten Regressverzicht-Rspr. (vgl. → Rn. 80) angenommen werden.

---

11 *Horn/Schnabel* NJW 2012, 3473 ff. mwN; *Roth* NJW-Spezial 2012, 615; OLG Schleswig FamRZ 2014, 1397 mwN. Bei Ehegatten eher restriktiv der BGH. Auftrag idR auch bei **Vorsorgevollmachten**, vgl. OLG Brandenburg BeckRS 2013, 21257.

12 Palandt/*Grüneberg* BGB Einl v § 241 Rn. 8; *Lorenz/Eichhorn* NJW 2017, 6 ff.; *Looschelders* SchuldR AT Rn. 97; OLG Hamm NJW-RR 2016, 91.

13 BGH NJW 2015, 2880 f.; OLG Stuttgart NJW 1971, 660; Palandt/*Sprau* BGB Einf v § 677 Rn. 2, § 677 Rn. 3. **Umstr. bei Nothilfe**, zB wenn der Gefällige den betrunkenen Fahrer mit dem Auto des Betrunkenen nach Hause fährt (für GoA OLG Bamberg VersR 1976, 997; BGH NJW 1972, 475; aA BGH MDR 1992, 555; 1978, 917).

14 Palandt/*Grüneberg* BGB § 276 Rn. 37; zuletzt wieder BGH NJW-RR 2017, 272 ff. Beispiele für besondere Umstände: unerträgliches Haftungsrisiko, besonderes Interesse des Gefälligkeitsempfängers an der Gefälligkeit.

Prüfungsreihenfolge bei Haftung in Gefälligkeitsverhältnissen

1. Stufe: Haftung aus einem Vertrag (idR § 280 BGB des ...)
zB Auftrag, Verwahrung, Leihe, Geschäftsbesorgung, GbR, atypischer Vertrag
→ RBW anhand von obj. Indizien festzustellen und sorgfältig zu begründen!

↓

2. Stufe: Haftung aus Delikt und ggf. StVG
NICHT: c.i.c. und GoA (Gefälligkeit begründet keine c.i.c. und keine GoA)

Bei beiden Stufen: **konkludente Haftungsbeschränkung** auf Vorsatz/grobe Fahrlässigkeit?

Klausurtipp: Im Palandt/*Grüneberg* ist die Thematik bei BGB Einl v § 241 Rn. 7 ff. und BGB § 276 Rn. 37 kommentiert! Hieraus können Sie die maßgeblichen Kriterien in der Klausur abschreiben.

- Die Gefälligkeit begründet – selbst wenn mangels Rechtsbindungswillen kein Vertragsschluss vorliegt – bis zu dessen Widerruf einen **Rechtsgrund für das Behaltendürfen** iSv § 812 BGB und ein **Recht zum Besitz iSv § 986 BGB.**[15]
- Die oben genannte Haftungsbeschränkung wird wegen Wertung auch für den Anspruch des Kfz-Händlers aus c.i.c. und § 823 BGB gegen den Kaufinteressenten angenommen, wenn dieser bei einer **Probefahrt** (keine reine Gefälligkeit, sondern c.i.c.!) das Kfz beschädigt. Ausnahmsweise soll hier auch die kurze Verjährung aus § 606 BGB (analog) angewendet werden, obwohl die Überlassung zur Probefahrt in der Regel keine Leihe darstellt (hM)!

Problem: Auslegung von Willenserklärungen und Verträgen[16]

- Eine empfangsbedürftige Willenserklärung ist nach §§ 133, 157 BGB so auszulegen, wie sie der Empfänger objektiv nach Treu und Glauben unter Berücksichtigung der Verkehrssitte verstehen musste (**objektive Auslegung**, Ausnahme: Testamente → Rn. 97). Wenn Wille und Auslegung auseinanderfallen, so bleibt der Partei die Anfechtung nach § 119 BGB. Drei Besonderheiten im Rahmen der Auslegung sollten bekannt sein:
- *»Falsa demonstratio non nocet«*: Die übereinstimmende versehentlich falsche Bezeichnung des Gewollten (der Klassiker: Haagjøringskød-Fall des RG!) schadet nicht. Es gilt nicht das Gesagte, sondern das Gewollte.[17]
- **Vertragsbestimmungen**: Hier ist der wirkliche Wille nicht wie bei Willenserklärungen nach dem objektiven Empfängerhorizont, sondern nach Treu und Glauben mit Rücksicht auf die Verkehrssitte zu erforschen (Kriterien: Wortlaut, Interessenlage und Wille der Parteien, Vertragszweck, Verkehrsauffassung).
- Wenn ein Vertrag eine unbewusste, nicht durch das Gesetz zu schließende Regelungslücke aufweist, dient die sog. **ergänzende Vertragsauslegung** dazu, diese Lücke zu füllen. Die Lücke wird dann nach Maßgabe des hypothetischen Parteiwillens geschlossen, der insbesondere aus dem Zweck des Vertrages zu ermitteln ist.

Merke: Bei der Auslegung geht es um die Frage »Was haben die Parteien gewollt?«, bei der ergänzenden Vertragsauslegung dagegen um die Frage »Was hätten die Parteien gewollt?«.

---

15 Palandt/*Grüneberg* BGB Einl v § 241 Rn. 8; BeckOK BGB/*Fritzsche* § 986 Rn. 5 mwN.

16 Davon zu unterscheiden ist die **Auslegung von Gesetzen**: Hier sind die vier Auslegungsmethoden Wortlaut, Systematik, Historie und Sinn und Zweck maßgeblich. Für die Mündliche: Diese Auslegungsmethoden gehen auf *Friedrich Carl von Savigny* (1779–1861) zurück.

17 Anders aber bei versehentlich falschen Grundbucheintragungen, vgl. OLG Hamm NJW-RR 2016, 27 ff.; *Bergermann* DNotZ 2002, 557 ff.

b) Das Wirksamwerden von Willenserklärungen

Eine empfangsbedürftige Willenserklärung wird nach §§ 130 ff. BGB durch **Abgabe** und **Zugang** wirksam (Ausnahme: § 151 BGB). Zur **Abgabe einer Willenserklärung** gibt es das Problem der abhanden gekommenen Willenserklärung, vor allem wenn Briefe versehentlich abgeschickt werden (meistens durch die Putzfrau). Wenn der Erklärende das Inverkehrbringen der Willenserklärung durch eine Sorgfaltspflichtverletzung zu vertreten hat, so gilt die Willenserklärung nach hM als abgegeben.[18] Gegebenenfalls müssen Sie den **Zugang einer Willenserklärung** nach § 130 BGB genauer begründen (dann hinein in die Kommentierung zu § 130 BGB im Palandt!).

Beachte: Auch der bloße Zugang einer Erklärung kann ausnahmsweise ein gesetzliches Schuldverhältnis begründen, so zB bei einer **Gewinnzusage** nach § 661a BGB.

3. Die Geschäftsfähigkeit, §§ 104 ff. BGB

Anders als im ersten Examen, wo permanent einjährige Kinder ulkige Gesellschaften gründen 5
und jede Menge Grundstücksgeschäfte tätigen, tauchen im Assessorexamen fast nie Klausuren mit Minderjährigen auf.

Exkurs:

Außerhalb von Bayern und Hessen kommt es nur ganz selten zu insolvenzrechtlichen Fragestellungen in Klausuren. In einigen Klausuren wendet zB der Schuldner ein, der Vertrag sei deshalb unwirksam, weil im Zeitpunkt des Vertragsschlusses bereits das **Insolvenzverfahren über ihn eröffnet** und er daher »geschäftsunfähig« war. Dieser Einwand geht ins Leere. Durch die Beschlagnahme iSv § 80 InsO verliert der Schuldner weder seine Geschäfts- noch Rechtsfähigkeit. §§ 21, 24, 81 InsO schränken lediglich seine Verfügungsbefugnis über Gegenstände der Insolvenzmasse iSv §§ 35 f. InsO ein. Diese Beschränkungen sind aber nur für das dingliche Rechtsgeschäft relevant. Gegebenenfalls kommt es in der Klausur zu einem Vertragsschluss und der anschließenden Eröffnung des Insolvenzverfahrens (Erlass des Eröffnungsbeschluss, §§ 30 ff. InsO). Dies hat – anders als die oben dargestellte Situation – Einfluss auf die schuldrechtlichen Verhältnisse. Die maßgeblichen Aspekte ergeben sich hier aus **§§ 80, 103 ff. InsO** (und § 240 ZPO in prozessualer Hinsicht).

4. Die Stellvertretung, §§ 164 ff. BGB

Die Willenserklärung des Vertreters wirkt gem. § 164 I 1 BGB für und gegen den Vertretenen, 6
wenn der Vertreter eine

- eigene Willenserklärung (anders Bote: Übermittlung einer fremden Willenserklärung)
- mit Vertretungsmacht (gesetzlich, durch Vollmachtserteilung oder durch Rechtsschein)
- im fremden Namen (sog. Offenkundigkeitsprinzip) abgegeben hat. Das kennen Sie sicherlich noch!

Fälle der **gesetzlichen Vertretungsmacht** sind § 1357 I BGB (Ehegatten), §§ 1629 I, 1687 BGB (Eltern für Kind, hier konkludente wechselseitige Bevollmächtigung zur Alleinvertretung bei geringfügigen Alltagsgeschäften möglich), §§ 744 II, 745 BGB (Miteigentümer) oder § 27 III WEG (Verwalter). Einen Sonderfall stellt der **Betreuer** dar. In der Klausur reicht dann die Lektüre des Gesetzes zu §§ 1896 ff. BGB und des Palandt. Wichtig sind hier § 1902 BGB (lesen! im Prozess iVm § 51 I ZPO) und § 1903 BGB. Die **Vollmachtserteilung** nach §§ 167 ff. BGB kann auch konkludent erfolgen, ein Formerfordernis gibt es nach § 167 II BGB grundsätzlich nicht (Ausnahme/teleologische Reduktion wegen Warnfunktion, zB bei unwiderruflicher Vollmacht für einen Grundstückskaufvertrag: § 311b I BGB). Die Vollmachtserteilung ist vom zugrunde liegenden **Innenverhältnis** zwischen Vertreter und Vollmachtgeber

18 Palandt/*Ellenberger* BGB § 130 Rn. 4; *Meyer* JuS 2017, 960 ff. mwN; BeckOK BGB/*Wendtland* § 130 Rn. 6 mwN; WE ist allerdings analog § 119 I BGB anfechtbar (fehlendes Erklärungsbewusstsein). Die BGH prüft in NJW-RR 2006, 847 lediglich die c.i.c.

(in der Regel Auftrag oder bei Entgeltlichkeit § 675 BGB) zu trennen. Wann die Vollmacht erlischt, regelt § 168 BGB (lesen!). Wann das Innenverhältnis erlischt, ergibt sich aus §§ 675, 671 ff. BGB.

§ 181 BGB verbietet In-sich-Geschäfte. Wichtig ist auch das **Zurückweisungsrecht aus § 174 BGB (lesen!)**. Bei der **Anfechtung** des Vertretergeschäfts wg. Willensmängeln wird nach § 166 I BGB auf den Vertreter abgestellt. Die Erteilung der Vollmacht ist als Willenserklärung auch anfechtbar (Palandt bei § 167 BGB, das Thema ist im Assessorexamen nicht wichtig!). Auch Duldungsvollmacht und Anscheinsvollmacht sind nach hM anfechtbar, weil sie nicht stärker binden können als echte Willenserklärungen.

In Klausuren gibt es einige typische Problempunkte zu §§ 164 ff. BGB, die Sie kennen sollten:

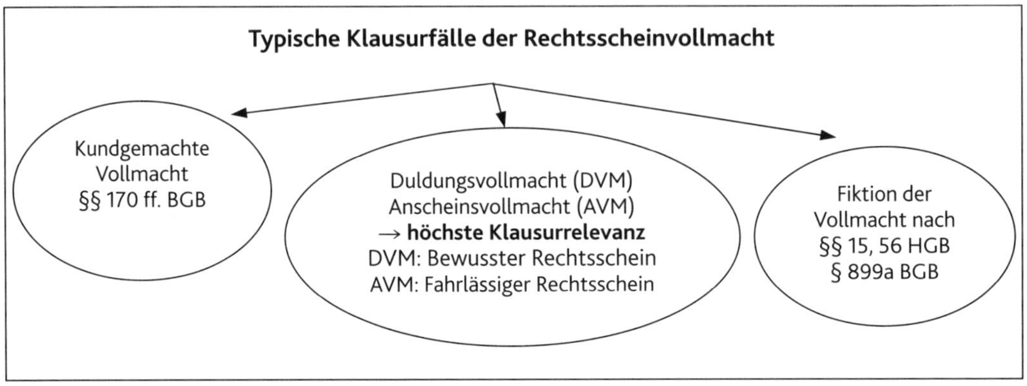

Problem: Vertretungsmacht kraft Rechtsscheins

- Bei der nach außen kundgemachten Vollmacht greifen §§ 170 ff. BGB. **§§ 170 ff. BGB gelten nicht für die sog. Prozessvollmacht.** Dies ist zB eine Vollmacht zum Abschluss einer notariellen **Unterwerfungserklärung** oder die dem Anwalt erteilte Vollmacht zur Führung eines Prozesses. Diese unterliegt nur den Regeln von §§ 78 ff. ZPO und nicht den §§ 164 ff. BGB. Die Prozessvollmacht wird allerdings auch durch einseitige empfangsbedürftige Willenserklärung erteilt und bedarf keiner besonderen Form (§ 80 ZPO ist keine Formvorschrift, sondern regelt als Ordnungsvorschrift allein den Nachweis der Prozessvollmacht). Die Prozessvollmacht hat **große Bedeutung im Rahmen der Zwangsvollstreckungsklausur!** Lesen Sie unbedingt *Kaiser/Kaiser/Kaiser* Zwangsvollstreckungsklausur Rn. 27d.
- Auch aus dem HGB kann sich eine Rechtsscheinvollmacht ergeben, §§ 15 I, 56 HGB (vgl. → Rn. 103 f.).
- Wenn §§ 170 ff. BGB (–): **Duldungs- und Anscheinsvollmacht?** Eine Duldungsvollmacht liegt vor, wenn der Vertretene duldet, dass ein anderer für ihn wie ein Vertreter auftritt, und der Geschäftsgegner dies nach Treu und Glauben so versteht und verstehen darf, dass der Dritte Vertretungsmacht hat. Bei der Anscheinsvollmacht weiß der Vertretene nicht, dass der Handelnde wie sein Vertreter auftritt. Bei pflichtgemäßer Sorgfalt hätte er dies aber erkennen können. Zudem muss das Auftreten in der Regel *»von einer gewissen Dauer und Häufigkeit«* (Vertrauenstatbestand geschaffen?) und der Geschäftsgegner gutgläubig sein. Die Grundsätze zur Duldungs- und Anscheinsvollmacht gelten auch für die Prozessvollmacht, nicht aber für die Erbausschlagung nach § 1945 BGB (Nachlassgericht braucht keinen Vertrauensschutz).
- Sonderfall **§ 899a BGB**: Wenn diejenigen, die im Grundbuch als Gesellschafter der GbR eingetragen sind, über das Grundstück der GbR im Namen der GbR verfügen, wird nicht nur die Existenz der GbR (str.), sondern auch die ordnungsgemäße Vertretung der GbR vermutet bzw. zugunsten des gutgläubigen Erwerbers fingiert. Dies gilt allerdings nur für das dingliche Rechtsgeschäft (Auflassung), sodass bei Unwirksamkeit des schuldrechtlichen Geschäfts das Eigentum nicht kondiktionsfest ist. Wechselt der Gesellschafterbestand, wird das Grundbuch unrichtig. Hier kann in der Klausur **§ 899a S. 2 iVm § 894 BGB** relevant werden (so im Examenstermin Dezember 2016, Mai 2017, März 2018!).

Problem: Handeln im eigenen Namen für Rechnung eines Hintermanns (sog. mittelbare Stellvertretung)

- Das vom Handelnden abgeschlossene Geschäft ist sein eigenes, er wird selbst verpflichtet, §§ 164 ff. BGB gelten nicht. Im Innenverhältnis zum Hintermann greifen §§ 383 ff. HGB (Kommission) oder § 675 oder § 662 BGB.
- Klausurfälle: Vermietung oder Verkauf eines Hauses/Pferdes für den Eigentümer, häufig per Auktion.
- Die **Stufenklage nach § 254 ZPO war** oft Einstieg in die Klausur bei Streit im Innenverhältnis.

Handeln unter fremdem Namen

Identitätstäuschung beim Vertragspartner	**Keine Identitätstäuschung beim Vertragspartner**
= Vertragspartner will nur mit echtem Namensträger kontrahieren	= Name ist zweitrangig, Vertragspartner will mit dem kontrahieren, der auftritt/handelt
Folge: Fremdgeschäft, §§ 164 ff. BGB analog	Folge: Eigengeschäft des Handelnden

Problem: Handeln unter fremden Namen

- Ist der Name dem Erklärungsempfänger so wichtig, dass er nur mit dem echten Namensträger abschließen will (**Identitätstäuschung**): Vertrag kommt nach §§ 164 ff. BGB analog (nur) mit dem echten Namensträger zustande, wenn der unter fremdem Namen Handelnde Vertretungsmacht hat oder das Geschäft vom Namensträger nachträglich genehmigt wird (→ Rn. 3: zB Internetbestellungen), ansonsten haftet der Handelnde analog § 179 BGB.
- Ist der Namensträger dem Vertragspartner nicht so wichtig, will er vielmehr mit dem kontrahieren, der vor ihm steht/der tatsächlich auftritt (**keine Identitätstäuschung**): Eigengeschäft des unter fremdem Namen Handelnden, kein Vertreterhandeln. Beispiel: Hotelbuchung unter Fantasienamen. Letztlich ist dies immer eine Auslegungsfrage!
- **Klausurfall: Veräußerung eines Kfz** nach § 929 BGB bei sofortigem Leistungsaustausch. Handelt der Veräußerer unter falschem Namen: nach BGH in der Regel Eigengeschäft. Handelt der Erwerber unter falschem Namen: nach OLG Hamm in der Regel Identitätstäuschung, daher Vertretergeschäft analog §§ 164 ff. BGB.[19]

Problem: Ausnahmen vom Offenkundigkeitsprinzip

- Es reicht nach § 164 I 2 BGB, wenn sich **aus den Umständen ergibt**, dass für einen anderen gehandelt werden soll, so zB bei **unternehmensbezogenen Geschäften** (zB Bestellung auf Geschäftspapier, Anmietung von Geschäftsräumen durch den auch so auftretenden Geschäftsführer). Hier wird der wirkliche Unternehmensinhaber Vertragspartei, wenn der Handelnde Vertretungsmacht hatte.
- Offenkundigkeit ist kraft teleologischer Reduktion von § 164 I 2 BGB auch beim sog. **»Geschäft für den, den es angeht«** nicht erforderlich: Hier ist es dem Vertragspartner gleichgültig, ob der andere Teil für sich oder für einen anderen handelt (in der Regel bei Bargeschäften des täglichen Lebens). Hat der Handelnde in diesen Fällen Vertretungsmacht und Vertretungswillen, kommt das Geschäft mit dem zustande, den es angeht, hier also mit dem Vertretenen (»verdeckte Stellvertretung«). Dies gilt **auch und gerade auf dinglicher Ebene,** nämlich für die Vertretung des Erwerbers bei der Einigung iSv § 929 BGB (**»Übereignung an den, den es angeht«** – der Veräußerer, dem die Person des Erwerbenden

19 Vgl. Palandt/*Ellenberger* BGB § 164 Rn. 11 mwN; OLG Hamm BeckRS 2016, 09788. Hier scheitert dann die Übereignung an den Erwerber, falls die Voraussetzungen der Vertretung nicht vorliegen, bereits an der fehlenden Einigung, ohne dass es auf §§ 932 ff. BGB ankommt.

gleichgültig ist, gibt eine Übereignungsofferte »an den, den es angeht« ab; derjenige, den es angeht, kann bei der dinglichen Einigung nach den obigen Voraussetzungen vertreten werden).

- Auch bei Geschäften nach § 1357 I BGB (sog. Schlüsselgewalt der Ehegatten) tritt automatisch eine Bindungswirkung für den anderen Ehegatten ein. Gleiches gilt nach § 8 II LPartG für Lebenspartner.
- Liegt keine Ausnahme, so wird der Handelnde selbst aus dem Geschäft berechtigt/verpflichtet, wenn sein Vertreterhandeln nicht erkennbar ist, **§ 164 II BGB (»im Zweifel Eigengeschäft«)**.

Unbefugtes Handeln eines (angeblichen) Vertreters

Missbrauch der Vertretungsmacht	Falsus procurator
= Grenzen aus Innenverhältnis werden überschritten, Vertretungsmacht nach außen besteht aber	= Handeln ohne Vertretungsmacht, dh Vertretungsmacht nach außen besteht nicht
Folge: Vertretene gebunden Ausnahme: Kollusion, Evidenz	Folge: §§ 177 ff. BGB ggf. Haftung des angeblich Vertretenen

Problem: Vertreter ohne Vertretungsmacht (*falsus procurator*), §§ 177 ff. BGB

- Kurzformel: »Überschreitung des rechtlichen Könnens« ohne Vertretungsmacht (es darf auch keine Duldungs- oder Anscheinsvollmacht bestehen!). In Palandt/*Ellenberger* BGB § 167 Rn. 6 ff. sind viele Beispiele zum Umfang der Vertretungsmacht!
- Folge: Das Geschäft ist schwebend unwirksam, §§ 177 ff. BGB, kann (ggf. konkludent) genehmigt werden. Eine konkludente Genehmigung ist in diesen Fällen ganz oft zu problematisieren gewesen.
- **Eigene Haftung des *falsus procurator* nach § 179 BGB**, gegebenenfalls zusätzlich § 823 II BGB iVm § 263 StGB und § 311 III BGB. Dem *falsus procurator* stehen bei § 179 BGB die Einwendung des eigentlichen Vertragspartners zu. Wäre der Anspruch gegen diesen wegen dessen Vermögenslosigkeit nicht realisierbar, entfällt nach dessen Sinn und Zweck auch ein Anspruch aus § 179 BGB.
- Das Schuldverhältnis aus **§ 179 BGB kann auch Rechtsgrund** iSv § 812 BGB für Zahlungen des *falsus procurator* an den vermeintlichen Vertragspartner sein (so zB gelaufen im Maitermin 2017!).
- **Daneben sind Ansprüche gegen den unwirksam Vertretenen** aus c.i.c., § 812 BGB und GoA möglich.
- § 179 BGB gilt analog wenn der Vertreter einen Vertrag namens einer nicht, noch nicht oder nicht mehr existenten Person oder namens einer noch zu benennenden, aber später nicht benannten Person abschließt.
- §§ 177 ff. BGB gelten analog für den Boten ohne Botenmacht.

Problem: Missbrauch der Vertretungsmacht

- Kurzformel: »Überschreitung des rechtlichen Dürfens im Rahmen des rechtlichen Könnens«.
- Abgrenzung zum *falsus procurator*: **Beim Missbrauch besteht nach außen eine Vollmacht, der Verstoß liegt nur im Innenverhältnis.** Dies kommt vor allem in den Fällen vor, in denen das Gesetz die umfassende Vollmacht im Außenverhältnis normiert (§ 1902 BGB bei Betreuer, §§ 48 ff. HGB bei Prokurist, §§ 126 II, 161 HGB bei Gesellschafter/Komplementär der OHG/KG, § 37 II GmbHG bei GmbH-Geschäftsführer), weil hier interne Beschränkungen der Vertretungsmacht (durch Weisungen, Beschlüsse) nicht auf das Außenverhältnis ausstrahlen.
- Folge: Bindung des Vertretenen, er trägt das Missbrauchsrisiko (im Innenverhältnis Regress möglich).

- **Ausnahmen:** Zusammenwirken (**Kollusion**) von Vertreter und Vertragspartner (dann Rechtsgeschäft nach § 138 I BGB nichtig) oder **Evidenz** des Missbrauchs (dann nach Rspr. für Vertretenen Einrede aus § 242 BGB).[20]
- Die Grundsätze gelten in der Regel auch bei Überschreiten einer Prozessvollmacht iSv §§ 78 ff. ZPO.[21]

Klausurtipp: Wenn im Gesellschaftsvertrag nichts zur Vertretungsmacht geregelt ist, wird **bei der GbR** nach § 714 BGB die Vertretungsmacht (Außenverhältnis) an die Geschäftsführungsbefugnis iSv § 709 BGB (Innenverhältnis) geknüpft (daher im Zweifel Gesamtvertretung). Interne Beschränkungen der Geschäftsführungsbefugnis schlagen dann immer auch auf das Außenverhältnis/die Vertretungsmacht durch, sodass gerade kein Missbrauch der Vertretungsmacht (sondern §§ 177 ff. BGB!) vorliegen kann.[22] Anders ist dies, wenn der Gesellschaftsvertrag klar zwischen Geschäftsführungsbefugnis und Vertretungsmacht unterscheidet. Hier haben Beschränkungen im Innenverhältnis (dazu zählt nach hM auch der Widerspruch nach § 711 BGB) grundsätzlich keine Auswirkung auf das Außenverhältnis. Bei der OHG/KG gelten §§ 125 I, 126 II, 161 II, 170 HGB (lesen! das wurde zuletzt im Märztermin 2017 abgeprüft).

Bei Unklarheiten über die Wirksamkeit einer Stellvertretung wird der Sachverhalt in den Examensklausuren oft um Probleme der **Streitverkündung nach §§ 72 ff. ZPO** angereichert. In der Regel wird der Geschäftsgegner erst gegen den vermeintlich Vertretenen geklagt und dabei dem vermeintlichen Vertreter den Streit verkündet haben. Bei Misserfolg im Vorprozess wird dieser sich dann in einem Folgeprozess an den vermeintlichen Vertreter halten und diesen nach § 179 I BGB in Anspruch nehmen. Denken Sie in diesen Fällen an die **Interventionswirkung der §§ 74 III, 68 ZPO.**

5. Die Einbeziehung von AGB in den Vertrag

Hier gehen Sie folgendermaßen vor: 7

1. Prüfen Sie, welche Klausel für die Klausurlösung überhaupt eine Rolle spielt.
2. Dann konkrete Überprüfung der relevanten Klausel:
   a) **Ist die Klausel überhaupt eine AGB** iSd §§ 305 ff. BGB? Vgl. §§ 305 I 1, 310 III Nr. 1 BGB.
   b) **Ist die Klausel wirksam einbezogen worden**? Vgl. §§ 305 II, 305c I BGB.
   c) **Ist die Klausel wirksam? Reihenfolge der Prüfung: §§ 309, 308, 307 BGB** (*»vom Speziellen zum Generellen«*, *»von hinten nach vorn«*). Die Unwirksamkeit kann sich auch aus §§ 134, 138 BGB oder einer zwingenden Norm aus dem BGB (zB § 551 IV BGB) ergeben.

Achten Sie stets auf die Sonderregeln von § 310 BGB!

§§ 305 ff. BGB sind zwingendes Recht und können auch zwischen Unternehmern nicht abbedungen werden!

Vorweg: Aus § 307 III BGB ergibt sich, dass Klauseln, die die vertraglichen **Hauptpflichten** festlegen, von der Inhaltskontrolle nach §§ 307 ff. BGB ausgenommen sind. Hauptleistung und Gegenleistung können von den Vertragsparteien wegen der Privatautonomie frei bestimmt werden. Mitunter kann es also zu der schwierigen Abgrenzung kommen, ob noch eine nicht kontrollfähige Hauptleistungsvereinbarung oder eine kontrollfähige periphere Pflichtenbestimmung vorliegt (vgl. die Kommentierung im Palandt/*Grüneberg* BGB § 307 bei Rn. 41 ff.).

Die Einbeziehung von **AGB zwischen Unternehmen** erfolgt wegen § 310 I BGB nicht nach dem strengen § 305 II BGB, sondern über die allgemeine Rechtsgeschäftslehre: Der Verwen-

20 BGH NJW-RR 2008, 977; 2004, 247; OLG Oldenburg MDR 2010, 1065; OLG Brandenburg BeckRS 2008, 07319; **verwirrend hier Palandt/*Ellenberger*** BGB § 164 Rn. 14b, wonach die Rspr. angeblich §§ 177 ff. BGB anwendet. Dies hat sie aber nur vereinzelt gemacht, um die »Alles-oder-Nichts-Lösung« über § 242 BGB zu korrigieren. **Falsch ist der Palandt auch bei Rn. 14**, wonach bei gesetzlich unbeschränkter Vertretungsmacht der Vertreter bewusst zum Nachteil des Vertretenen gehandelt haben muss. Das hat der BGH längst gekippt, NJW 2006, 2776.

21 Palandt/*Ellenberger* BGB § 164 Rn. 14; Zöller/*Vollkommer* ZPO § 83 Rn. 3. Beachten Sie aber § 83 ZPO!

22 Palandt/*Sprau* BGB § 714 Rn. 3, 5; BGH NJW 2010, 861 ff.; NJW-RR 2008, 1484 ff. Zuletzt wieder im August 2015, April 2016 und April 2017!

der muss auf seine AGB hinweisen und dem Vertragspartner eine Kenntnisnahme derselben ermöglichen. Der Vertragspartner stimmt ausdrücklich zu oder widerspricht zumindest nicht (das reicht nach der Rspr.). Zudem ist für die Inhaltskontrolle allein § 307 I, II BGB maßgeblich. Die Unwirksamkeit nach §§ 308, 309 BGB hat aber in der Regel **Indizwirkung** für die Unwirksamkeit der AGB auch gegenüber Unternehmern über § 307 BGB (trotzdem Abwägung im Einzelfall erforderlich!), § 310 I 2 BGB.

Nicht so streng bezüglich der Geltung der §§ 305 ff. BGB ist man auch, wenn sich eine Partei die vom **Notar** verwendeten Klauseln zu eigen macht und in den **eBay-Fällen** (vgl. → Rn. 3).

Bei der **Analyse der Examensklausuren** haben wir festgestellt, dass sich die Lösung zu Sonderfragen zB zum Vorliegen einer AGB, zum »Stellen« oder zur Inhaltskontrolle der in der Klausur problematischen Klausel stets nach kurzer Zeit **im Palandt finden ließ**. Hier gibt es also nichts, was Sie vor Ihren Klausuren lernen müssten.

Bei **Unwirksamkeit** einer Formulierung ist in der Regel die gesamte Klausel unwirksam, zudem kommt eine Schadensersatzhaftung des AGB-Stellers aus **c.i.c. wegen Verwendens unwirksamer AGB** in Betracht. Nur wenn die Klausel sprachlich und inhaltlich teilbar ist, kann der trennbare wirksame Teil aufrechterhalten werden.[23] Die weitere Konsequenz ergibt sich aus **§ 306 II BGB**: Lückenfüllung durch passende gesetzliche Vorschriften, hilfsweise durch ergänzende Vertragsauslegung. Der Zusatz in AGB *»soweit das gesetzlich zulässig ist«* beseitigt die Unwirksamkeitsfolge einer Klausel nicht, da derartige Zusätze ihrerseits unwirksam sind, weil sie gegen das Verständlichkeitsgebot verstoßen. Beachten Sie das **Verbot geltungserhaltender Reduktion**: Unwirksame Klauseln dürfen nicht teilweise so aufrechterhalten werden, dass sie in gerade noch erträglichem Maße zulässig sind. Nach **§ 305b BGB** genießen Individualabreden Vorrang vor AGB. Unklarheiten bei der Auslegung von AGB gehen nach **§ 305c II BGB** zulasten des Verwenders (»kundenfreundlichste Auslegung«).

Klausurtipp: Die Überprüfung von AGB kommt auch gerne **in der Kautelarklausur** vor, vgl. dazu ***Kaiser/Kaiser/Kaiser* Anwaltsklausur Rn. 122 ff.**

B. Einwendungen und Einreden gegen den Anspruch

I. Klausurprobleme zu rechtshindernden Einwendungen

1. Das Scheingeschäft, § 117 BGB

8 § 117 I BGB liegt vor, wenn die Parteien nur den Schein eines Rechtsgeschäftes hervorrufen, dessen Rechtsfolgen aber nicht eintreten lassen wollen (zB Scheingebote Dritter bei eBay). Wenn sie die Wirksamkeit des Geschäfts für ihre »bösen« Ziele brauchen, liegt **kein Fall von § 117 I BGB** vor, so zB bei **Strohmanngeschäften** oder bei Übertragung von Gegenständen auf einen Freund, um diese der Zwangsvollstreckung Dritter zu entziehen (hier in der Regel auch kein § 138 I BGB, da die Regelung der Gläubigeranfechtung nach dem AnfG/InsO vorrangig sind, solange das Rechtsgeschäft keine besonderen über die Gläubigerbenachteiligung hinausgehenden sittenwidrige Umstände aufweist – Termin März 2018!). Oft sollte auch § 117 I BGB angeprüft und dann verneint werden, weil derjenige, der sich auf § 117 I BGB beruft, häufig nur ein Scheingeschäft behauptet, ohne dazu substantiiert vorzutragen.

Sie kennen aus dem Rep zum Ersten bestimmt noch den **Schwarzkauf**: Die Parteien des Grundstückskaufvertrages geben vor dem Notar einen geringeren als den vereinbarten Kaufpreis an, um Steuern und Notargebühren zu sparen. Die Differenz zum wirklich gewollten Preis wird dem Verkäufer bar – »schwarz« genannt – übergeben. Lösung: Der vor dem Notar abgeschlossene Vertrag ist nicht nach § 134 BGB iVm AO/§ 263 StGB nichtig, da dies nur dann anzunehmen ist, wenn die Steuerhinterziehung Hauptzweck des Vertrags ist. Es liegt jedoch ein Scheingeschäft nach § 117 I BGB vor. Der unterverbriefte (= wirklich gewollte)

23 Sog. »Blue-Pencil-Test«. Vom BGH vor allem bei Schönheitsreparaturklauseln idR verneint – regelmäßig gesamte Klausel unwirksam.

Vertrag ist zwar grundsätzlich nach § 117 II BGB wirksam, wegen § 311b I 1 BGB aber mangels Einhaltung der Form nach § 125 S. 2 BGB nichtig. Eine **Heilung nach § 311b I 2 BGB** ist aber möglich. Im Assessorexamen wird dies gern wie folgt variiert: Die Parteien geben vor dem Notar einen geringeren Kaufpreis an, weil – was sie ohne Steuerhinterziehungswillen verschweigen – ein Teil des vereinbarten höheren Kaufpreises durch **Verrechnung mit einer anderen Forderung** bereits getilgt sein soll. Lösung identisch wie eben. Wie ist dagegen der Fall zu lösen, bei dem die Parteien vor dem Notar den gewollten Kaufpreis angeben und dem Notar die Verrechnung verschweigen? Erst selbst nachdenken, dann die Fußnote lesen.[24]

Klausurtipp: Beachten Sie auch die häufige **Einschlägigkeit von § 117 BGB im Rahmen der Klage nach § 771 ZPO**. Lesen Sie dazu *Kaiser/Kaiser/Kaiser* Zwangsvollstreckungsklausur Rn. 44!

2. Die Nichtbeachtung der Form, § 125 BGB

Formvorschriften haben Beweisfunktion, Warnfunktion/Übereilungsschutz und Beratungsfunktion. Wichtige Formvorschriften sind §§ 311b I 1, 128, 152 BGB (Grundstück), § 550 BGB (Mietvertrag), § 766 BGB (Bürgschaft), § 518 I BGB (Schenkung), § 2247 BGB (Testament), §§ 2301 II, 2276 BGB (Schenkungsversprechen von Todes wegen) und §§ 780 f. BGB (abstraktes Schuldanerkenntnis). Schriftformklauseln der Gemeindeordnungen werden dagegen nicht als Formerfordernis, sondern als Regelung der Vertretungsmacht angesehen. 9

Am **wichtigsten** ist neben **§ 550 BGB** (→ Rn. 78) der **§ 311b I BGB**. Das Formerfordernis von § 311b BGB erstreckt sich auf alle **Nebenabreden**, aus denen sich der Grundstückskaufvertrag zusammensetzen soll. Abreden, von denen anzunehmen ist, dass die Parteien auch ohne sie den Vertrag abgeschlossen hätten, sind formfrei (Zweifelsfragen immer mit Palandt lösen, die Rspr. ist hier Flickwerk!). Bei der Formnichtigkeit der Nebenabrede stellt sich dann immer die Frage, ob wegen **§ 139 BGB** der ganze Vertrag nichtig ist, wenn der Formmangel nicht nach **§ 311b I 2 BGB geheilt** wurde. Vertragsänderungen **nach der Auflassung** sind nicht formbedürftig, weil dann der Übereilungsschutzzweck von § 311b BGB nicht mehr greift. Beachten Sie zu § 311b I 2 BGB in diesem Zusammenhang, dass die **Heilung nur bei Formmängel iSv § 311b I 1 BGB** klappt und nicht, wenn daneben noch andere Unwirksamkeitsgründe oder ein Fall von § 311b III BGB vorliegt. Schauen Sie in den Wortlaut der Norm!

Klausurtipp: Wegen seines weiten Schutzzwecks gilt der § 311b BGB auch für Verträge, bei denen ein **mittelbarer Zwang** zum Erwerb/zur Veräußerung eines Grundstücks besteht, so zB bei Vorverträgen, bei bestimmten Maklerverträgen (→ Rn. 74), gegebenenfalls bei Reservierungsvereinbarungen[25] oder bei zusammengesetzten Verträgen, die eine Einheit bilden sollen (Februartermin 2018! viele Beispiele im Palandt!).

Die gemeinsame Aufhebung einer durch Schriftformklausel vereinbarten Form (§§ 126 ff. BGB lesen!) ist jederzeit formlos (auch konkludent) möglich. Anders bei der **»doppelten/qualifizierten Schriftformklausel«**: Hier haben die Parteien vereinbart, dass Änderungen der Schriftform bedürfen und diese Klausel ihrerseits nur schriftlich aufgehoben werden kann (deshalb doppelt!). Schriftformklauseln können nicht durch AGB vereinbart werden, die entsprechende Klausel wäre nach §§ 305b, 307 I 1, II Nr. 1 BGB und wohl auch nach § 309 Nr. 13 BGB unwirksam.

---

24 Dann liegt kein Fall von § 117 I BGB vor, weil der gewollte Kaufpreis beurkundet wird. Hier kommt es allerdings zur Formproblematik, ob Verrechnungs(neben)abreden unter § 311b BGB fallen, und – wenn bzw. weil dies zu bejahen ist – zur weiteren Prüfung von § 139 BGB, vgl. → Rn. 9 und Palandt/*Grüneberg* BGB § 311b Rn. 28. Bei ausreichend Zeit sollten Sie auch *Keim* NJW 2012, 119 ff. lesen.

25 Palandt/*Grüneberg* BGB § 311b Rn. 13 (nur bei Erwerbsdruck); bei Reservierungsabreden in AGB greift zusätzlich idR § 307 BGB.

Wenn ein gesetzliches Formerfordernis nicht beachtet wurde, prüfen Sie nach folgender Systematik:

1. Gibt es eine **Heilungsvorschrift**?
   - zB §§ 311b I 2, 518 II, 766 S. 3 BGB, § 15 IV 2 GmbHG
2. Oder ist der Formverstoß **aus sonstigen Gründen für Wirksamkeit unbeachtlich**?
   - zB bei § 550 BGB
3. **Verstößt das Berufen auf die Formnichtigkeit gegen Treu und Glauben**?
   - (restriktiv) dann, wenn die Nichtigkeitsfolge für eine Partei »*schlechthin untragbar*« wäre.[26]
4. Wenn Punkte 1. bis 3. (–): Willenserklärung bzw. Rechtsgeschäft unwirksam.

Beim **Verstoß gegen ein vereinbartes und konkludent auch nicht aufgehobenes Formerfordernis** ist stets zu ermitteln, ob das Rechtsgeschäft ohne Beachtung der Form unwirksam ist oder ob die Formvereinbarung nur der Beweissicherung dienen – dh deklaratorisch sein – soll (mit der Kommentierung zu § 125 BGB arbeiten!).

3. Der Verstoß gegen ein gesetzliches Verbot, § 134 BGB

10 Die examensrelevantesten Beispiele von § 134 BGB sind

- die Abtretung (auf Bestimmtheit achten!) von Schadensersatzansprüchen aus einem Unfall an Sachverständige oder Kfz-Werkstatt (wegen § 5 I **RDG** erlaubt, wenn nur Anspruchshöhe streitig ist),
- der Verstoß gegen **§ 203 StGB bei Berufen mit Schweigepflicht** (Abtretung von Arzt-, Steuerberater- oder Rechtsanwaltshonoraransprüche an Dritte, auch Verkauf der Patientenkartei bei Arztpraxisübernahmevertrag, Ausnahme: vorherige schriftliche Einwilligung und ausdrücklich §§ 49b IV, 64 II BRAO/StBerG) und
- der Verstoß gegen die **MaBV** (vgl. zu dieser Klausur *Kaiser/Kaiser/Kaiser* Zwangsvollstreckungsklausur Rn. 27d).

Die neue Rspr. zur **»Ohne-Rechnung-Abrede«** war bislang der häufigste Klausurfall zu § 134 BGB (kommentiert **bei Palandt/*Ellenberger* BGB § 134 Rn. 22!**). Vor allem drei Fragen stellen sich hier:

1. Gewährleistungsrechte des Bestellers ggü. dem Schwarzarbeiter bei Mängeln?

Ansprüche aus §§ 634 ff. BGB (aus anderen Normen könnte keine Gewährleistung verlangt werden)?

Nach **bisheriger Rspr.** war nur die Ohne-Rechnung-Abrede nach § 134 BGB iVm § 1 II Nr. 2 SchwarzArbG unwirksam (§ 1 II SchwarzArbG ist Verbotsgesetz wg. Sinn und Zweck von §§ 1 ff. SchwarzArbG; es reicht hier nach der Rspr. aus, dass der Unternehmer vorsätzlich gegen das Verbotsgesetz verstößt und der Besteller dies weiß), da die Steuerhinterziehung nicht der Hauptzweck des Vertrages ist (wenn dies Hauptzweck: ganzer Vertrag nach § 134 BGB iVm § 370 AO unwirksam). Dies führte aber in der Regel über § 139 BGB zur Gesamtunwirksamkeit des Werkvertrages. Bezüglich der gegen ihn erhobenen Gewährleistungsansprüche aus Werkvertrag konnte sich der Schwarzarbeiter aber nach der 2008 vom BGH entwickelten Rspr. wegen § 242 BGB nicht auf die Gesamtnichtigkeit des Werkvertrages über § 139 BGB berufen (»wer leistet, muss auch gut leisten«). Gewährleistungsrechte wurden also bejaht, da eine mangelhafte Werkleistung nicht ohne Folgen bleiben könne. Dies hat der BGH nunmehr gekippt: Die Ohne-Rechnung-Abrede ist nach § 134 BGB iVm § 1 II Nr. 2 SchwarzArbG unwirksam. Dies führt nach **neuer Rspr.** grundsätzlich zur **automatischen Gesamtunwirksamkeit des kompletten Werkvertrages nach § 134 BGB**, ohne dass es auf § 139 BGB ankommt. Wesentliches Argument ist der durch die Änderungen im SchwarzArbG und UStG zum 1.8.2004 zum Ausdruck gekommene eindeutige Wille des Gesetzgebers, die Schwarzarbeit stärker zu bekämpfen und gesetzestreue

26 Palandt/*Ellenberger* BGB § 125 Rn. 22 ff. ZB Existenzgefährdung und besonders schwere Treuepflichtverletzung einer Partei. Das gilt nicht für formmangelhafte Verfügungen! In dem Zusammenhang Formmangel und vorvertragliches Verhalten ist auch an die c.i.c. zu denken.

Wettbewerber zu schützen, was nur durch die Komplettunwirksamkeit des Vertrages nach § 134 BGB erreicht werden kann. Die notwendige Abschreckungswirkung des SchwarzArbG würde sonst auch entfallen. Wer bewusst gegen das SchwarzArbG verstößt, soll nach der Intention des Gesetzgebers schutzlos bleiben und veranlasst werden, das verbotene Geschäft nicht abzuschließen. Nach dem BGH können die Rechtsfolgen einer Gesamtunwirksamkeit nach § 134 BGB (anders als bei § 139 BGB) nur in – in der Regel nicht vorliegenden – engen Grenzen von § 242 BGB überwunden werden. **Gewährleistungsansprüche bestehen also nicht.**

2. Folgefrage: Was ist mit dem Lohnanspruch des Schwarzarbeiters?

a) Vertraglicher Anspruch aus § 631 BGB? Nein, da der Werkvertrag nach alter und neuer Rspr. unwirksam ist (s. oben).

b) §§ 677, 683, 670 BGB/GoA auch (–). Zwar liegt in der Schwarzarbeit grundsätzlich eine berechtigte GoA, aber der Anspruch scheidet nach der Rspr. auf Rechtsfolgenseite aus, da Aufwendungen bei gesetzeswidrigem Grundgeschäft nicht erforderlich iSv § 670 BGB sind, vgl. → Rn. 34.

c) Aber nach bisheriger Rspr. (gegebenenfalls zu kürzender) Anspruch auf Werklohn aus **§§ 812 I 1 Alt. 1, 818 II BGB.** Einem etwaigen Anspruchsausschluss nach § 817 S. 2 BGB stand § 242 BGB entgegen, dass die Sanktionierung durch das SchwarzArbG nicht dazu führen könne, dass der Schwarzarbeiter als die wirtschaftlich schwächere Partei umsonst arbeiten müsse (dasselbe galt für einen etwaigen Ausschluss nach § 814 BGB). Es sei treuwidrig, wenn der Besteller den Wert der Arbeitsleistung nicht erstatten muss. Auch die grundsätzliche Bejahung einer berechtigten GoA und damit das eigentliche Bestehen eines Rechtsgrundes seien hier ausnahmsweise für einen Bereicherungsanspruch unschädlich. Und jetzt? **Ansprüche des Schwarzarbeiters aus Bereicherungsrecht sind nach neuer Rspr. zumindest wegen § 817 S. 2 BGB ausgeschlossen**, ohne dass jedenfalls hier § 817 S. 2 BGB durch § 242 BGB überwunden wird. Die Zubilligung eines Bereicherungsanspruches widerspricht der Missbilligung der Schwarzarbeit. Die Durchsetzung der vom Gesetzgeber mit den Änderungen des SchwarzArbG verfolgten Ziele, die Schwarzarbeit effektiv einzudämmen und ein neues Unrechtsbewusstsein gegenüber der Schwarzarbeit zu schaffen, erfordert zumindest in den Schwarzarbeiterfällen eine **strikte Anwendung von § 817 S. 2 BGB.** Zudem liegt in der berechtigten GoA ein Rechtsgrund. Gleiches gilt für etwaige Ansprüche nach §§ 951, 812 BGB, die ebenfalls zu verneinen sind.

3. Folgefrage: Wenn der Besteller trotzdem den Lohn gezahlt hat, bekommt er ihn zurück?

Nein, natürlich nicht. Die Rückforderung über die Leistungskondiktion dürfte oft schon an § 814 BGB scheitern, zumindest aber an § 817 S. 2 BGB. Nach BGH ist auch hier eine **»strikte Anwendung« von § 817 S. 2 BGB** geboten. § 817 S. 2 stünde dann auch § 817 S. 1 BGB entgegen. Ansprüche aus GoA scheitern entweder am fremden Geschäft, am Fremdgeschäftsführungswillen oder an der fehlenden Erforderlichkeit.

Die obige Rspr. gilt auch für Architekten- und Werklieferungsverträge, da die Wertungsfragen identisch sind. Sie sollten die **aktuelle Rspr. zum Schwarzarbeiterfall im Auge behalten**, da praktisch alle BGH-Urteile zu diesem Thema bislang auch abgeprüft wurden.

4. Die Sittenwidrigkeit, § 138 BGB

Wucher nach § 138 II BGB ist kaum beweisbar, sodass in den Klausuren § 138 I BGB relevanter ist. Wichtig ist dann, dass Sie sowohl den objektiven als auch den subjektiven Tatbestand der Sittenwidrigkeit prüfen **(sog. zweistufige Prüfung).** Beachten Sie, dass Sittenwidrigkeit nach § 138 I BGB in der Regel nur das Verpflichtungsgeschäft betrifft (Verfügungsgeschäft ist in der Regel *»sittlich neutral«*). Nur wenn der Sittenverstoß gerade in der sachenrechtlichen Änderung liegt, ist auch das dingliche Geschäft sittenwidrig (zB Übersicherung). Klausuren zu § 138 BGB sind im Assessorexamen selten. Die typischen Fallgruppen aus dem Rep zum Ersten (zB **Übersicherung** bei Sicherungsübereignung) kommen im Zweiten kaum jemals vor, bei Bedarf kann man das dann auch schnell im Kommentar zu § 138 und § 930 BGB nachschla- 11 gen.[27] Wenn überhaupt, dann handelte es sich um neuere Entscheidungen, die von den LJPAs abgeprüft wurden (Vertu-Handy, Kartenlegerin, Radarwarngerät, Schenkkreis, neu: Titelhandel).[28] Hier sollten Sie vor Ihren Klausuren **up to date mit der aktuellen Rspr.** sein! § 123 BGB ist nach hM neben § 138 BGB anwendbar, § 134 BGB dagegen ist *lex specialis* ggü. § 138 BGB.

Klausurtipp: Hin und wieder macht eine Partei Ansprüche aus einem **Vertragsstrafenversprechen nach §§ 339 ff. BGB** geltend. Bei solchen Klausuren geht es oft um die Fälligkeit des Anspruchs (in der Regel nur bei Verschulden!), um die Sittenwidrigkeit, um die Herabsetzung nach § 343 BGB (§ 348 HGB beachten!), um die Anrechnung nach §§ 340 f. BGB, um den Dolo-agit-Einwand oder um § 307 BGB (bei AGB). Hier ist saubere Arbeit mit dem Kommentar und der Klausurakte gefragt, kein Geheimwissen! Gegebenenfalls ist eine Vertragsstrafe abzugrenzen von einer **Schadenspauschalierung**, vgl. dazu Palandt/*Grüneberg* BGB § 276 Rn. 26.

5. Bedingungen, §§ 158 ff. BGB

12 Auch der Nichteintritt/Eintritt einer vereinbarten Bedingung ist als mögliche Einwendung gegebenenfalls zu prüfen.

II. Klausurprobleme zu rechtsvernichtenden Einwendungen

1. Die Anfechtung, §§ 119 ff. BGB

13 In der Klausuren ist oft eine Anfechtung zu prüfen, gegebenenfalls sogar als einer der Schwerpunkte der Klausur.

Prüfungsschema Anfechtung

1. **Ist eine Anfechtung überhaupt möglich?**
   - Liegt eine Willenserklärung vor? Diese muss nicht zwingend wirksam sein (Anfechtung nichtiger Verträge zulässig!)[29]
   - Greifen vorrangige Sonderregeln wie vor allem Gewährleistungsrechte?
2. **Liegt ein Anfechtungsgrund vor?**
   - §§ 119, 120, 123 BGB prüfen, unbeachtlicher Motivirrtum? Hier in der Regel Schwerpunkt der Prüfung.
3. **Liegt eine Anfechtungserklärung vor?**
   - Gegebenenfalls durch Auslegung/Umdeutung[30] einer anderen Loslösungs-Erklärung zu ermitteln.
4. **Ist die Anfechtungsfrist eingehalten?**
   - §§ 121 II, 124 I BGB prüfen.
5. **Rechtsfolge**
   - § 142 I BGB, für Rückabwicklung §§ 812 ff. BGB und gegebenenfalls sogar EBV bei Irrtumsidentität

a) Ist eine Anfechtung überhaupt möglich?

Zu verneinen bei Prozesshandlungen, bei Realakten die keine Willenserklärungen sind, nach Bestätigung des Rechtsgeschäftes iSv **§ 144 BGB** (problematisch ist im Falle einer Bestätigung, ob neben der Anfechtung zB über die Konstruktion eines konkludenten Erlassvertrages auch weitere Ansprüche des Bestätigenden ausgeschlossen sind – nach BGH Frage der Auslegung im Einzelfall!) oder wenn Regelungen wie §§ 2078 ff. BGB bei letztwilligen Verfügungen,

27 **Der Palandt/*Ellenberger* ist bei BGB § 138 Rn. 34a unkorrekt!** Dort steht: *»Ein auffälliges MissVerh liegt vor, wenn der Wert der Leistg rund doppelt so hoch ist wie der Wert der GgLeistg.«* Das ist Quatsch. Die Rspr. sagt, dass in diesen Fällen ein »besonders grobes MissVerh« vorliegt, welches (jedenfalls außerhalb des kaufmännischen Verkehrs, von eBay-Auktionen und von spekulativen Geschäften) eine Vermutung für die verwerfliche Gesinnung auslöst. Ein nur »auffälliges MissVerh« liegt unter dieser Schwelle vor, die stets erforderliche subjektive Seite der Sittenwidrigkeit wird dann gerade nicht vermutet. Hier werden im Palandt also das besonders grobe und das auffällige MissVerh verwechselt.

28 BGH NJW 2012, 2723; 2011, 756; 2010, 610; 2012, 3366; 2006, 45; OLG Hamm MDR 2018, 137.

29 »Lehre von der Doppelwirkung«, vgl. Palandt/*Ellenberger* BGB Überbl v § 104 Rn. 35. Das gilt nach BGH NJW 2010, 610 f. auch für den Widerruf!

30 Problematisch ist, ob ein Rücktritt und eine Kündigung in eine Anfechtung umgedeutet/ausgelegt werden kann, da Letztere ein »Plus« ist. Dagegen Palandt/*Ellenberger* BGB § 140 Rn. 6; dafür OLG Hamm NJW-RR 2011, 1423 mwN; BGH BeckRS 1965, 31178425.

§ 313 BGB bei beidseitigem Irrtum (hM: Vorrang § 313 BGB) oder das **Gewährleistungsrecht vorrangig** sind. §§ 119 ff. BGB gelten analog für geschäftsähnliche Handlungen (Mahnung, Fristsetzung, Rüge iSv § 377 HGB, Gewinnzusage iSv § 661a BGB). Eine Anfechtung wegen Irrtums ist nicht nötig, wenn bereits durch Auslegung der Willenserklärung ermittelt werden kann, dass das Gewollte und das Erklärte übereinstimmen (**»Auslegung vor Anfechtung«**). Hierzu lief im August 2017 und Januar 2018 OLG Schleswig NJW 2016, 2045 ff. (bei Interesse können Sie das Urteil lesen).

b) Liegt ein Anfechtungsgrund vor?

Hier sind §§ 119, 120, 123 BGB zu prüfen. Bloße **Motivirrtümer** (Erwartungsirrtümer) berechtigen grundsätzlich nicht zur Anfechtung nach § 119 I BGB.[31] Beispiele für einen in der Regel unbeachtlichen Motivirrtum sind der Irrtum über die Rechtslage und der Kalkulationsirrtum (hier aber gegebenenfalls Auslegung möglich).[32]

Problem: Anfechtung nach § 119 II BGB bei Eigenschaftsirrtum

- »Eigenschaften« sind nur dauerhafte Faktoren, die den Wert der Sache unmittelbar bestimmen. Daher ist der **Wert einer Sache keine Eigenschaft** (anders als die wertbildenden Merkmale wie zB Material eines Rings: »Platin statt Weißgold«, Herkunft eines Pferdes), da die richtige Einschätzung des Wertes eigenes Risiko sein muss.
- Nach hM wird eine Anfechtung nach **§ 119 II BGB** für den Käufer **nach Gefahrübergang (anders Palandt/*Ellenberger* BGB § 119 Rn. 28!) durch §§ 434 ff. BGB verdrängt**, wenn sich der Irrtum auf die Mängeleigenschaft der Kaufsache bezieht (Argument: keine Umgehung der erst ab dann greifenden Gewährleistungsregeln durch »plumpen« § 119 II BGB). Der Verkäufer dagegen kann bei einem Irrtum über die Mangelfreiheit auch nach Gefahrübergang nach § 119 II BGB anfechten, es sei denn, er entzieht sich dadurch Gewährleistungsansprüchen des Käufers. Warum denn?[33] Dieselben Grundsätze gelten auch für das Verhältnis von § 119 II BGB zu anderen explizit geregelten Gewährleistungsrechten (zB Mietrecht, Werkrecht: **»BT schlägt AT«**). § 123 BGB ist dagegen als Ausfluss von § 242 BGB nie durch Gewährleistungsrecht gesperrt.

Problem: Anfechtung nach § 123 BGB

- Die Täuschung durch Verschweigen kommt in Assessorklausuren viel häufiger vor als die Täuschung durch Tun. Verschweigen berechtigt nur zur Anfechtung, wenn im konkreten Fall eine **Aufklärungspflicht** bestand. Dies ist dann der Fall, wenn *»nach Treu und Glauben und der Verkehrsanschauung eine Aufklärung redlicherweise erwartet werden durfte«*, was dann von Ihnen inklusive dieser Definition sauber herauszuarbeiten ist. Bei Zweifelsfällen: Palandt! Der Anfechtende trägt die Beweislast für die unterbliebene Aufklärung, wobei – wie grundsätzlich bezüglich des Beweises von negativen Tatsachen – der Gegner die sog. sekundäre Darlegungslast trägt.
- Verübt ein Dritter die Täuschung, so kommt es auf § 123 II BGB an. Drohungen Dritter berechtigen immer zur Anfechtung, § 123 II BGB gilt hier nicht. Dritter iSd § 123 II BGB ist nur derjenige, der nicht im Lager des Anfechtungsgegners steht. Tritt der Täuschende als Vertrauensperson des Anfechtungsgegners auf, so muss sich Letzterer dessen Täuschung stets iSv § 123 I BGB zurechnen lassen (»Lagertheorie«, § 278 BGB analog). Achtung: Der Lieferant ist nicht Erfüllungsgehilfe/Vertrauensperson des Verkäufers (daher »Dritter« – VW-Abgasskandal!).

---

31 Anders ausdrücklich in den Fällen von §§ 119 II, 123, 2078 f. BGB.

32 Palandt/*Ellenberger* BGB § 119 Rn. 15 ff. auch zu den Ausnahmen. Der Rechtsirrtum muss grds. unbeachtlich sein, denn sonst gewinnt immer der Dümmste und Juristen könnten nie anfechten. Auch beim Kalkulationsirrtum wäre eine Anfechtung ungerecht. Letzte Hilfe bei Kalkulationsirrtum in Extremfällen nach BGH: **Gegenanspruch des Irrenden aus c.i.c. bei von der Gegenseite erkanntem Irrtum** (Palandt/*Ellenberger* BGB § 119 Rn. 15 ff.).

33 Dies wird mit § 242 BGB begründet. Dabei ist wohl darauf abzustellen, ob der Käufer tatsächlich Mängelrechte geltend machen will und nicht, ob abstrakt Gewährleistungsrechte bestehen (BGH NJW 1988, 2597 ff.: »Leibl-Fall«; *Stöber* JA 2017, 561 ff.). Ähnliches dürfte vor Gefahrübergang in Anbetracht der Erfüllungsansprüche des Käufers gelten.

- Ein Klausurklassiker zu § 123 BGB ist seit Jahren **BGH NJW 2010, 3362 ff.** (»Thor Steinar«).

Klausurtipp: Denken Sie bei Aufklärungspflichtverletzungen **neben § 123 BGB auch an die c.i.c.** (fehlende Aufklärung als vorvertragliche Sorgfaltspflicht) und an **Gewährleistung** (wenn Aufklärung Mangel betrifft)!

c) Liegt eine wirksame Anfechtungserklärung vor, § 143 II BGB?

Die Anfechtungserklärung ist – wie bei jedem Gestaltungsrecht – grundsätzlich bedingungsfeindlich. Jedoch wird eine **Eventualanfechtung** dann für zulässig erachtet, wenn die Partei die Anfechtung für den Fall erklärt, dass die primär vorgetragene Rechtsansicht nicht durchgreift (Argument: zulässige innerprozessuale Rechtsbedingung). Aufgrund seiner höchstpersönlichen Rechtsnatur ist das Anfechtungsrecht nicht abtretbar (Rechtsgedanke § 399 Alt. 1 BGB), jedoch ist analog § 185 BGB eine Ermächtigung eines Dritten zur Anfechtung möglich.

d) Ist die Anfechtungsfrist eingehalten worden?

Hier prüfen Sie § 121 II BGB (unverzüglich) und § 124 I BGB (Jahresfrist). Der Ablauf der Frist von § 124 BGB schließt sonstige Ansprüche des Getäuschten/Bedrohten nicht aus, zB aus Delikt, c.i.c. oder **§ 853 BGB** (lesen!).

e) Was sind die Rechtsfolgen der erfolgreichen Anfechtung?

Nach § 142 I BGB die anfängliche (**Ex-tunc-**)Unwirksamkeit der Willenserklärung/des Rechtsgeschäfts (Ausnahme: vollzogene Arbeits-, Dienst- u. Gesellschaftsverträge: hier ex nunc, da Rückabwicklung schwierig wäre; im Mietrecht normal ex tunc!) mit der Folge eines Rückaustausches der Leistungen über die Leistungskondiktion und die Schadensersatzpflicht nach **§ 122 I BGB**. Nur wenn der Irrtum auch das Erfüllungsgeschäft betrifft (bei sog. **Fehleridentität** = auch die Willenserklärung im Rahmen des dinglichen Rechtsgeschäfts leidet an demselben Irrtum und ist daher anfechtbar, was in der Regel nur bei einem einheitlichen Geschehen von Verpflichtungs- und Verfügungsgeschäft vorkommt; regelmäßig zu bejahen bei § 123 BGB, umstr. bei § 119 II BGB[34]), landen Sie auch im EBV. Wurde vom Anfechtungsgegner bereits über die Sache verfügt, handelt es sich bei Fehleridentität um die Verfügung eines Nichtberechtigten (Folge: §§ 932 ff., 142 II, 816 I BGB).

2. Die Erfüllung und Erfüllungssurrogate

14 Das Schuldverhältnis erlischt, wenn der Gläubiger die geschuldete Leistung bewirkt, **§ 362 I BGB**. Beachten Sie § 270 I BGB bei der **Erfüllung von Geldschulden** (Geldschulden sind qualifizierte Schickschulden, bei denen der Schuldner die Verlustgefahr trägt, Ausnahme: § 300 II BGB).[35] Die Anrechnung der Zahlung bei mehreren offenen Forderungen regelt **§ 366 BGB** (Tilgungsbestimmung). Die Änderung einer Tilgungsbestimmung ist in den Grenzen von § 242 BGB aus Billigkeitsgründen zulässig, zB Änderung irrtümliche Zahlung auf eigene Schuld in Zahlung auf fremde Schuld. Die Quittung ist in §§ 368 ff. BGB geregelt. § 371 BGB wird in der Zwangsvollstreckungsklausur relevant.[36] Nach hM stellt auch die **Banküberweisung** Erfüllung dar, wenn der Gläubiger sich (gegebenenfalls stillschweigend) damit einverstanden erklärt hat. Die Leistung kann auch **durch einen Dritten** erfolgen, **§ 267 BGB** (Folge: Rückgriff beim Schuldner → Rn. 64).[37] Die Zahlung durch die eigene Haft-

---

34 Dafür MüKoBGB/*Armbrüster* § 119 Rn. 144 mwN; Palandt/*Ellenberger* BGB § 142 Rn. 2; dagegen Palandt/*Herrler* BGB Einl v § 854 Rn. 13 mwN; Argument: Gegenstand der dinglichen WE ist nur die Herbeiführung der Rechtsänderung, nicht aber konkrete Eigenschaften der Sache.

35 Der **Gläubiger trägt dagegen die Verzögerungsgefahr**. Das heißt es **reicht zur Verhinderung eines Verzuges, dass der Schuldner bei ausreichend gedecktem Konto rechtzeitig seiner Bank den Zahlungsauftrag erteilt**, rechtzeitiger Geldeingang beim Gläubiger ist egal (Rspr.-Änderung!). Nur im unternehmerischen Zahlungsverkehr ist die Rspr. strenger (rechtzeitiger Eingang nötig, Palandt/*Grüneberg* BGB § 270 Rn. 5 f.).

36 Antrag auf Titelherausgabe, vgl. *Kaiser/Kaiser/Kaiser* Zwangsvollstreckungsklausur Rn. 12.

37 Dritter iSv § 267 BGB ist nur, wer aus eigenem Antrieb, dh unabhängig von einer Veranlassung des Schuldners, leistet. Daher fallen zB die Anweisungsfälle nicht unter § 267 BGB. Dritter iSv § 267 BGB ist nach der Rspr. auch die Haftpflichtversicherung, die für den Versicherungsnehmer an den Geschädigten zahlt. Anders nur, wenn der Geschädigte einen eigenen Direktanspruch gg. die Versicherung hat (dann Zahlung – auch – auf eigene Schuld, kein Dritter iSv § 267 BGB, vgl. zB BGHZ 113, 62 ff. = NJW 1991, 919!).

pflichtversicherung an den Versicherungsnehmer (Geschädigten) ist natürlich keine Erfüllung durch den Schuldner (Schädiger), weil der Anspruch nach § 86 VVG lediglich auf die Versicherung übergeht. Die Leistung **an einen Dritten** hat nur ausnahmsweise Erfüllungswirkung, zB §§ **362 II**, **407**, 808 BGB, §§ 354a I 2, 56 HGB, §§ 829, 835 ZPO (Pfändung des Anspruches durch einen Dritten). Die **Überweisung auf ein falsches Konto** des Gläubigers ist keine Erfüllung, allerdings kann der Schuldner gegenüber dem erneutem Zahlungsverlangen nach hM mit seinem Rückzahlungsanspruch aus Leistungskondiktion aufrechnen.[38] Bei einer **Zahlung unter Vorbehalt** kommt es auf die Art des Vorbehaltes an: Will der Schuldner lediglich die Wirkung des § 814 BGB ausschließen und sich die Rückforderung vorbehalten (*»unter Vorbehalt einer Rückforderung zahle ich hiermit ...«*), so liegt Erfüllung vor. Anders ist dies, wenn der Schuldner nur unter der Bedingung des Bestehens der Forderung zahlt und dem Gläubiger weiterhin die Beweislast des Bestehens auferlegt (*»ohne Anerkennung einer Rechtspflicht zahle ich hiermit ...«*).

Achtung: Wird aus einem **vorläufig vollstreckbaren Titel**, einem Arrestbefehl oder einer einstweiligen Verfügung vollstreckt, tritt nach der Rechtsprechung des BGH keine Erfüllung iSd § 362 BGB ein. Die Leistung erfolgt in diesen Fällen unter dem Vorbehalt des Rechtskrafteintritts. Hohe Examensrelevanz!

Klausurtipp: Die Erfüllung durch den Beklagten bietet den LJPAs die Möglichkeit, prozessuale Stolpersteine einzubauen.[39] Bei der **Erfüllung zwischen An- und Rechtshängigkeit** müssen Sie an § 269 III 3 ZPO denken. Die Erfüllung **nach Rechtshängigkeit** führt zu der ganzen Bandbreite der möglichen Erledigungserklärungen. Die Erfüllung **nach dem Prozess** während der Zwangsvollstreckung spielt vor allem bei § 767 ZPO eine Rolle.

Wenn eine **Gläubigermehrheit** besteht, so hängt die Erfüllungswirkung der Leistung (oder der Aufrechnung) davon ab, ob Gesamt- oder Mitgläubigerschaft (bei Letzterem nur an alle!) vorliegt. Wann was vorliegt können Sie der Kommentierung im Palandt bei §§ 420 ff. BGB entnehmen. § 432 BGB ist der Regelfall in der Praxis. Die Frage der Gläubigerschaft kann für die Ausübung von Gestaltungsrechten zB bei Käufermehrheiten in der Regel dahingestellt bleiben, da in beiden Fällen grundsätzlich nur von allen gemeinsam (gegebenenfalls gegenseitige konkludente Bevollmächtigung!).

Problem: Leistung an Erfüllungs statt, § 364 I BGB

- Die Forderung erlischt in Höhe der hingegebenen Leistung, § 365 BGB regelt die Haftung des Schuldners.
- Bei der **Inzahlungnahme eines Gebrauchtwagens** besteht Streit über die rechtliche Einordnung in diesen Fällen (zwei Kaufverträge? Kauf und Tausch?). Die Rspr. geht grundsätzlich von einem einheitlichen Gesamtkaufvertrag mit einer sog. Ersetzungsbefugnis des Neuwagenkäufers nach § 346 I BGB aus. Wenn der Neuwagen mangelhaft ist, beziehen sich die Käuferrechte auf den gesamten Vertrag. Im Fall des Rücktritts erhält er dann den gezahlten Kaufpreis und den hingegebenen Altwagen zurück, nicht aber den für seinen Altwagen angerechneten Geldbetrag. Muss der Verkäufer wegen Unmöglichkeit der Rückgabe des Altwagens nach § 346 II 1 Nr. 2 BGB Wertersatz leisten, richtet sich dieser nach dessen Verkehrswert im Zeitpunkt der Inzahlungnahme, § 346 II 2 Hs. 1 BGB ist nicht anwendbar. Bei Mängeln des in Zahlung gegebenen Altwagens haftet der Neuwagenkäufer wie ein echter Verkäufer nach §§ 434 ff. BGB, vgl. § 365 BGB. Die Rspr. nimmt aber aus Wertungsgründen in der Regel zu seinen Gunsten einen stillschweigenden Haftungsausschluss für Verschleißmängel an. Erklärt der Verkäufer bezüglich des Altwagens den Rücktritt, erhöht sich der Kaufpreis des Neuwagens um den angerechneten Betrag. Eine schöne Übung zum gesamten Thema ist BGH NJW 2013, 1733 ff. (Originalklausur).
- Möglich ist auch das Vorliegen eines **Agenturgeschäfts**, dann gelten §§ 364 f. BGB nicht (→ Rn. 30).

38 **OLG Hamburg NJW 2011, 3524. Die Entscheidung wird seit Jahren in Klausuren eingebaut!** Hier liegt ein Fall der *condictio indebiti* vor!

39 Vgl. zu allen diesen Themen *Kaiser/Kaiser/Kaiser* Zivilgerichtsklausur I Rn. 420 ff., Rn. 416 ff., Rn. 15.

Problem: Leistung erfüllungshalber (wird aus § 364 II BGB herausgelesen)

- Forderung erlischt nicht, solange sich der Gläubiger nicht aus dem Geleisteten befriedigt hat. Beispiele: Scheck, **Abtretung einer Forderung statt Erfüllung (beliebter Klausurfall!)**, in der Regel Pfändungs- und Überweisungsbeschluss. Bei § 364 II BGB ist regelmäßig eine konkludente Stundung der ursprünglichen Forderung gegeben.
- Wird die erfüllungshalber gegebene Sicherheit nicht mehr benötigt, muss diese zurückgegeben werden (Anspruchsgrundlage streitig: zum Teil wird auf § 812 I 2 Alt. 1 BGB, zum Teil auf die Treuhandabrede abgestellt).

Problem: Hinterlegung und Aufrechnung als Erfüllungssurrogate, §§ 372 ff., 387 ff. BGB

- Eine **Hinterlegung nach §§ 372 ff. BGB** befreit nur, wenn der Schuldner nach § 372 BGB zur Hinterlegung befugt ist und nach §§ 376 ff. BGB auf die Rücknahme der hinterlegten Sache verzichtet hat.
- Die Parteien sprechen in Klausuren zum Teil von *»Verrechnung«* und meinen damit die Aufrechnung. Die Aufrechnung ist ein Standardproblem im Assessorexamen, bei dem vor allem die Beherrschung der **prozessualen Auswirkungen notenprägend** ist.[40] Beachten Sie **§ 215 BGB** (Aufrechnung bei Verjährung).
- **Rechtsfolgen** der Aufrechnung: vgl. § 389 BGB. Verzugsfolgen entfallen rückwirkend.
- Die Aufrechnung setzt nicht Konnexität, sondern **Gleichartigkeit** der Ansprüche voraus (Geld gegen Geld).
- Die Aufrechnung mit einem Anspruch, der **nur zum Zweck der Aufrechnung** von einem Dritten erworben wurde, ist grundsätzlich zulässig (grundsätzlich kein dolo agit, kein § 138 BGB; das wird dann gern vom Gegner vorgetragen!).
- Eine **Hilfsaufrechnung** ist zulässig, da eine innerprozessuale Bedingung keine Bedingung iSv § 388 S. 2 BGB ist. Dazu müssen Sie immer etwas schreiben, wenn Sie zur Hilfsaufrechnung kommen!
- Eine Aufrechnung mit Ansprüchen gegen den Rechtsinhaber ist bei einer Klage eines **gewillkürten Prozessstandschafters** möglich, da dieser die Forderung des Rechtsinhabers geltend macht. Mit Forderungen gegen den Prozessstandschafter kann in der Regel nicht aufgerechnet werden, da es an der Gegenseitigkeit iSv § 387 BGB fehlt. Handelt es sich bei der Klageforderung allerdings um die ehemalige Forderung des Prozessstandschafters (dh er ist Zedent und wurde vom Zessionar zur Klage rückermächtigt), ist eine Aufrechnung doch möglich. Warum?[41]
- Aufrechnungsbeschränkungen enthalten §§ 390 ff. BGB (lesen!), **§§ 94 ff. InsO** für Insolvenzgläubiger.[42] Insbesondere nach **§ 393 BGB** wird gern in der Mündlichen gefragt. Die Norm soll eine »Privatrache« verhindern und gilt nach der Rspr. auch, wenn beide Forderungen aus unerlaubter Handlung resultieren.
- Erkennt der Beklagte im Prozess zB einen Teil der Klageforderung nach § 307 ZPO an und kann sich dann von diesem Anerkenntnis zB über Anfechtung oder Widerruf (bei Anerkenntnis ausgeschlossen!) nicht mehr lösen, kann er den anerkannten Teil der Klage auch nicht durch Aufrechnung zu Fall bringen. Im Fall eines **Anerkenntnisses** hat das Gericht den Beklagten ohne Prüfung der zugrunde liegenden Forderung entsprechend zu verurteilen, ohne dass eine Aufrechnung gegen den anerkannten Betrag möglich ist.[43] Sie ist gleichsam »versiegelt«.

---

40 *Kaiser/Kaiser/Kaiser* **Zivilgerichtsklausur I Rn. 32 ff., 202 ff., 263 f.** zu den Auswirkungen auf Rubrum, Tatbestand und Entscheidungsgründe eines Urteils.

41 Bei einer Klage des Zessionars könnte diesem ggü. nach § 406 BGB eine Aufrechnung mit Ansprüchen gg. den Zedenten erfolgen. Da der Beklagte durch die Prozessstandschaft des Zedenten nicht schlechter stehen darf als bei einer direkten Klage des Zessionars, muss in diesen Fällen eine Aufrechnung mit Ansprüchen gg. den Prozessstandschafter unter den Voraussetzungen von § 406 BGB möglich sein, BGH NJW 1990, 2544.

42 Insolvenzgläubiger sind nach § 38 InsO diejenigen Gläubiger, die gegen den Insolvenzschuldner eine Forderung haben, die schon vor dem Zeitpunkt der Eröffnung des Insolvenzverfahrens begründet war (anders: Massegläubiger nach §§ 53 ff. InsO).

43 Jauernig/*Stürner* BGB § 387 Rn. 23; LAG Niedersachsen BeckRS 2008, 55470. Das folgt schon aus dem Wortlaut von § 307 I ZPO. Die Konsequenz »Anerkenntnisurteil« ist zwingend. Wenn der Beklagte das nicht will, soll er unbedingt aufrechnen, ohne anzuerkennen.

- Die Zurückweisung der Aufrechnungserklärung **im Prozess als präkludiert** führt nicht zur rechtskräftigen Aberkennung der Aufrechnungsforderung iSv § 322 II ZPO. Anders aber, wenn nicht die Aufrechnungserklärung, sondern die für die Aufrechnungsforderung vorgebrachten Tatsachen nach § 296 ZPO zurückgewiesen werden.
- Die Prozessaufrechnung kann nach der Rspr. zurückgenommen werden, wodurch analog § 139 BGB auch die materiell-rechtliche Wirkung der Aufrechnung wegfällt.
- **Aufrechnungsverbote in AGB** regelt § 309 Nr. 3 BGB. Die hM sägt diese aber in der Regel schon mit § 307 I BGB ab, wenn die Gegenforderung aus demselben Vertragsverhältnis herrührt.[44] Bei der Wohnraummiete gilt § 556b II 2 BGB. **Abtretungsverbote** iSv § 399 Alt. 2 BGB sind in AGB in der Regel zulässig (Details bei § 399 BGB kommentiert!).
- Die **Ausübung eines Zurückbehaltungsrechts** ist bei gegenüberstehenden Geldforderungen **in eine Aufrechnungserklärung umzudeuten**, weil hier die Aufrechnung gegenüber dem Zurückbehaltungsrecht vorrangig ist. Umgekehrt geht das auch: Eine Aufrechnungserklärung kann bei deren Unzulässigkeit in die Geltendmachung eines Zurückbehaltungsrechts umgedeutet werden.

Klausurtipp: In Klausuren kommt ab und zu der **Einwand des Klägers, er rechne seinerseits auf** gegen die vom Beklagten erklärte Aufrechnung, sodass die Aufrechnung durch den Beklagten scheitere. Geht das?[45]

Eine ähnliche Wirkung wie Erfüllung hat der **Erlassvertrag nach § 397 BGB** (die Parteien sprechen zum Teil von *»Freistellung«* oder *»Verzicht«*, meinen aber oft den Erlass). In Klausuren geht es dann häufig um allgemeine Fragen (zB Vertretung, Rechtsbindungswille für Erlass, § 158 BGB). Beachten Sie, dass die widerspruchslose Einlösung eines Schecks über einen Teilbetrag der Forderung, der mit dem Vorschlag eines Teilerlasses vom Schuldner geschickt wurde, gegebenenfalls die konkludente Annahme dieses Angebots bedeuten kann, welche nach § 151 S. 2 BGB (dort ist das im Palandt auch kommentiert!) nicht zugehen muss (**»Erlassfalle«**). Beachten Sie auch § 423 BGB, der die Wirkung eines Erlasses bei Gesamtschuldnern regelt (Auslegung: Einzelwirkung – Gesamtwirkung – beschränkte Gesamtwirkung? im Zweifel keine Gesamtwirkung, aber einzelfallabhängig!). Beruft sich der »reuige« Gläubiger gegenüber dem von ihm ausgesprochenen Erlass auf den Kondiktionseinwand nach §§ 821, 812 BGB, greift dies in der Regel nicht: Wurde der Erlass schenkweise erteilt, stellt der Erlass den Vollzug iSv § 518 II BGB dar, sonst greift jedenfalls § 814 BGB.

3. Rücktritt und Störung der Geschäftsgrundlage

15

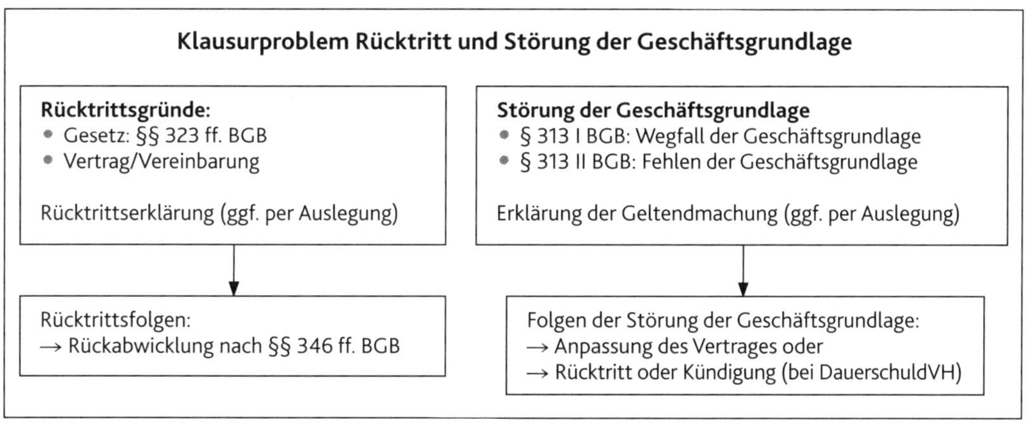

Die Parteien können vertragliche Rücktrittsrechte vereinbaren (bei LJPAs beliebt: »Umtauschrecht« beim Kauf – in der Regel auszulegen als vertragliches Rücktrittsrecht), dann gelten – falls nicht abweichend vereinbart – für die Rechtsfolgen wie beim gesetzlichen Rücktritt die

44 Palandt/*Grüneberg* BGB § 309 Rn. 20 mwN.
45 Nein. Kommt es nämlich zu einer Entscheidung über die Aufrechnungsforderung, so erlischt diese bei Erfolg der Aufrechnung nach § 389 BGB. Die Gegenaufrechnung des Klägers geht dann ins Leere.

§§ 346 ff. BGB (ex nunc Umwandlung in **Rückgewährschuldverhältnis** – keine automatische Saldierung[46]). Die wichtigsten gesetzlichen Rücktrittsrechte finden Sie in §§ 323 ff. BGB. Der Zurücktretende (zB Käufer) hat – spiegelbildlich zum Anspruch des Verkäufers auf Rückgabe – einen **Anspruch auf Abholung/Rücknahme** (und nach hM gegebenenfalls Demontage) der Kaufsache aus §§ 346, 242 BGB (der Verkäufer kann mit dieser Pflicht daher sowohl in Gläubigerverzug nach §§ 293 ff. BGB als auch in Schuldnerverzug nach § 286 BGB kommen!), wenn ein berechtigtes Interesse besteht, was bis auf »Kleinteile« in der Regel zu bejahen ist. Der örtliche Gerichtsstand für die Pflichten aus § 346 BGB ergibt sich aus § 29 ZPO iVm § 269 I BGB und ist der Ort, an dem sich die zurückzugewährende Sache zur Zeit des Rücktritts vertragsgemäß befindet, also in der Regel der Wohnort des Käufers (»Rückabwicklung zu Hause«). Dieser Gerichtsstand gilt auch für die weiteren Sekundäransprüche neben dem Rücktritt (zB Schadensersatz). Bezüglich der weiteren Rechtsfolgen lesen Sie bitte **§§ 346 II–IV, 347 BGB**, zu diesem Rückgewährschuldverhältnis werden gern in Klausuren Spezialfragen eingebaut (zuletzt Juli- und Dezember 2015, Oktober 2017). Hier ist Arbeit mit dem Kommentar angesagt, für sowas haben Sie ihn!

Auch die **Störung der Geschäftsgrundlage** normiert ein Rücktritts- bzw. Kündigungsrecht, wenn eine Anpassung des Vertrags nicht zielführend ist, § 313 III BGB. § 313 BGB ist **grundsätzlich subsidiär** (warum? die »Unzumutbarkeits-Keule« des § 313 BGB würde sonst die speziellen Gestaltungsrechte leerlaufen lassen) zB zur ergänzenden Vertragsauslegung, zur Gewährleistung, zur Anfechtung, zu speziellen Kündigungs- und Widerrufsvorschriften, zu § 275 BGB oder zu § 779 BGB. Neben § 313 BGB ist bei Dauerschuldverhältnissen auch § 314 BGB anwendbar, wenn keine spezielle Kündigungsnorm greift.

Bei § 313 I, II BGB prüfen Sie:

1. Ist betroffener Umstand **überhaupt Geschäftsgrundlage** des Vertrages geworden?
   - Jeder gemeinsam vorgestellte außervertragliche Umstand, der für die Parteien hinsichtlich des Vertrages kausal und so wichtig war, dass die Parteien bei Kenntnis des Fehlens/Wegfalls den Vertrag nicht/anders abgeschlossen hätten.
   - Einseitige Erwartungen nur, wenn diese erkennbar waren, die andere Partei diese nicht zurückgewiesen hat und die Maßgeblichkeit der Erwartung Treu und Glauben entspricht.
2. Schwerwiegende **Veränderung oder anfängliches Fehlen der Geschäftsgrundlage?**
3. Ist das **Festhalten am Vertrag unzumutbar**? Festhalten ist grundsätzlich Regelfall (*pacta sunt servanda*).
   Interessenabwägung – Kriterien: Risikoverteilung, Vorhersehbarkeit, sonstige *»krasse Unbilligkeit«*

Die Fallgruppen von § 313 BGB sind gut im Palandt kommentiert. Es bringt hier nichts, das alles auswendig zu lernen, da es bei § 313 BGB ohnehin weniger auf Ihr Ergebnis, sondern eher auf Ihre Argumentation und darauf ankommt, § 313 BGB überhaupt als subsidiären Lückenfüller und »Billigkeits-Waffe« der Rspr. in der Klausur zu erkennen. Der häufigste Fall war bislang die **Zweckstörung**, dh, der Leistungserfolg ist noch möglich, der Gläubiger hat aber daran kein Interesse mehr. Grundsätzlich fällt die vor allem wirtschaftliche Verwendbarkeit des Vertragsgegenstandes in den Risikobereich des Leistungsempfängers. Anders ist es nur, wenn sich der andere Teil die geplante Verwendung soweit zu eigen gemacht hat, dass sein Erfüllungsverlangen treuwidrig wäre oder sonstwie ein extremer Ausnahmefall vorliegt (unvorhergesehene Entwicklung und Existenzgefährdung). **Häufigste Einkleidung für die LJPAs** sind die **»Einkaufszentrum-Fälle«** aus unserem BGB Crash-Kurs. Weitere Anwendungsfälle von § 313 BGB: Leasingrecht (→ Rn. 87) und Zuwendungen unter Ehegatten/bei der neLG/von Schwiegereltern (→ Rn. 95).

Beachten Sie, dass **für den Verbraucherwiderruf in §§ 355 ff. BGB ein eigenes Rückabwicklungsregime** normiert ist, welches Sie vor Ihrem Termin einmal in Ruhe durchblättern sollten. Zentralnormen sind § 355 und § 357 BGB. Hierzu kurz zwei erwähnenswerte Punkte:

- »Dienstleistung« iSv §§ 356, 357 BGB ist weit auszulegen und erfasst neben vielen anderen Verträgen auch zB Werkverträge (bei § 355 BGB kommentiert!).

46 BGH NJW 2017, 3438 ff.; OLG Frankfurt a.M. NJOZ 2014, 89; LG Freiburg NJW-RR 2013, 688 ff.

- Ist bei nichtgegenständlichen Leistungen (zB Werk- und Dienstvertrag) eine Rückgabe der Leistung nach Widerruf nicht möglich, wird nur unter den strengen (abschließenden) Regeln der §§ 357 ff., 361 BGB Wertersatz geschuldet!

4. Sonstige examensrelevante rechtsvernichtende Einwendungen

Die **Unmöglichkeit** der eigenen Leistung nach **§ 275 BGB** befreit von der Leistungspflicht (der Vertrag bleibt aber wirksam, § 311a I BGB). Hat der Schuldner die geschuldete Sache veräußert, ist die Leistung erst dann unmöglich, wenn feststeht, dass er die Verfügungsmacht nicht mehr zurückerlangen und zur Erfüllung des geltend gemachten Anspruchs auch nicht auf den neuen Eigentümer einwirken kann. Bei Gattungsschulden kommt Unmöglichkeit nur bei Untergang nach Konkretisierung iSd § 243 II BGB (hier Unterscheidung relevant: Bring-/Hol- oder Schickschuld? in der Klausur Kommentierung zu § 269 BGB benutzen!) oder im Annahmeverzug nach § 300 II BGB infrage. Bei Zahlungsansprüchen ist § 275 BGB überhaupt nicht anwendbar (*»Geld hat man zu haben«*). Die Leistungsbefreiung nach § 275 I BGB tritt automatisch ein, § 275 II und III BGB sind Einreden. Unter § 275 II BGB fällt dabei vor allem die faktische Unmöglichkeit (Schulbeispiel: Ring auf Meeresboden), in Fällen sog. wirtschaftlicher Unmöglichkeit sucht die hM eine Lösung über den flexibleren § 313 BGB. **16**

Die Geltendmachung einiger **Gewährleistungsrechte** kann ebenso rechtsvernichtend sein, so zB Schadensersatz nach § 281 I 1, 3, IV BGB, Rücktritt oder Minderung. Auch die Ausübung des **Verbraucherwiderrufsrechts** nach § 355 BGB ist eine rechtsvernichtende Einwendung. Auch eine **Aufhebungsvereinbarung** hat rechtsvernichtenden Charakter. Dieser unterscheidet sich vom **Erlass** iSd § 397 BGB dadurch, dass die Aufhebung nicht nur eine Forderung, sondern das gesamte Schuldverhältnis betrifft.

III. Klausurprobleme zu rechtshemmenden Einwendungen

Folgende rechtshemmende Einwendungen – auch Einreden genannt – sind die gängigsten: **17**

- Einrede der Verjährung nach § 214 BGB
- Einreden aus Treu und Glauben, § 242 BGB
- Bereicherungseinrede nach § 821 BGB (oft als »Gegenangriff« gegen §§ 780 f. BGB → Rn. 88)
- Einreden nach §§ 320, 273 BGB (= Zurückbehaltungsrecht bei einem Gegenanspruch)

§ 273 BGB ist die allgemeine **Einrede des Zurückbehaltungsrechts** und setzt Konnexität voraus (grundsätzlich weit ausgelegt; keine Konnexität nötig bei Kaufleuten, § 369 HGB), § 320 BGB ist *lex specialis* für synallagmatische Pflichten bei gegenseitigen Verträgen (Kaufvertrag, Werkvertrag). Beim Zurückbehaltungsrecht kommt es vorwiegend auf die saubere Prüfung der Gegenansprüche an, gegebenenfalls auf **Ausschlussgründe** (zB Ausschluss aus der Natur des Gegenstandes wie zB bei **Tieren/Pferdepässen** oder Ausschluss nach § 242 BGB) und auf **§ 215 BGB (lesen!)**. Nun zu §§ 214, 242 BGB:

1. Die Einrede der Verjährung, § 214 BGB

Die Verjährungsfrist beträgt nach **§ 195 BGB** in der Regel drei Jahre, §§ 196 f. BGB und Gewährleistungsregeln (vor allem §§ 438, 634a BGB) enthalten zum Teil abweichende Fristen. Manchmal gibt es auch gar keine Verjährung (zB §§ 898, 902 BGB – Märztermin 2018!). Der Verjährungsbeginn ist in §§ 199 ff. BGB (in der Regel »Silvesterverjährung«) geregelt. **18**

Beachte: Bei erstmaliger Erhebung der Verjährungsreinrede nach Rechtshängigkeit und einseitiger Erledigungserklärung des Klägers wird die Klage unbegründet, auch wenn der Anspruch bereits vor dem Prozess verjährt war. Lesen Sie *Kaiser/Kaiser/Kaiser* Zivilgerichtsklausur I Rn. 425 ff.

Wenn Verjährung in der Klausur eine Rolle spielt, dann müssen Sie fast immer eine Hemmung oder Unterbrechung prüfen. Relevant sind hierzu **§§ 203, 204, 212, 213 BGB.** Beachten Sie auch **§ 167 ZPO (demnächstige Zustellung)**, der bei § 204 I Nr. 1, Nr. 3 und Nr. 6 BGB öfters in Klausuren auftaucht. Die Verjährungseinrede ist rechtlich unbeachtlich, wenn ihre Erhebung **treuwidrig** ist (§ 242 BGB). Es gilt grundsätzlich ein strenger Maßstab.

2. Die Einreden aus § 242 BGB

Treu und Glauben nach § 242 BGB spielt in Assessorklausuren eine riesige Rolle. **19**

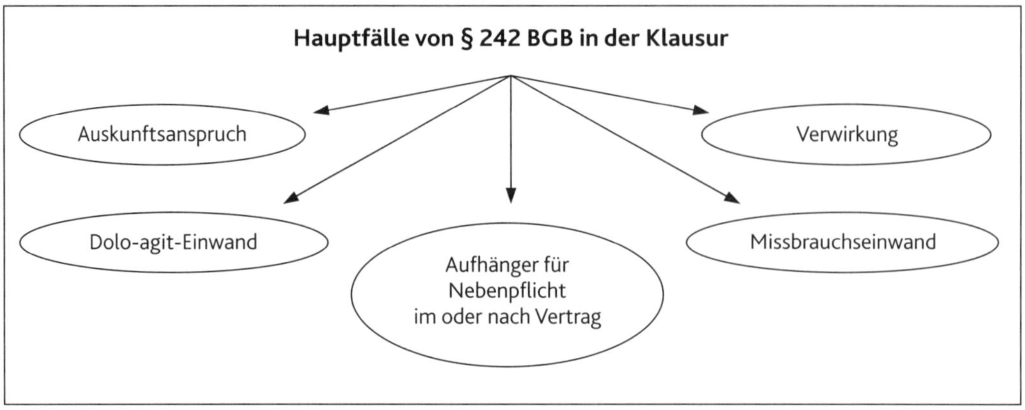

Sie sehen, dass § 242 BGB in mehreren Spielarten vorkommen kann:

- Als Anspruchsgrundlage für **Auskünfte**, eingekleidet in der Regel in die **Stufenklage (§ 254 ZPO)**. Auskunftsansprüche lassen sich verstreut im gesamten BGB finden, bei Verträgen kann auf § 241 II BGB abgestellt werden, subsidiär greift die Praxis bei einer »Sonderverbindung« auf § 242 BGB zurück (**kommentiert im Palandt bei § 260 BGB**!). In der Regel werden diese Klausuren noch mit Einzelfragen aufgepeppt, die im Palandt bei §§ 259, 260 BGB kommentiert sind. Wichtig ist, dass Sie das überhaupt kennen und die Stufenklage beherrschen! Lesen Sie **OLG Schleswig NJW-RR 2017, 598 ff.**, eine tolle Klausurvorlage.
- Als **Dolo-agit-Einwand**: Es besteht die Pflicht des Klägers zur alsbaldigen Rückgewähr des eingeforderten Gegenstandes zB als Schadensersatz, aus c.i.c. oder aus § 812 BGB. Auch dann ist sein Vorgehen treuwidrig.
- Als Begründung für das Bestehen irgendwelcher **Nebenpflichten in oder nach einem Vertrag** (→ Rn. 24).
- Als Einwand der **Verwirkung**. Voraussetzungen: Zeitmoment = Untätigbleiben des Berechtigten für eine längere Zeitspanne plus Umstandsmoment = Hervorrufen von schutzwürdigem Vertrauen der Gegenpartei darauf, dass der Anspruch oder das Recht nicht mehr geltend gemacht werde. **Häufig fehlt es an dem Umstandsmoment!**
- Als **Missbrauchseinwand** (*»venire contra factum proprium«/»tu-quoque«*) = der generelle Unbilligkeitseinwand. Dann ist zu prüfen, ob dem Anspruchsteller treuwidriges Verhalten vorzuwerfen ist (zB unredlicher Erwerb der Rechtsposition, fehlende Vertragstreue, fehlendes Eigeninteresse, Unverhältnismäßigkeit).

Zwei besondere Anwendungsfälle des Missbrauchseinwandes sind der **Mithaftungseinwand bei § 771 ZPO**[47] und das **»Handeln auf eigene Gefahr«**. Letzteres führt in der Regel nur zu einer Mitverschuldensberücksichtigung nach § 254 BGB. Allerdings hat die Rspr. bei Teilnahme an **Sportwettkämpfen** mit erheblichem Gefahrenpotential und festen Regeln über den Missbrauchseinwand einen **Haftungsausschluss unter den Teilnehmern** bejaht, wenn dem Schädiger kein vorsätzlicher/grob fahrlässiger/gewichtiger Regelverstoß vorzuwerfen und der Schaden nicht versichert ist, da ja auch der Geschädigte ebenso in die Lage des Schädigers hätte kommen können (Fußball, Boxen, Autorennen, Kart, Tennis, Trabrennen – die Rspr. hat dies auf andere Fälle sportartiger *»Gefahrengemeinschaft«* übertragen wie zB Inlineskate-Kurs, Motorradpulk, vgl. **Palandt/*Sprau* BGB § 823 Rn. 216 f.!**). Dazu werden verschiedene dogmatische Ansatzpunkte vertreten, wo das Handeln auf eigene Gefahr bei den Sportwettkämpfen zu prüfen ist (eA bei Verschulden, aA bei Einwilligung, aA bei § 254 BGB, nach hRspr bei § 242 BGB[48]).

Merke: Die Thematik »Handeln auf eigene Gefahr« kommt dauernd in Examensklausuren vor!

47 *Kaiser/Kaiser/Kaiser* **Zwangsvollstreckungsklausur Rn. 45. Unbedingt lesen, das kommt ständig als Z III im Ringtausch der LJPAs!**

48 Vgl. Palandt/*Sprau* BGB § 823 Rn. 216; zB BGH NJW-RR 2006, 813; NJW 2003, 2018 f.; 1975, 109; OLG Koblenz NJW-RR 2016, 536; OLG Frankfurt a.M. NJW 2015, 3522; OLG Karlsruhe NJW 2012, 3447; OLG Celle OLGReport Celle 2009, 804; OLG Hamm NJW-RR 2005, 1477.

§ 3 Vertragliche Sekundäransprüche

A. Grundsätzliches zum allgemeinen Leistungsstörungsrecht

Das allgemeine Leistungsstörungsrecht **gilt für alle Verträge**, wenn nicht vorrangige Regeln 20
existieren. So sehen das Reise- und Mietrecht in §§ 651i ff. nF, 536 ff. BGB abschließende Gewährleistungsregeln vor, wohingegen im Kauf- und Werkvertragsrecht nur Sonderregeln zur Schlechtleistung bestehen. Beim Recht der Leistungsstörungen müssen Sie zunächst einmal folgende **drei Weichenstellungen** beachten:

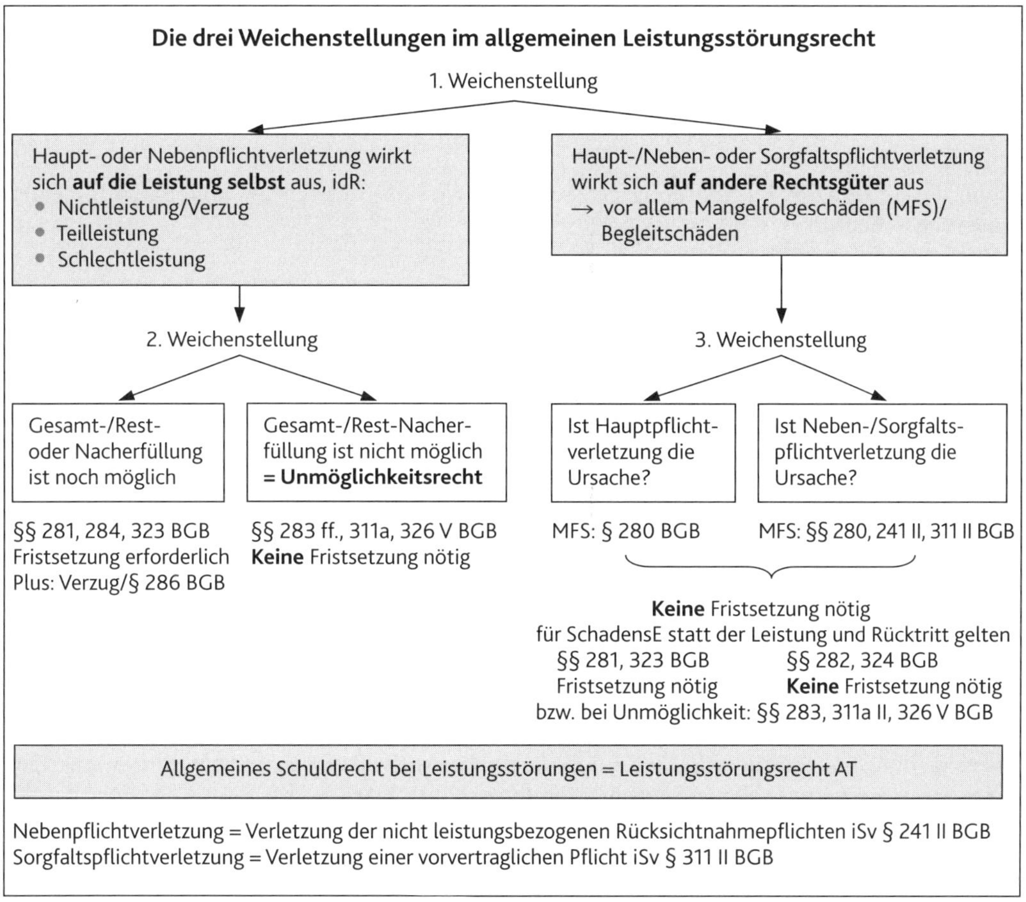

Diese Übersicht und die folgenden Ausführungen zum Leistungsstörungsrecht AT betreffen vor allem Störungen vertraglicher Schuldverhältnisse. §§ 280 ff., 278 BGB sind aber in der Regel auch auf **gesetzliche Schuldverhältnisse** anwendbar (wie zB §§ 1004, 985, 823 ff. BGB, GoA, §§ 346 ff. BGB). Kommentiert ist diese Problematik im Palandt bei §§ 280, 281, 278 BGB und zB bei der jeweils konkreten Norm, auf die die AT-Vorschrift anwendbar sein könnte (zB § 985 BGB etc.). Ein Beispiel zur Verdeutlichung, angelehnt an eine Klausur vom Juni 2016: A beschädigt die Wohnung von B durch ein von ihm verursachtes Feuer, A verspricht den Schaden wieder »wegzumalern« und setzt dafür Tochter T ein, die gut streichen kann. T streicht die Wohnung neu, stößt dabei aber einen Farbeimer um und beschädigt den Teppich von B. Hier war zu erkennen, dass wegen des Teppichs gegen A nicht nur Ansprüche aus §§ 823, 832 BGB (Verkehrssicherungspflicht, Aufsichtspflicht über T verletzt?) infrage kommen, sondern auch aus §§ 280, 278 BGB, da durch die Beschädigung der Wohnung (§ 823 BGB) ein gesetzliches Schuldverhältnis bestand.

I. Die erste Weichenstellung

Hier müssen Sie sich folgende Frage stellen: Wirkt sich die Pflichtverletzung auf die Leistung selbst aus (und geht es um die diesbezüglichen Rechtsfolgen) oder wirkt sie sich auf andere Rechtsgüter als die Leistung aus (und geht es um die diesbezüglichen Rechtsfolgen)? Im ersten Fall kommen Sie zur zweiten, andernfalls zur dritten Weichenstellung. Die Pflichtverletzung, die sich auf die Leistung selbst auswirkt, wird in der Regel eine Hauptpflichtverletzung sein, nämlich die Nichtleistung, Teilleistung oder Schlechtleistung.

II. Die zweite Weichenstellung

Wenn Sie bei der ersten Weichenstellung zu dem Ergebnis gelangt sind, dass sich die Pflichtverletzung auf die Leistung selbst auswirkt, so müssen Sie zur Auffindung der einschlägigen Anspruchsgrundlagen folgende weitere Frage stellen: Ist die Leistung des Schuldners unmöglich oder nicht? Davon hängen die anwendbaren Normen ab.

1. Leistung ist möglich

Wenn die Leistung/Pflichterfüllung des Schuldners weiter möglich ist, ergibt sich folgendes Anspruchsschema:

- Vertraglicher Erfüllungsanspruch
- **Fristsetzung und fruchtloser Fristablauf**
- Erfüllungsanspruch besteht fort und (unabhängig von Fristsetzung) Anspruch auf Ersatz des Verzögerungsschadens aus Verzug (§ 286 BGB)
- Wahlrecht (beachte § 325 BGB!):
  - Schadensersatz statt der Leistung (§ 281 BGB)
  - Aufwendungsersatz (§ 284 BGB) anstelle von Schadensersatz statt der Leistung iSv § 281 BGB
  - Rücktritt (§ 323 BGB)

Um die weiteren Leistungsstörungsansprüche geltend zu machen, muss der Gläubiger dem Schuldner nach Fälligkeit von dessen Leistung grundsätzlich eine **angemessene Frist setzen und ihren fruchtlosen Ablauf abwarten** (Kehrseite aus Sicht des Schuldners: ihm muss die Möglichkeit gegeben werden, sich durch Nacherfüllung seinen Geldanspruch zu verdienen – »**Recht zur zweiten Andienung**«). Dies ergibt sich aus §§ 281 I, 323 I, 284 BGB, konkretisiert im Kauf- und Werkrecht durch §§ 439, 635 BGB (»Vorrang der Nacherfüllung«). In jedem Fall muss der Gläubiger dem Schuldner die Sache zur Untersuchung im Vorfeld der Nacherfüllung zur Verfügung stellen und darf diese Mitwirkung nicht von einer vorherigen Nacherfüllungszusage abhängig machen (ergibt sich aus § 242 BGB). Zum Kaufrecht hat der BGH dagegen 2017 entschieden, dass der Verbraucher-Käufer seine Mitwirkung von der Zahlung eines Transportkostenvorschusses abhängig machen darf, auch wenn das Vorliegen des Mangels noch unklar ist (Anspruchsgrundlage nach BGH: § 439 II BGB, für ab dem 1.1.2018 geschlossene Kaufverträge neu geregelt in § 475 VI BGB!). Das Urteil kam kurz nach Veröffentlichung im Januartermin 2018 in der Z II-Klausur!

Klausurtipp: In § 323 II Nr. 2 BGB ist für das **relative Fixgeschäft** (Juli- und Oktobertermin 2015!) geregelt, dass bezüglich des Rücktritts keine Fristsetzung erforderlich ist. Für den Schadensersatz gibt es diese Ausnahme nicht, sodass hier bei einem relativen Fixgeschäft grundsätzlich eine Frist gesetzt werden muss. Liegt ein **absolutes Fixgeschäft** vor, dann muss für nichts eine Frist gesetzt werden, weil dann mit Zeitablauf Unmöglichkeit vorliegt (es gelten §§ 275, 283, 326 V BGB). Für Details Palandt/*Grüneberg* BGB § 323 Rn. 19 ff.!

Bei der **Fristsetzung ist die Rspr. locker**. Es genügt, wenn der Gläubiger deutlich macht, dass dem Schuldner für die Erfüllung nur ein begrenzter Zeitraum zur Verfügung steht (*»Bitte schnell beheben!«* reicht nach BGH). Der Gläubiger kann nach fruchtlosem Fristablauf wählen, ob er den Erfüllungsanspruch oder die oben genannten Sekundärrechte geltend macht. Wählt der Gläubiger Schadensersatz statt der ganzen Leistung oder erklärt er wirksam den Rücktritt,[49]

49 Die Rücktrittserklärung kann auch bereits vorsorglich bei der Fristsetzung nach § 323 I BGB erklärt werden.

erlischt sein Anspruch auf die ursprüngliche Leistung, §§ 281 IV, 323, 346 ff. BGB. Dies gilt aber nicht für den umgekehrten Fall: Verlangt der Gläubiger nach Fristablauf zunächst weiter Erfüllung, so gehen seine Sekundäransprüche dadurch nicht unter. Solange der Schuldner noch nicht erfüllt hat, kann der Gläubiger dann wieder zu seinen Sekundäransprüchen »rüberwechseln«, ohne dass er nochmals eine Frist setzen muss.[50]

Klausurtipp: Problematisch ist, ob der Schuldner nach Ablauf der Nacherfüllungsfrist noch erfüllen kann, wenn der Gläubiger noch nicht eines der oben genannten Rechte ausgeübt hat (»**Schwebelage nach Fristablauf**«). Die wohl hM[51] gibt dem Schuldner ein Recht zur Erfüllung (Argument: er tut nur das, was das Schuldverhältnis von ihm verlangt). Im Werkrecht hat der BGH in NJW 2003, 1526 ff. entschieden, dass der Besteller ein nachträgliches Angebot des Unternehmers zur Mängelbeseitigung nicht mehr annehmen muss.

Insbesondere die **Abgrenzung von § 281 zu § 280 BGB ist wichtig.** In der Klausur sollten Sie mit den in der Praxis üblichen Formulierungen arbeiten: § 281 BGB gewährt »**Schadensersatz statt der Leistung**« und tritt an die Stelle der ursprünglich geschuldeten Leistung (zB Reparaturkosten, Mehrkosten aus einem **Deckungskauf/-verkauf** – nach BGH § 281 BGB und nicht §§ 280 II, 286 BGB! das war das Leitmotiv zweier Klausuren im Oktober 2015 und November 2017; bei Deckungsgeschäften an Schadensminderungspflicht denken!). Unter § 281 BGB fallen also die **Schäden**, die bei einer Pflichtenerfüllung spätestens während der tatsächlich gesetzten oder hypothetisch gesetzten Nacherfüllungsfrist nicht entstanden wären bzw. durch eine **gedachte Nacherfüllung entfielen.** § 280 BGB (keine Fristsetzung nötig!) dagegen tritt neben die weiterhin geschuldete Hauptleistung und ersetzt den Schaden vor allem an anderen Rechtsgütern, der auch durch eine Nacherfüllung nicht entfiele (Begleitschäden wie Mangelermittlungskosten, Nutzungs-/Betriebsausfall aufgrund des Mangels bis zur Reparatur[52], in der Regel auch entgangener Gewinn, Gesundheitsschaden, Beeinträchtigung des sonstigen Eigentums). Deshalb spricht man auch vom »**Schadensersatz neben der Leistung**«. § 280 BGB greift also immer dann, wenn eine Fristsetzung keinen Sinn macht, weil eine **zweite Andienung am Schaden nichts ändern würde**, da dieser in der Regel schon unmittelbar durch die Pflichtverletzung entstanden ist.

Vereinfachte Eselsbrücke: § 281 BGB betrifft den Mangelschaden, § 280 I BGB den Mangelfolgeschaden. Andere Eselsbrücke: § 281 BGB betrifft den Nichterfüllungsschaden, § 280 BGB den Begleitschaden.

Nach § 280 I 2 BGB (auf den §§ 281, 283, 311a II 2 BGB verweisen) wird das **Verschulden** (oder genauer: Vertretenmüssen) des Schuldners bezüglich der Pflichtverletzung **vermutet.** Gegebenenfalls kann sich die Beweislastumkehr **sogar auf die Pflichtverletzung beziehen**, wenn die Schadensursache allein aus dem Verantwortungs- und Gefahrenbereich des Schuldners herrühren kann oder es sich um erfolgsbezogene Pflichten handelt.[53] Der **Bezugspunkt für das Vertretenmüssen bei § 281 BGB** in den Fällen der Schlechtleistung ist nach hM entweder die Übergabe der mangelhaften Sache oder die nicht erfolgte Nacherfüllung (Argument: Käuferschutz).[54]

2. Leistung ist nicht möglich (»Unmöglichkeitsrecht«)

Wenn die Leistung dem Schuldner nach § 275 BGB nicht möglich ist, ergibt sich Folgendes:

---

50 Es liegt nämlich eine sog. elektive Konkurrenz vor und keine Wahlschuld nach §§ 262 ff. BGB, BGH NJW 2013, 2959 ff.; 2006, 1198 ff.

51 MüKoBGB/*Ernst* § 323 Rn. 171; Jauernig/*Stadler* BGB § 281 Rn. 15; wohl auch Palandt/*Grüneberg* BGB § 281 Rn. 49.

52 Den Nutzungsausfall, der infolge des Rücktritts bis zur Zeit der Ersatzbeschaffung entsteht, ordnet die Rspr. dagegen als Schadensersatz statt der Leistung iSv §§ 281, 283, 311a II BGB ein, vgl. BGH NJW 2010, 2426 ff.

53 BGH NJW-RR 2017, 635 = MDR 2017, 51 und NJW-RR 2017, 622 = MDR 2017, 334; OLG Frankfurt a.M. NJW 2018, 637 f.; Palandt/*Grüneberg* BGB § 280 Rn. 35 ff., **so auch in den Autowaschanlagenfällen.**

54 BGH NJW 2015, 2244 = MDR 2015, 645; NJW 2013, 220; OLG Düsseldorf NJW-RR 2008, 1199 ff.; Palandt/*Weidenkaff* BGB § 437 Rn. 37.

- (Vertraglicher) Erfüllungsanspruch geht unter, § 275 BGB
- **Fristsetzung entbehrlich** (in §§ 283, 311a II, 326 V BGB steht keine Frist!)
- **Sogleich Wahlrecht des Gläubigers** (beachte § 325 BGB!):
  - Schadensersatz statt der Leistung (§§ 283, 311a II BGB, gegebenenfalls zusätzlich Herausgabe des Surrogates nach § 285 BGB)
  - Aufwendungsersatz (§§ 311a II, 284 BGB) anstelle von Schadensersatz
  - Rücktritt (§§ 326 V, 323 BGB)

Merke: § 311a II BGB betrifft die anfängliche, § 283 BGB die nachträgliche Unmöglichkeit. Der maßgebliche Zeitpunkt ist dabei der Vertragsschluss. Jeweils ist Verschulden erforderlich.

Wenn bei einem gegenseitigen Vertrag die Leistung dem Schuldner unmöglich wird, regelt § 326 BGB die Frage, ob der Gläubiger seinerseits noch zur Gegenleistung (in der Regel Geldzahlung) verpflichtet ist (»Preisgefahr«): Die Antwort ist logisch: Nein, vgl. **§ 326 I 1 BGB** (»*Wer nichts leisten kann, bekommt auch nichts*«). Anders ist es in Fällen von § 326 II BGB (Annahmeverzug iSv §§ 293 ff. BGB. Hauptbeispiel: Verkäufer fährt zum vereinbarten Zeitpunkt zum Käufer, der aber nicht da ist; auf dem Rückweg geht die Kaufsache wg. eines Unfalls/Unwetters unter – hier ist dann auch § 300 I BGB relevant), wenn die Parteien § 326 I 1 BGB abbedungen (Kartenlegerin-Fall des BGH) haben oder wenn die Sonderregelungen der Preisgefahr aus §§ 446 f., 615 f., 644 f. BGB greifen. Die im ersten Examen wichtige Versendungskaufproblematik von § 447 BGB spielt im Assessorexamen mangels Praxisrelevanz kaum eine Rolle. Hat der Gläubiger trotz Wegfalls seiner Gegenleistungspflicht gem. § 326 I 1 BGB bereits gezahlt, besteht nach **§ 326 IV** iVm §§ 346 ff. BGB ein Rückforderungsanspruch (nicht § 812 BGB!).

Merke: In §§ 326, 323 VI BGB nicht geregelt ist die beidseitig zu vertretende Unmöglichkeit, die im Assessorexamen bislang keine Rolle gespielt hat. Im Notfall: Palandt/*Grüneberg* BGB § 326 Rn. 15. BGH JA 2015, 868 f. ist eine sagenhafte Übungsmöglichkeit dafür (Protagonist: ein Pferd!).

III. Die dritte Weichenstellung

Wenn Sie bei der ersten Weichenstellung hingegen zu dem Ergebnis gelangt sind, dass sich die Pflichtverletzung auf andere Rechtsgüter als auf die Leistung auswirkt und es um die diesbezüglichen Rechtsfolgen geht, so müssen Sie weiter differenzieren: Handelt es sich bei der Pflichtverletzung um eine Hauptpflichtverletzung oder um eine Neben- bzw. Sorgfaltspflichtverletzung? Denn hiervon hängen die Rechtsfolgen ab, vgl. Einzelheiten dazu bei → Rn. 24.

B. Hinweise zu den einzelnen Leistungsstörungen

I. Pflichtverletzungen mit Auswirkung auf die Leistung

1. Die Nichtleistung als Pflichtverletzung

21 Die Rechte des Gläubigers ergeben sich aus der bei → Rn. 20 dargestellten Systematik. Die gesteigerte Form der Nichtleistung ist der **Verzug**, also die schuldhafte (bei Geld ohne Verschulden: »*Geld hat man zu haben*«!) Nichtleistung trotz Möglichkeit, Fälligkeit und Mahnung. Aus Verzug folgt ein Anspruch aus §§ 280 II, 286 BGB auf **Ersatz des Verzögerungsschadens.** Dieser Anspruch tritt grundsätzlich neben die weiterhin geschuldete Hauptleistung (Unterschied zu § 281 BGB!). § 286 BGB ist auch bei der Verzögerung einer leistungsbezogenen Nebenpflicht (zB § 433 II BGB: Abnahme) und bei dinglichen Ansprüchen anwendbar, so zB auf §§ 1004, 985, 894 BGB, bei den beiden letzten Normen aber nur unter den Voraussetzungen von § 990 BGB. Zu § 286 BGB noch Folgendes:

- **Bei fast jeder Klausur mit Verzugsprüfung muss problematisiert werden, ob der Beklagte eine den Verzug hindernde Einrede hat.** Lesen Sie dazu mal Palandt/*Grüneberg* BGB § 286 Rn. 9 bis 11, das reicht.
- Eine Mahnung gegenüber einem Gesamtschuldner wirkt nur gegenüber diesem, vgl. § 425 BGB. Anders ist dies bei der Mahnung gegenüber der Kfz-Haftpflichtversicherung, die nach § 115 II VVG Gesamtwirkung hat.

- Die Entbehrlichkeit der Mahnung ist in § 286 II, III BGB geregelt. Der BGH-Klassiker zu § 286 II Nr. 4 BGB ist die **SB-Tankstelle**: Der Kunde tankt und fährt, ohne zu bezahlen, einfach davon.
- **Typischer Verzögerungsschaden**: Zahlung höherer Zinsen als der gesetzliche Zinssatz, entgangener Gewinn oder Schadenspauschale (§ 288 V BGB). Auch vorprozessual entstandene **Anwaltskosten** sind erfasst (**»Gebührenschaden«**), wenn bei der gebührenauslösenden Tätigkeit des Anwalts der Schuldner bereits im Verzug war.[55] Alternativ zu Anwaltskosten können **Inkassokosten** verlangt werden.[56] Der Schuldner muss aber nicht immer Rechtsanwaltskosten ersetzen, sondern wegen der Schadensminderungspflicht des Gläubigers nur solche, die aus Ex-ante-Sicht zur Wahrnehmung der Rechte erforderlich und zweckmäßig waren. Jedoch ist der BGH auch bei einfach gelagerten Fällen in der Regel milde; man darf zum Anwalt! Vgl. zu den Anwaltskosten auch → Rn. 33.
- Der gesetzliche Verzugszinssatz beträgt nach §§ 288 I 2, 247 BGB fünf Prozentpunkte über dem Basiszinssatz, bei Kaufleuten gilt § 288 II BGB (und §§ 352 f. HGB). Gleiches gilt über § 291 BGB auch für Prozesszinsen. Bei verzögerter Freigabe eines hinterlegten Geldbetrags gilt § 288 BGB analog (BGH).
- Für die Geltendmachung von Verzugs- und Prozesszinsen gilt **§ 187 I BGB analog**, dh, es können Zinsen erst einen Tag nach Verzugseintritt bzw. Klagezustellung verlangt werden. Wenn Sie dem Kläger weniger Zinsen als beantragt zusprechen, müssen Sie die Klage im Übrigen mit der Kostenfolge des § 92 ZPO abweisen.
- Denken Sie an die verschärfte Haftung im Verzug nach § 287 S. 2 BGB.

2. Die Teilleistung als Pflichtverletzung

Eine – in Klausuren seltene – Teilleistung kann nur vorliegen, wenn die **Leistung überhaupt** 22
teilbar ist (zB Kauf von 20 Flaschen Wein; wenn dagegen zB bei der Lieferung eines gekauften Schrankes ein Bord fehlt, liegt nicht eine Teil-, sondern eine Schlechtleistung vor!). Die Rechte des Gläubigers ergeben sich aus der oben bei → Rn. 20 dargestellten Systematik. Die jeweiligen Schadensersatz- oder Rücktrittsvorschriften bestimmen, wann bei einer Teilleistung Schadensersatz statt der ganzen Leistung und nicht nur wegen des fehlenden Teils geltend gemacht werden kann, §§ 281 I 2, 323 V 1 BGB (iVm §§ 283, 311a II, 326 V BGB bei Unmöglichkeit). **Wie grenzt man die AT-Teilleistung von der BT-Minderlieferung iSd § 434 III BGB ab?** § 434 III BGB soll nach hM nur bei der verdeckten Minderlieferung gelten, eine Teilleistung, wenn für den Käufer offensichtlich zu wenig geliefert wird.

3. Die Schlechtleistung als Pflichtverletzung

Bei Anwendung der allgemeinen Vorschriften hat der Gläubiger im Falle der Schlechtleistung 23
die oben bei → Rn. 20 aufgezeigten Rechte. Folgende Besonderheiten sind bei der Schlechtleistung zu beachten: Bei gegenseitigen Verträgen (zB Kaufvertrag, Werkvertrag) gibt es beim Schadensersatz statt der Leistung nach § 281 I 1, 3 BGB grundsätzlich zwei Möglichkeiten der Schadensberechnung: Wählt der Gläubiger den **kleinen Schadensersatz** nach § 281 I 1 BGB, so kann er die mangelhafte Sache behalten und verlangen, so gestellt zu werden, wie er bei gehöriger Erfüllung stehen würde (vor allem – **auch geschätzt/fiktiv** (Ausnahme: Werkrecht wegen Gefahr der Überkompensation)[57] – **Reparaturkosten** oder mangelbedingter Minderwert). Der Verkäufer/Unternehmer behält dann seinen Anspruch auf die Gegenleistung. Wählt der Gläubiger den **großen Schadensersatz/Schadensersatz statt der ganzen Leistung** nach § 281 I 1, 3 BGB, so gibt er die Sache wieder zurück (§ 281 V BGB) und rechnet seinen Schaden in der Regel nach der Differenzmethode ab: Der Gläubiger erbringt die ihm obliegende Gegenleistung nicht, auch der Schuldner ist von seiner Leistung frei, § 281 IV BGB.

---

55 Vgl. *Kaiser/Kaiser/Kaiser* Anwaltsklausur Rn. 29. Dem Anspruch auf Ersatz ist grds. der Gegenstandswert zugrunde zu legen, der der berechtigten Schadensersatzforderung entspricht, vgl. zuletzt BGH NJW 2018, 935 ff.; 2015, 3793 f.

56 Umstr., aber hM. Vgl. BVerfG NJOZ 2012, 996 f. und Palandt/*Grüneberg* BGB § 286 Rn. 46. Die Inkassokosten sind gedeckelt auf die Höhe der entsprechenden (alternativen) Rechtsanwaltskosten, vgl. § 4 V EGRDG.

57 Palandt/*Weidenkaff* BGB § 437 Rn. 40; BGH BeckRS 2018, 2537. Wenn fiktiv, dann aber ohne MwSt., vgl. § 249 II 2 BGB. Selbst eine Weiterveräußerung der kaputten Sache schadet nicht, vgl. BGH MDR 2016, 482 (zum Kaufvertrag).

Der Schaden besteht in der Differenz zwischen dem Wert der (mangelfreien) Leistung des Schuldners zuzüglich etwaiger Folgeschäden beim Gläubiger und der ersparten Gegenleistung des Gläubigers.[58] Wenn der Gläubiger die Gegenleistung bereits erbracht hat, wird er in der Regel nach der sog. Surrogationsmethode abrechnen: Er verzichtet auf die Rückforderung seiner Gegenleistung, und der Schuldner hat den Wert seiner ausgebliebenen Leistung (mindestens in Höhe des Kaufpreises) zuzüglich aller Folgeschäden zu ersetzen.

§§ 281 I 3, 323 V 2 BGB enthalten notwendige Anspruchsbeschränkungen bei **unerheblicher Pflichtverletzung**. Bei arglistiger Täuschung des Verkäufers über den Mangel oder bei Abweichen von einer Beschaffenheitsgarantie liegt nie Unerheblichkeit vor, bei Verstoß gegen eine Beschaffenheitsvereinbarung ist die Erheblichkeit zumindest indiziert, im Übrigen ist stets eine Interessenabwägung im Einzelfall erforderlich.

Problem: § 284 BGB bei frustrierten Aufwendungen des Käufers auf die Kaufsache

- Schaden = unfreiwilliges Vermögensopfer, dann §§ 280–283 BGB; Aufwendungen = freiwillige Vermögensopfer, dann § 284 BGB. Unter § 284 BGB fallen alle Vermögensdispositionen, die der Gläubiger in der Regel nach Vertragsschluss im Vertrauen auf den Erhalt der Leistung gemacht hat und billigerweise tätigen durfte (zB Fahrtkosten, Vertragskosten, Mäklerkosten, in Pkw eingebaute Teile, Unterstellkosten bei Pferden). Bei zeitweiliger Nutzung der Kaufsache mindert sich der Anspruch nach dem Gedanken der Vorteilsanrechnung entsprechend.
- Nach § 284 BGB (eigene Anspruchsgrundlage!) ist dieser nur »anstelle« von Schadensersatz statt der Leistung möglich. Das heißt, dass bezüglich ein und derselben Vermögensposition nicht über § 281 BGB und § 284 BGB abgerechnet werden darf. Daraus wird zudem abgeleitet, dass ein Anspruch aus § 284 BGB nur möglich ist, wenn gleichzeitig die (theoretischen) Voraussetzungen eines Schadensersatzanspruches statt der Leistung nach §§ 281, 282 f., 311a II BGB vorliegen (**vor allem schuldhafte Pflichtverletzung!**). Daher ist stets eine Inzidentprüfung nötig.
- Im Falle des Rücktritts tritt § 347 II BGB neben § 284 BGB (im Gutachten beides prüfen!).
- Eine Übertragung der für das Schadensrecht entwickelten Grundsätze der **»Sowieso-Kosten«** (→ Rn. 56) auf §§ 347 II, 284 BGB scheidet aus, da ansonsten der Aufwendungsersatzanspruch praktisch leerliefe.[59]

Beachten Sie, dass bei Schlechtleistung im Kaufrecht die Anwendung von **Unmöglichkeitsrecht** in Situationen infrage kommt, in denen man nicht sofort daran denkt, so vor allem beim **Stückkauf**: Eine Nachbesserung iSv § 439 I BGB ist unmöglich, wenn zB der gekaufte Pkw nicht wie vereinbart unfallfrei ist oder der Dackel einen Gendefekt hat. Auch eine Nachlieferung ist nach BGH dann unmöglich, wenn die Kaufsache – wie in der Regel bei gebrauchten Sachen – nicht durch eine **»gleichartige und gleichwertige Sache ersetzt werden kann«**. Diese Formulierung bitte merken!

II. Pflichtverletzungen mit Auswirkung auf andere Rechtsgüter

24 Liegt ein Fall der **Hauptpflichtverletzung**[60] vor (Beispiel: der gekaufte Pkw hat mangelhafte Bremsen; beim Parkversuch fährt der Käufer daher gegen sein Garagentor), ergeben sich folgende Ansprüche:

- Schadensersatz an dem anderen betroffenen Rechtsgut sofort ohne Fristsetzung, § 280 I BGB (hier Schaden an dem Garagentor)
- Schadensersatz statt der Leistung (hier etwa Erstattung des Kaufpreises und gegebenenfalls der Mehrkosten einer vergleichbaren Sache) nach § 281 BGB und Rücktritt iSv § 323 BGB jeweils nur nach erfolgloser Fristsetzung (bei Unmöglichkeit gelten §§ 283, 311a II BGB)

58 Gleichermaßen nach einem Rücktritt, der nach § 325 BGB mit Schadensersatz gekoppelt werden kann. Der Käufer bekommt über den Rücktritt den Kaufpreis zurück und rechnet im Übrigen nach der Differenzmethode ab.

59 Vgl. zuletzt OLG Celle MDR 2014, 765 f.

60 Dies gilt auch für leistungsbezogene Nebenpflichtverletzungen iSv § 241 I BGB.

Im Kauf- und Werkrecht dann nach Gefahrübergang gegebenenfalls iVm §§ 437, 634 BGB zu zitieren!

Handelt es sich um eine (nicht leistungsbezogene) **Neben- oder Sorgfaltspflichtverletzung**, gilt Folgendes:

- Schadensersatz an dem anderen Rechtsgut sofort ohne Fristsetzung, §§ 280 I, 241 II, 311 II BGB
- Schadensersatz statt der Leistung (zB Rückerstattung des Werklohns/Kaufpreises und gegebenenfalls Ersatz der Mehrkosten eines anderen Malers/anderen Gerätes) nach §§ **282**, 241 II, 311 II BGB und Rücktritt nach §§ **324**, 241 II, 311 II BGB jeweils ohne Fristsetzung, jedoch nur bei Unzumutbarkeit bezüglich der Hauptleistung bzw. des Festhaltens am Vertrag (bei Unmöglichkeit: §§ 283, 311a II BGB)

Rücksichtnahmepflichten (dh Neben- oder Sorgfaltspflichten) hängen vom Vertragszweck, von der Verkehrssitte und von Treu und Glauben ab, sind also von Fall zu Fall unterschiedlich. Wenn es auf diese in der Klausur ankommt, so ist es Ihre Aufgabe, unter konkreter Arbeit mit dem Akteninhalt die »Blankettnorm« § 241 II BGB mit Leben zu füllen (dh Argumentation!). Ein gute Hilfestellung ist dafür Palandt/*Grüneberg* BGB § 242 Rn. 27 ff., § 280 Rn. 30 f. und § 311 Rn. 22 ff. sowie beim jeweiligen Hauptvertrag (zB bei § 433 oder § 631 BGB etc.). Ohne Schuldverhältnis nennt man entstehende Rücksichtnahmepflichten »Sorgfaltspflichten« und lässt sie der c.i.c./§ 311 II BGB unterfallen, im Schuldverhältnis nennt man sie »Nebenpflichten« iSv § 241 II BGB (dann pVV!).

Merke: Wenn der Schaden an anderen Rechtsgütern durch eine Nebenpflichtverletzung nach § 241 II BGB verursacht wurde, handelt es sich um die Hauptfallgruppe der »pVV« (= positive Vertragsverletzung). In der Klausur wäre die Anspruchsgrundlage dann §§ 280, 241 II BGB, wobei Sie zusätzlich zu den Normen auch noch *»pVV des ...«* schreiben können, da dies auch in der Rspr. zum Teil noch so praktiziert wird.[61] Wurde der Schaden durch eine Sorgfaltspflichtverletzung iSd § 311 II BGB verursacht, handelt es sich um die c.i.c (→ Rn. 33). Denken Sie bei Schäden an anderen Rechtsgütern auch an weitere (nicht durch pVV/c.i.c. gesperrte!) Ansprüche aus §§ 823 ff. BGB!

Wirkt sich die Neben- oder Sorgfaltspflichtverletzung dergestalt aus, dass bei Gefahrübergang die Sache mangelhaft ist, ergeben sich die Rechtsfolgen bezüglich des Mangels ausschließlich aus dem jeweiligen Gewährleistungsrecht BT.

C. Das Wichtigste zu den Leistungsstörungen im Kauf- und Werkvertragsrecht

I. Leistungsstörungen im Kaufvertrag

1. Allgemeines

Sobald eine der bei → Rn. 20 aufgeführten Pflichtverletzungen vorliegt, gelten die oben genannten Ansprüche auch im Kaufrecht. Das Leistungsstörungsrecht AT ist selbstverständlich auch hier anwendbar. Zum Auffinden der richtigen Norm gehen Sie also die oben genannten drei Weichenstellungen durch und schauen, wo Sie landen. **§ 480 BGB** verweist für den Fall eines Tauschvertrages auf die Kaufrechtsvorschriften, das kann dann auch mal Klausureinstieg sein. Die besonderen Arten des Kaufs wie Kauf auf Probe, Vorkauf und Wiederkauf waren bislang nicht klausurrelevant. 25

Beachte: Der **Käufer kann auch eine Pflicht verletzen**, zB unberechtigt die Abnahme (Nebenpflicht) oder Zahlung (Hauptpflicht) verweigern, vgl. § 433 II BGB. Dann gelten §§ 323 ff., 280 ff. BGB, ohne dass §§ 437 ff. BGB Sonderregelungen enthalten. Ist der Kaufgegenstand allerdings

61 BGH NJW 2011, 610; 2010, 3087; 2007, 1458; OLG Frankfurt a.M. NJW 2018, 637 f.; OLG Hamm NJOZ 2013, 944; OLG Frankfurt a.M. BeckRS 2013, 03574 und BeckRS 2012, 10117; OLG München BeckRS 2013, 12830; OLG Koblenz BeckRS 2013, 11568; OLG Düsseldorf BeckRS 2013, 11916; AG Bonn NJW-RR 2014, 207; Palandt/*Grüneberg* BGB § 280 Rn. 3 mwN. Es gibt zig Fundstellen, bei denen die Praxis noch »pVV« prüft und damit §§ 280, 241 II BGB meint! Die übliche Abkürzung pVV ist eigentlich Quatsch, da die pVV auch bei gesetzlichen Schuldverhältnissen greift. Zudem fragt man sich, was an einer Nebenpflichtverletzung positiv sein soll. Aber es hat sich so eingebürgert!

mangelhaft, darf der Käufer natürlich die Abnahme (§ 273 BGB) und Zahlung (§ 320 I BGB) verweigern, so BGH MDR 2017, 83 f. (»Dellen-Fall«).

Bei einer Schlechtleistung des Verkäufers ergeben sich aus den **§§ 437 ff. BGB Besonderheiten** gegenüber den Rechten des Käufers aus dem Leistungsstörungsrecht AT. Voraussetzung für die Anwendung der §§ 437 ff. BGB ist, dass die gekaufte Sache **bei Gefahrübergang**[62] **mangelhaft** war. Ohne Gefahrübergang gilt im Fall einer Schlechtleistung nur das Leistungsstörungsrecht AT, also §§ 280 ff., 323 ff. BGB und nicht §§ 437 ff. BGB. Liegt ein Mangel bei Gefahrübergang vor, verweist **§ 437 BGB als Brückennorm** bezüglich der Gewährleistungsrechte »zurück nach vorn« auf das Leistungsstörungsrecht AT (die drei Weichenstellungen), sodass die dortigen Rechte iVm § 437 BGB auch nach Gefahrübergang anwendbar sind. Dazu kommen einige BT-Besonderheiten in §§ 438 ff. BGB.

Grobe Systematik des Leistungsstörungsrechts beim Kaufvertrag

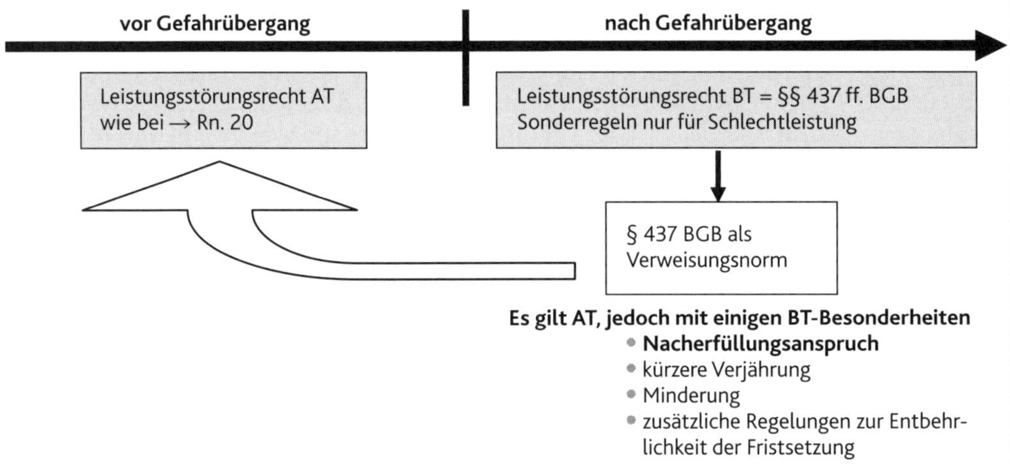

Merke: Ab Gefahrübergang sind die §§ 437 ff. BGB für den Käufer auch gegenüber § 119 II BGB *leges speciales*, wenn es um einen Irrtum über die Mangelhaftigkeit geht (→ Rn. 13; §§ 119 I, 123 BGB sind nicht gesperrt!). Auch gegenüber der c.i.c. bei Verletzung einer vorvertraglichen Aufklärungspflicht durch den Verkäufer bezüglich der Mangelhaftigkeit der Sache sind §§ 437 ff. BGB ab Gefahrübergang vorrangig (»BT schlägt AT«; Ausnahme: c.i.c. nicht gesperrt bei Arglist/Vorsatz des Verkäufers wg. Schutzunwürdigkeit des Verkäufers; c.i.c. zudem möglich, wenn es nicht um Mangelfragen geht oder der Verkäufer besondere Beratungspflichten übernommen hat). Das problematische Verhältnis c.i.c. – Mängelrechte wird in Klausuren oft übersehen![63]

Dies ergibt zB für das Verlangen des Käufers nach Schadensersatz statt der Leistung wegen einer Schlechtleistung – ohne Vorliegen von Unmöglichkeit – nach §§ 433 I, 434 I, 437 I Nr. 3, 281, 280 BGB folgende Prüfungsreihenfolge:

- Kaufvertrag, § 433 BGB
- Mangel iSd § 434 BGB
- Bei Gefahrübergang (= Übergabe oder Annahmeverzug)
- Kein Ausschluss der Gewährleistung (s. dazu sogleich)
- Fruchtlose Fristsetzung iSv § 281 I BGB (Ausnahme: §§ 281 II, 440 BGB)
- Kausaler Schaden (kleiner/großer Schadensersatz iSv § 281 I BGB)

62 Übergabe der Kaufsache oder §§ 446, 447 BGB; bei Rechtsmängeln ist auf den Zeitpunkt des Eigentumserwerbs abzustellen.

63 Korrekturbemerkung zu einer Examensklausur dazu aus 2003 (aus: Prüfungsaufgaben der Zweiten Juristischen Staatsprüfung in Baden-Württemberg, Bearbeiter: *Wolfgang Clauß*, Herausgeber: Justizministerium Baden-Württemberg, 69): »*… die Problematik, insbesondere auch die Abgrenzung zur Mängelgewährleistung, wurde meist nicht durchschaut*«.

- Rechtswidrigkeit (wird vermutet)
- Vertretenmüssen des Verkäufers (wird vermutet, vgl. § 280 I 2 BGB)
- Keine Verjährung, § 438 BGB

In Klausuren muss **fast immer ein Gewährleistungsausschluss** geprüft werden, und zwar ein vertraglicher (§ 444 BGB) oder gesetzlicher (**§ 442 I BGB, § 377 HGB** → Rn. 105). Bei § 442 BGB ist oft die Darstellung der Kenntnis des Käufers und/oder die Auslegung der Vereinbarung punkteträchtig. »Verkauft ohne Garantie« wird zB als ein kompletter Ausschluss ausgelegt. Klauseln, die durch die Formulierung »wie besichtigt« an eine Besichtigung anknüpfen, beziehen sich in der Regel nur auf dort wahrnehmbare Mängel. Ein vertraglicher Ausschluss erfasst zudem in der Regel nicht solche Mängel, die zwischen Vertragsschluss und Gefahrübergang entstehen,[64] und auch nicht die Fälle der kompletten Nichterfüllung. Oft ist dann die Überprüfung der **Wirksamkeit** des vereinbarten Gewährleistungsausschlusses ein Schwerpunkt der Klausur. Relevant werden hier §§ 307, 309 Nr. 7, 8b, 444, 476 BGB, wobei **§ 444 BGB (lesen!) am häufigsten in Klausuren zu prüfen ist.** Ist die Garantie-Schwelle des § 444 BGB (»besonderer Einstandswille«?) nicht erreicht, sondern liegt lediglich eine bloße **Beschaffenheitsvereinbarung** vor (zB Angabe der Farbe des Kfz, oder »scheckheftgepflegt«), haftet der Verkäufer trotz vereinbarten Gewährleistungsausschlusses auch für das Fehlen dieser Beschaffenheit. **Der Gewährleistungsausschluss ist dann nämlich dahingehend auszulegen, dass er jedenfalls nicht für die vereinbarte Beschaffenheit gilt.**[65] Streng jüngst der BGH für unter § 311b BGB fallende Verträge: Eine Beschreibung von Eigenschaften vor Vertragsschluss durch den Verkäufer, die in der notariellen Urkunde keinen Niederschlag findet, führt in der Regel nicht zu einer Beschaffenheitsvereinbarung bezüglich des Grundstücks (Argument: Warn- und Schutzfunktion der Beurkundung, Auslegung). Für sonstige Fallgestaltungen, in denen § 311b BGB nicht gilt, muss dagegen die (gegebenenfalls konkludente) Beschaffenheitsvereinbarung nicht zwingend in der Urkunde enthalten sein. Allgemeine Redewendungen, Wissensmitteilungen oder Anpreisungen wie »Unfallschaden: laut Vorbesitzer nein«, »Zustand: gut/einwandfrei«, bei Pferden »im Umgang lieb« etc. sind weder eine Beschaffenheitsgarantie noch eine Beschaffenheitsvereinbarung.

Prüfung der Wirksamkeit eines vereinbarten Gewährleistungsausschlusses

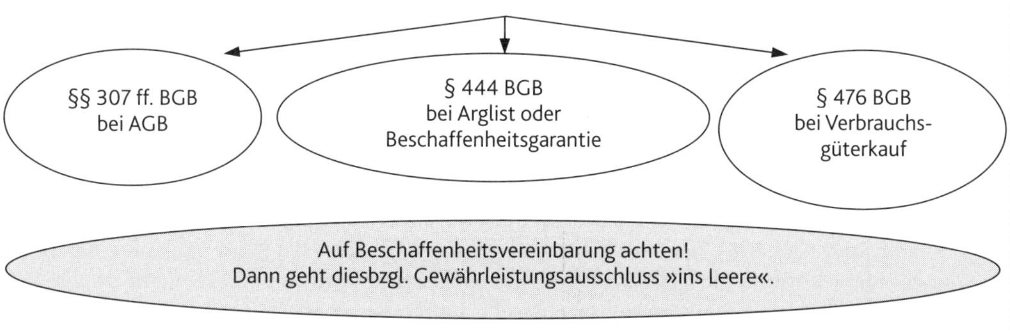

Bei wirksamem vertraglichem Gewährleistungsausschluss ist der Verkäufer in der Regel **zur Abtretung seiner Gewährleistungsansprüche** gegen seinen Lieferanten im Wege ergänzender Vertragsauslegung verpflichtet.[66]

2. Der Nacherfüllungsanspruch, § 439 BGB

Das Recht zur zweiten Andienung ist im Kaufrecht durch § 439 BGB zusätzlich spezifiziert. **25a**
Nach **§ 439 I BGB** hat der **Käufer die Wahl** zwischen Nachlieferung und Nachbesserung und zwar im Sinne einer sog. elektiven Konkurrenz, sodass der Käufer – in den Grenzen von

64 BGH NJW 2003, 1316 f.

65 Argument: § 242 BGB; vgl. Palandt/*Weidenkaff* BGB § 444 Rn. 8; BGH NJW 2018, 146 ff.: Ausschluss gilt aber für Mängel iSv § 434 I 2, 3 BGB!

66 BGH NJW 2004, 1873 f.

§ 242 BGB – von der einen zur anderen Nacherfüllungsart wechseln kann. § 439 I BGB gibt dem Käufer ein Zurückbehaltungsrecht iSv § 320 BGB (in der Urteilsklausur muss eine Zug-um-Zug-Verurteilung erfolgen). Das gilt aber nicht umgekehrt! Das heißt, der Verkäufer darf die Nachbesserung nicht mit dem Argument verweigern, der Käufer habe unter Berufung auf die angeblichen Mängel noch nicht bezahlt.[67] Nach **§ 439 II BGB** hat der Verkäufer die Nacherfüllungskosten zu tragen, wobei die Norm nach hM nicht nur eine Kostenzuweisungsnorm, sondern auch eine Anspruchsgrundlage des Käufers ist (vor allem für Mangelermittlung wie Gutachter- oder Rechtsanwaltskosten). Das ist dann für den Käufer günstig, wenn das nach § 280 BGB erforderliche Vertretenmüssen des Verkäufers fehlt. Natürlich muss die Sache sich auch als mangelhaft herausstellen. Für Schäden des Käufers, die als Schadensersatz statt der Leistung unter § 281 BGB fallen, dürfte § 439 II BGB allerdings nicht gelten, da ansonsten das Fristsetzungserfordernis des § 281 BGB leerlaufen würde.

Die Rechtsfolgen der Nachlieferung regeln **§§ 439 V, 346 ff. BGB (Rückgewähranspruch des Verkäufers)**. Achten Sie auf **§ 475 III 1 BGB**, der – anders als beim Rücktritt – für die Fälle von § 439 V BGB die Pflicht zum Nutzungsersatz durch den Käufer ausschließt. Eine analoge Anwendung auf die Fälle des Rücktritts ist mangels planwidriger Regelungslücke zu verneinen.

Problem: Umfang des Nacherfüllungsanspruches, § 439 BGB

- Wo ist der **Erfüllungsort iSv § 269 BGB?** Nach dem BGH kommt es auf die Umstände des Einzelfalls an, insbesondere die Art der Nacherfüllung sowie das Ausmaß der Unannehmlichkeiten für den Käufer (**im Zweifel beim Schuldner = Verkäufer**). Problematisch ist, ob dies im Lichte der EuGH-Rspr. auch beim Verbrauchsgüterkauf gilt (EuGH: Nachbesserung muss für den Verbraucher *»ohne erhebliche Unannehmlichkeiten erfolgen«*), der BGH bejaht das aber im »Smart-Urteil« für den Regelfall (Käufer hat ja als Ausgleich einen Vorschussanspruch für Transportkosten!).[68] Die Frage des richtigen Erfüllungsortes ist vor allem für die Formulierung der Fristsetzung iSv §§ 281 I, 323 I, 284 BGB und iRv § 29 ZPO wichtig.
- **Gigantisch wichtig sind die sog. »Parkett-Fälle«** bei Einbau/Verbindung der Sache durch den Käufer:
  - Musste nach **alter Rechtslage** noch zwischen Verbrauchsgüterkauf (dann schuldete der Verkäufer aus § 439 II BGB in richtlinienkonformer Auslegung auch den Ausbau der mangelhaften und den Einbau der nachzuliefernden Sache, Argumente: Wortlaut Richtlinie 1999/44/EG, Verbraucherschutz – über § 281 BGB dann die Kosten, falls sich der Verkäufer weigert) und Nicht-Verbrauchsgüterkauf (dann kein Aus- und Einbau geschuldet, Argument: Gleichlauf Primär- und Sekundärpflicht) unterschieden werden, hat der Gesetzgeber **nunmehr** mit **§ 439 III BGB** diese Fälle richtlinienüberschießend für alle Kaufvertragsabschlüsse ab dem 1.1.2018 identisch geregelt: Der Verkäufer muss/darf nicht selbst aus- und einbauen, sondern schuldet dem Käufer (dieser muss nicht Verbraucher sein!) verschuldensunabhängig die für Aus- und Einbau erforderlichen Aufwendungen.[69] Das ist gerade bei Nicht-Verbrauchsgüterkaufverträgen für den Käufer ideal, denn die nach alter Rechtslage sonst für die Aus- und Einbaukosten allein in Betracht kommenden §§ 437 Nr. 3, 280 BGB greifen in der Regel nicht, da der Verkäufer bei Fremdprodukten keine generelle Untersuchungspflicht hat und das Herstellerverschulden ihm auch nicht nach § 278 BGB zugerechnet wird (auch nicht dessen Arglist – Thema im VW-Abgasskandal!). Achten Sie auf § 439 III 2 BGB (Gutgläubigkeit bei Einbau nötig!). Flankiert wird § 439 III BGB durch § 309 Nr. 8 b) cc) BGB (AGB-Festigkeit) und für Verbrauchsgüterkäufe durch den neuen **§ 475 VI BGB (Vorschussanspruch** des Verbraucher-Käufers).[70]

67 BGH NJW 2013, 1431 ff.; OLG Oldenburg NJW-RR 2011, 480 f.

68 BGH NJW 2017, 2758 ff. aus dem Januartermin 2018! In den Einbaufällen dürfte dies aber anders sein, vgl. BGH NJW 2011, 2278 ff.

69 Der Verkäufer kann dann ggf. Regress bei seinem Lieferanten nehmen, vgl. die neuen §§ 478, 445a, 445b BGB.

70 Zum Vorschussanspruch muss die Rspr. nun klären, ob dem Käufer auch außerhalb des Verbrauchsgüterkaufs ein solcher Anspruch zusteht oder ob § 475 VI BGB abschließend ist (was wohl so sein dürfte). Der **Vorschuss** dürfte wie bei § 637 III BGB bei nicht zweckentsprechender Verwendung **zurückzuzahlen sein** (Anspruchsgrundlage wohl wie im Werkrecht § 242 BGB in Verbindung mit dem Grundvertrag), vgl. *Lorenz* JuS 2018, 10 ff.

- § 439 III BGB setzt nicht voraus, dass der Käufer die Sache bei sich selbst einbaut/anbringt. Erfasst werden daher zB auch Werkunternehmer, die eine Sache kaufen, um sie bei ihrem Besteller einzubauen.
- Die Rspr. muss klären, ob der Einbau der Sache *»gemäß ihrer Art und ihrem Verwendungszweck«* objektiv (so die Gesetzesbegründung und Palandt) oder subjektiv (Parteivereinbarung entscheidet) zu bestimmen ist.
- § 439 III BGB gilt wohl nicht, wenn der Verkäufer bereits primär zum Einbau verpflichtet war, zB bei Kaufverträge mit Montagenebenpflicht. Sonst würde das Recht zur zweiten Andienung umgangen.
- **Erstmontage-Kosten** sind grundsätzlich nicht zu ersetzen (»Sowieso-Kosten«). Nur über die Rentabilitätsvermutung wären solche Aufwendungen ein Schaden iSv § 280 BGB (vgl. → Rn. 62).

- Einrede des Verkäufers bei **Unverhältnismäßigkeit** aus **§ 439 IV BGB**: Relative Unverhältnismäßigkeit (+), wenn gewählte Nacherfüllungsart unverhältnismäßig teurer ist als die jeweils andere Art der Nacherfüllung (Richtwert: ab 10 %), absolute Unverhältnismäßigkeit (+), wenn die Nacherfüllung insgesamt für den Verkäufer unzumutbar ist (Obergrenze wohl ab 100% des Verkehrswertes im mangelfreien Zustand, nach BGH ist dies aber nur ein Anhaltspunkt). Die Rechtsfolgen bei Unverhältnismäßigkeit sind gut im Palandt/*Weidenkaff* BGB § 439 Rn. 20 ff. kommentiert. Für Verbrauchsgüterkäufe wird § 439 IV BGB durch den neuen **§ 475 IV, V BGB** (lesen!) modifiziert (bei absoluter Unverhältnismäßigkeit in den Einbau-Fällen[71] Reduzierung des Aufwendungsersatzanspruches).

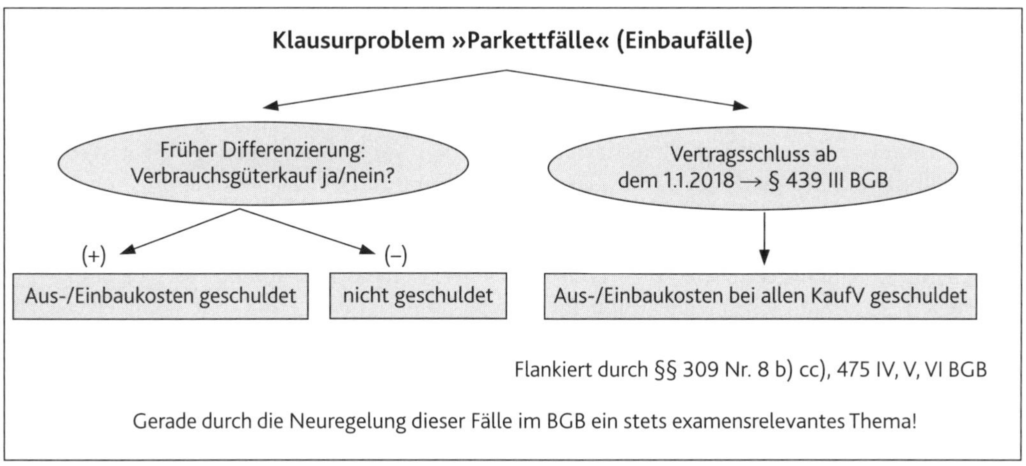

3. Examensrelevante Klausurkonstellationen

Wie kommt Kaufrecht denn nun in der Klausur vor? Ein möglicher Klausureinstieg ist die **25b**
Zahlungsklage des Verkäufers, der Käufer wendet Mängelrechte ein, zB Rücktritt, Schadensersatz, Minderung etc.

Klausurtipp: In den letzten Jahren kam in Klausuren komischerweise vermehrt der Einwand, der Kaufpreis sei noch nicht fällig, da die Rechnung nach **§ 14 UStG** noch nicht ordnungsgemäß erteilt wurde. Der Einwand geht ins Leere, weil die **Fälligkeit von der Rechnungsstellung unabhängig** ist. Ist der Käufer Unternehmer und hat er einen Anspruch auf Rechnungserteilung nach § 14 UStG, steht ihm nur ein Zurückbehaltungsrecht zu.[72] Apropos Kaufpreis: Der BGH hat 2017 entschieden, dass eine interessengerechte Vertragsauslegung ergebe, dass wenn auf Antrag des Käufers **Paypal** den Kaufpreis zurückerstattet, die alte Kaufpreisforderung wieder auflebt.

71 § 475 IV 2 BGB dürfte so zu verstehen sein, dass sich der Käufer nur bei absoluter Unverhältnismäßigkeit in den Einbau-Fällen auf § 475 IV 2 BGB berufen kann, vgl. *Höpfner/Fallmann* NJW 2017, 3745 ff.; so auch Palandt/*Weidenkaff* BGB § 439 Rn. 21a, § 475 Rn. 6.

72 BGH MDR 2014, 1064 f.; LG Frankfurt a.M. NJW-RR 2014, 86 f.; Palandt/*Grüneberg* BGB § 271 Rn. 7. Dies gilt nicht nur für den Kaufvertrag!

Die mittlerweile weitaus häufigere Konstellation ist die **Klage des Käufers**, mit der er nach erklärtem Rücktritt den Kaufpreis zurückverlangt (in der Regel **Zug um Zug** gegen Rückübereignung der gekauften Sache), diverse Schadenspositionen und Aufwendungsersatz geltend macht (die Aufwendungen oft beziffert und für die Zukunft als Feststellungsantrag), den **Annahmeverzug des Verkäufers nach §§ 293 ff. BGB feststellen lassen will** (an § 295 BGB denken!) und zusätzlich die Verurteilung des Beklagten zur Abholung/Rücknahme der Kaufsache begehrt. Es wird also aus allen Rohren geschossen. In der Zulässigkeit der Klage sind **§§ 260, 256 ZPO** anzusprechen.[73] Das Feststellungsinteresse bezüglich des Annahmeverzuges ergibt sich aus der erleichterten Zwangsvollstreckung nach §§ 756 I, 765 ZPO. Die Anspruchsgrundlage für die Abholung der Kaufsache beim Kläger ist §§ 346 I, 242 BGB (→ Rn. 15). Oft macht der Käufer auch noch **Lagerkosten** geltend, dann sind §§ 286, 304, 347 II BGB zu prüfen.

Eine weitere Konstellation ist die **Selbstvornahme der Reparatur durch den Käufer** ohne vorherige Fristsetzung an den Verkäufer, sodass eine Nacherfüllung durch diesen unmöglich wird. Die Rspr. verneint dann – wenn eine Fristsetzung nicht ausnahmsweise entbehrlich war (→ Rn. 27) – jedweden Anspruch des Käufers auf Kostenersatz – Schadensersatz statt der Leistung, Minderung, GoA, § 812 BGB und § 326 II 2 BGB analog – wegen des Vorrangs der Fristsetzung/»Recht zur zweiten Andienung«. Kommentiert ist dies bei Palandt/*Grüneberg* BGB § 326 Rn. 13.

Klausurtipp: Das identisch zu lösende Problem der **Selbstvornahme** existiert auch bei anderen Verträgen mit Fristsetzungserfordernis für die Sekundärrechte, so zB im **Werk-**[74]**, Reise- und Mietrecht** (→ Rn. 77, 80).

4. Das Vorliegen eines Mangels, §§ 434 f. BGB

26 Den Mangel regeln §§ 434 f. BGB, die Rspr. hat mittlerweile den weiten Beschaffenheitsbegriff der Literatur übernommen. Die **Beweislast** für den Mangel trägt analog § 363 BGB nach Übergabe der Käufer (anders § 477 BGB), wenn er eine ihm als (Nach-)Erfüllung angebotene Leistung als Erfüllung angenommen hat. Bitte geben Sie sich bei der Darstellung der Mangelhaftigkeit Mühe und huschen da nicht einfach drüber hinweg. Also: **In der Regel relativ viel dazu schreiben** und genau die **Alternativen des § 434 BGB benennen**: Fehlt vereinbarte – vertraglich vorausgesetzte – gewöhnliche Beschaffenheit? Ein konkreter Mangelverdacht kann nach der Rspr. als Mangel ausreichen (zB »Altlastenverdacht«). **Aktuelles: Dressurpferd-Urteil BGH JA 2018, 146!**

Klausurtipp: Das **Mängelobjekt ändert sich**. So gab es Monate, da kamen fast nur Kfz vor (üblicher Verschleiß bei Gebraucht-Kfz kein Mangel!), danach Pferde (bei Tieren immer § 90a BGB zitieren!), dann Grundstücke, dann Felgen, dann Bunker unter dem Grundstück, dann wieder Kfz, dann Öfen, dann wieder Pferde, mittlerweile sind es wieder vermehrt die Autos.

In **§ 434 I, III BGB** sind weitere Mangelfallgruppen geregelt (Montagemangel, aliud, Minderlieferung), die keine große Bedeutung haben. **§ 435 BGB** regelt den Rechtsmangel (zB Widmung eines Grundstücks als öffentliches Straßenland, Eintrag des Kfz in der SIS-Fahndungsliste, Eingriffe der Strafverfolgungsbehörden zwecks Verfall und Einziehung der Sache – Beschlagnahme eines Kfz, zuletzt zum gefühlt tausendsten Mal im Maitermin 2017!). Beachte: Kann schon der Verkäufer das Eigentum an der Kaufsache nicht übertragen, zB weil die Sache einem Dritten nach § 935 BGB abhandengekommen ist oder sie bereits dem Käufer gehört, liegt kein Rechtsmangel, sondern Nichtleistung vor. Es gilt das Leistungsstörungsrecht AT, §§ 275, 326, 283, 311a BGB (Julitermin 2016!).[75] Im Falle eines Rechtskaufs (Kauf von Forderungen, GmbH-Anteilen) haftet der Verkäufer wie beim Sachkauf, § 453 BGB (Bayern-Termin II 2013).

73 *Kaiser/Kaiser/Kaiser* Zivilgerichtsklausur I Rn. 403; *Kaiser/Kaiser/Kaiser* Anwaltsklausur Rn. 38.
74 Vgl. dazu OLG Düsseldorf NJW 2014, 1115; NJW-RR 2008, 331; BGH NJW 2005, 1348 ff.
75 BGH NJW 2007, 3777 ff.; OLG Schleswig NJW-RR 2011, 1233 ff. § 438 I Nr. 1a) BGB soll dann allerdings nach hM analog gelten.

5. Sonderregelungen zur Fristsetzung, § 440 BGB

§§ 440, 475 V BGB normiert zusätzlich zu §§ 281 II, 323 II, IV BGB Fälle, in denen es für die Sekundärrechte des Käufers keiner Fristsetzung bedarf. Von § 440 BGB ist oft **»Unzumutbarkeit«** zu prüfen, zB in Fällen der **Montagsauto- und Vorführeffekt-Rspr.** (zuletzt Dezembertermin 2017!) oder beim **VW-Abgasskandal** (Oktobertermin 2017!).[76] Bei §§ 281 II, 323 II BGB werden oft die »besonderen Umstände« (vor allem Arglist) oder die ernsthafte und endgültige Erfüllungsverweigerung (streng zu sehen, Bestreiten des Mangels reicht in der Regel nicht – *»letztes Wort des Schuldners«*?) relevant. Auch bei Unmöglichkeit (→ Rn. 20) ist eine Fristsetzung entbehrlich. 27

Beachte: Auch beim Verbrauchsgüterkauf gilt nach der hRspr für den Rücktritt und die Minderung **das Fristsetzungserfordernis** aus §§ 437, 323 , 441 BGB, wenn keine der obigen Ausnahmen greift.[77]

6. Die Minderung, § 441 BGB

Statt zurückzutreten (dann inzidente Prüfung der Rücktrittsvoraussetzungen) kann der Käufer nach § 441 BGB mindern (in der Regel konkludent ausgeübtes Gestaltungsrecht). Der Anspruch auf (teilweise) Rückzahlung des bereits gezahlten Kaufpreises ergibt sich aus §§ 441 V, 346 BGB, der § 812 BGB ist daneben gesperrt. Ist die mangelhafte Kaufsache völlig wertlos, führt die Minderung zu einem kompletten Entfallen des Kaufpreisanspruchs und damit faktisch zum gleichen Ergebnis wie der Rücktritt. Um einen Wertungswiderspruch zum Rücktritt zu vermeiden, muss der Käufer die wertlose Sache daher analog § 346 BGB herausgeben. Minderung und großer Schadensersatz nach § 281 I, V BGB schließen sich nach neuer Rspr. aus (Festhalten – Rückabwickeln!). 28

7. Die Garantieerklärung des Verkäufers/eines Dritten

§ 443 BGB (iVm § 479 BGB bei Verbrauchsgüterkaufverträgen) regelt die Garantie des Verkäufers oder eines Dritten. Bei einer Verkäufergarantie kann entweder eine unselbstständige Garantie (nur Modifizierung der gesetzlichen Mängelhaftung, vgl. §§ 442, 444 BGB, gegebenenfalls sogar Haftung ohne Verschulden nach § 276 I 1 BGB) oder eine selbstständige Garantie iSv §§ 311, 241 I BGB als eigene Anspruchsgrundlage, die neben §§ 437 ff. BGB tritt, vorliegen (»eine Garantie verspricht, was das Gesetz nicht hergibt«). Abgrenzungskriterium: Rechtsbindungswille. Bei einer Drittgarantie kann nur eine selbstständige Garantie vorliegen, die neben die Haftung des Verkäufers tritt. 29

8. Der Verbrauchsgüterkauf, §§ 474 ff. BGB

Erstmal lesen Sie bitte die §§ 474 ff. BGB. Die Begriffe des Verbrauchers und Unternehmers sind in **§§ 13, 14 BGB** geregelt und gut im Palandt kommentiert. Ein Verbraucher kann sich nach § 242 BGB nicht auf §§ 474 ff. BGB berufen, wenn er dem Verkäufer seine Unternehmereigenschaft vortäuscht. 30

Wichtig ist **§ 477 BGB**, der eine Beweislastumkehr bezüglich der Voraussetzung »Mangel bei Gefahrübergang« beinhaltet. Im Geltungsbereich des § 477 BGB muss also der Verkäufer die Mangelfreiheit der Sache bei Übergabe beweisen. Der typische Anwendungsfall von § 477 BGB ist, dass **unklar** ist, ob der später aufgetretene Mangel bei Gefahrübergang vorlag. Die Norm greift **grundsätzlich auch beim Tierkauf**[78] **und bei gebrauchten Sachen**, in der Regel aber nicht bei äußerlichen Schäden. Steht fest, dass der Mangel **erst nach Gefahrübergang** aufgetreten ist (zB plötzlich auftretender Motorschaden bei Kfz) und daher bei Übergabe noch nicht vorlag, griff § 477 BGB nach bisheriger Rspr. nur, wenn der Käufer einen **Grundmangel** (dh die vertragswidriger Ursache für den späteren Folgemangel) bewiesen hat. Gelang

76 Palandt/*Weidenkaff* BGB § 440 Rn. 8; BGH NJW 2017, 153 ff. (Vorführeffekt); *Witt* NJW 2017, 3681 ff. u. LG Paderborn BeckRS 2017, 125478 u. LG Bonn MDR 2018, 404 (Abgasskandal; dort aber str.).

77 BGH NJW 2015, 3455; 2011, 2278, 3435; ZGS 2011, 406; NJW 2006, 1195 ff. und 2005, 1348 ff.; **aA Palandt**/*Weidenkaff* BGB § 439 Rn. 7 mwN.

78 Bei Tierinfektionen ist die **Inkubationszeit** ein wichtiger Faktor. Ist diese länger als der Zeitraum zwischen Gefahrübergang und Erkrankung, so ist das Tier mangelhaft, § 477 BGB bedarf es nicht. § 477 BGB ist auch unanwendbar, wenn die Inkubationszeit mit Sicherheit kürzer ist als die Zeit ab Gefahrübergang; hier liegt kein Mangel vor! § 477 BGB ist daher bei Infektionen nur anwendbar, sofern eine nicht eindeutig fixierbare Inkubationszeit kürzer oder länger sein kann als die Zeit zwischen Übergabe und Mangelauftritt, vgl. *Wertenbruch* NJW 2012, 2065 ff.

ihm dies, wurde vermutet, dass dieser schon bei Gefahrübergang vorgelegen hatte. Blieb aber unklar, ob stattdessen ein Fahrfehler oder hinnehmbarer Verschleiß zu dem Folgemangel geführt hatten, so konnte er sich nicht auf § 477 BGB berufen. **Dies hat der EuGH (»Faber«) vor kurzem gekippt, der BGH ist dem gefolgt**: Der Verbraucher muss nur das Vorliegen der Mangelerscheinung innerhalb der Frist des § 477 BGB beweisen, nicht aber den Grund für die Vertragswidrigkeit. Der Grundmangel bei Gefahrübergang wird vermutet (Argument: Verbraucherschutz, daher richtlinienkonforme Auslegung der Norm).[79] Die Norm muss ziemlich oft in Klausuren (schwerpunktmäßig!) geprüft werden, zuletzt Oktober- und Junitermin 2016, dann wieder Januar 2017 und Januar 2018!

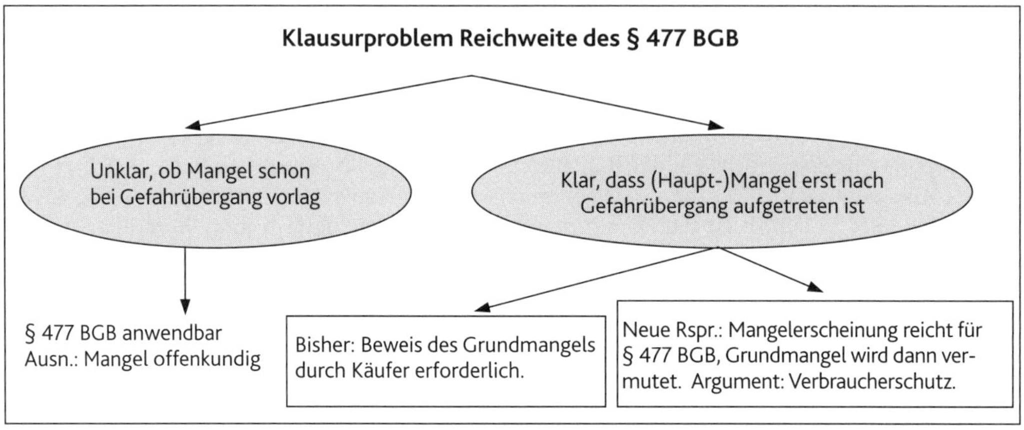

§ 476 I 2 BGB sanktioniert **Umgehungsgeschäfte** durch den Unternehmer (zB Verkauf als *»Händlerverkauf«* an Verbraucher, Verkauf eines gebrauchstauglichen Kfz mit der Sollbeschaffenheit *»Bastlerfahrzeug«*, Verkauf mit der pauschalen Klausel *»Mängel sind dem Käufer bekannt«*; problematisch – so wie im Junitermin 2016 – bei sog. negativen Beschaffenheitsvereinbarungen: »folgende Mängel sind dem Käufer bekannt: 1. Zahnriemen muss … etc.« – hM: Auslegung der Klausel aus Sicht des Käufers: echte Beschreibung der Kaufsache oder verkappter Haftungsausschluss?). Auch bei **Agenturgeschäften** der Autohändler – der Autohändler nimmt das Kfz des Kunden dergestalt in Zahlung, dass er dieses als Vertreter für den Kunden unter Gewährleistungsausschluss an einen Dritten verkauft und den Kaufpreis auf den von ihm verkauften Neuwagen anrechnet – kann es sich um Umgehungsgeschäfte handeln, wenn bei wirtschaftlicher Betrachtungsweise der Autohändler das eigentliche Geschäftsrisiko trägt (zB durch seine Mindestpreisgarantie). Rechtsfolge ist in diesen Fällen, dass sich der Händler beim Weiterverkauf des Kfz gemäß § 476 I 2 BGB so behandeln lassen muss, als hätte er selbst das Fahrzeug an den Dritten verkauft. Die Haftung des Händlers tritt dann gegebenenfalls neben die Haftung des von ihm vertretenen Kunden (übrigens: der Agenturauftrag selbst ist in der Regel ein Vertrag nach § 675 BGB). Gleiches gilt, wenn der Unternehmer einen **Verbraucher-Strohmann als Verkäufer** vorschickt, der den Kaufvertrag mit dem Verbraucher-Käufer abschließt. Der Käufer kann dann wegen § 476 I 2 BGB auch auf den Unternehmer zugreifen.

§§ 478, 445a, 445b BGB regeln den **Regress des Verkäufers** gegenüber seinem Lieferanten, der bislang in Klausuren keine große Rolle gespielt hat. Es reicht, wenn Sie wissen, wo das steht, und der Palandt.

9. Die Verjährung, § 438 BGB

31 **§ 438 BGB** regelt die Verjährung der Mängelansprüche. In Klausuren beruft sich der Verkäufer gegebenenfalls darauf, dass der **Rücktritt oder die Minderung »verjährt« seien**. Geht das? Erst nachdenken, dann Fußnote lesen![80]

---

79 Palandt/*Weidenkaff* BGB § 477 Rn. 8.

80 Rücktritt und Minderung sind Gestaltungsrechte und verjähren daher nicht. Nach §§ 438 IV 1, V, **218 BGB sind sie aber unwirksam, wenn** der Anspruch auf die Leistung oder der Nacherfüllungsanspruch verjährt ist und der Verkäufer die Einrede der Verjährung erhebt. Die Ansprüche nach wirksamem Rücktritt aus §§ 346 ff. BGB verjähren in der regelmäßigen Verjährungsfrist gem. §§ 195, 199 BGB.

II. Leistungsstörungen im Werkvertrag

1. Allgemeines

Nach jahrelangem K(r)ampf ist am 1.1.2018 eine **Reform des Werkrechts/Bauvertragsrechts** 32 in Kraft getreten, bei der unter anderem umfassende Dokumentationspflichten des Unternehmers, neue Kündigungs- und Verbraucherwiderrufsrechte, eigene Regeln zum Bauvertrag (§§ 650a ff. BGB), zum Verbraucherbauvertrag (§§ 650i ff. BGB), zum Architekten- und Ingenieurvertrag (§§ 650p ff. BGB), zum Bauträgervertrag (§§ 650u f. BGB) und neue Lohnregelungen implementiert wurden. Zudem sind einige Vorschriften verrutscht. Bitte machen Sie sich vor Ihrem Examenstermin mit den Neuregelungen vertraut, indem Sie diese einmal durchblättern. Auf die klausurrelevanten Normen/Probleme der Neuregelungen weisen wir Sie hier selbstverständlich hin.

Beim Werkvertrag verpflichtet sich der Unternehmer zur Herstellung eines Werkes, es ist also ein **Erfolg geschuldet**. In der Praxis spielt bei Bauverträgen die **VOB** (Vergabe- und Vertragsordnung für Bauleistungen) eine große Rolle. Bei der VOB handelt es sich um AGB iSv §§ 305 ff. BGB.

Problem: Abgrenzungsfragen in (vermeintlichen) Werkvertragsklausuren

- **Bauträgervertrag:** Werkrecht bei Mängeln des Bauwerks und für Vergütung, ansonsten Kaufrecht und § 311b BGB (zuletzt November- und Dezembertermin 2017!), vgl. jetzt normiert in § 650u BGB!
- **Kaufvertrag mit Montagepflicht**: Bleibt Kaufvertrag, wenn Montage nicht der Schwerpunkt ist (§ 434 II 1 BGB!), zB Erwerb einer vom Verkäufer zu installierenden **Photovoltaikanlage** oder Blockheizkraftwerk.[81]
- Herstellung von **geistigen Werken** (Musikaufführung): Werkrecht.
- Vertrag mit **Herstellungspflicht** des Vertragspartners bei beweglichen Sachen (zB Bestellung einer noch anzufertigenden Torte oder von Werbemappen nach Designvorlage des Kunden, Bestellung von erst anzufertigenden speziellen Fenstern oder Türen[82], einer zu montierenden EBK[83] oder Markise): Nach **§ 650 BGB Werklieferungsvertrag,** jedoch stets **Schwerpunktbetrachtung** (reine Lieferung oder »schöpferisches Werk«?) erforderlich. Die genaue Einordnung Kaufvertrag – Werklieferungsvertrag – Werkvertrag ist schwierig, weil hier vieles Einzelfall-Rspr. ist. Sobald nicht unproblematisch ein reiner Werkvertrag vorliegt, sollten Sie **zur Sicherheit immer einen Check bei Palandt/*Sprau*** BGB § 650 Rn. 2 ff. machen, um nicht falsch abzubiegen!

Merke: Achten Sie in vermeintlichen Werkrechtsklausuren genau darauf, ob nicht ein Werklieferungsvertrag vorliegt (Kaufrecht: dann gegebenenfalls auch § 377 HGB wegen § 381 II HGB! Werkrecht: kein § 377 HGB!).

Klausurtipp: Der **Generalunternehmer** schließt den Werkvertrag mit dem Besteller ab und vergibt dann die einzelnen Gewerke an **Subunternehmer** (sog. werkvertragliche Leistungskette). Ein Vertrag besteht dann nur zwischen Generalunternehmer und Besteller und zwischen Generalunternehmer und Subunternehmer (ebenfalls Werkvertrag, kein Vertrag zugunsten Dritter für Besteller!). Das Verschulden des Subunternehmers wird dem Generalunternehmer über § 278 BGB zugerechnet. **Mehrere separat vom Besteller beauftragte Handwerker** haften diesem gegenüber bei Mängeln **in der Regel** auch **nicht gesamtschuldnerisch**. **Ausnahmen** davon finden Sie bei Palandt/*Sprau* BGB § 634 Rn. 29 ff. Bei einer Gesamtschuld zwischen Überwachungs-Architekt und Handwerker kann das neue Zurückbehaltungsrecht des Architekten aus § 650t BGB abgeprüft werden.

---

81 Palandt/*Sprau* BGB § 650 Rn. 5; OLG Stuttgart MDR 2016, 1131; OLG Saarbrücken BeckRS 2016, 00820; OLG Naumburg NJW-RR 2014, 842; OLG Naumburg BeckRS 2014, 09218. Zuletzt Februar u. Oktober 2016! Nur dann Werkvertrag, wenn Installation prägend ist, weil sie Gebäudeerneuerung gleichkommt. Dann gilt auch die Verjährung des § 634a I Nr. 2 BGB, so BGH NJW 2016, 2876 ff. (Tennishalle).

82 OLG Köln NJW-RR 2015, 859 (Apriltermin 2018!); reiner Kaufvertrag aber, wenn Vertragspartner nur als Zwischenhändler anzusehen ist, weil es sich um listenmäßig angebotene Standardware handelt, so BGH NJW 2014, 2183 ff. (Aluminium-Profilleisten).

83 Werkrecht, wenn Montage Schwerpunkt, Palandt/*Sprau* BGB § 650 Rn. 4 f.; Einf v § 631 Rn. 26; OLG Saarbrücken NJW-RR 2018, 237 ff.; vgl. auch BGH BeckRS 2017, 136174 = MDR 2018, 200; NJW 2016, 3654.

Was ist der **typische Einstieg in Werkrechtsklausuren?** In der Regel die Lohnzahlungsklage des Werkunternehmers. Der Besteller setzt die unten dargestellten Leistungsstörungsrechte oder sonstige Lösungsrechte entgegen, die Sie dann inzident zu prüfen haben. Umgedreht: Der Besteller klagt seine Mängelrechte ein, der Werkunternehmer wehrt sich und bestreitet alles. Dieser Fall ist auch möglich.

2. Leistungsstörungen im Werkvertrag

32a Sobald eine der bei ⟶ Rn. 20 aufgeführten Pflichtverletzungen vorliegt, gelten die oben genannten Ansprüche auch im Werkrecht. Das Leistungsstörungsrecht AT ist auch hier anwendbar. Liegt die Pflichtverletzung des Werkunternehmers hingegen in einer Schlechtleistung (Werkmangel), ergeben sich aus **§§ 634 ff. BGB** Besonderheiten für die Rechte des Bestellers, die **erst ab Gefahrübergang (= Abnahme** des Werkes) greifen. Liegt ein **Werkmangel bei Gefahrübergang** vor, verweist **§ 634 BGB als Brückennorm** bezüglich der wesentlichen Gewährleistungsrechte »zurück nach vorn« auf das Leistungsstörungsrecht AT (die drei Weichenstellungen), sodass die dortigen Rechte iVm § 634 Nr. 2, 3, 4 BGB auch nach Gefahrübergang anwendbar sind, dazu kommen einige BT-Besonderheiten in §§ 634a ff. BGB. **Ausnahmsweise können die §§ 634 ff. BGB auch schon vor Abnahme gelten.** Dies hat der BGH jüngst für den Fall bejaht, in dem der Unternehmer sein Werk als fertig anbietet und der Besteller nicht mehr Erfüllung verlangt, sondern allein auf Geldzahlung gerichtete Gewährleistungsansprüche entgegensetzt, dh Schadensersatz oder Minderung. Der Vertrag ist in ein **»Abrechnungsverhältnis«** übergegangen. Ein solches entsteht aber in der Regel nicht, wenn der Besteller »nur« den Vorschussanspruch aus § 637 III BGB geltend macht oder wenn das Insolvenzverfahren über das Vermögen des Bestellers eröffnet wird.[84]

Grobe Systematik des Leistungsstörungsrechts beim Werkvertrag

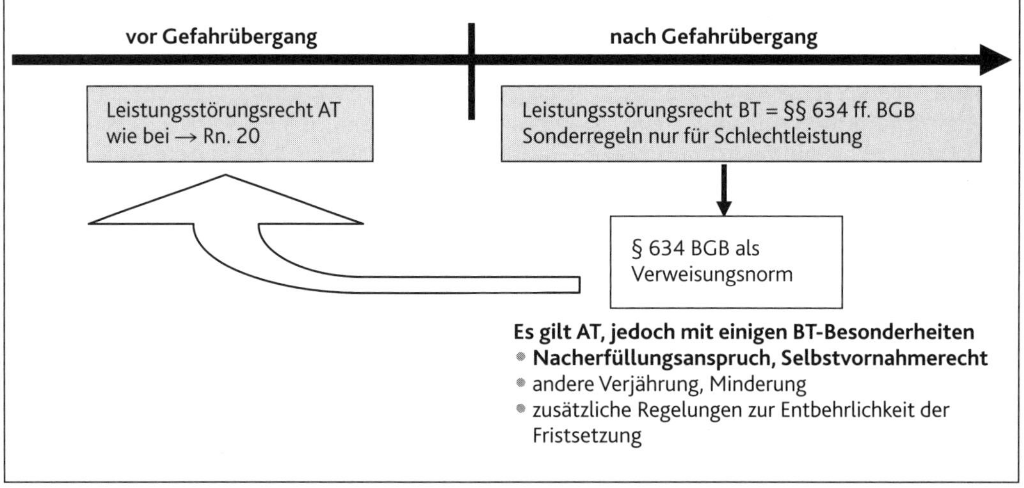

Merke: Durch die jeweiligen Verweisungsnormen sind die Gewährleistungsrechte im Kauf- und Werkrecht ähnlich. Auch hinsichtlich des Verhältnisses der allgemeinen Regeln der §§ 119, 123, 280 ff. BGB und c.i.c. zu §§ 634 ff. BGB gilt dasselbe wie im Kaufrecht (»BT schlägt AT« ⟶ Rn. 25 auch zu den Ausnahmen).

Beachte: Auch der Besteller kann eine Pflicht verletzen. Besonders relevant ist die Verletzung einer **Nebenpflicht** durch den Besteller, die eine Haftung aus pVV und § 823 BGB auslösen kann.

Klausurtipp: Wenn im Werkvertrag die **Gewährleistung vertraglich ausgeschlossen** wurde, so ist der Ausschluss an §§ 639, 305 ff. und 242 BGB zu messen. Denken Sie auch an § 640 III BGB (s. unten).

84 BGH BeckRS 2017, 133750 = MDR 2018, 136; MDR 2017, 328; 2017, 390; OLG Saarbrücken NJW-RR 2018, 237 ff.; Palandt/*Sprau* BGB § 634 Rn. 4 ff. mit weiteren Beispielen.

Die Vorschrift des **§ 633 II BGB** regelt den **Werkmangel.** Dieser liegt vor, wenn die im Zeitpunkt der Abnahme geltenden anerkannten Regeln der Technik nicht eingehalten wurden (*»nicht fachgerecht«*) oder selbst bei Einhaltung der Regeln das Werk nicht wie vereinbart oder vorausgesetzt funktioniert. Eine Haftung scheidet aus, wenn die Mangelursache komplett beim Besteller liegt (beachten Sie die Fiktion dafür in § 650g III BGB!) oder wenn der Mangel auf seine Vorgaben zurückzuführen ist und der Unternehmer seine Prüfungs- und Hinweispflicht erfüllt hat. Bei bloßer Mitverursachung durch den Besteller ist dieser an den Nachbesserungskosten zu beteiligen,[85] bei Minderungs-, Schadensersatz- oder Vorschussverlangen des Bestellers wird der Anspruch wegen § 254 BGB gekürzt. Beachten Sie, dass sich der Besteller das Verschulden anderer Werkunternehmer in der Regel nicht nach §§ 254 II 2, 278 BGB zurechnen lassen muss.

§ 634 BGB zählt die Rechtsfolgen einer bei Gefahrübergang mangelhaften Werkleistung auf und verweist auf §§ 280 ff., 323 ff. BGB. Daher ist für die Geltendmachung der Gewährleistungsrechte **eine Fristsetzung erforderlich** (Ausnahme: §§ 636, 281 II, 323 II BGB, Unmöglichkeit). In der Regel verlangt der Besteller **Schadensersatz statt der Leistung** nach §§ 633, 634 Nr. 4, 281 I 1, 280 BGB: Hier behält er die mangelhafte Bauleistung und verlangt Ersatz der Mängelbeseitigungskosten (kleiner Schadensersatz, Mangelschaden). Beim Schadensersatz statt der ganzen Leistung nach §§ 633, 634 Nr. 4, 281 I 1, 3, 280 BGB entfällt nach der im Regelfall vorzunehmenden Abrechnung im Sinne der Differenzmethode der Werklohnanspruch. Der Besteller kann vom Unternehmer die Rücknahme des Werkes (Abriss), die Rückzahlung etwaiger Vergütungen und seinen sonstigen Nichterfüllungsschaden verlangen (großer Schadensersatz). Klassische Mangelfolgeschäden/Begleitschäden sind ohne Fristsetzung nach §§ 633, 634 Nr. 4, 280 BGB zu ersetzen (**Schadensersatz neben der Leistung**). Es ist also mehr oder weniger wie im Kaufrecht!

3. Klausurtipps zu den wichtigsten Einzelproblemen

Der **Nacherfüllungsanspruch** ergibt sich aus **§§ 634 Nr. 1, 635 BGB**. Im Gegensatz zum Kaufrecht hat der Unternehmer die Wahl zwischen Nachbesserung und Neuherstellung. Die kaufrechtliche Problematik der Aus- und Einbaukosten ergibt sich wegen dessen Erfolgsbezogenheit beim Werkvertrag nicht. Der Unternehmer schuldet die komplette Herstellung des mangelfreien Werks.[86] Der **Ort der Nacherfüllung** iSv § 269 BGB, § 29 ZPO ist der Ort, wo sich das nachzubessernde Werk vertragsgemäß befindet (also anders als im Kaufrecht!).[87] **32b**

Merke: Denken Sie an § 641 III BGB als Zurückbehaltungsrecht-Sondervorschrift zu § 320 BGB, wenn der Besteller nach der Abnahme (oder wenn eine Abnahme entbehrlich ist) den Nacherfüllungsanspruch geltend macht.

Neben der **Minderung (§ 638 BGB)** ist in **§ 637 I BGB** speziell das **Selbstvornahmerecht** des Bestellers bezüglich einer Mängelbeseitigung inklusive Aufwendungsersatzanspruch geregelt (GoA, §§ 812, 326 II 2 BGB analog gesperrt). **§ 637 III BGB** gewährt hierfür einen **Anspruch auf Kostenvorschuss**, wenn die Voraussetzungen von § 637 I BGB vorliegen. Der Anspruch ist – anders als § 281 BGB – wie jeder Vorschussanspruch zweckgebunden, sodass er bei nicht zweckentsprechender Verwendung zurückzugewähren ist.[88] Nach neuer Rspr. steht der Vorschussanspruch neben der Möglichkeit, den noch nicht bezahlten Werklohn einzubehalten.[89] Neben § 637 BGB kann über §§ 634 Nr. 4, 281, 280 BGB ein (in wirtschaftlicher Hinsicht

85 BGH NJW 2010, 2571 ff.: Zuschusszahlungsanspruch des Unternehmers aus vertraglicher Nebenpflicht iVm § 242 BGB.

86 *Looschelders* JA 2018, 81 ff.; Palandt/*Sprau* BGB § 635 Rn. 6. Dh, der Parkett-Verleger, der sich vertraglich zu Beschaffung und Einbau des Parketts verpflichtet hat, schuldet als Nacherfüllung Neulieferung u. Ausbau des alten u. Einbau des neuen Parketts.

87 BGH NJW 2011, 2278 ff.; MDR 2008, 552 f.; OLG München NJOZ 2017, 955 f.

88 Anspruchsgrundlage auf Rückgewähr: § 242 BGB in Verbindung mit dem Werkvertrag. Der Werkunternehmer kann analog § 666 BGB Auskunft über die Verwendung des Vorschusses verlangen. Gegen den Rückzahlungsanspruch kann der Besteller mit einem Schadensersatzanspruch wg. der Mängel aufrechnen, vgl. zuletzt OLG Celle NJW 2013, 475 ff. u. Palandt/*Sprau* BGB § 637 Rn. 11.

89 OLG Hamm MDR 2016, 39; BeckRS 2013, 16795; OLG Celle BauR 2016, 1504; OLG Düsseldorf NJW-RR 2015, 341; OLG Schleswig NJW-Spezial 2015, 685; MüKoBGB/*Busche* § 637 Rn. 20; aA OLG Celle NJW 2016, 2754 f.; Palandt/*Sprau* BGB § 637 Rn. 8.

unter Umständen sogar identischer) Schadensersatzanspruch treten (**»637 sperrt 281 nicht«**). Das alles kam zuletzt September 2015 im Ringtausch, November 2015 in Bayern, wieder in NRW im Juli 2016 und im Ringtausch wieder im Junitermin und in zwei Klausuren im Dezembertermin 2017!

In § 634a BGB ist die **Verjährung** der Gewährleistungsansprüche geregelt. Beachten Sie §§ 634a IV, V, 218 BGB.

Denken Sie an Folgendes, wenn **der Werklohnanspruch des Unternehmers** aus § 631 I BGB zu prüfen ist:

Die Voraussetzungen für einen Werklohnanspruch des Werkunternehmers sind:
1. Wirksamer Vertragsschluss
2. **Fälligkeit: grundsätzlich erst mit Abnahme**, § 641 BGB. Wichtige gesetzliche Ausnahmen sind hier §§ 632a I, 640 II, 641 II 1, 645, 646 BGB (lesen!). Eine Rechnungsstellung ist für die Fälligkeit in der Regel nicht erforderlich (anders § 15 I HOAI bei Architekten und § 650g IV bei Bauverträgen).
3. Werklohnhöhe unstreitig/bewiesen (nachträgliche Änderung des Werklohns möglich, vgl. §§ 650b, 650c BGB!)

Denken Sie an die Prüfung der Abnahme! Diese ist nicht nur für den Werklohnanspruch wichtig. Sie stellt den Beginn der Verjährung für die Gewährleistungsrechte des Bestellers dar, § 634a II BGB, und führt dazu, dass die Gewährleistungsvorschriften des Werkrechts BT (= §§ 634 ff. BGB) Anwendung finden. Nach § 644 BGB geht die Vergütungsgefahr auf den Besteller über. Zudem verliert der Besteller gegebenenfalls nach **§ 640 III BGB** viele Sekundärrechte, wenn er sich diese im Angesicht von Mängeln nicht vorbehält. Die Abnahme hat auch Einfluss auf die Beweislast hinsichtlich von Mängeln (s. unten). Abnahme liegt vor, wenn der Besteller zum Ausdruck bringt, dass er die Werkleistung als im Wesentlichen vertragsgemäß betrachtet. Es kann auch zu einer **konkludenten Abnahme** kommen, zB durch längere anstandslose Ingebrauchnahme des Werkes oder durch vorbehaltlose (Teil-)Zahlung des Werklohns. **Wann ist ausnahmsweise für den Werklohnanspruch aus § 631 I BGB zusätzlich zu den gesetzlichen Ausnahmen (s. oben) keine Abnahme nötig?**[90]

1. Wenn der Vertrag in ein »Abrechnungsverhältnis« übergegangen ist (s. oben → Rn. 32a).
2. Wenn der Besteller unberechtigt die Abnahme verweigert (Werk ist »abnahmereif«, dh mangelfrei oder Mängel sind unwesentlich, § 640 I 2 BGB). Der Werkunternehmer muss dabei die Abnahmereife seines Werkes beweisen.
3. Bei endgültiger unberechtigter Verweigerung von Mitwirkungshandlungen durch den Besteller (beachten Sie dann auch den Geldanspruch des Unternehmers aus § 642 BGB!).

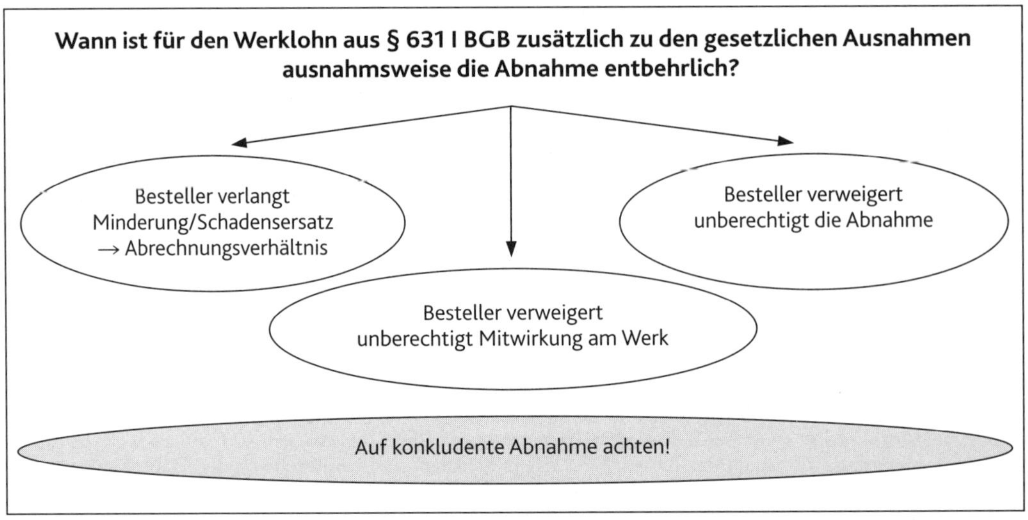

90 Palandt/*Sprau* BGB § 641 Rn. 4 f. mwN; OLG Celle BauR 2016, 1504; OLG Karlsruhe NJW-RR 2010, 1609 ff.

In **§ 645 BGB** ist der Werklohnanspruch ohne Abnahme bei Untergang/Unausführbarkeit des Werkes wegen »Verantwortlichkeit des Bestellers« geregelt. § 645 BGB gilt analog für Ursachen, die in der Person des Bestellers begründet sind oder auf seine Handlung zurückgehen (jedoch keine allgemeine Sphärenhaftung). Zur Abrechnung nach § 645 BGB kommt man auch in Fällen von **§ 643 BGB** (Kündigung bei unterlassener Mitwirkung des Bestellers, wenn Mitwirkung geschuldet; dies lief August 2015, Januar und April 2016!) und **§ 649 I BGB** (Kündigung wegen Überschreitung des **Kostenvoranschlags**). Ansonsten trägt der Unternehmer bis zur Abnahme die Vergütungsgefahr, **§ 644 I BGB**. Wie kann § 644 I BGB relevant werden? So: Aufgrund einer Schädigungshandlung eines anderen Handwerkers wird das mangelfreie noch nicht abgenommene Werk eines Unternehmers unbrauchbar. Dieser erleidet einen Schaden, weil er vor Abnahme nach § 644 I BGB die Vergütungsgefahr trägt und daher sein Werk nachbessern/wiederholen muss, er selbst hat aber keinen Anspruch gegen den Schädiger, weil seine Baustoffe in der Regel nach § 946 BGB mit den Einbau in das Eigentum des Bestellers übergangen sind. Dieser Konflikt ist über die Grundsätze der Drittschadensliquidation zu lösen (→ Rn. 67).

Ein **weiterer Anspruch für Werklohn ist § 648 S. 2, 3 BGB**, wenn der Besteller nach S. 1 BGB (**»freies Kündigungsrecht«**) gekündigt hat, was nur vor Abnahme/Vollendung zulässig ist. Hier muss in Klausuren oft zu § 313 BGB (→ Rn. 15) und zur Kündigung aus wichtigem Grund nach **§ 648a BGB** abgegrenzt werden. Beachten Sie bei allen Kündigungen eines Bauvertrages iSv §§ 650a ff. BGB das Schriftformerfordernis in § 650h BGB.

Klausurtipp: Wenn der Besteller sich vom Vertrag lösen will, so ist sein Vortrag **auszulegen**, ob er die Gewährleistungsrechte oder die Vertragslösungsrechte nach §§ 648, 648a, 649, 313 BGB geltend macht. Zusätzlich hat er seit 2018 auch ein Widerrufsrecht nach Maßgabe von § 650l BGB beim Verbraucherbauvertrag. Auch der Werkunternehmer kann sich von dem Vertrag lösen, vgl. §§ 648a, 643, 323 ff., 313 BGB. Beim Architekten- und Ingenieursvertrag gilt zusätzlich § 650r BGB.

Merke: Neben dem »klassischen« § 631 I BGB sind in §§ 645 I, 648, 648a V, 649 I, 650r III BGB weitere Werklohnansprüche normiert, die zum Teil in Klausuren eingebaut wurden! Bitte merken Sie sich das.

In einigen Klausuren geht es um über §§ 632a, 650e, 650f BGB hinausgehende **Sicherheiten** durch den Besteller.[91] Die Parteien können zB vereinbaren, dass der Besteller eine Bürgschaft stellt oder einen Vorschuss zahlt (zu viel gezahlter Vorschuss ist als Nebenpflicht des Werkvertrages zurückzuzahlen, nicht über § 812 BGB!). Die in §§ 650e, 650f BGB geregelten gesetzlichen Sicherheiten für den Unternehmer (unter anderem **Bauhandwerkersicherungshypothek** – in der Regel über einstweiligen Rechtsschutz als Einstieg von den LJPAs geprüft[92]) haben nur geringe Klausurrelevanz.

Das **Werkunternehmerpfandrecht an Sachen des Bestellers** findet sich in § 647 BGB. Der Unternehmer hat dann ein Problem, wenn das Kfz nicht dem Besteller gehört (bei Ehegatten auf § 1357 BGB achten – ggf. Mitverpflichtung des nicht handelnden Eigentümer-Ehegatten!). Denn das gesetzliche Werkunternehmerpfandrecht kann **nicht gutgläubig erworben** werden, da der auf die Gutglaubensvorschrift § 1207 BGB verweisende § 1257 BGB ein bereits »entstandenes« Pfandrecht voraussetzt und daher bezüglich des Ersterwerbs nicht eingreifen kann. Da der Wortlaut eindeutig ist, scheidet auch eine analoge Anwendung von § 1207 BGB aus. Gleichfalls vermag eine von dem Eigentümer dem Besteller erteilte Ermächtigung, die Sache reparieren zu lassen, nach § 185 BGB analog das gesetzliche Werkunternehmerpfandrecht nicht entstehen zu lassen.[93] Auch die Gesetzesänderungen der letzten Jahre im HGB zu dortigen Pfandrechten ändern daran nichts, da es sich um nicht analogiefähige Sonderkonstel-

91 Gesetzliche Sicherheiten durch den Unternehmer sind zB in § 650m II, III BGB normiert. Diese können auch vereinbart werden, zB eine Gewährleistungsbürgschaft oder Einbehalt von Werklohn. Hier steht vieles bei Palandt/*Sprau* BGB § 641 Rn. 12 und Einf v § 765 Rn. 13.

92 Vgl. dazu unbedingt *Kaiser/Kaiser/Kaiser* Anwaltsklausur Rn. 76 ff.

93 Palandt/*Sprau* BGB § 647 Rn. 3, Argumente: Die Anwendung des auf einen Verfügungsakt zugeschnittenen § 185 BGB auf die Entstehung eines gesetzlichen Pfandrechts wäre systemwidrig; Verpflichtungsermächtigung bei Handeln im eigenen Namen ist dem BGB fremd.

lationen des Handelsrechts handelt. In Betracht kommt aber die Vereinbarung eines vertraglichen Pfandrechts (häufig und zulässig auch in AGB), welches nach § 1207 BGB gutgläubig erworben werden kann. Beachten Sie die Erlöschensgründe von §§ 1257, 1252, 1253 BGB (Zahlung des Werklohns, Rückgabe der Pfandsache). **§ 647 BGB spielt in § 771 ZPO-Klausuren**[94] **und vor allem im EBV-Werkunternehmerfall (→ Rn. 46) eine Rolle.**

Klausurtipp: Hat der Besteller wegen eines Eigentumsvorbehalts nur ein Anwartschaftsrecht, **entsteht am Anwartschaftsrecht des Bestellers das Werkunternehmerpfandrecht** (Anwartschaftsrecht als »wesensgleiches Minus« zum Eigentum → Rn. 40) und setzt sich mit Eigentumserwerb des Bestellers analog § 1247 S. 2 BGB am Vollrecht fort (dingliche Surrogation).

4. Prozessuale Besonderheiten für die Klausur

32c Achten Sie beim **Abfassen des Tatbestandes** auf den richtigen Aufbau. Die streitigen Behauptungen zur Abnahme gehören in der Regel in den Vortrag des Werkunternehmers, die zu den Mängeln in der Regel in den Vortrag des Bestellers. Gegebenenfalls müssen Sie dann eine Replik des klagenden Werkunternehmers bezüglich der behaupteten Mängel anfügen.[95]

Der Werkunternehmer trägt grundsätzlich die **Beweislast** für die Höhe der **Vergütung.** Wenn der Unternehmer nach § 632 II BGB die übliche Vergütung (nach Stundensätzen[96]) verlangt und der Besteller eine niedrigere Festpreisvereinbarung behauptet, muss der Unternehmer nach der Rspr. die Unrichtigkeit dieser Darlegung beweisen. Als notwendiges Korrektiv hat dafür allerdings erstmal der Besteller die Umstände der von ihm behaupteten Vereinbarung substantiiert darzulegen. Dies gilt auch andersherum: Verlangt der Unternehmer eine bestimmte Vergütung und behauptet der Besteller eine (im Ergebnis niedrigere) Abrechnung auf Stundenbasis, so muss der Unternehmer die Festpreisabrede beweisen. Bitte merken Sie sich das. Gelingt dem Unternehmer jeweils nicht der entsprechende Beweis, kann er den höheren Lohn auch nicht unter dem Gesichtspunkt verlangen, der Besteller sei jedenfalls iSv § 812 BGB durch die Reparatur bereichert. Warum denn? Erst nachdenken, dann Fußnote lesen![97]

Bei der **Beweislast** hinsichtlich von **Werkmängeln** gilt Folgendes: Vor Abnahme muss der Werkunternehmer die Mangelfreiheit, nach Abnahme der Besteller die Mangelhaftigkeit darlegen und beweisen. Zugunsten des Bestellers reicht es aber aus, wenn er die Mangelauswirkungen (Symptome) darstellt.

94 Vgl. dazu unbedingt *Kaiser/Kaiser/Kaiser* Zwangsvollstreckungsklausur Rn. 45.

95 *Kaiser/Kaiser/Kaiser* Zivilgerichtsklausur I Rn. 23 ff.

96 Ist die Abrechnung auf Stundenlohnbasis unstreitig, hat der **Unternehmer aber »getrödelt«** und rechnet unverhältnismäßig viele Stunden ab, dann wird sein Anspruch per Aufrechnung auf das erforderliche Maß reduziert (Gegenanspruch des Bestellers aus pVV), Septembertermin 2015!

97 Weil der Werkvertrag der Rechtsgrund ist! Lesen Sie OLG Karlsruhe NJW-RR 2014, 313, wenn Sie die Antwort nicht sofort wussten.

§ 4 Vertragsähnliche Ansprüche

A. Culpa in contrahendo (c.i.c.) und positive Vertragsverletzung (pVV)

Die pVV und die c.i.c. sind im Wesentlichen in §§ 241 II, 311 II BGB gesetzlich normiert. 33

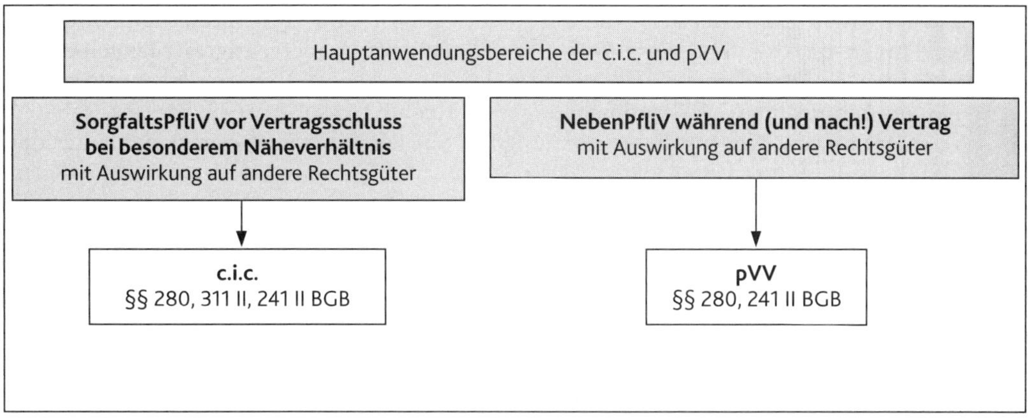

I. Die pVV (= Haftung für Nebenpflichtverletzungen)

§ 241 II BGB regelt die Nebenpflichten in einem Schuldverhältnis (Vertrag oder gesetzliches Schuldverhältnis), bei deren Verletzung ein Anspruch aus §§ 280, 241 II BGB besteht (= Hauptanwendungsbereich der früheren und heutigen pVV). Einige beliebte Standardfälle zur pVV sollten Ihnen bekannt sein:

Der Käufer verletzt zB eine Nebenpflicht iSv § 241 II BGB, wenn er bei einer **Verkäuferbewertung nach einem Internetkauf** unrichtige Tatsachen behauptet oder Schmähkritik äußert (Beispiel aus einer Original-Klausur: *»Kauft nicht bei diesem Drecksack!«*). Der Verkäufer hat einen Anspruch auf Löschung aus pVV iVm § 242 BGB in Form der *»culpa post contractum finitum«* (**nachvertragliche pVV**) und aus § 823 I, II BGB iVm §§ 185 f. StGB, § 824 BGB und § 1004 BGB analog. Der durch die Pflichtverletzung entstandene Schaden liegt hier in den negativen Auswirkungen der Bewertung bei anderen eBay-Nutzern.[98] Dieselbe Problematik ergibt sich bei Schmähbewertungen nach einem Hotelaufenthalt. Kurz weitere Beispiele nachvertraglicher Pflichten: Vermieter schmeißt nach Beendigung des Mietvertrages die noch an die alte Adresse des Mieters adressierte Post weg (darf er nicht).[99] Vermieter will nach Vertragsende die Anbringung von Hinweisschildern bei Verlegung der Anwaltspraxis nicht dulden (muss er aber für in der Regel ein halbes Jahr). Käufer stürzt bei Verlassen des Ladens auf Treppe (Apriltermin 2018!).

Die pVV spielt auch eine Rolle, wenn **zur aktiven Anspruchsverfolgung** vorgerichtliche Anwaltskosten entstehen (**»Gebührenschaden«**; soz. **»Aktiv-Anwalt«**). Hier kommen Ansprüche (»materieller Kostenerstattungsanspruch« im Gegensatz zu dem in §§ 91 ff. ZPO geregelten »prozessualen Kostenerstattungsanspruch«) aus Verzug, aus §§ 280 ff. BGB, pVV, c.i.c. oder Delikt (zB bei Verkehrsunfällen) in Betracht. Die Anwaltskosten stellen dann einen kausalen Vermögensfolgeschaden der jeweiligen vorherigen Pflichtverletzung dar. Über §§ 91 ff. ZPO dagegen kann weder direkt noch analog bei vorgerichtlichen Anwaltskosten Erstattung verlangt werden. Kostenerstattung bei **außergerichtlicher anwaltlicher Verteidigung** gegen eine unberechtigte Inanspruchnahme (soz. **»Passiv-Anwalt«**) kann in der Regel nicht verlangt werden: Ansprüche aus § 823 I BGB (keine Rechtsgutsverletzung) und GoA (Zuhilfenahme des Anwalts = eigenes Geschäft ohne Fremdgeschäftsführungswillen) fallen aus, übrig bleibt neben § 823 II BGB (dann Schutzgesetzverstoß des

98 Palandt/*Ellenberger* BGB § 156 Rn. 3; AG München BeckRS 2016, 121400; AG Erlangen NJW 2004, 3720 ff.

99 Der Vermieter hat nachwirkende vertragliche Nebenpflichten bzgl. von nicht offensichtlich wertlosen Gegenständen und Einrichtungen, die der Mieter bei seinem Auszug aus Versehen zurücklässt. Gleiches gilt für Postsendungen nach dem Auszug, vgl. LG Darmstadt NJW-RR 2014, 454 f.

Gegners durch vorprozessuales Handeln nötig → selten!) nach der Rspr. allein die pVV, wenn der vermeintliche Anspruch des (Schein-)Gläubigers im Rahmen einer tatsächlichen vertraglichen Verbindung der Parteien geltend gemacht wird. Die unberechtigte Geltendmachung einer Forderung aus einem Schuldverhältnis stellt nämlich eine (nach)vertragliche Nebenpflichtverletzung iSv § 241 II BGB dar. Allerdings ist ein Verschulden dann zu verneinen, wenn der Anspruch des (Schein-)Gläubigers ihm »plausibel« erscheinen darf. Ähnliches gilt für die Kosten des Verkäufers, die durch ein ex post **unberechtigtes Mängelbeseitigungsverlangen** des Käufers ausgelöst wurden (identisch: unberechtigtes Mängelbeseitigungsverlangen des Bestellers, des Reisenden, des Mieters etc.). Generell können Sie sich merken: Die unberechtigte Geltendmachung von Rechten oder Ansprüchen im Rahmen eines Vertrages ist eine Nebenpflichtverletzung iSv § 241 II BGB, wobei stets der Filter der »Plausibilität« gilt.[100]

Klausurproblem Gebührenschaden (mat.-rechtl. Kostenerstattungsanspruch)

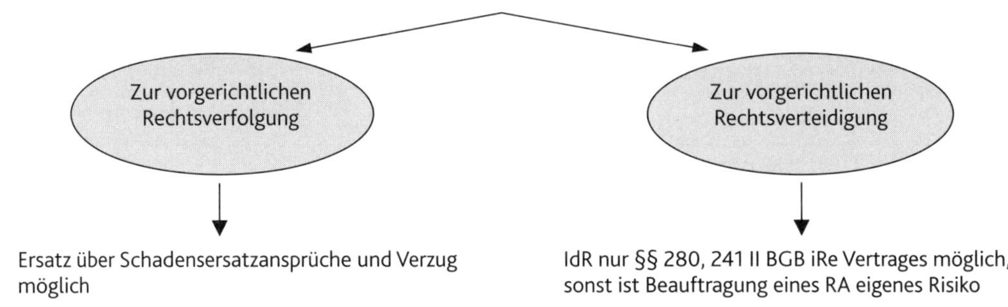

II. Die c.i.c. (= Haftung für Sorgfaltspflichtverletzungen)

Veranlasst unter anderem durch den Linoleumrollen-Fall, hat die Rspr. die c.i.c. erfunden, da der Kaufhausbetreiber sonst »nur« aus §§ 823 I, 831 BGB haften würde (Gefahr der Exkulpation, § 278 BGB nicht anwendbar, Delikt gewährleistet keinen umfassenden Vermögensschutz, Verschulden gegebenenfalls schwer beweisbar – *»Schwächen des Deliktsrechts«*, bei c.i.c. wegen §§ 280 I 2, 278 BGB anders!). **§ 311 II BGB** regelt nunmehr nicht abschließend die besonderen Näheverhältnisse mit Rücksichtnahmepflichten iSv § 241 II BGB, bei deren Verletzung neben Delikt ein Anspruch aus § 280 BGB besteht. Die Normenkette ist dann §§ 280, 311 II, 241 II BGB (= c.i.c.), für Verschulden/Handeln von Erfüllungsgehilfen gilt **§ 278 BGB**. Die in Klausuren häufigsten Fälle der c.i.c. sind die Sorgfalts- oder Aufklärungspflichtverletzung bei Vertragsanbahnung/sonstigen Näheverhältnissen – **BGH NJW-RR 2016, 859 und MDR 2017, 1298 sind zwei Klassiker dazu, die Sie kennen sollten** – und der treuwidrige Abbruch von Vertragsverhandlungen ohne triftigen Grund (*»qualifiziertes Vertrauen«* geweckt? bei formbedürftigen Verträgen wie iRv § 311b I BGB zusätzlich schwerwiegende Treupflichtverletzung nötig, da sonst Übereilungsschutzzweck von § 311b I BGB leerliefe! **BGH MDR 2018, 205** f. ist ein **Examenstipp** dazu!). Zusätzlich regelt **§ 311 III BGB** die Eigenhaftung von Dritten (**»Sachwalterhaftung«**, vor allem von Vertretern) aus c.i.c. bei Inanspruchnahme besonderen Vertrauens/eigenem unmittelbaren wirtschaftlichen Interesse (restriktiv auszulegen).

Klausurtipp: Achten Sie auf die c.i.c. auch in unbekannteren Situationen. So ist in Klausuren und Aktenvorträgen schon mehrfach die **Absage von Tischreservierungen** in Restaurants gelaufen.[101] Die **Hotelreservierung** wird dagegen – anders als die Tischreservierung – bereits als Abschluss eines

100 Palandt/*Grüneberg* BGB § 280 Rn. 27. Der BGH prüft in den Mängelbeseitigungsfällen nur pVV. ZT wird daneben auf die GoA zurückgegriffen (vgl. Palandt/*Sprau* BGB § 634 Rn. 42 mwN; aA mangels FGW OLG Düsseldorf NJW-RR 1999, 746; *Schwarze* NJW 2015, 3601 ff. mwN).

101 Umstr., ob Vorvertrag oder (so die wohl hM) nur c.i.c. ggü. dem Gast. **Vgl. *Kaiser* JA 2007, 291 ff. mit vielen weiteren Beispielen aus Klausuren!**

Beherbergungsvertrages angesehen.[102] Aktueller Fall: c.i.c. mit Bietern bei **Auslobung** eines Grundstücks durch eine Gemeinde – Pflicht zur Gleichbehandlung und Fairness (OLG Koblenz NJW 2017, 3310 f.).

Umfang des Schadensersatzanspruchs bei c.i.c.: Der Geschädigte ist nach § 249 I BGB so zu stellen, wie er ohne das schädigende Verhalten stehen würde. Der Anspruch umfasst in der Regel den Vertrauensschaden (negatives Interesse), kann aber auch darüber hinausgehen. Arbeiten Sie hier im Ernstfall mit dem Palandt bei § 311 BGB. Liegt der Schaden in der Eingehung eines Vertrages, kommt auch ein Anspruch auf Rückgängigmachung des Vertrages in Betracht (Rückabwicklung dann über §§ 346 ff. BGB analog), der im Falle einer vertraglichen Inanspruchnahme einredeweise über § 242 BGB (*dolo agit*) geltend gemacht werden kann. **Die c.i.c. ist nicht durch** die gleichzeitige Anfechtbarkeit nach **§ 123 BGB ausgeschlossen** (Argument: c.i.c. schützt Vermögen, § 123 BGB freie Willensbildung), wohl aber gegebenenfalls durch das **Gewährleistungsrecht** (→ Rn. 25, 32a). Auch c.i.c. und Rückabwicklung zB aufgrund Verbraucherwiderrufs sind grundsätzlich nebeneinander möglich.

B. Geschäftsführung ohne Auftrag (GoA)

Ansprüche aus GoA müssen im Examen vor allem dann angesprochen werden, wenn – salopp gesagt – der Anspruchsteller für den Anspruchsgegner »etwas gemacht hat«, ohne dazu berechtigt zu sein. **Klausuren und Aktenvorträge, in denen die GoA eine Rolle spielt, kommen im Assessorexamen gigantisch häufig vor!** 34

Echte GoA (Kenntnis von Fremdheit des Geschäfts und Geschäftsführungswille)
- Berechtigte GoA (Übereinstimmung mit Interesse und Wille des Geschäftsherrn)
- Unberechtigte GoA (keine Übereinstimmung mit Interesse und Wille des Geschäftsherrn)

Unechte GoA (kein Fremdgeschäftsführungswille)
- Vermeintliche Eigengeschäftsführung (keine Kenntnis von Fremdheit des Geschäfts)
- Angemaßte Eigengeschäftsführung (Kenntnis von Fremdheit des Geschäfts)

Prüfungsschema Voraussetzungen der echten GoA
1. Besorgung eines fremden Geschäfts
   - Auch-fremdes-Geschäft ausreichend.
2. Fremdgeschäftsführungswille
   - Wird grundsätzlich vermutet, Ausnahmen aber möglich. Probleme: Unwirksamer Vertrag, Verpflichtung gegenüber Dritten.
3. Ohne Auftrag oder sonstige Berechtigung
4. Berechtigung (oder keine Berechtigung: dann unberechtigte GoA)
   - Geschäftsführung mit Willen und Interesse des Geschäftsherrn? Auf § 679 BGB achten!
5. Rechtsfolgen: Je nachdem, ob berechtigte oder unberechtigte GoA vorliegt
   - Insbesondere §§ 683 S. 1, 670 BGB und §§ 684 S. 1, 812, 818 II BGB wichtig!

I. Besorgen eines fremden Geschäfts, § 677 BGB

Geschäftsbesorgung wird weit ausgelegt und erfasst jede Handlung auch rein tatsächlicher Art (außer reine Gefälligkeiten des täglichen Lebens, → Rn. 4). Fremd ist das Geschäft, wenn es objektiv einen fremden Interessenkreis betrifft, also *»der Sorge eines anderen obliegt«*. Kommt das Geschäft seiner äußeren Erscheinung nach nicht nur dem Geschäftsführer, sondern auch einem Dritten zugute, liegt ein **»auch-fremdes Geschäft«** vor, welches für die GoA ausreicht. Bei eigenen und neutralen Geschäften liegt nur dann ein fremdes Geschäft vor, wenn der Handelnde Fremdgeschäftsführungswillen hat. Übrigens: Die Selbstaufopferung im Straßenverkehr (Fahrer weicht aus, um einen anderen Verkehrsteilnehmer nicht zu schädigen

102 LG Frankfurt a.M. NJW-RR 2006, 54 f.; OLG Düsseldorf NJW-RR 1991, 1143 f. Argument: hier größere inhaltliche Bestimmtheit des Vertragsinhaltes als bei bloßer Tischreservierung, sodass Anfrage bei Hotel als echtes Angebot angesehen werden kann.

und erleidet dabei einen Unfall) ist ein eigenes Geschäft, weil und wenn durch das Ausweichen die eigene Haftung aus § 7 StVG vermieden wird.

Merke: Bei Zahlung eines Gesamtschuldners greift die GoA nicht, da § 426 BGB vorrangig ist (umstr.).[103]

II. Fremdgeschäftsführungswille als ungeschriebenes Tatbestandsmerkmal

Der Fremdgeschäftsführungswille wird beim objektiv fremden und nach der Rspr. in der Regel auch beim »auch-fremden Geschäft« **(widerleglich) vermutet**. Bei eigenen oder neutralen Geschäften muss er hinreichend deutlich nach außen in Erscheinung treten. Zwei Probleme treten zum Fremdgeschäftsführungswillen öfter auf:

Problem: GoA/Fremdgeschäftsführungswille bei unwirksamen Verträgen

- Nach Rspr. **GoA für Rückabwicklung unwirksamer Verträge** zwischen den Vertragsparteien über die Figur des »auch-fremden Geschäfts« möglich und daher **vorrangig vor §§ 812 ff. BGB zu prüfen**, Fremdgeschäftsführungswille wird vermutet (aA Literatur: §§ 812 ff. BGB). Die irrige Annahme, zur Leistung verpflichtet zu sein, hindert also nach der Rspr. den Fremdgeschäftsführungswillen nicht. Im Assessorexamen folgen Sie natürlich der Rspr., ohne zu murren!
- Bei Unbilligkeit korrigiert die Rspr. dieses Ergebnis zB indem man die Aufwendungen des bösen Geschäftsführers bei sittenwidrigen oder verbotswidrigen Verträgen als nicht *»erforderlich«* iSd § 670 BGB einstuft (zB Verstoß gegen RDG, SchwarzArbG[104]) oder – wie in den **»Erbensucherfällen«** – die GoA *»dem Grunde nach«* ablehnt (Argumente: Privatautonomie, Akquiseanstrengungen sind eigenes Risiko; um Aufwendungsersatz zu bekommen, muss der Erbensucher einen Erbenermittlungsvertrag – §§ 675, 611 BGB – mit dem Erben schließen: dazu bei Interesse BGH NJW-RR 2016, 842). Sie merken: Wegen Wertung knickt die Rspr. manchmal wieder ein.

Problem: GoA/Fremdgeschäftsführungwille bei Verpflichtung gegenüber einem Dritten (vor allem im Gewand der Abschlepp-Fälle)

- Selbst wenn der Geschäftsführer einem Dritten zur Tätigkeit verpflichtet ist, kann eine GoA gegenüber einem von der Geschäftsführung Profitierenden (»auch-fremdes Geschäft«) vorliegen, vgl. die Beispiele bei Palandt/*Sprau* BGB § 677 Rn. 6 ff. Allerdings schränkt die Rspr. diese Fälle erheblich ein, da entweder Sonderregeln im öffentlichen Recht in der Regel der GoA vorgehen (zB bei Gefahrenabwehr durch Staat) oder der Fremdgeschäftsführungswille doch verneint wird, wenn der Vertrag mit dem Dritten die Entgeltfrage abschließend regelt, was in der Regel der Fall ist (dann will man nur seinen Lohn verdienen!).
- Beliebte Einkleidung sind die **Abschlepp-Fälle**: Besteht **Anspruch des Abschleppunternehmers**, der vom zugeparkten Grundstückseigentümer beauftragt wurde, gegen den Halter des abgeschleppten Kfz auf Zahlung der Abschleppkosten aus GoA? (–), da Abschleppvertrag die Entgeltfrage abschließend regelt. Aus § 812 BGB? (–), wegen Vorrang der Leistungsbeziehung. Identisch: Gemeinde beauftragt per Werkvertrag eine Firma mit

103 So OLG Rostock OLGR 2009, 41 ff.; OLG München OLGZ 1983, 446 ff.; BGH NJW 1965, 1175 ff.; 1963, 2067 f.; Jauernig/*Mansel* BGB Vor § 677 Rn. 7; *Looschelders* SchuldR BT Rn. 854 mwN; *Medicus/Petersen* BürgerlR Rn. 415; MüKoBGB/*Schäfer* § 677 Rn. 79 mwN; *Voit/Wolff* JuS 2002, 44 ff.; gegen Sperrwirkung Palandt/*Sprau* BGB § 677 Rn. 7a mwN. Selbst ohne Sperrwirkung wäre GoA neben § 426 BGB im Ergebnis aber (–), da der andere Gesamtschuldner wegen § 426 II BGB nicht frei wird und daher ein eigenes Geschäft des zahlenden Gesamtschuldners vorliegt. Auch der FGW wäre fraglich, da er ja selbst verpflichtet ist. Darüber hinaus dürfte sich aus § 426 BGB eine »Berechtigung« bzw. Verpflichtung zur Geschäftsführung aus dem Innenverhältnis ergeben, sodass spätestens daran ein Anspruch aus GoA scheitert (so BAG NJW 1958, 1460 ff.).

104 Auch aus § 812 BGB kann der Geschäftsführer in diesen Fällen keinen Anspruch herleiten, da die grds. bestehende berechtigte GoA den Rechtsgrund darstellt und zudem §§ 817 S. 2, 814 BGB den Bereicherungsanspruch sperren (wobei auch hier wiederum Ausnahmen zugelassen werden vor allem in den RDG-Fällen; dort wird oft eine Rückabwicklung bei Vollzug des Vertrages nach §§ 812 ff. BGB zugelassen).

Reinigung ihrer durch eine Traktorfahrt verschmutzten Straße (keine eigenen Ansprüche der Firma gegen traktorfahrenden Bauern). Die Gemeinde wird oft ihre (anders als die GoA der Gemeinde) nicht durch öffentlich-rechtliche Kostenregelungen gesperrten Ansprüche aus StVG und § 823 BGB gegen den Verursacher (Bauer) an die Reinigungsfirma abtreten.[105]

- Bezüglich etwaiger Verwahrungskosten (Abschleppunternehmer verlangt »Standgeld«) ist GoA aber möglich.[106]
- **1. Abwandlung: Anspruch des zugeparkten Grundstückseigentümers** gegenüber Störer/Falschparker aus GoA auf Ersatz der (ortsüblichen) **Abschleppkosten? Ja!** Das Abschleppenlassen ist ein »auch-fremdes Geschäft«, da der Störer von §§ 861 f., 1004 BGB befreit wird. Daher liegt die GoA auch im objektiven Interesse des Störers, er wird von einer Schuld befreit. Nach aktueller Rspr. des **BGH** soll dies deshalb auch dem mutmaßlichen subjektiven Willen des Störers entsprechen, **berechtigte GoA/§§ 677, 683, 670 BGB also in der Regel (+).**[107] Nur wenn der geäußerte wirkliche Wille entgegensteht (§ 679 BGB gilt hier in der Regel nicht, s. unten), greift unberechtigte GoA auf Ersatz der Abschleppkosten, §§ 677, 684 S. 1, 812, 818 II BGB.[108] Der Halter muss sich nach dem BGH übrigens als Zustandsstörer das Falschparken des Fahrers (Handlungsstörer) zurechnen lassen. Beide sind also Störer iSv §§ 861 f., 1004 BGB. Selbst nach Beendigung der Störung hat der ehemals zugeparkte Gestörte einen Anspruch auf zukünftige Unterlassung aus §§ 861 f., 1004 BGB. Weitere Ansprüche auf Ersatz der Abschleppkosten ergeben sich zumindest gegen den Störer aus § 823 I, II iVm § 858 BGB (→ Rn. 57).[109] Für die **Kosten der Halterermittlung** verneint der BGH neuerdings in den Zupark-Fällen die GoA des Gestörten gegenüber dem Halter, möglich bleibt aber Delikt.[110]
- **2. Abwandlung: Anspruch des Störers** gegen den von ihm zugeparkten Grundstückseigentümer aus § 812 I 1 Alt. 1 BGB (GoA scheitert mangels Fremdgeschäftsführungswillen) auf Ersatz der an den Abschleppunternehmer zur Auslösung seines Kfz gezahlten Abschleppkosten? Der Abschleppunternehmer ist lediglich Zahlstelle, sodass die Zahlung an diesen eine Leistung an den Grundstückseigentümer darstellt. Letzterer hat aber einen Rechtsgrund, wenn er selbst vom Störer Ersatz der Abschleppkosten verlangen kann (Gegenansprüche als Rechtsgrund iSv § 812 BGB prüfen).[111] Eine weitere Version wäre die **Klage des Störers auf Herausgabe des Kfz gegen den Abschleppunternehmer** (dieser macht dann ein Zurückbehaltungsrecht wegen der an ihn abgetretenen Abschleppkosten geltend) oder auf Freigabeerklärung nach Hinterlegung des geforderten Betrages.[112] Im Prinzip geht es immer um dieselben Fragen.

Klausurtipp: Beschädigt der Abschleppunternehmer das Kfz beim Abschleppen, so kommen Ansprüche des Kfz-Eigentümers gegen ihn nur aus §§ 823, 831 BGB infrage, §§ 7, 18 StVG scheitern in der Regel an § 8 Nr. 3 StVG und daran, dass bei Schäden an dem transportierten Kfz eine »Betriebseinheit« zwischen dem abschleppenden und dem abgeschleppten Kfz angenommen wird, bei dem eine Binnenhaftung hin wie her aus dem StVG ausscheidet. Deliktsrecht ist durch das EBV nicht ge-

105 BGH NJOZ 2014, 976 mwN; NVwZ-RR 2011, 925 ff. mwN.

106 AG Dortmund BeckRS 2013, 16742; LG Braunschweig NJW 1966, 1820.

107 BGH NJW 2016, 2407 ff.; vgl. auch Palandt/*Sprau* BGB § 677 Rn. 6; *Koch* NJW 2014, 3696; AG Buxtehude DAR 2014, 148; AG Pinneberg Urt. v. 2.5.2006 – 62 C 484/05; AG Essen DAR 2002, 131; AG Frankfurt a.M. NJW 1990, 917. Der wirkliche Wille ist idR nicht feststellbar.

108 Dieser Rückgriff wäre auch nicht aufgedrängt, da dies bei Befreiung von einer Verbindlichkeit immer nur dann bejaht wird, wenn der Schuldner gegen den erfüllten Anspruch Einreden gehabt hätte, vgl. MüKoBGB/*Schwab* § 818 Rn. 218 ff.

109 Ein etwaiges EBV wäre übrigens wg. § 992 BGB unschädlich für Delikt. EBV prüft hier aber in der Praxis sowieso keiner, da für die Abschleppkosten § 989 BGB nicht passt. Beachte: Sind störender Fahrer und Halter nicht identisch, scheitern deliktische Ansprüche gegen den Halter idR an der fehlenden deliktischen Zurechnungsmöglichkeit des Falschparkens bzw. bei §§ 823 II, 858 BGB am Verschulden des Halters.

110 **BGH NJW 2016, 863 ff.** Bei Delikt aber wieder Zurechnung und Verschulden problematisch, wenn der Halter nicht selbst gefahren ist.

111 BGH NJW 2012, 3373 f. und NJW 2009, 2530 ff. Konstruktiv möglich wäre es übrigens auch, mit der Dolo-agit Einrede zu argumentieren.

112 BGH NJW 2012, 528 ff. und NJW 2014, 3727 ff.

sperrt, da keine Vindikationslage vorliegt.[113] Ein Anspruch aus dem Abschleppvertrag (Frachtvertrag nach §§ 407 ff. HGB) als Vertrag mit Schutzwirkung zugunsten Dritter ist zwar grundsätzlich möglich, dürfte hier aber an der fehlenden Gläubigernähe scheitern. Ansprüche gegen den Eigentümer, der das Abschleppunternehmen beauftragt hat, scheiden in der Regel aus: § 823 BGB (–), keine eigene Verletzungshandlung; § 831 BGB (–), da Abschleppunternehmer kein Verrichtungsgehilfe; § 678 BGB oder pVV der GoA (–) mangels Wertung (bei Gesetzes- oder Sittenverstoß durch den Geschäftsherrn ist dieser schutzunwürdig).
Erteilt die Polizei den Abschleppauftrag, ist der Abschleppunternehmer »Werkzeug« der Verwaltung. Es erfolgt eine Haftungsüberleitung auf die Anstellungskörperschaft nach **§ 839 BGB iVm Art. 34 GG** (→ Rn. 56). Zugleich kommt die Amtshaftung aus einem durch die Sicherstellung begründeten **öffentlich-rechtlichen Verwahrungsvertrag** iSv §§ 688 ff., 280 ff., 278 BGB analog in Frage (nicht gesperrt!).

Merke: Die Abschlepp-Thematik hat gigantische Bedeutung für Klausuren und die Mündliche. Das müssen Sie in- und auswendig können! Im Palandt ist das leider nicht kompakt an einer Stelle kommentiert. Lesen Sie bei ausreichend Zeit unsere Zusammenfassung in *Kaiser* JA 2015, 534 ff.!

III. Ohne Auftrag oder sonstige Berechtigung

Der Witz ist: Mit »berechtigt« iSv § 677 BGB ist auch »verpflichtet« gemeint. Hat der Geschäftsführer also gegenüber dem Geschäftsherrn aus Vertrag/Gesetz eine Pflicht zur Geschäftsführung, entfällt GoA. § 323c StGB ist aber keine Pflicht in diesem Sinne. Und: Notwehr und Selbsthilfe nach §§ 227 ff., 859 BGB sind keine sonstige Berechtigung, da sie nur Eingriffsbefugnisse gewähren, aber die Eingriffskosten nicht selbst regeln (relevant für Abschleppfälle).[114]

IV. Berechtigung der Geschäftsführung, § 683 BGB

Diese Berechtigung liegt vor, wenn die Geschäftsübernahme dem objektiven Interesse des Geschäftsherrn und dem wirklichen oder – subsidiär – mutmaßlichen Willen entspricht. Der Wille bezieht sich inhaltlich auf die Geschäftsbesorgung einschließlich der Kosten.[115] Nach **§ 679 BGB** ist der entgegenstehende Wille aber unbeachtlich, wenn das Geschäft im öffentlichen Interesse liegt, wozu ein **gesteigertes öffentliches Interesse** erforderlich ist. Daher greift § 679 BGB nach hM in den **Abschlepp-Fällen** nur, wenn das Falschparken ordnungsrechtlich verboten ist oder sonstwie eine gesteigerte Gefahrensituation gegeben ist.

Klausurtipp: Ein **beliebter Fall zu § 679 BGB sind die Bestattungs-Klausuren**: Wenn ein Dritter (Bestattungsunternehmer, Behörde, Freund des Toten) fremde Beerdigungskosten zahlt, kann er beim Totenfürsorgeberechtigten (wer ist das denn? lesen Sie jetzt Einl v § 1922 Rn. 9 ff. im Palandt/*Weidlich*!) Aufwendungsersatz aus GoA verlangen, ohne dass dessen entgegenstehender Wille relevant wäre.[116] Ist der Bestattete aufgrund eines deliktischen Ereignisses gestorben, so liegt auch eine GoA des Dritten gegenüber dem nach § 844 BGB erstattungspflichtigen Schädiger vor.

---

113 Wenn der Grundstückseigentümer dem Unternehmer – was oft passiert – seine Ansprüche gg. den Störer abgetreten hat, dann hat dieser ein eigenes RzB aus einem ZBR (→ Rn. 47; OLG Karlsruhe OLGZ 78, 206). Zudem ergibt sich idR ein vom gestörten Grundstückseigentümer abgeleitetes RzB iSv § 986 I 1 Alt. 2 BGB (vgl. Staudinger/*Gursky* BGB § 986 Rn. 20 mwN). Die Rspr. prüft daher gleich deliktische Ansprüche und nie EBV, vgl. zB OLG Saarbrücken NJW-RR 2007, 681 ff. und BGH NJW 2014, 2577 ff.

114 MüKoBGB/*Schäfer* § 677 Rn. 67 mwN. **Steht nicht im Palandt!**

115 OLG Hamm NJW-RR 2016, 91 mwN; LG Berlin NJW-RR 2005, 63; Palandt/*Sprau* BGB § 683 Rn. 5. Die Kostentragungspflicht kann aber nicht generell dem Willen entgegenstehen, weil sonst § 683 BGB leer liefe. Abwägung im Einzelfall!

116 BGH MDR 2016, 201 ff. Ist der Totenfürsorgeberechtigte nicht mit dem Erben identisch, kann sich der Dritte über GoA nur an den Totenfürsorgeberechtigten halten. Letzterer kann dann nach § 1968 BGB wiederum beim Erben Regress nehmen.

V. Klausurrelevante Rechtsfolgen der berechtigten GoA

Die Rechtsfolgen regeln im Wesentlichen §§ 681, 683 BGB mit ihrem Verweis auf das Auftragsrecht. Zwei Positionen sind wichtig: zum einen der Anspruch des Geschäftsführers auf **Aufwendungsersatz aus §§ 677, 683 S. 1, 670 BGB**, der analog **auch für typische Begleitschäden** (Argument: mit Übernahme des Geschäft wird auch Begleitschadensrisiko freiwillig übernommen, Rechtsgedanke § 110 HGB) inklusive Schmerzensgeld gilt und der iVm § 1835 III BGB analog auch ein Anspruch auf Vergütung zum Marktpreis für die eigene Arbeitsleistung ergibt, sofern die Tätigkeit zum Beruf des Geschäftsführers gehört. Im letzteren Fall scheidet aber ein zusätzlicher Anspruch auf Ersatz von Begleitschäden aus, da der Schaden dann eigenes Betriebsrisiko ist. Bei Mitverschulden reduziert sich der Anspruch auf Schadensersatz analog § 254 BGB. Zum anderen kann der Anspruch des Geschäftsherrn gegen den Geschäftsführer wegen dessen Pflichtverletzung während der GoA aus §§ 280, 241 II BGB = **pVV der berechtigten GoA** zu prüfen sein, wobei auf das Privileg des **§ 680 BGB** zu achten ist. Ansprüche des Geschäftsherrn aus EBV, Delikt und § 812 BGB scheiden in der Regel aus: Ist die Inbesitznahme der Sache eine berechtigte GoA, stellt diese ein Recht zum Besitz, einen Rechtfertigungsgrund und einen Rechtsgrund dar.

VI. Klausurrelevante Rechtsfolgen der unberechtigten GoA

Die Rechtsfolgen regelt § 684 BGB, der – weil lückenhaft – durch die Rspr. ergänzt wurde. Wichtig war hier bislang der **(unechte) Aufwendungsersatzanspruch** des Geschäftsführers aus **§§ 677, 684 S. 1, 812 I, 818 II BGB** (Rechtsfolgenverweisung – Unterschied zum echten Aufwendungsersatzanspruch des § 670 BGB: nur Bereicherungsabschöpfung[117], Gefahr der Entreicherung, Grundsätze der aufgedrängten Bereicherung gelten; obwohl nur Rechtsfolgenverweisung, gelten nach wohl hM auch die Einwendungen §§ 814, 815, 817 S. 2 BGB; insgesamt ist dieser Anspruch also »gefährlicher« als § 670 BGB). Zudem kann bei Übernahmeverschulden des Geschäftsführers ein Anspruch aus **§ 678 BGB** und bei reinem **Ausführungsverschulden** ein Anspruch aus §§ 280 I, 241 II BGB = **pVV der unberechtigten GoA** (auch die unberechtigte GoA ist ein gesetzliches Schuldverhältnis) und § 823 BGB zu prüfen sein. Auch in diesen Fällen ist § 680 BGB anwendbar. Wenn die unberechtigte GoA und die Inbesitznahme einer Sache zusammenfallen, dann geht EBV aber der GoA vor (unberechtigte GoA ist kein Recht zum Besitz!).

VII. Unechte GoA und weitere Klausurtipps zur GoA

Bei der **vermeintlichen Eigengeschäftsführung** iSd § 687 I BGB glaubt der Geschäftsführer irrtümlich, es läge ein eigenes Geschäft vor. Dann ist die GoA nicht anwendbar, es greifen nur EBV, Delikts- und Bereicherungsrecht.

Bei der **angemaßten Eigengeschäftsführung** fehlt dem Geschäftsführer der Fremdgeschäftsführungswille. Er führt ein fremdes Geschäft (zB Verletzung fremder Patent- oder Markenrechte, Veräußerung fremder Sachen, der Weltreisehousesitter vermietet die Villa, statt die Blumen zu gießen) – ein auch-fremdes Geschäft reicht nicht! – als ein eigenes, obwohl er **positive Kenntnis von der Fremdheit** hat. Die Rechtsfolgen regelt § 687 II BGB. Macht danach der Geschäftsherr die Ansprüche aus § 687 II 1 BGB geltend, hat der Geschäftsführer nach §§ 687 II 2, 684 S. 1 BGB gegen ihn einen Anspruch auf Ersatz der ersparten Aufwendungen.[118] Für den Geschäftsherrn sind neben § 687 II 1 BGB die allgemeinen Regelungen der §§ 987 ff., 823, 812 ff. BGB nicht gesperrt (Argument: der Geschäftsführer ist nicht schutzwürdig). Anders für den Geschäftsführer: Kann er nach § 687 II 2 BGB nichts verlangen, scheiden für ihn andere Aufwendungsersatzansprüche aus §§ 994 ff., 812 ff. BGB aus Wertungsgesichtspunkten aus.

---

117 Die Bereicherung wird idR die Ersparnis eigener – später unausweichlicher – Aufwendungen oder die Befreiung von einer Verbindlichkeit sein.

118 So wird der Verweis in § 687 II 2 BGB auf § 684 S. 1 BGB verstanden. Würde man § 687 II 2 BGB wörtlich nehmen, müsste der Geschäftsherr das vom Geschäftsführer Erlangte sofort wieder an diesen zurückgeben (Herausgabekarussell). Das wäre ja total bekloppt!

Eine der GoA ähnelnde Situation ergibt sich, wenn ein **Miteigentümer** Aufwendungen auf das gemeinsame Eigentum macht. Ein Aufwendungsersatzanspruch ergibt sich hier vorrangig aus **§ 748 BGB**, subsidiär[119] greifen die GoA und – wenn GoA verneint wird – § 812 BGB. Beachten Sie bei **gemeinsamen Grenzanlangen** iSv § 921 BGB aber die vorrangige Regelung in § 922 S. 2 BGB.

Letzter Akt: Die GoA kann auch analog anzuwenden sein, wenn die Geschäftsführung hoheitliches Gepräge hat, zB bei Handeln von Behörden für andere Behörden oder für Private oder bei Handeln von Privaten für Behörden (**öffentlich-rechtliche GoA**). Lesen Sie hierzu *Kaiser/Köster/Seegmüller* Materielles Öffentliches Recht Rn. 71 ff.

119 So die wohl hM, zT wendet die Rspr. allerdings auch GoA neben § 748 BGB an (zB BGH NJW 2005, 894 ff.; 1955, 257).

§ 5 Dingliche Ansprüche

A. Eigentumserwerb

Es gibt im Wesentlichen folgende Fälle des dinglichen Erwerbes im Zivilrecht: 35

Erwerb durch Rechtsgeschäft:

- §§ 398 ff. BGB: Forderungen (Abtretung), gilt nach § 413 BGB auch für sonstige Rechte
- Forderungserwerb durch Vertragsübernahme
- §§ 873, 925 BGB: Grundstücke
- §§ 929 ff. BGB: Bewegliche Sachen
- § 926 BGB: Zubehör

Erwerb durch Gesetz:

- § 937 BGB: Ersitzung
- §§ 946 ff. BGB: Vermischung/Vermengung/Verarbeitung/Einbau in Grundstück
- § 952 BGB: Erwerb bestimmter besonderer Urkunden
- §§ 953 ff. BGB: Erwerb von Erzeugnissen/Bestandteilen einer Sache
- §§ 958 ff. BGB: Aneignung herrenloser Sachen (zB nach deren Dereliktion)
- §§ 965 ff. BGB: Gefundene nicht herrenlose Sachen
- § 984 BGB: Schatzfund
- § 1922 BGB: Gesamtrechtsnachfolge

Erwerb durch Hoheitsakt:

- §§ 90, 55, 20 ZVG iVm §§ 1120 ff. BGB: Erwerb durch Zwangsversteigerung nach ZVG
- §§ 814 ff. ZPO: Erwerb durch Zwangsversteigerung nach ZPO
- §§ 73 ff., 74 ff. StGB: Erwerb durch Einziehung/Verfall

Zum Erwerb in der **Grundstückszwangsversteigerung** Folgendes: Nach § 90 I ZVG erwirbt der Ersteigerer durch den Zuschlag kraft Hoheitsakt das Eigentum am Grundstück. Nach **§§ 90 II, 55 I, 20 II ZVG iVm §§ 1120 ff. BGB** wird zusätzlich alles das erfasst, was auch im Hypothekenhaftungsverband ist. Neben den Grundstücksbestandteilen ist daher auch das Zubehör (nicht Scheinzubehör und Scheinbestandteile!), welches im Eigentum des Versteigerungsschuldners steht, erfasst. Nach § 55 II ZVG erfasst der Zuschlag sogar schuldnerfremdes Zubehör, welches sich im Besitz des Schuldners befindet. Sie müssen dann genau prüfen, was der in Streit stehende Gegenstand ist. Hier ist saubere Arbeit mit Freund Palandt ab §§ 93 ff. BGB gefragt![120] Auch das Anwartschaftsrecht am Zubehör ist vom Zuschlag erfasst. Gegebenenfalls kann es zur Prüfung der Enthaftung von Zubehörgegenständen nach §§ 1121 f. BGB kommen. Die Thematik **kommt häufig in Klausuren vor.** Lesen Sie ***Graja* JA 2013, 525 ff.** (Original-Klausur!), unsere Basics dazu in ***Kaiser* JA 2015, 208 ff.** und das sich als Klausur eignende Urteil des **BGH NJW 2017, 3656 ff.** (Pflicht zum Bestandsverzeichnis bei eigenmächtiger Räumung, Beweislast für Besitz dreht sich sonst).

Klausurtipp: Der Haftungsverband und die Enthaftung spielten auch in Zwangsvollstreckungsklausuren eine Rolle. **Lesen Sie dazu *Kaiser/Kaiser/Kaiser* Zwangsvollstreckungsklausur Rn. 37 und 82.**

I. Eigentumserwerb an beweglichen Sachen – Klausurtipps

1. Der Eigentumserwerb nach §§ 929 ff. BGB

Die Prüfung des Eigentumsüberganges iSd §§ 929 ff. BGB nehmen Sie nach der bekannten Systematik vor: 36

120 Problematisch vor allem Einbauküchen, vgl. Palandt/*Ellenberger* BGB § 97 Rn. 11: idR kein wesentlicher Bestandteil, umstr. ob wenigstens Zubehör (vor allem im norddeutschem Raum: ja, in NRW; im süddeutschem Raum: nein wg. § 97 I 2 BGB). Beliebt bei den LJPAs sind auch **Photovoltaikanlagen** (idR kein wesentlicher Bestandteil, sondern Zubehör oder Scheinzubehör/eigene Sache je nach Nutzung des Stroms).

1. Einigung
2. Übergabe oder Übergabesurrogat nach §§ 930 f. BGB
3. Einigsein im Zeitpunkt der Übergabe (wird grundsätzlich vermutet, daher in der Regel nicht gesondert ansprechen!)
4. Berechtigung des Veräußerers oder greifen §§ 185, 932 ff. BGB (gutgläubiger Erwerb)?
5. Verfügungsbefugnis des Veräußerers (ungeschriebenes Tatbestandsmerkmal)

Bei Streit um Eigentum: Feststellungsklage nach § 256 I ZPO möglich.

a) Einigung über den Eigentumsübergang

37 Die Einigung ist ein dinglicher Vertrag, auf den die allgemeinen Regelungen über Willenserklärungen grundsätzlich anwendbar sind, insbesondere §§ 119 ff., 134, 138, 164 ff. BGB (→ Rn. 6: zB Übereignung an den, den es angeht). Ein Klassiker zur Übereignung an den, den es angeht, ist die Altpapier-Entscheidung vom BGH MDR 2016, 11: Danach ist das Wegstellen von Altpapier in der Regel keine Dereliktion iSv §§ 958 f. BGB, sondern Übereignung an den, den es angeht. Für wen das Angebot angenommen werden soll, bestimmt sich allein nach Willen des Empfängers der Willenserklärung, auch wenn das pflichtwidrig ist. In der Praxis erfolgt die Einigung in der Regel konkludent. Gegebenenfalls ist der **sachenrechtliche Bestimmtheitsgrundsatz** (gilt auch für Abtretungen!) zu problematisieren, wobei die Rspr. insbesondere bei Sachgesamtheiten aus Praktikabilitätsgründen großzügig ist.

Die Einigung kann bedingt oder befristet sein, **§§ 158, 163 BGB.** Eine Einigung unter der aufschiebenden Bedingung der vollständigen Kaufpreiszahlung iSv § 158 I BGB liegt beim **Eigentumsvorbehalt** vor (→ Rn. 40). Vom sog. verlängerten Eigentumsvorbehalt spricht man, wenn der Verkäufer den Käufer nach § 185 BGB[121] ermächtigt, die Vorbehaltsware im eigenen Namen weiterzuveräußern, der Käufer dafür die Forderung aus dem Verkauf antizipiert an den Verkäufer abtritt und dieser dem Käufer für die Verwirklichung der Forderung eine Einziehungsermächtigung erteilt (prozessual: gewillkürte Prozessstandschaft, s. *Kaiser/Kaiser/Kaiser* Zivilgerichtsklausur I Rn. 353 ff.!).

Kurze Wiederholung aus dem Studium: Dass Verpflichtungs- und Verfügungsgeschäft (zB Kaufvertrag und Übereignung nach § 929 BGB) voneinander getrennt werden, nennt man »Trennungsprinzip«. Das »Abstraktionsprinzip« baut darauf auf und besagt, dass beide Ebenen auch in ihrer Wirksamkeit grundsätzlich voneinander unabhängig sind.

Klausurtipp: Das Bestehen einer Ehe oder nichtehelichen Lebensgemeinschaft hat per sei keine Auswirkungen auf die sachenrechtliche Zuordnung. Wenn also **während der Ehe/nichtehelichen Lebensgemeinschaft ein Partner eine Sache anschafft** und es geht um die Frage, wem die Sache nun gehört bzw. an wen diese vom Veräußerer übereignet wurde, dann sind »ganz normal« zB bei beweglichen Sachen, §§ 929 ff. BGB, zu prüfen. Bei Unklarheiten arbeitet die Praxis bezüglich der Zuordnung des Eigentums mit Vermutungen, welche bei Palandt/*Brudermüller* BGB Einl v § 1297 Rn. 20 kommentiert sind.

b) Übergabe und Übergabesurrogate

38 Die Übergabe iSd **§ 929 S. 1 BGB** setzt **völlige Besitzaufgabe aufseiten des Veräußerers** und **irgendeine Art von Besitzerwerb des Erwerbers** (§§ 854 ff. BGB: unmittelbarer Besitz, Mitbesitz oder mittelbarer Besitz reicht) auf Veranlassung des Veräußerers voraus. Als Übergabe reicht auch die **spätere einseitige Besitzergreifung** mit fortbestehender (wird grundsätzlich vermutet[122]) Zustimmung des Veräußerers. Die Einschaltung eines Besitzdieners, Besitzmittlers oder einer Geheißperson ist sowohl auf Erwerberseite als auch auf Veräußererseite möglich, allerdings ist diese Problematik im zweiten Examen selten anzutreffen. Im Ernstfall können Sie mit dem Palandt bei § 929 BGB arbeiten. Beachten Sie, dass für alle Formen des

121 Wenn der Vorbehaltskäufer mit dem Endkunden allerdings ein Abtretungsverbot vereinbart, ist die Weiterveräußerung nicht von § 185 BGB gedeckt (Ausnahme: § 354a I 1 HGB). Folge: Wenn nicht die Grundsätze der Anscheins- oder Duldungsvollmacht eingreifen, welche analog auf die Einwilligung angewendet werden, fehlt die Verfügungsermächtigung des Vorbehaltskäufers und der Endkunde kann nur nach §§ 932 ff. BGB oder § 366 HGB (vgl. → Rn. 105) gutgläubig erwerben.

122 BGH NJW 1992, 1162 f.; vgl. auch BGH NJW 1979, 714 ff.; 1977, 42. Das lief zuletzt im Maitermin 2018!

Besitzes ein **Besitzwille** erforderlich ist. Bei **§ 929 S. 2 BGB** (lesen!) bedarf es ausnahmsweise keiner Übergabe (Übereignung kurzer Hand/»*brevi manu*«). Ein vor allem in Aktenvorträgen gern vorkommender Fall ist die Kombination von § 929 S. 2 mit § 854 II BGB (lesen!).

Das Übergabesurrogat der **§ 930 BGB** – dh die Vereinbarung eines Besitzmittlungsverhältnisses iSv § 868 BGB zwischen Veräußerer und Erwerber – ermöglicht es dem Veräußerer, im Besitz der Sache zu bleiben und sie trotzdem zu veräußern. Der Erwerber wird dann sog. mittelbarer Besitzer. **Diese Form der Übereignung hat in den Assessorklausuren überragende Bedeutung!** Hierzu sind daher ein paar Details wichtig:

- Einerseits ist nach der Rspr. grundsätzlich eine **ausreichend konkrete Abrede** erforderlich, aus der sich die Rechte und Pflichten der Parteien ergeben. Eine allgemeine Abrede, der Veräußerer solle künftig für den Erwerber besitzen, reicht als konkretes Besitzmittlungsverhältnis iSv § 868 BGB grundsätzlich nicht. Andererseits ist die Rspr. bei der rechtlichen Qualifikation der Abrede in der Regel großzügig. Letztlich reicht es aus, dass die Parteien faktisch eine konkrete Abrede getroffen haben, aufgrund derer der Besitzmittler die Sache **auf Zeit** mit Besitzmittlungswillen für den mittelbaren Besitzer besitzt.[123]
- Es geht auch, dass **Veräußerer und Erwerber Mitbesitzer** sind und bleiben. Das Besitzmittlungsverhältnis besteht dann in der (konkreten!) Vereinbarung, dass der Erwerber mittelbarer Eigen-Mitbesitzer und der Veräußerer unmittelbarer Fremd-Mitbesitzer wird. Sowas Krummes sollte man vor den Klausuren mal gehört haben!
- Das Besitzmittlungsverhältnis kann schon vereinbart werden, bevor der Veräußerer Eigentum/Besitz erlangt (sog. antizipiertes Besitzkonstitut). Das gleiche Ergebnis kann über § 181 BGB als sog. gestattetes In-sich-Geschäft erzielt werden.
- Zwischen **Ehegatten** ist die Rspr. beim Besitzmittlungsverhältnis nicht so restriktiv: Hier besteht durch § 1353 BGB bereits ein gesetzliches Besitzmittlungsverhältnis zwischen den Eheleuten. Entspricht es deren Willen, dieses Verhältnis auf die übereignete Sache zu erstrecken, so bedarf es nicht der Vereinbarung eines besonderen Besitzmittlungsverhältnis. Dies gilt nicht für die nichteheliche Lebensgemeinschaft (umstritten).[124] Auch bei der Sicherungsübereignung ist man nicht so restriktiv. Hier reicht als Besitzmittlungsverhältnis die **Sicherungsabrede**.

Beachte: Bei der Sicherungsübereignung sind drei Rechtsgeschäfte voneinander zu trennen, und zwar die Übereignung/Zession, die gesicherte Schuld und die Sicherungsabrede. Zwischen gesicherter Schuld und Sicherungsübereignung/Sicherungszession besteht dabei keine Akzessorietät. Existiert die gesicherte Forderung nicht (mehr), ergibt sich aus der Sicherungsabrede – gegebenenfalls konkludent – ein schuldrechtlicher Rückübertragungsanspruch, wenn die Übereignung/Abtretung nicht bereits (auflösend) bedingt vereinbart wurde. Ist die Sicherungsabrede unwirksam, so folgt der Rückübertragungsanspruch aus § 812 I 1 Alt. 1 BGB.

Die Übergabe nach **§ 931 BGB** erfolgt durch Abtretung eines Herausgabeanspruchs, den der Veräußerer gegen den Besitzer der Sache hat (zB Anspruch aus einem Besitzmittlungsverhältnis oder § 812 BGB – nicht den »puren« § 985 BGB, da § 985 BGB nicht isoliert abtretbar ist!). Durch diese Abtretung wird gem. § 870 BGB der mittelbare Besitz auf den Erwerber übertragen. Hat der Veräußerer neben § 985 BGB keinen anderen abtretbaren Anspruch gegen den Besitzer, so genügt für § 931 BGB nach der wie immer pragmatischen Rspr. die bloße Einigung mit dem Erwerber. Dasselbe soll gelten, wenn die Sache besitzlos ist (Beispiel: ausgebüxte Kuh im Wald).

c) Berechtigung des Veräußerers

Berechtigter ist grundsätzlich nur der Eigentümer. Veräußert der Nicht-Eigentümer (auch sich als Alleineigentümer gerierender Miteigentümer oder Miterbe), prüfen Sie in folgender Reihenfolge die Möglichkeiten des Eigentumserwerbs vom Nichtberechtigten: 39

123 Palandt/*Herrler* BGB § 868 Rn. 6; Examensfall: Vereinbaren die Parteien zB, dass der Veräußerer ein »lebenslanges Nutzungsrecht« an dem Sicherungsgegenstand haben soll, dann liegt keine Abrede »auf Zeit« vor, §§ 930, 868 BGB scheitern.

124 Palandt/*Herrler* BGB § 868 Rn. 10 mwN; Argument: eine der Ehe vergleichbare, umfassende Rechtsgemeinschaft mit detailliert geregelten Rechten und Pflichten ist die neLG gerade nicht; aA neuerdings LG Köln FamRZ 2018, 194.

- Liegt einer der Fälle des § 185 BGB vor?
- Wenn (–): gutgläubiger Erwerb nach §§ 932 ff. BGB?

Der gutgläubige Erwerb bestimmt sich nach §§ 932 ff. BGB, das kennen Sie sicherlich noch. Je nachdem, welche Art der Übergabe stattgefunden hat, sind die jeweiligen Vorschriften für den gutgläubigen Erwerb und die Voraussetzungen unterschiedlich. **In der Regel ist die Übergabe an den Dritten erforderlich** (Ausnahme: Übereignung nach §§ 929, 931, 934 Alt. 1 BGB). Von §§ 932 ff. BGB geschützt ist **nur der gute Glaube an das Eigentum**, nicht der an die Verfügungsermächtigung des Veräußerers aus § 185 BGB (anders bei § 366 HGB → Rn. 105). Unter grober Fahrlässigkeit iSv **§ 932 II BGB** ist ein Handeln zu verstehen, bei dem die erforderliche Sorgfalt nach den gesamten Umständen in ungewöhnlich hohem Maße verletzt wurde. Dann ist stets von Ihnen ausführlich darzustellen, ob Verdachtsmomente bestehen und welche Nachforschungspflichten an den Erwerber im konkreten Fall zu stellen sind! Die Klausurakte enthält immer Anhaltspunkte für eine Begründung, vor allem wenn es sich nicht um den typischen Fall des Kaufs eines Gebrauchtwagens mit Problemen rund um die Nichtvorlage des **Kfz-Briefs**[125] (vgl. dazu Palandt/*Herrler* BGB § 932 Rn. 13! nichts auswendig lernen!) handelt.

Klausurtipp: Ein schöner Übungsfall zum gutgläubigen Erwerb wäre **OLG Köln MDR 2018, 144 f. Lesen!**

Ein gutgläubiger Erwerb setzt stets voraus (gilt auch bei §§ 892, 2366 f. BGB), dass sowohl ein Rechtsgeschäft (also nicht bei Erwerb kraft Gesetzes) als auch ein **Verkehrsgeschäft** vorliegen. Letzteres ist dann nicht gegeben, wenn auf Erwerberseite nur Personen stehen, die zugleich auch Veräußerer sind oder wenn zwischen beiden eine wirtschaftliche Identität besteht oder bei Erbauseinandersetzung unter Miterben. Grund ist, dass die Gutglaubensvorschriften nur den rechtsgeschäftlichen Erwerb Dritter schützen sollen. Kein Verkehrsgeschäft liegt auch bei vorweggenommener Erbfolge durch den nichtberechtigten Erblasser vor. Wäre die Erbfolge eingetreten, hätte der Erbe niemals Eigentum erwerben können. Wenn nun aber die Erbfolge nur vorweggenommen wird, darf der zukünftige Erbe durch den vorherigen Erwerb nicht besser gestellt werden.

Achten Sie bei Mobiliarrechtsklausuren immer auf **§ 935 BGB (Abhandenkommen)**, der den gutgläubigen Erwerb verhindert. Zu § 935 BGB werden in Klausuren gern folgende Aspekte eingebaut: Der Bruch des Mitbesitzes eines Nicht-Eigentümers und Hoheitsakte (anders bei Nichtigkeit) sind kein Abhandenkommen. Gibt der **Besitzdiener** (§ 855 BGB) die Sache ohne Willen des Eigentümers weg, so kommt sie dem Geschäftsherrn-Eigentümer abhanden. Denn Besitzdiener (zB Angestellte) sind keine Besitzer, sondern nur der Geschäftsherr. Schließlich sollte man die **Besitzfiktion des § 857 BGB** zugunsten des Erben kennen. Verfügt ein Nichtberechtigter über Erbschaftsgegenstände, greift § 935 BGB wegen § 857 BGB zugunsten des Erben ein, ihm ist die Sache dann abhandengekommen (Ausnahme: § 2366 BGB → Rn. 100).

§ 936 BGB ermöglicht den **gutgläubigen »Wegerwerb« von Rechten Dritter** (zB Anwartschaftsrecht, Vermieterpfandrecht), die auf der veräußerten Sache lasten. Bei Eigentumserwerb durch Besitzkonstitut gem. §§ 929, 930 BGB wird die Lastenfreiheit nach hM über § 936 I 3 BGB erst dann erreicht, wenn der Erwerber unmittelbaren Besitz erlangt.[126] § 935 BGB gilt analog (dh Abhandenkommen sperrt gutgläubigen Erwerb), wenn dem Drittrechtsinhaber die Sache abhandengekommen ist.

d) Verfügungsbefugnis des Veräußerers

39a Verfügungsbefugt ist grundsätzlich der Eigentümer der Sache, soweit keine Verfügungsbeschränkung greift. **Ist der Eigentümer nicht verfügungsbefugt (Beispiele im Palandt bei § 136 BGB – jetzt bitte sofort reinschauen und nicht einfach weiterlesen!)**, prüfen Sie be-

---

125 Streng genommen »Zulassungsbescheinigung Teil II«, vgl. §§ 6 ff., 12 Fahrzeug-Zulassungsverordnung/FZV. Nicht die gleichen Wirkungen wie dem Kfz-Brief kommen beim gutgläubigen Erwerb übrigens der **Pferdepass und die Eigentumsurkunde bei Pferden** zu. In beiden Urkunden wird nämlich idR nur Auskunft über das Tier gegeben. Alle LJPAs lieben Pferde!

126 MüKoBGB/*Oechsler* § 936 Rn. 8.

züglich des ungeschriebenen Tatbestandsmerkmals »Verfügungsbefugnis« die Wirksamkeit des Erwerbes ebenfalls in der bekannten Reihenfolge:

- Liegt einer der Fälle des § 185 BGB (gilt hier analog) vor?
- Wenn (–): gutgläubiger Erwerb? §§ 932 ff. BGB gelten hier nicht direkt, sondern nach **§§ 136, 135 II BGB** analog. Dies aber grundsätzlich nur für die sog. **relativen Verfügungsverbote**. Beispiele: das durch einstweilige Verfügung nach § 938 II ZPO angeordnete Veräußerungsverbot, die Pfändung im Rahmen der Zwangsvollstreckung nach §§ 803 ff. ZPO oder die Beschlagnahme eines Grundstücks nach §§ 20, 23, 146 ZVG (wegen Verstrickung).[127]

Ist der Veräußerer dagegen nur deshalb nicht verfügungsbefugt, weil er auch Nichtberechtigter (= nicht Eigentümer) ist, so überwinden §§ 932 ff. BGB neben der fehlenden Berechtigung erst recht auch die deshalb fehlende Verfügungsbefugnis, ohne dass es auf die §§ 136, 135 II BGB ankommt.[128]

2. Der Eigentumserwerb und das Anwartschaftsrecht

Ein Anwartschaftsrecht liegt vor, wenn so viele Voraussetzungen eines mehrstufigen Erwerbs- 40
tatbestandes erfüllt sind, dass der zukünftige Erwerber eine gesicherte Rechtsposition erlangt hat, die der Veräußerer nicht mehr einseitig zerstören kann. Das Anwartschaftsrecht ist »wesensgleiches Minus« zum Volleigentum, die **Vorschriften über das Eigentum werden daher analog angewendet**. Klausuren dazu sind selten. Wenn, dann ging es in der Regel um die untere Konstellation c).

a) Anwartschaftsrecht durch bedingte Einigung mit dem Berechtigten

Bei einer **auflösend bedingten Sicherungsübereignung** durch einen Darlehensnehmer an die Bank wird diese vollwertige Eigentümerin, der Darlehensnehmer/Sicherungsgeber erwirbt an seinem ehemaligen Gegenstand ein Rückerwerbs-Anwartschaftsrecht (nicht aber, wenn nur ein schuldrechtlicher Rückübertragungsanspruch vereinbart wird). Die **aufschiebend bedingte** Einigung kommt vor allem im Rahmen des **Eigentumsvorbehalts** vor. Der Erwerb des Volleigentums vollzieht sich dann in zwei Schritten: zuerst Erwerb des Anwartschaftsrechts (durch aufschiebend bedingte Einigung und Übergabe der Sache nach §§ 929 S. 1, 158 I BGB), dann später Eintritt der Bedingung und dadurch Erwerb des Volleigentums.

Klausurproblem Erwerb eines AWR durch bedingte Einigung mit dem Berechtigten

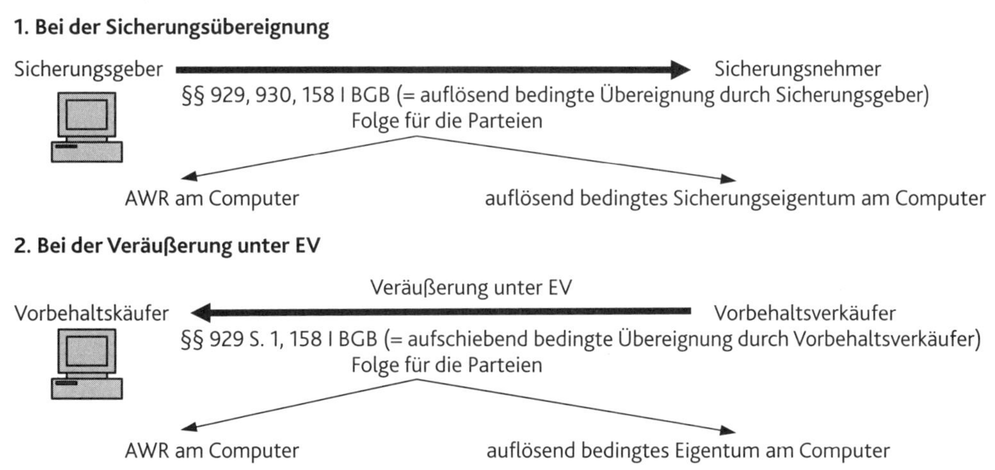

127 *Kaiser/Kaiser/Kaiser* Zwangsvollstreckungsklausur Rn. 105. Beachte: Mit dem relativen Verfügungsverbot infolge der Verstrickung soll der Gläubiger nach der Pfändung vor ihm nachteiligen Maßnahmen **des Schuldners** geschützt werden. Das Verbot greift daher nicht ein, wenn nicht der Schuldner, sondern ein Dritter als Nichtberechtigter über die verstrickte Sache verfügt (OLG Frankfurt a.M. BeckRS 2013, 19531). Das Gleiche gilt, wenn aus Versehen eine schuldnerfremde bewegl. Sache gepfändet wurde und nun der wahre Eigentümer seine Sache veräußert (vgl. *Kaiser/Kaiser/Kaiser* Zwangsvollstreckungsklausur Rn. 105).

128 *Medicus/Petersen* BürgerlR Rn. 535.

Der Eigentumsvorbehalt ist die wichtigere Variante von beiden. Hierzu sollten Sie wissen:

- Bei einer **abredewidrigen Veräußerung** der Sache an einen Dritten durch den »Noch-Eigentümer« vor vollständiger Kaufpreiszahlung schützt **§ 161 BGB** den Anwartschaftsrechts-Inhaber. Mit vollständiger Zahlung wird dieser neuer Eigentümer (Vollerstarkung als Direkterwerb des Eigentums). Der Dritte könnte zwar nach §§ 161 III, 932 ff. BGB gutgläubig das Eigentum ohne Anwartschaftsrecht erwerben, dies scheitert jedoch in der Regel an der fehlenden Übergabe der Sache an den Dritten, die aber nach § 936 III BGB erforderlich wäre (nach der Rspr. soll § 936 BGB hier nur analog gelten). Vor Bedingungseintritt schützt § 986 II BGB den Anwartschaftsrechts-Inhaber vor dem Herausgabeverlangen des Dritten.
- **§ 162 BGB** schützt den Anwartschaftsrechts-Inhaber vor einer treuwidrigen Vereitelung des Bedingungseintritts.
- Der Eigentumsvorbehalt kann schon im Kaufvertrag vereinbart sein (zB in AGB), **§ 449 BGB**. Nach §§ 449 II, 216 II 2, 323 BGB kann der Verkäufer auch nach Verjährung des Kaufpreisanspruchs zurücktreten. Durch den Rücktritt erlöschen das Anwartschaftsrecht und der Kaufvertrag, der Verkäufer hat Rückgewähransprüche aus §§ 323, 346 I, 985 BGB. Wenn der Eigentumsvorbehalt nicht schon im Kaufvertrag vereinbart wurde, kann der Verkäufer diesen zumindest dinglich noch nachträglich herstellen, indem er sich – vertragswidrig! – **bei Übergabe das Eigentum vorbehält.**[129]
- Wenn sich die Parteien durch **sich widersprechende »kreuzende« AGB** nicht auf einen Eigentumsvorbehalt geeinigt haben aber doch den Vertrag vollziehen, gilt: Die übereinstimmenden/sich nicht widersprechenden Elemente des Vertrags und der AGB bleiben gültig, während bezüglich der kollidierenden AGB ein partieller Dissens nach §§ 154, 155 BGB vorliegt (»Prinzip der Kongruenzgeltung«). Der Eigentumsvorbehalt wird nicht Bestandteil des Vertrages.
- Der Vorbehaltskäufer, der beim Eigentumsvorbehalt das Anwartschaftsrecht erworben hat, kann das **Anwartschaftsrecht wiederum an einen Dritten weiterveräußern**, §§ 929 ff. BGB gelten ja analog. Mit Eintritt der Bedingung (dh vollständige Kaufpreiszahlung an den ursprünglichen Veräußerer der Sache) erwirbt der neue Anwartschaftsrechts-Erwerber direkt Eigentum vom Veräußerer als Direkterwerb **ohne Durchgangserwerb** des ersten Käufers. Ob Rechtsakte im Verhältnis Vorbehaltsverkäufer und Vorbehaltskäufer zum Erlöschen des Anwartschaftsrechts des Anwartschaftsrechts-Erwerbers führen, wird unterschiedlich beurteilt.[130]

b) Anwartschaftsrecht durch bedingte Einigung mit dem Nichtberechtigten

Klausurproblem Erwerb eines AWR durch Veräußerung unter EV durch einen Nichtberechtigten

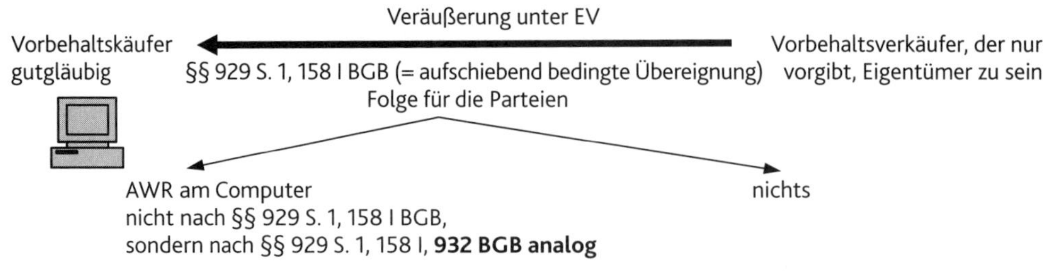

129 **Sog. vertragswidriger nachgeschobener EV**, vgl. dazu Palandt/*Weidenkaff* BGB § 449 Rn. 11. ZB bejaht, wenn der Verkäufer gegenüber dem Käufer, der den Kaufpreis noch nicht gezahlt hat, bei Veräußerung/Übergabe eines Kfz den Kfz-Brief einbehält. In der Entgegennahme der Kaufsache kann ggf. auch die konkludente Zustimmung zu einem nachträglich schuldrechtlich vereinbarten EV liegen (Voraussetzungen umstr.).

130 Palandt/*Herrler* BGB § 929 Rn. 50. Nichts auswendig lernen! Klausuren dazu gab es im Ringtausch bislang nicht, in Bayern ebenfalls selten.

Hier gibt sich der Veräußerer bei der Veräußerung unter Eigentumsvorbehalt zu Unrecht als Eigentümer der Sache aus, obwohl er in Wirklichkeit keinerlei dingliche Rechte an der Sache hat:

- Erwerb des Eigentums (–), da dies bei Vereinbarung eines Eigentumsvorbehalt noch nicht gewollt ist
- Erwerb des Anwartschaftsrechts nach §§ 929, 158 I BGB (–), da Veräußerer nicht Eigentümer ist
- Aber: **gutgläubiger (Erst-)Erwerb des Anwartschaftsrechts** nach §§ 929, 158 I, **932 BGB analog**, wenn der Erwerber bezüglich des Eigentums des Veräußerers gutgläubig ist. **Wenn das Eigentum gutgläubig erworben werden kann, dann erst recht das Anwartschaftsrecht als Minus!** Mit vollständiger Kaufpreiszahlung dann Erwerb des Volleigentums, nach hM braucht der Erwerber zu diesem Zeitpunkt sogar nicht mehr gutgläubig zu sein (Argument: wenn § 932 BGB von der Zeit spricht, zu der der Erwerber nach *»diesen Vorschriften«* das Eigentum erwerben würde, so ist damit der Zeitpunkt gemeint, in dem Übergabe und Einigung erfolgt sind). Vor Bedingungseintritt steht dem Vorbehaltskäufer die Einrede aus § 242 BGB gegenüber dem Herausgabeverlangen des wahren Eigentümers zu (→ Rn. 47).

c) Anwartschaftsrecht bei fehlgeschlagener Übereignung

Hier gibt sich der Veräußerer zu Unrecht als Eigentümer aus, obwohl er nur ein Anwartschaftsrecht hat (zB weil er selbst nur unter EV erworben oder weil er seine Sache auflösend bedingt an eine Bank übereignet hat). Scheitert die Übereignung mangels Gutgläubigkeit oder Übergabe bei § 933 BGB, kann als Minus zumindest das Anwartschaftsrecht übertragen werden.

Klausurproblem Erwerb eines AWR durch fehlgeschlagene Übereignung

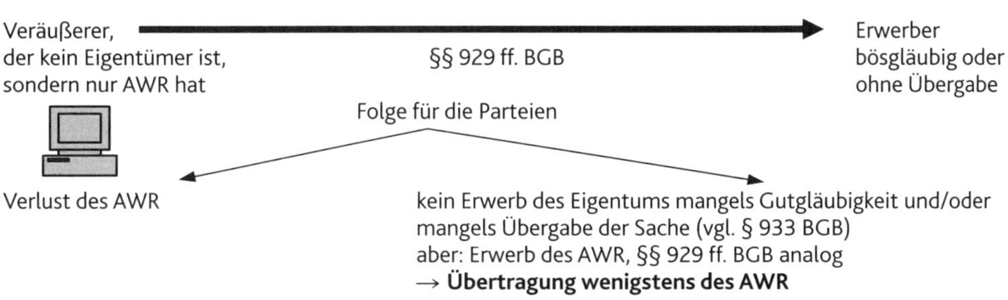

Nach der Rspr. ergibt sich im Wege der **Auslegung**, dass dann **wenigstens** (dh wenn schon das Volleigentum nicht übertragen werden konnte) als »Minus« das **Anwartschaftsrecht nach §§ 929 ff. BGB analog übertragen wird.** Denn dies ist die Rechtsposition, die der Veräußerer tatsächlich hat, die er wirksam übertragen kann und – dies wird dann unterstellt – er auch übertragen will. Mit vollständiger Kaufpreiszahlung an den Eigentümer ist der Eigentumserwerb vollzogen und zwar als Direkterwerb **ohne Durchgangserwerb** beim Veräußerer. Hier spielt die fehlende Übergabe nach § 933 BGB keine Rolle, weil das Anwartschaftsrecht nicht von einem Nichtberechtigten veräußert wurde. Tritt der Verkäufer allerdings vom Kaufvertrag mit dem Vorbehaltskäufer zurück, erlischt das (übertragene) Anwartschaftsrecht. Für Einsteiger: BGH NJW 2007, 2844 f. ist die Mutter aller Entscheidungen dazu.

Merke: Klausuren zu Eigentumsvorbehalt und Anwartschaftsrecht kommen im Zweiten selten, machen Sie sich nicht verrückt. Wenn Sie die obigen Ausführungen einmal querlesen reicht das. Im Notfall können Sie mit Palandt bei § 929 BGB arbeiten.

d) Anwartschaftsrecht bei Grundstücken

Auch bei der Übertragung von Grundstücken kann es zur Entstehen eines Anwartschaftsrechts des Erwerbers kommen. Lesen Sie im Ernstfall Palandt/*Herrler* BGB § 925 Rn. 23 ff. Klausuren hierzu sind uns nicht bekannt.

II. Gesetzlicher Eigentumserwerb – Klausurtipps

1. Die Ersitzung, § 937 BGB (§ 900 BGB bei Grundstücken)

41 Klausuren mit Ersitzungen sind »Ausreißer«. Es würde dann »nur« darum gehen, diese Norm überhaupt zu finden und gegebenenfalls unter § 937 II BGB zu subsumieren. Die Ersitzung ist nach neuer Rspr. Rechtsgrund iSv §§ 812 ff. BGB.

2. Der Erwerb nach §§ 946 ff. BGB

42 Geregelt sind durch §§ 946 ff. BGB die Fälle der Verbindung/Vermischung/Verarbeitung verschiedener Sachen. Am klausurrelevantesten waren hier bislang § 946 BGB und § 950 BGB. **§ 946 BGB** regelt, wann das Eigentum an einer beweglichen Sache automatisch auf den Grundstückseigentümer übergeht. Wann eine Sache zu einem wesentlichen Bestandteil des Grundstücks wird und dadurch ihre Sonderrechtsfähigkeit verliert, ergibt sich aus §§ 93 f. BGB. Der Eigentumsübergang nach § 946 BGB gilt nicht für unwesentliche Bestandteile, Scheinbestandteile iSv § 95 BGB, Zubehör und Scheinzubehör iSv § 97 BGB (diese sind sonderrechtsfähig!). Ob eine Sache nun wesentlicher Bestandteil, Scheinbestandteil, Zubehör oder Scheinzubehör ist, lösen Sie bitte komplett mit Freund Palandt bei §§ 93 ff. BGB. **§ 950 BGB** regelt die Eigentumszuordnung bei der Verarbeitung zu einer neuen Sache. Ein aktuelles Beispiel zu § 950 BGB sind die Tonbänder des **Ghostwriters von** ***Helmut Kohl*** (nach BGH § 950 BGB nein, da keine neue Sache; aber Anspruch von *Kohl*/Erben auf Herausgabe aus konkl. Auftrag, § 667 BGB).

Die Folge für denjenigen, der sein Eigentum aufgrund der §§ 946 ff. BGB verloren hat, ist ein **Ausgleichsanspruch nach §§ 951, 812 ff. BGB.** § 951 BGB ist eine Rechtsgrundverweisung auf §§ 812 ff. BGB und stellt damit klar, dass in §§ 946 ff. BGB nur die dingliche Zuordnung geregelt ist, ein bereicherungsrechtlicher Ausgleich im Innenverhältnis dagegen möglich bleibt. Daher gilt bei § 951 BGB für die bereicherungsrechtliche Innenbeziehung der **Vorrang der Leistungsbeziehung** (vgl. unten **»Einbaufälle«**!). Zum anderen sollten Sie beachten, dass der **Vorrang des EBV** gegebenenfalls die Anwendung von § 951 BGB sperrt, wenn ein unberechtigter Besitzer nach §§ 946 ff. BGB sein Eigentum verloren hat und nun gegen den (neuen) Eigentümer nach § 951 BGB vorgehen will (abschließende Regelung der Ansprüche des unberechtigten Besitzers durch das EBV in §§ 994 ff. BGB → Rn. 46). Hat zB Eigentümer A ein Grundstück, dessen unberechtigter Besitzer der B ist, und nimmt dieser B eigene Materialien in die Hand und baut diese in das Haus ein, verliert er nach §§ 946 ff. BGB sein Eigentum an den Materialien. B kann sich aber trotzdem nicht nach § 951 BGB an A halten, weil ja die ganze Zeit ein EBV bezüglich des Grundstückes vorliegt und daher für seine Ansprüche abschließend §§ 987 ff. BGB gelten. Anders herum gilt dies nicht: EBV sperrt Ansprüche aus § 951 BGB desjenigen nicht, der sein Eigentum durch die Handlung des unberechtigten Besitzers verliert (s. unten).

Kurzform: EBV sperrt § 951 BGB nur für den einbauenden nichtberechtigten Besitzer, nicht aber für den verlierenden Eigentümer gegen den einbauenden Besitzer.

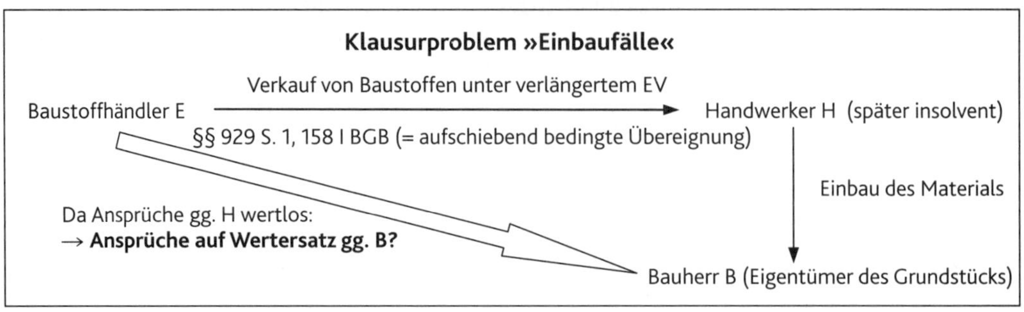

Ein Anspruch des E aus §§ 951, 812 I 1 Alt. 2, 818 II BGB scheidet hier wegen des Vorrangs der Leistungsbeziehung zwischen H und B aus (Erfüllung des Werkvertrages). Dabei ist es nach der Rspr. unerheblich, ob der H nun vor dem Einbau die Materialien übereignet oder gleich einbaut. Unerheblich ist auch, wenn H gar nicht zur Übereignung der Materialien befugt oder B bösgläubig ist, da in allen Fällen mangels Wertungsunterschiedes jedenfalls bereicherungsrechtlich von einer Leistung der Eigentums von H auszugehen ist.[131] Allerdings steht E gegen B zumindest die von H im Rahmen des verlängerten EV an ihn abgetretene Werklohnforderung zu. Anders die Literatur, die bei Bösgläubigkeit des B die Direktkondiktion des E gegen B wiederum aus anders verstandenen Wertungsgründen bejaht.[132] Ansprüche aus EBV greifen in der Regel nicht, da entweder ein Einverständnis des Eigentümers in die Veräußerung vorliegt oder der Erwerber nicht bösgläubig ist.[133] Ansprüche aus § 816 I 2 BGB scheitern in der Regel an der fehlenden Verfügung[134] bzw. Unentgeltlichkeit, § 816 II BGB daran, dass keine Leistung an einen Nichtberechtigten vorliegt. Allerdings kommen bei Vorliegen der subjektiven Voraussetzungen Ansprüche aus § 823 I, II BGB in Betracht.

Eine Abwandlung ist der Erwerb einer dem Eigentümer abhandengekommenen Sache (**»Jungbullen-Fall«**[135]: Dieb D stiehlt Bauer B einen Jungbullen und veräußert diesen an E, der den Bullen zu Wurst verarbeitet. B verlangt von E Wertersatz), der eher im ersten Examen eine Rolle spielt. Da es aber **vor allem in der Mündlichen immer wieder Prüfer gibt, die meinen, man müsse auch als Referendar diesen Fall kennen**, kurz die Grundzüge: §§ 989, 990 BGB sind möglich, scheitern aber in der Regel an der fehlenden Bösgläubigkeit des E. §§ 951, 812 I 1 Alt. 2, 818 II BGB ist dagegen zu bejahen und auch nicht durch das EBV gesperrt, weil § 951 BGB ein Rechtsfortwirkungsanspruch zu § 985 BGB ist *(»§ 951 BGB = § 985 BGB in trauriger Gestalt«)*. Eine vorrangige Leistung zwischen D und E besteht nicht (das ist der Unterscheid zum Einbaufall!), da D wegen § 935 BGB das Eigentum nicht leisten konnte. Die Literatur bejaht dagegen eine Leistung des Eigentums (Argument: D hat durch seine Tätigkeit zumindest die Möglichkeit des gesetzlichen Eigentumserwerbs nach § 950 BGB geschaffen), lässt aber den Anspruch dennoch durchgehen, da nach der Wertung von § 935 BGB der E das Eigentum nicht endgültig behalten dürfe. Im Julitermin 2017 kam seit gefühlten 1.000 Jahren zum ersten Mal dieser Fall in NRW **mit geklauten Münzen** dran!

3. Der Erwerb nach § 952 BGB

Für bestimmte Urkunden ist § 952 BGB (*»Recht am Papier folgt dem Recht aus dem Papier«*) 43
lex specialis gegenüber §§ 929 ff. BGB für den Eigentumserwerb. Erfasst sind **Sparbuch**, Sparbrief, Hypothekenbrief, Versicherungsschein und sonstige qualifizierte Legitimationspapiere iSd § 808 BGB (zB Gutscheine mit Begünstigtennennung, WM-Tickets mit Inhaberklausel). Wird die Forderung abgetreten, folgt automatisch das Eigentum am Papier mit. Hier folgt also die Eigentümerstellung am Papier der Gläubigerstellung hinsichtlich der verbrieften Forderung. **Gleiches gilt analog § 952 II BGB für den Kfz-Brief (mega-wichtiges Klausurthema!)**: *»Eigentum am Kfz-Brief folgt dem Eigentum am Kfz«* – Inzidenzprüfung: Wem gehört das Kfz? Die Urkunde ist kein selbstständiges Objekt des Rechtsverkehrs, kann also zB nicht isoliert übereignet oder verpfändet werden. Eine von den Parteien so formulierte isolierte »Übereignung« der Urkunde ist dann gegebenenfalls als Abtretung der verbrieften Forderung auszulegen. Nicht unter § 952 BGB fallen zB Zweitschlüssel, Führerscheine, Waffenbesitzkarten, vollstreckbare Urteile und Pferdepässe (umstritten).

Merke: § 952 BGB ist **keine Anspruchsgrundlage**, sondern regelt nur die Frage, wer Eigentümer ist bzw. wie man Eigentümer wird. Herausgabe des Papiers kann der Eigentümer vor allem nach § 985 BGB verlangen.

---

131 Palandt/*Herrler* BGB § 951 Rn. 3 ff.; BGH NJW 2014, 1805 ff.; BGHZ 56, 228 ff. = NJW 1971, 1750; BGHZ 40, 272 ff. = NJW 1964, 399 und BGH NJW-RR 1991, 343 ff.

132 Palandt/*Herrler* BGB § 951 Rn. 9; *Medicus/Petersen* BürgerlR Rn. 729. Weil B böse ist, soll gleich gegen ihn vorgegangen werden können. Die sonst subsidiäre Nichtleistungskondiktion soll in diesen Fällen ausnahmsweise nicht von der vorrangigen Leistung des H an B gesperrt sein.

133 BGH NJW-RR 1991, 343 ff. § 951 BGB und EBV sind hier für den Eigentümer möglich, da sie sich gegen den einbauenden Besitzer richten.

134 Im Verhältnis zu H bejaht die Lit. zugunsten des E aber zT § 816 I 1 BGB analog, vgl. *Linardatos* JA 2018, 102 ff. mwN.

135 BGHZ 55, 176 ff. = NJW 1971, 612; Palandt/*Herrler* BGB § 951 Rn. 8. In zweiten Examen würde es sich wahrscheinlich eher um geklauten Schrott (Zinkrohre!) oder um geklaute Fliesen oder Münzen handeln, die später verbaut werden. Wer stiehlt schon Bullen?

Andersherum (*»Recht aus dem Papier folgt dem Recht am Papier«*) ist es bei Wertpapieren (Wechsel, Scheck) und »kleinen Inhaberpapieren« nach § 807 BGB, die nach §§ 929 ff. BGB übertragen werden (Folge: manifestierter Anspruch geht mit über). ZB: Fahrkarte, Gutscheine ohne Begünstigtennennung[136], Straßenfesteintrittskarte. Auch Gutschriften in Geschäften (Inhaberschuldverschreibung iSv § 793 BGB) fallen darunter.

Klausurtipp: Ein Klassiker in Klausuren sind die **Sparbuchfälle**. Hier sind im Assessorexamen im Wesentlichen zwei Klausurtypen anzutreffen:

Typ 1: Hier hat der Kläger ein Sparbuch für einen Dritten angelegt und mit der Sparkasse vereinbart, dass der Dritte erst nach Ablauf von zwölf Monaten auszahlungsberechtigt ist. Vor diesem Termin zahlt die Sparkasse jedoch schon an den das Sparbuch vorlegenden Dritten aus. Hier kann der Kläger nach erfolgter Kündigung aus §§ 491, 500 BGB Rückzahlung des gezahlten Betrages verlangen. Der Vertrag mit der Sparkasse ist (im Unterschied zu Typ 1) ein reiner Darlehensvertrag. Die Leistung der Sparkasse an den Dritten konnte diese nicht befreien. Die Legitimationswirkung der Urkunde aus § 808 BGB greift nämlich nicht ein, wenn die Sparkasse die mangelnde Verfügungsberechtigung des Inhabers kennt. § 808 BGB gilt nicht beim Sparbrief.

Typ 2 ist der wichtigste Fall. Er spielt im Grenzbereich Schuldrecht – Erbrecht. **Lesen Sie → Rn. 90!**

4. Der Erwerb nach §§ 953 ff. BGB

43a–43d §§ 953 ff. BGB regeln den Erwerb bei Trennung von Erzeugnissen/Bestandteilen von der Hauptsache, §§ 958 ff. BGB bei Aneignung eigentumsloser – vor allem derelinquierter – Sachen (hier kommen im Ersten dann diese Sperrmüll-Fälle; nicht jeder Müll wird derelinquiert! es hängt vom Einzelfall ab, ob man wirklich das Eigentum aufgeben oder ein Übereignungsangebot an das Müllunternehmern machen will), §§ 965 ff. BGB bei Fund verlorener Sachen und § 984 BGB beim Schatzfund. Ab und zu werden Klausuren mit derartig abseitigen Themen angedickt. 2017 liefen in NRW mehrere Aktenvorträge zu § 956 BGB (Gestattung, Holzeinschlagsrecht).

III. Eigentumserwerb an Grundstücken – Klausurtipps

1. Die Übereignung von Grundstücken nach §§ 873, 925 BGB

44 Es gibt im Immobiliarsachenrecht jede Menge Parallelen zum Mobiliarsachenrecht, sodass das Verständnis einfach ist, wenn Sie Ihre Kenntnisse aus den §§ 929 ff. BGB auf die Übereignung von Grundstücken iSv §§ 873, 925 BGB übertragen. Der wesentliche Unterschied ist nur, dass es bei unbeweglichen Sachen nicht auf den Besitz/die Übergabe, sondern auf die Eintragung im Grundbuch ankommt.

Die Prüfung des Eigentumsübergangs erfolgt nach folgender Systematik:

1. Einigung iSd §§ 873, 925 BGB über den Eigentumsübergang (sog. Auflassung)
2. Eintragung in das Grundbuch, § 873 BGB und §§ 13, 19 GBO
3. Einigsein im Zeitpunkt der Eintragung (wird grundsätzlich vermutet, daher in der Regel nicht gesondert ansprechen)
4. Berechtigung oder greifen §§ 185, 892 BGB (gutgläubiger Erwerb)?
5. Verfügungsbefugnis des Veräußerers (ungeschriebenes Tatbestandsmerkmal) oder greifen §§ 878, 892 I 2, II BGB (gutgläubiger Erwerb)?

Problem: Einigung über den Eigentumsübergang (sog. Auflassung), §§ 873, 925 BGB

- Nicht erforderlich ist, dass die beidseitigen Erklärungen auch beurkundet werden, obwohl dies wegen **§§ 20, 29 GBO** in der Praxis stets erfolgt (sonst trägt das Grundbuchamt nichts ein!). Etwaige formelle Verstöße bei der Beurkundung (zB Verstoß gegen BeurkG) sind für die materielle Wirksamkeit der Auflassung irrelevant.

136 Bei den Gutscheinen ist die Überprüfung von **Verfallklauseln-AGB** ein Klassiker. Die unangemessene Verkürzung der Verjährungsfristen kann dann nach § 307 I BGB unwirksam sein (so OLG München NJW-RR 2008, 1233 bei Verkürzung auf 1 Jahr).

- Für die Auflassung als dinglicher Vertrag gelten die allgemeinen Regeln über Rechtsgeschäfte (zB §§ 119 ff., 164 ff. BGB[137]). Auch hier können also im Prinzip die **üblichen AT-Probleme zum Vertragsschluss** eingebaut werden. Das Auftreten eines von § 181 BGB befreiten Vertreters bei der Auflassung ist ebenfalls möglich.
- Die Auflassungserklärung kann nach § 925 II BGB nicht bedingt werden, sodass zB die Vereinbarung eines Eigentumsvorbehalts ausscheidet. Es liegt dagegen keine unzulässige Bedingung iSv § 925 II BGB vor, wenn die zugrunde liegende Auflassungsvollmacht bedingt ist.

Problem: Gutgläubiger Erwerb nach § 892 BGB bei fehlender Berechtigung

- Anknüpfungspunkt ist die unrichtige Eintragung des Veräußerers als Eigentümer im Grundbuch. Dabei ist es unerheblich, ob der Erwerber nun ins Grundbuch geschaut hat oder nicht (sog. **abstrakter Vertrauensschutz** des Grundbuchs). **Nur die positive Kenntnis der Unrichtigkeit schadet** (anders als bei beweglichen Sachen! Hintergrund: dem Grundbuch darf man mehr vertrauen als dem Besitz iRv § 932 BGB), grob fahrlässige Unkenntnis reicht nicht. Nach dem Wortlaut von § 892 I 1 BGB (»*… es sei denn …*«) wird die Gutgläubigkeit vermutet.
- Ein gutgläubiger Erwerb scheidet aus, wenn ein **Widerspruch** (§ 899 BGB) zugunsten des Berechtigten gegen die Richtigkeit eingetragen ist oder vor Eintragung des Erwerbers eingetragen wird, vgl. § 892 I 1 Alt. 2 BGB.
- Fehlt zum Eigentumserwerb – wie in der Regel – nur noch die Eintragung, kommt es bezüglich der Gutgläubigkeit nicht auf die Vollendung des Rechtserwerbs, sondern auf den Zeitpunkt der Antragstellung auf Grundbucheintragung an, **§ 892 II BGB**. Dann kann nur noch ein danach eingetragener Widerspruch schaden. Der für die Gutgläubigkeit maßgebliche Zeitpunkt kann sogar noch weiter nach vorne verschoben werden: Wenn der Nichtberechtigte dem gutgläubigen Erwerber eine **Vormerkung** bewilligt (→ Rn. 45), wird für die Gutgläubigkeit auf den Zeitpunkt der Antragstellung auf Eintragung der Vormerkung ins Grundbuch abgestellt **(»große Lösung«)**.[138] Der gute Glaube zu diesem Zeitpunkt wirkt dann fort bis zur Vollendung des Rechtserwerbs. Es schadet in diesem Fall sogar ein danach eingetragener Widerspruch nicht. Ein Hoch auf die Vormerkung!

In Immobiliarsachenrechtsklausuren ist oft auch der **Grundbuchberichtigungsanspruch aus § 894 BGB** zu prüfen. Dieser greift, wenn das Grundbuch **dinglich unrichtig** ist, dh wenn die im Grundbuch dargestellte Rechtslage bezüglich des Eigentums, Grundpfandrechten, Widersprüchen, Verfügungsbeschränkungen oder Vormerkungen nicht mit der wirklichen dinglichen Rechtslage übereinstimmt. Dies ist dann zu prüfen. Auf das Verhältnis Eigentümer – zu Unrecht Eingetragener sind zudem §§ 987 ff. BGB anwendbar (analog, wenn Bucheigentümer nicht Besitzer ist). Das mögliche Grundbuchberichtigungsverfahren nach § 22 GBO schließt eine Klage nach § 894 BGB in der Regel nicht aus, da mangels tauglicher Nachweisbarkeit der Unrichtigkeit iSv §§ 22, 29 GBO ein dortiger Erfolg zweifelhaft wäre.

Klausurtipp: § 894 BGB wird oft im Wege einer **einstweiligen Verfügung** durch Eintragung eines Widerspruches nach § 899 BGB gesichert. Dies kann dann auch der Klausureinstieg sein.

Was für **weitere Ansprüche sind bei Unrichtigkeit des Grundbuchs** möglich? Ein Berichtigungsanspruch aus § 812 BGB (Grundbuchposition als etwas Erlangtes, sog. schuldrechtlicher Grundbuchberichtigungsanspruch), ein Berichtigungsanspruch aus § 823 BGB unter den Voraussetzungen von § 992 BGB, ein Anspruch auf Beseitigung mittlerweile eingetragener Grundpfandrechte aus § 1004 BGB,[139] der § 888 BGB bei relativer Unwirksamkeit (vor allem bei Vormerkung s. unten!) und § 896 BGB (Vorlage des Hypothekenbriefes an das Grundbuchamt zwecks Berichtigung).

---

137 Zum Grundbuchvollzug ist – anders als für die Einigung nach §§ 873, 925 BGB – die Vollmachtserteilung von am Grundstücksgeschäft beteiligten Vertretern in der strengen Form des § 29 GBO (lesen!) dem Grundbuchamt nachzuweisen.

138 Argument: Sicherungsfunktion der Vormerkung, Rechtsgedanke § 883 II BGB. Vgl. Palandt/*Herrler* BGB § 885 Rn. 13.

139 HM: analog §§ 993 I, 989, 990 BGB aber nur bei Bösgläubigkeit/Rechtshängigkeit, vgl. *Medicus/Petersen* BürgerlR Rn. 454 mwN. Aus § 1004 kann dagegen nicht Grundbuchberichtigung verlangt werden, da hierfür § 894 BGB *lex specialis* ist.

Klausurtipp: Grundstücksklausuren werden oft durch Fragen zu **Grunddienstbarkeiten nach §§ 1018 ff. BGB** aufgepeppt, um Sie in etwas exotischere Gegenden des BGB zu schicken. Dies sind beschränkt dingliche Rechte an einem Grundstück, die auf ein Dulden oder Unterlassen des verpflichteten Grundstückseigentümers gerichtet sind, zugunsten des jeweiligen Eigentümers eines bestimmten (sog. herrschenden) Grundstücks bestehen und ins Grundbuch eingetragen werden. Beliebt: **Wegerecht** und **Beseitigungsverbot mit Erhaltungspflicht für einen Grenz-Zaun**. Bei Verletzung der gegenseitigen Pflichten aus den §§ 1018 ff. BGB (gesetzliches Schuldverhältnis) gelten die allgemeinen Vorschriften (§§ 280 ff., 823, 1004 BGB, vgl. § 1027 BGB), wenn nicht §§ 1018 ff. BGB Abweichendes vorschreiben. Für die Verjährung gelten **§§ 1028 (lesen – dann §§ 1028 I 2, 894 BGB!)**, 902 BGB. Auf das Verhältnis zwischen Eigentümer des dienenden Grundstücks und Berechtigter wendet die Rspr. bei einer Mitbenutzung durch den Eigentümer §§ 741 ff. BGB analog an (daher Regressansprüche bezüglich Unterhaltungskosten für Weg aus §§ 1020 S. 2, 748 BGB analog und GoA möglich). Die Bestellung der Dienstbarkeit ist ein dingliches Geschäft, zugrunde liegen kann eine schuldrechtliche Vereinbarung (»Bestellungsvertrag«). Beachten Sie auch § 1023 BGB (lesen!).
In **§ 917 BGB** ist das (nicht ins Grundbuch eintragbare) sog. **Notwegerecht** geregelt. Auch dazu hat es bereits Klausuren und eine Fülle von Aktenvorträgen gegeben. Wichtig ist, dass Sie das überhaupt kennen.
Das Pendant zur Grunddienstbarkeit ist die **beschränkt persönliche Dienstbarkeit** iSv §§ 1090 ff. BGB. Hier ist eine bestimmte Person Berechtigter (oft Wohnrecht). Problematisch sind die Rechtsfolgen, wenn das Wohnrecht wegen Umzugs in ein Pflegeheim nicht mehr genutzt werden kann. Nach der Rspr. ist eine Lösung über die Grundsätze der ergänzenden Vertragsauslegung (des schuldrechtlichen Grundgeschäfts) und nicht über § 313 BGB zu suchen.[140]
Im Gegensatz zur Grund- oder beschränkt persönlichen Dienstbarkeit bietet der **Nießbrauch nach §§ 1030 ff. BGB** ein umfassendes dingliches Nutzungsrecht zB an Grundstücken oder Rechten zugunsten einer bestimmten Person. Auch die Regelungen in §§ 1030 ff. BGB bilden ein gesetzliches Schuldverhältnis zwischen den Beteiligten, sodass hier Ansprüche aus §§ 280 ff. BGB möglich sind. Daneben tritt – wie bei Dienstbarkeiten – in der Regel das schuldrechtliche Grundgeschäft zwischen den Parteien.

Bei der Übereignung von Grundstücken gehen alle Bestandteile des Grundstücks automatisch mit über auf den Erwerber. **§ 926 BGB** regelt die Frage, ob und wie auch Zubehör mit übergeht (Alternativregel zu §§ 929 ff. BGB – keine Übergabe nötig!), **§ 311c BGB** dagegen, ob bei dem schuldrechtlichen Rechtsgeschäft Zubehör mitverkauft wird. Zu § 926 BGB gab es seit Mitte 2017 drei Klausuren (Saftpresse, zwei Öfen, Bierschankanlage März 2018)!

2. Die Vormerkung, §§ 883 ff. BGB

45 Die Vormerkung ist ein im Grundbuch eingetragenes **Sicherungsmittel** für einen schuldrechtlichen Anspruch auf dingliche Rechtsänderungen. Die Sicherungswirkung stellen vor allem **§§ 883 II, 888 BGB** her. Danach sind vormerkungswidrige Verfügungen dem Vormerkungsinhaber gegenüber unwirksam, er ist »safe«. Die Sicherungswirkung greift auch bei Beeinträchtigungen wie zB der Eintragung eines Veräußerungsverbots nach §§ 938 II, 859 II ZPO, der Eintragung einer Sicherungshypothek oder eines Wegerechts, bei nachträglicher Grundbuchberichtigung (dh bei nachträglicher Eintragung des wahren Eigentümers) oder bei Eintragung eines Widerspruchs,[141] nicht aber (da keine »Verfügung« iSv § 883 II 1 BGB) bei nachträglicher Vermietung/Verpachtung durch den Noch-Eigentümer. Die **Vormerkung ist streng akzessorisch zum gesicherten Anspruch**. Erlischt dieser durch Erlass, Rücktritt, Anfechtung, Aufhebung oder Konfusion, erlischt auch die Vormerkung (Folge: § 894 BGB, **nicht** dagegen § 886 BGB!).[142] In Klausuren ist dann oft zu prüfen, ob eine derartige vormerkungswidrige Verfügung vorliegt und ob die Vormerkung durch irgendein Ereignis erloschen ist. Die Thematik lief zuletzt im März 2016.

140 Palandt/*Herrler* BGB § 1093 Rn. 19.

141 BGH NJW 1981, 446 f.; **aA und ohne Hinweis auf die Rspr. leider immer noch Palandt/*Herrler*** BGB § 883 Rn. 20

142 Es ist zulässig, die im Grundbuch verbliebene Vormerkung durch Neubewilligung als Sicherheit für einen neuen Anspruch »aufzuladen« (Bayern: Novembertermin 2015!). Dieser muss allerdings kongruent sein mit dem ersten gesicherten Anspruch, vgl. Palandt/*Herrler* BGB § 885 Rn. 16.

Häufigster Klausurfall ist neben der Sicherungshypothek des Bauhandwerkers (→ Rn. 32b) die **Auflassungsvormerkung,** die den Kaufvertragsanspruch auf Übereignung des Grundstückseigentums sichert. Diese soll daher jetzt im Vordergrund stehen. Der Vormerkungsberechtigte kann aus § 888 BGB auch vorgehen, wenn er noch nicht im Grundbuch als Eigentümer eingetragen ist.[143] § 883 I 2 BGB lässt die Vormerkung sogar für bedingte oder zukünftige Ansprüche zu. Insbesondere bei Letzteren ist erforderlich, dass bereits ein fester Rechtsboden für den Anspruch gegeben ist (zu verneinen beim Schwarzkauf bezüglich des verdeckten Vertrags: die Heilungsmöglichkeit ändert nichts daran, dass ein solcher Anspruch nicht vormerkungsfähig ist, da die Heilung nur ex nunc wirkt und der Käufer keinen Anspruch auf Heilung hat).

Die Auflassungsvormerkung ist in Klausuren am wichtigsten. Wie und wo wird sie relevant?

- Auswirkung auf den gutgläubigen Grundstückserwerb (→ Rn. 44: »große Lösung«)
- Schutz des Auflassungsvormerkungsinhabers gem. **§§ 883 II, 888 BGB** vor Verfügungen des Verkäufers: Bei unberechtigter Auflassung und Eintragung eines Dritten: Ansprüche gegen den Verkäufer auf Auflassung nach § 433 BGB (+), kein Untergang des Anspruches nach § 275 I BGB wegen § 883 II BGB; Anspruch aus § 894 BGB (–), weil Grundbuch nicht absolut unrichtig, da die Vormerkung bzw. § 883 II BGB nur relativ wirkt; aber: Anspruch auf Eintragungsbewilligung gegen den vormerkungswidrigen Erwerber/Dritten aus § 888 BGB (+). In der Klausur ist oft eine Widerklage des Dritten enthalten, mit der er als »Gegenangriff« die Löschung des Vormerkungsinhabers über § 894 BGB begehrt. Hier ist auf das Rechtsschutzbedürfnis für die Widerklage einzugehen.[144]
- Klage des Vormerkungsberechtigten gegen den Bucheigentümer auf Nutzungsersatz (s. unten)
- Wirksamkeitsprüfung bei **Klage aus § 894 BGB** gegen den Vormerkungsinhaber wegen dessen Eintragung

Die Entstehung der Vormerkung nach §§ 883 ff. BGB prüfen Sie nach folgender Reihenfolge:

1. Bestehen eines vormerkungsfähigen Anspruchs, § 883 BGB
2. Bewilligung durch Eigentümer oder einstweilige Verfügung, § 885 BGB
3. Eintragung der Vormerkung in das Grundbuch, § 873 BGB
4. Berechtigung oder greifen § 185 BGB, §§ 893, 892 BGB analog (gutgläubiger Erwerb)?
5. Verfügungsbefugnis oder greifen § 185 BGB, § 878 BGB analog?

Problem: Bewilligung der Vormerkung durch einen Nicht-Eigentümer

- § 892 BGB kann bei der Bewilligung einer Vormerkung durch den Nicht-Eigentümer nicht direkt angewendet werden, da die Vormerkung kein »Recht an einem Grundstück« iSv § 892 I 1 BGB ist, sondern lediglich eine Rechtsänderung ankündigt. Aber Hilfe naht! Die Bewilligung einer Vormerkung ist nach hM nämlich eine »Verfügung« iSd § 893 Alt. 2 BGB, sodass über §§ 893 Alt. 2, 892 BGB analog ein **gutgläubiger (Erst-)Erwerb einer Vormerkung** möglich ist.[145] § 892 BGB überwindet dabei aber nicht das Fehlen der gesicherten Forderung, sondern nur die fehlende Eigentümerstellung des Bewilligenden! Der Erwerber muss analog § 892 II BGB bis zum Zeitpunkt des Vormerkungseintragungsantrages redlich sein, um die Vormerkung zu erwerben. Eine nachfolgende Bösgläubigkeit, die Eintragung eines Widerspruchs oder eine Grundbuchberichtigung hindern weder die Entstehung der Vormerkung noch die des vorgemerkten Rechts (Argument: Schutzzweck der Vormerkung, → Rn. 44).
- §§ 893 Alt. 2, 892 BGB gelten nicht im Falle der Eintragung aufgrund einer einstweiligen Verfügung (Argument: dann kein rechtsgeschäftlicher Erwerb, der für gutgläubigen Erwerb aber erforderlich ist, → Rn. 39).
- Auch der Scheinerbe kann eine Vormerkung bewilligen, → Rn. 100.

143 Der Anspruch ist dann allerdings darauf gerichtet, dass die Zustimmung des Dritten unter dem Vorbehalt erteilt wird, dass die Eintragung des Vormerkungsberechtigten als Eigentümer erfolgt.

144 Unzulässigkeit wg. kontradiktorischen Gegenteils? (–), da Löschungsbegehren des Klägers ein *aliud* ggü. dem Begehren nach § 888 BGB ist.

145 Palandt/*Herrler* BGB § 885 Rn. 12.

Problem: Verhältnis Auflassungsvormerkungsberechtigter – vormerkungswidriger Erwerber

- Anspruch des Vormerkungsberechtigten aus § 888 BGB (s. oben). Bisher meinte der BGH, § 888 BGB sei nur ein GBO-Hilfsanspruch und löse keinen Verzugsschaden aus. Das ist nun anders, § 286 BGB ist nach neuer Rspr. auf die Norm anwendbar (Argument: weiter Wortlaut von § 280 I, II BGB).
- Zudem wird auf das Verhältnis beider Parteien das **EBV (und § 1004 BGB) analog angewendet** (direkt geht nicht, da der vormerkungswidrige Erwerber ja tatsächlich Eigentümer geworden ist!). Dies ist gerecht, denn der Erwerber weiß ja, dass er auf einem Pulverfass sitzt. Dies gilt auch für Gegenansprüche des Erwerbers (zB für Verwendungen auf das Haus), da andere Anspruchsgrundlagen in der Regel nicht greifen (daher Regelungslücke): GoA scheitert am Fremdgeschäftsführungswillen. Leistungskondiktion (–) wegen fehlender Leistung, und Eingriffskondiktion (–), da der Vormerkungsberechtigte nichts auf Kosten des Verwenders erlangt hat, sondern nur durch Übertragungsakt des Veräußerers.[146]

Die **Vormerkung** wird durch (formlose) Abtretung des gesicherten Anspruchs **übertragen**, §§ 398, 401 BGB. Eine Grundbuchberichtigung erfolgt dann nach § 22 GBO. Klausuren zum **gutgläubigen Zweiterwerb der Vormerkung** gab es in den letzten 15 Jahren genau ein Mal. Arbeiten Sie hier Notfall mit dem Palandt bei § 885 BGB und lernen Sie solch einen Hokuspokus aus dem Rep zum ersten Examen nicht auswendig. Diese Zeiten sind zum Glück vorbei!

Beachte: Auch das **dingliche Vorkaufsrecht** iSv §§ 1094 ff. BGB wirkt nach § 1098 II BGB gegenüber Dritten wie eine Vormerkung. Klausuren dazu kommen extrem selten vor. Im Notfall: Kommentar!

B. Ansprüche aus dem EBV

I. Einleitung und Systematik

46 Das EBV regelt das Rechtsverhältnis zwischen Eigentümer und nichtberechtigtem Besitzer. Es dient mit seinen differenzierten Regelungen vor allem dem **Schutz des redlichen nichtberechtigten Besitzers**, was in § 993 I aE BGB zum Ausdruck kommt. Ein toller Übungsfall zum EBV ist OLG Hamm NJW-RR 2014, 277 (»Goldkettchen«).

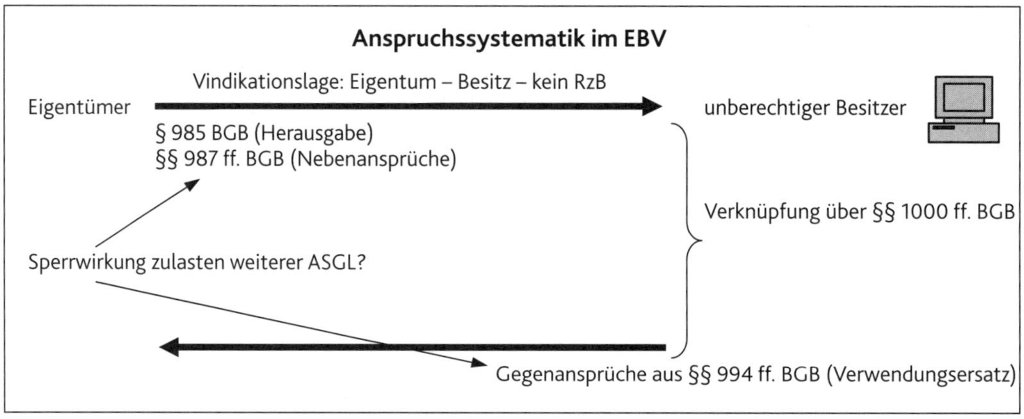

Zum Studiumwissen zählt noch das Verhältnis der §§ 987 ff. BGB, vor allem zu §§ 823 ff., 812 ff. BGB (**Sperrwirkung?**). Aus § 993 I Hs. 2 BGB wird gefolgert, dass die Anwendung des **Deliktsrechts neben §§ 987 ff. BGB ausgeschlossen** ist, wenn bereits im Zeitpunkt des

146 Palandt/*Herrler* BGB § 888 Rn. 9; *Kohler* NJW 1984, 2849 ff. Klausuren dazu gab es bereits (schöner Mix aus EBV und GoA/§ 812 BGB).

schädigenden Ereignisses eine Vindikationslage vorliegt. Ausnahmen von der Sperrwirkung: **§§ 992**, 826 BGB und der Fremdbesitzerexzess im Zwei-Personen-Verhältnis.[147] Auch **Bereicherungsrecht ist neben §§ 987 ff. BGB ausgeschlossen**, dies allerdings mit **sechs Ausnahmen**: Bei den »**sechs V**« ist Bereicherungsrecht neben §§ 987 ff. BGB anwendbar, sonst nicht. Was ist damit gemeint?

- Verbindung/Vermischung/Vermengung/Verarbeitung = die Fälle von §§ 946 ff. BGB: Wertersatzanspruch des ehemaligen Eigentümers der Sache, der sein Eigentum gem. §§ 946 ff. BGB durch die Handlung des unberechtigten Besitzers verliert, aus §§ 951, 812 I 1 Alt. 2 BGB gegen den Besitzer (→ Rn. 42). EBV sperrt nicht.
- Veräußerung der Sache durch den nichtberechtigten Besitzer: Anspruch des ehemaligen Eigentümers gegen den Veräußerer aus § 816 I 1 BGB. §§ 951, 812 I 1 Alt. 2 BGB im vorherigen Fall und § 816 I 1 BGB sind nämlich »Rechtsfortwirkungsansprüche« zum Eigentum, die nicht durch §§ 987 ff. BGB ausgeschlossen sein können.
- Verbrauch der Sache: Wertersatzanspruch des ehemaligen Eigentümers aus Eingriffskondiktion. Auch hier sperrt das EBV nicht, weil dieses den Verbrauch der Sache nicht regelt.

Klausurtipp: Die **»sechs V«** sind bei Palandt/*Herrler* BGB Vorb v § 987 Rn. 15 kommentiert!

Merke: Nur §§ 987 ff. BGB entfalten Sperrwirkung. Geht es um die bloße Herausgabe nach § 985 BGB, sind andere Herausgabeansprüche zB aus Vertrag oder §§ 823, 812 BGB nicht gesperrt. Das Schlagwort »Sperrwirkung des EBV« ist also ungenau, richtig wäre »Sperrwirkung von §§ 987 ff. BGB«.

In den Fällen unbestellter Zusendung von Sachen denken Sie an den Ausschluss des EBV durch **§ 241a BGB** (hM).

II. Die Klausurprobleme zu den einzelnen Ansprüchen aus dem EBV

Grundvoraussetzung aller Ansprüche ist grundsätzlich das Vorliegen einer »**Vindikationslage**« **– Eigentum, Besitz und kein Recht zum Besitz –** im Zeitpunkt des anspruchsbegründenden Ereignisses (dh für Herausgabebegehren im Zeitpunkt des Herausgabeverlangens, für Nutzungsersatz im Zeitpunkt der Nutzung etc.). Das wissen Sie sicherlich noch.

Problem: Besondere Vindikationslagen (oder eben gerade nicht…)?

- Bei »**nicht-so-berechtigtem Besitz**« (zB unberechtigte Untervermietung durch den Mieter, Beschädigung der Mietsache durch Mieter): keine Vindikationslage, da ausreichender Schutz durch Vertrag und Delikt.
- »**Nicht-mehr-berechtigter Besitzer**«: Liegt vor, wenn das Recht zum Besitz nachträglich weggefallen ist, es zum Zeitpunkt der Schädigung/Nutzung/Verwendung jedoch noch bestand. Hier ist zu differenzieren:[148] Endet das Recht zum Besitz mit Rückwirkung (Anfechtung, Aufhebung des Zuschlagsbeschlusses in der Zwangsversteigerung), liegt wegen der Ex-tunc-Wirkung von Anfang an ein EBV vor. Endet das Recht zum Besitz ohne Rückwirkung *ex nunc* (Rücktritt, Kündigung, Vertragsablauf, auflösende Bedingung, Widerruf der tatsächlichen Gestattung, Herausgabeverlangen nach § 604 III BGB), liegt nur ab dann ein EBV vor, vorher nicht. Der BGH hat davon für Verwendungsersatzansprüche im berühmten »**EBV-Werkunternehmerfall**« aus Wertungsgründen eine Ausnahme gemacht: Hier hat ein Werkunternehmer aufgrund eines Werkvertrages mit einem zu diesem Zeitpunkt zum Besitz und zur Reparaturbeauftragung berechtigten Besteller eine Reparatur durchgeführt, später fällt die Besitzrechtskette *ex nunc* weg. Wenn vom Besteller wegen

147 Fremdbesitzerexzess: Der Schädiger nimmt zu Unrecht ein RzB an und überschreitet dieses. Argument: §§ 989, 990 BGB scheitern mangels Bösgläubigkeit, § 823 BGB eigentlich am Vorrang des EBV. Das wäre wertungsmäßig schief, denn bei bestehendem RzB würde § 823 BGB ja greifen. Daher wird hier § 823 BGB neben dem EBV zugelassen. Das ist eher ein typisches Thema aus dem ersten Examen, daher nur als Fußnote! Kommentiert ist es bei Palandt/*Herrler* BGB § 993 Rn. 4.

148 Palandt/*Herrler* BGB Vorb v § 987 Rn. 3 ff., 7.

dessen Insolvenz nichts zu holen ist und der Eigentümer vom Werkunternehmer Herausgabe des Wagens verlangt, ohne die Rechnung bezahlen zu wollen, ist der Werkunternehmer schutzbedürftig. Sein Problem ist Folgendes: Auf ein Pfandrecht iSv § 647 BGB kann er sich nicht berufen (→ Rn. 32b), sonstige Gegenansprüche gegen den Eigentümer, die er per Zurückbehaltungsrecht geltend machen könnte, bestehen in der Regel auch nicht. Auch Gegenansprüche aus §§ 994 ff. BGB bestehen streng genommen nicht, da im Zeitpunkt der Verwendung die Besitzrechtskette noch intakt war und daher keine Vindikationslage vorlag. Nach dem BGH soll es hier für Ansprüche des Unternehmers aus §§ 994 ff. BGB analog ausreichen, dass **zumindest jetzt eine Vindikationslage besteht**, da der zunächst berechtigte Besitzer nicht schlechter stehen soll als der von Anfang an nichtberechtigte Besitzer (daher: Zurückbehaltungsrecht aus §§ 1000, 994 ff. BGB analog als Recht zum Besitz). Die Problematik ist bei **Palandt/*Sprau* BGB § 647 Rn. 6** kommentiert. Die Anwendung des EBV setzt hier allerdings voraus, dass das früher bestehende – das Besitzrecht begründende – Rechtsverhältnis Ansprüche auf Verwendungsersatz *»nicht gesondert regelt«* (dh übersetzt: *»nicht ausgeschlossen hat«*). **Der neue Klassiker dazu: BGH JuS 2015, 363 (»Galopprennbahn«).**
- Das **Aufschwingen** vom berechtigten Fremdbesitzer zum unberechtigten Eigenbesitzer stellt nach der Rspr. nur dann eine Vindikationslage iSv § 990 S. 1 BGB dar, wenn dadurch das Besitzrecht erlischt (Argument: Wesensverschiedenheit der beiden Besitzarten).[149] Examensklausuren dazu sind uns nicht bekannt.

Denken Sie auch an **§ 292 BGB (lesen!)**, der eine Rechtsfolgenverweisung auf die Vorschriften des EBV enthält. Die Vorschrift bezweckt eine Haftungsverschärfung für den Schuldner eines eingeklagten Herausgabeanspruchs, was vor allem dann relevant wird, wenn das Vorliegen einer Vindikationslage gerade nicht gegeben ist.

1. Der Herausgabeanspruch des Eigentümers, § 985 BGB

47 Der wichtigste Anspruch innerhalb des EBV ist der Herausgabeanspruch aus § 985 BGB. § 985 BGB ist nicht isoliert abtretbar, jedoch ist eine Geltendmachung in gewillkürter Prozessstandschaft zulässig. Eine Abtretung ist dann als eine entsprechende Ermächtigung zur Prozessstandschaft (plus Einziehungsbefugnis) auszulegen bzw. umzudeuten.[150] **§ 985 BGB ist bei Geld** nur zu prüfen, wenn die konkreten Geldscheine noch vorhanden sind, nicht aber, wenn es um die Herausgabe einer Geldsumme geht (»keine Geldwertvindikation« über § 985 BGB).

a) Eigentum

Inzident ist dann zu prüfen, ob der Anspruchsteller Eigentümer (geworden) ist, zB nach §§ 929 ff., 952 BGB, durch Zuschlag nach dem ZVG oder durch Erbfall. Dies ist in der Regel Schwerpunkt der Klausur. Hier kann dann gegebenenfalls die Prüfung von **Kettenübereignungen** erforderlich sein, wenn das Eigentum über mehrere Stationen gelaufen ist. Sie wissen, dass man hier in der Regel chronologisch – dh in der zeitlichen Abfolge der Ereignisse – prüft.

b) Besitz

Herausgabe kann **auch** verlangt werden, **wenn der Anspruchsgegner nur mittelbarer Besitzer** iSv § 868 BGB ist (zB Gegner hat Sache an einen Dritten verliehen/verpachtet). Ein beliebtes Beispiel ist, dass die herauszugebende Sache vom Anspruchsteller bereits im Rahmen der Vollstreckung einer einstweiligen Verfügung gepfändet wurde und sich bei einem **Sequester** befindet. Hier ist der Anspruchsgegner mittelbarer Besitzer der gepfändeten Sache, was für § 985 BGB ausreicht.[151] Häufig wurde bei dieser Klausur – ähnlich wie bei den Hinterlegungsfällen zu § 812 BGB – eine Widerklage eingebaut, mit der der Beklagte wiederum vom Kläger Herausgabe/Freigabe verlangt.

149 Palandt/*Herrler* BGB Vorb v § 987 Rn. 11 mwN. Das berühmte Repetitoriumsbeispiel »Entleiher veräußerte geliehene Sache« fällt also gerade nicht darunter. Hier kommen nur Ansprüche des ehemaligen Eigentümers aus §§ 604, 283, 280, 275 I, 687 II, 816 I, 823 BGB infrage.

150 BGH BeckRS 2017, 136403 = MDR 2018, 225. Dies gilt auch für § 1004 BGB des Eigentümers.

151 Palandt/*Herrler* BGB § 985 Rn. 5, 9; BGH NJW 1979, 1358 f.; OLG Oldenburg BeckRS 1999, 06056.

Beachte: Die Herausgabe an den Kläger durch den Besitzer alleine zur Abwendung der Zwangsvollstreckung aus einem vorläufig vollstreckbaren Titel führt nicht zur Erfüllung des Anspruches aus § 985 BGB.[152] Der Kläger sollte im Prozess nicht für erledigt erklären (Anwaltsklausur!). Die Problematik kam im Julitermin 2017 und Februartermin 2018, nachdem das vorher hier schon im Skript stand.

c) (Kein) Recht zum Besitz, § 986 BGB

Was sind alles Besitzrechte? Hier die für die Assessorklausuren wichtigsten Beispiele:

- Pfandrechte: § 647 BGB, Faustpfandrecht nach §§ 1204 ff. BGB auch, aber nicht besonders examensrelevant.
- **Schuldrechtliche Vereinbarungen** mit dem Eigentümer.
- **Tatsächliche Besitzgestattung** des Eigentümers ohne Vertrag (nur bis Widerruf).[153]
- **Berechtigte GoA**, aber nur, wenn Übernahme des Geschäfts und die Inbesitznahme der Sache zusammenfallen. Das Recht zum Besitz aus der berechtigten GoA endet dann mit dem Herausgabeverlangen des Eigentümers![154]
- Verträge mit einem berechtigten Zwischenmann geben nur bei einer »Weiterleitungsbefugnis« des Zwischenmanns gegenüber dem Eigentümer ein sog. **abgeleitetes Recht zum Besitz, § 986 I 1, 2 BGB**
- **Zurückbehaltungsrecht** iSv §§ 273, 1000 BGB wegen Gegenansprüchen des Besitzers als Recht zum Besitz? Nach der Lit. (–), da ein Zurückbehaltungsrecht zu einer Zug-um-Zug-Verurteilung und nicht wie ein Recht zum Besitz zu einer Klageabweisung führt. Die herrschende **Rspr.** dagegen sieht das Zurückbehaltungsrecht als ein Recht zum Besitz an (**»Zurückbehaltungsrecht = Recht zum Besitz«**), kommt dann aber – dogmatisch schief – auch zu einer Zug-um-Zug-Verurteilung und zusätzlich – nochmal dogmatisch schief – trotzdem zur Anwendung von §§ 987 ff. BGB, wenn das das Zurückbehaltungsrecht ergebende Rechtsverhältnis keine ausreichenden Regelungen zu Verwendungen/Nutzungen etc. enthält (was in der Regel nicht der Fall ist).[155] Ein Streitentscheid ist daher entbehrlich. Sie stellen einfach nur das Problem dar und führen aus, dass es bei Bestehen eines Zurückbehaltungsrechts (dann von Ihnen zu prüfen!) jedenfalls zu einer Zug-um-Zug-Verurteilung kommt.
- **Anwartschaftsrecht** nach Lit. und OLG Karlsruhe NJW 1966, 885 f. (+) wegen dessen Nähe zum Vollrecht, **nach BGH (–)** weil für *»Annahme eines dinglichen Besitzrechts keine Grundlage im Gesetz vorhanden ist«*. Da sich aber beim Erwerb eines Anwartschaftsrechts vom Eigentümer im Rahmen eines Eigentumsvorbehalts bereits aus dem Kaufvertrag ein Recht zum Besitz ergibt, spielt das Problem lediglich eine Rolle, wenn der Eigentumsvorbehalts-Käufer sein Anwartschaftsrecht (gegebenenfalls konkludent) auf einen Dritten

152 Vgl. → Rn. 14 und BGH NJW 2014, 2199 f.! S. auch OLG Zweibrücken NJW 2016, 821 f. (Skulptur »Mensch im Widerstreit«).

153 BGH NJW 2008, 2333 ff.; OLG Karlsruhe NJW-RR 2012, 1442 ff.

154 Palandt/*Sprau* BGB Einf v § 677 Rn. 12. **Das bedeutet, dass wenn zuerst eine Vindikationslage vorliegt und erst später eine GoA-Handlung des Besitzers erfolgt, das EBV dann vorrangig auch ggü. der berechtigten GoA ist. Merken Sie sich das bitte!**

155 Palandt/*Herrler* BGB § 986 Rn. 5; BGH NJW 2002, 1050; 1995, 2627; NJW-RR 1986, 282; OLG Karlsruhe NJW-RR 2012, 1442; OLGZ 78, 206; OLG Celle NJW-RR 2010, 484; OLG Koblenz DAR 1999, 505; KG BeckRS 2011, 05364. Das führt dann, wenn die ZBR-Gegenansprüche aus dem EBV kommen, zu einer – gelinde gesagt – etwas komischen Prüfung: Beim Tatbestandsmerkmal RzB muss dargestellt werden, dass ein ZBR nach der Rspr. ein RzB ist, welches zur Zug-um-Zug-Verurteilung führt. Wenn andere Gegenansprüche für ein ZBR ausscheiden und nur §§ 994 ff. BGB übrig bleiben, muss geprüft werden, ob ein ZBR mit Ansprüchen aus §§ 994 ff. BGB greift. Das setzt aber bekanntermaßen voraus, dass kein RzB besteht, denn sonst gibt es keine Vindikationslage und keinen Verwendungsersatz aus §§ 994 ff. BGB. Ein ZBR mit diesen Ansprüchen gäbe aber – so die Rspr. – nun gerade ein RzB! Der Verwendungsersatzanspruch setzt also etwas voraus, das fehlen muss, um gleichzeitig – wenn es fehlt – als Konsequenz doch da zu sein. Man dreht sich im Kreis, schockschwere Not! Dennoch, die Sache zwingt's, der BGH macht es ja so. Es ist dann darzustellen, dass in diesem Fall – wenn andere Gegenansprüche für ein ZBR fehlen – eine Vindikationslage vorliegt und §§ 994 ff. BGB greifen. Werden diese Ansprüche bejaht, dann hat der Besitzer aus §§ 994 ff. BGB ein ZBR und ein RzB und es kommt zu einer Zug-um-Zug-Verurteilung. So schön kann Jura sein!

überträgt und dieser dann vom Noch-Eigentümer in Anspruch genommen wird (→ Rn. 40). In diesen Fällen gewährt der BGH dem Anwartschaftsrechts-Erwerber zumindest die Arglisteinrede, wenn nur noch ein kleiner Rest vom Kaufpreis offen ist. Auch dieser Streit braucht daher nicht entschieden zu werden, da jedenfalls § 985 BGB nicht durchsetzbar ist.

Jetzt kommt was Feines: Dem Anspruch aus § 985 BGB (und den Folgeansprüchen aus dem EBV) kann **§ 242 BGB (*dolo agit*)** entgegengesetzt werden, wenn der unberechtigte Besitzer einen Gegenanspruch auf Eigentumserwerb (aus Kaufvertrag oder § 812 BGB) bezüglich des herauszugebenden Gegenstandes hat.[156] Bitte merken!

d) Beweislast

Der nach § 985 BGB die Herausgabe Verlangende trägt die **Beweislast** für sein gegenwärtiges Eigentum und den Besitz des Anspruchsgegners, der Anspruchsgegner für das Bestehen eines Rechts zum Besitz. Der Kläger muss dabei nach hM den **Besitz des Gegners nur zum Zeitpunkt der Rechtshängigkeit** der Klage beweisen (wofür bei vorherigem Besitz eine tatsächliche Vermutung sprechen kann). Behauptet der Beklagte einen Besitzverlust nach Rechtshängigkeit, so trägt er die Beweislast. Eine Herausgabeverurteilung ohne Beweisaufnahme für die Fälle, in denen der Beklagte für den Verlust haften würde (so hat das die hM früher vertreten), ist nicht mehr möglich, sodass nunmehr über die streitige Frage des Besitzes Beweis erhoben werden muss.[157] Hat der Beklagte nach Rechtshängigkeit seinen Besitz durch Veräußerung verloren, dann kann der Kläger nach **§ 265 II 1 ZPO** weiter auf Herausgabe klagen, ohne seinen Antrag zu ändern. Aufseiten des Beklagten liegt ein Fall der gesetzlichen Prozessstandschaft vor, der Besitzverlust ist dann also irrelevant, sodass es darüber keiner Beweisaufnahme bedarf.

Für die Beweislage spielt die Fiktion von **§ 1006 BGB** eine wichtige Rolle (§ 1006 gilt nicht für Papiere iSv §§ 808, 952 BGB, weil dort der Besitz für den Eigentumswechsel keine Rolle spielt!). Der Besitzer kann sich auf § 1006 I 1 BGB nur berufen, wenn er **behauptet, dass seine Besitzerlangung und seine Eigentumsbegründung zusammenfallen**. Diese Voraussetzungen liest die Rspr. in § 1006 I 1 BGB hinein. Häufigstes Beispiel in Klausuren ist der **»Schenkungseinwand«** des beklagten Besitzers. Der Kläger kann sich dann nicht auf § 1006 II BGB berufen, da Abs. 2 hinter Abs. 1 zurücktritt, wenn beide Absätze kollidieren. Er muss vielmehr beweisen, dass der Beklagte das Eigentum nicht erworben[158] oder es wieder verloren hat oder § 1006 I 2 BGB vorliegt. Alles ist anders, wenn der Beklagte zunächst Fremdbesitz hatte und dann behauptet, später Eigentümer der Sache geworden zu sein. Hier greift § 1006 I 1 BGB gerade nicht, weil Übergabe und behauptete Eigentumsbegründung nicht zusammenfallen. In diesen Fällen kann sich der Kläger gegebenenfalls sogar auf die Vermutung von § 1006 II BGB berufen. Leider ist auch § 1006 II BGB irreführend. Denn er setzt ebenfalls voraus, dass die frühere Besitzerlangung mit der (behaupteten) Eigentumsbegründung zusammenfällt und zudem – was sich ebenfalls nicht aus dem Wortlaut ergibt – die Vermutung enthält, dass das Eigentum auch noch nach Besitzverlust beim ehemaligen Besitzer geblieben ist (»Rechtsfortdauervermutung«). § 1006 I BGB wird bei Ehegatten/Lebenspartnern zugunsten des Gläubigers von **§ 1362 I BGB** (iVm § 8 LPartG) verdrängt (→ Rn. 93). Ein feiner Übungsfall dazu ist ***Graja* JA 2014, 287 ff. (Original-Aktenvortrag!)**. Nach neuer Rspr. kommt dem Vermieter zur Verteidigung seines Vermieterpfandrechts die für den Mieter nach § 1006 BGB streitende Eigentumsvermutung ebenfalls zugute.

156 Palandt/*Grüneberg* BGB § 242 Rn. 52 mwN.

157 LG Düsseldorf NJOZ 2013, 264; Palandt/*Grüneberg* BGB § 275 Rn. 34 mwN; **aA Palandt/*Herrler* BGB § 985 Rn. 16!**

158 Dazu muss der sich auf § 1006 I 1 BGB berufende Besitzer keine Erwerbstatsachen vortragen! **Schweigen ist Gold, reden wäre dumm**, denn er verliert den § 1006 I BGB wieder, wenn er unglaubhaft zum Erwerb des Eigentums vorträgt, vgl. OLG Koblenz NJW 2016, 331.

Klausurtipp: Ein häufig in Klausuren anzutreffender **Fehler** ist es, dass die Kandidaten den § 1006 BGB bringen, obwohl der Sachverhalt zum Eigentum bewiesen oder unstreitig ist. Dann gilt § 1006 BGB nicht!

Merke: §§ 1006, 932 ff. BGB sind Ausdruck dessen, dass der Besitz Rechtsscheinträger ist. Was sind weitere Rechtsscheinträger? Das Grundbuch und der Erbschein, vgl. §§ 891, 2365 BGB. Deshalb gibt es auch in allen diesen Fällen – anders als bei Forderungen – einen gutgläubigen Erwerb.

Klausurtipp: Oft ist in EBV-Klausuren auch an **Besitzschutzansprüche** aus §§ 861 f., 1007 BGB zu denken. Klausureinstieg ist gern der einstweilige Rechtsschutz nach §§ 935 ff. ZPO, da der Anspruchsteller die alte Besitzsituation zügig wiederherstellen möchte.[159] Der Herausgabe-/Unterlassungsanspruch aus **§§ 861, 862 BGB** setzt voraus, dass der Anspruchsgegner **verbotene Eigenmacht iSv § 858 BGB** begangen hat oder eine solche bevorsteht. Klausurschwerpunkt ist dann in der Regel die saubere Auseinandersetzung mit den Einwänden des Gegners. Dieser kann sich gegenüber der verbotenen Eigenmacht auf §§ 861 II, 862 II, 864 ff. BGB oder auf die fehlende Widerrechtlichkeit der Besitzbeeinträchtigung zB wg. §§ 227 ff., 562b, 859, 906 BGB oder berechtigter GoA stützen, nicht jedoch auf sonstige materielle Einwendungen wie zB schuldrechtliche oder dingliche Rechte an der Sache, § 917 BGB, § 242 BGB, ein Zurückbehaltungsrecht oder sein Eigentum. §§ 861 f. BGB werden possessorische Ansprüche genannt, weil sie nur an den Besitz anknüpfen und daher solche materiellen Einwände nicht zugelassen sind, **§ 863 BGB**. Nur wenn der Beklagte bei einer Klage nach §§ 861 f. BGB eine Widerklage bezüglich seiner materiellen Berechtigung erhebt und diese zulässig und begründet ist (**»petitorische Widerklage«** – aus deren Tenor muss sich ergeben, dass der Besitzgestörte die Sache sofort wieder an den Besitzstörer herausgeben müsste, wenn die auf die Besitzschutzansprüche gestützte Klage durchgehen würde), wird **§ 864 II BGB analog** angewendet, sodass die Besitzschutzansprüche des Klägers scheitern.[160] Das alles kam zuletzt im Oktobertermin 2016 und Mai 2018! Aktuelles Urteil: **BGH NJW-RR 2017, 818 f. (»Probefahrt«)**, lesen!
In welchen Situationen kommen Besitzschutzansprüche noch gerne in Klausuren vor? ZB bei den **Abschlepp-Fällen** (→ Rn. 34) oder in den **Hausverbotsfällen**.[161] Die Befugnis zum freien Ausspruch eines Hausverbotes folgt aus dem Hausrecht, welches auf dem Grundstückseigentum oder -besitz beruht (§§ 858 ff., 903, 1004 BGB). Dies wird nur dann eingeschränkt, wenn man sich vorher vertraglich gebunden hat (dann besonders gewichtige Sachgründe erforderlich) oder wenn man die Örtlichkeit für den allgemeinen Publikumsverkehr öffnet (dann sachlicher Grund nötig). Im Mietrecht gibt es auch Anwendungsfälle: Zum einen die **Doppelvermietung** (→ Rn. 80), zum anderen die Einstellung von Versorgungsleistungen (Strom/Wasser, sog. **kalte Räumung**) durch den Vermieter nach Vertragsende. Letzteres ist aber keine verbotene Eigenmacht, da die tatsächliche Sachherrschaft des Mieters an der (kalten) Wohnung unberührt bleibt.[162] Die **eigenmächtige echte Räumung** (Rausschmiss) ohne Titel stellt dagegen eine unerlaubte Selbsthilfe dar und berechtigt den Mieter nach §§ 231, EBV, 823, 826 BGB sowie aus (nachvertraglicher) pVV in Form der *culpa post contractum finitum* zum Schadensersatz.[163] Auch wenn ein Mieter gegen das **Rauchen eines**

159 Vgl. zum einstweiligen Rechtsschutz *Kaiser/Kaiser/Kaiser* Anwaltsklausur Rn. 73 ff.

160 *Kaiser/Kaiser/Kaiser* Zivilgerichtsklausur I Rn. 269, 462 zum besonderen Aufbau der Entscheidungsgründe. Da im Verfahren der einstweiligen Verfügung eine Widerklage unzulässig ist, käme nur ein **»petitorischer Gegen(feststellungs)antrag«** im selben Verfahren in Betracht, dessen Zulässigkeit umstr. ist (dafür Palandt/*Herrler* BGB § 863 Rn. 3; Thomas/Putzo/*Seiler* ZPO § 935 Rn. 1; *Dötsch* MDR 2012, 623 mwN aus der Rspr.; dagegen OLG Celle BeckRS 2017, 118146; OLG Frankfurt a.M. BeckRS 2011, 24779; OLG Brandenburg BeckRS 2005, 14673).

161 Palandt/*Herrler* BGB § 1004 Rn. 37; BGH NJW 2012, 1725 = MDR 2012, 570; BGH BeckRS 2016, 18213 = MDR 2016, 1405: Der Klageantrag *»Feststellung der Rechtswidrigkeit eines Hausverbots«* **ist unzulässig**, da kein Rechtsverhältnis iSv § 256 I ZPO, daher Auslegung als Antrag auf Feststellung, dass dem Gegner kein Recht zustand, ein Zutrittsverbot auszusprechen.

162 Palandt/*Herrler* BGB § 862 Rn. 4. Hier können sich aber in Extremfällen nachvertragliche Versorgungsansprüche (vgl. → Rn. 33) des Mieters gegen den Ex-Vermieter ergeben (KG BeckRS 2014, 22396 = MDR 2015, 19).

163 BGH NJW 2010, 3434 ff.; KG BeckRS 2011, 19800. Der Vermieter hat deshalb nicht nur dafür Sorge zu tragen, dass an den in Besitz genommenen Gegenständen keine Beschädigungen oder Verluste eintreten; er muss auch ein aussagekräftiges Verzeichnis der verwahrten Gegenstände aufstellen und deren Wert schätzen zu lassen, um dem Mieter eine Sicherung seiner Ansprüche zu ermöglichen.

anderen Mieters vorgeht, sind §§ 858 ff. BGB zu prüfen (dann bei Widerrechtlichkeit § 906 BGB prüfen: wesentliche Beeinträchtigung? der BGH macht dann zudem eine Abwägung zwischen den betroffenen Grundrechten der Beteiligten im Sinne einer praktischen Konkordanz – abgestimmter Rauch-Zeitplan nötig).
Der Herausgabeanspruch des früheren Besitzers aus **§ 1007 I BGB** wird dagegen als »petitorischer Anspruch« bezeichnet, weil nach § 1007 III BGB auch materielle Berechtigungsfragen relevant sind. Der Herausgabeanspruch aus **§ 1007 II BGB** regelt die Herausgabe von abhandengekommenen Sachen. Auch hier gilt § 1007 III BGB. § 1007 BGB hat kaum praktische Bedeutung, da in der Regel §§ 861, 985 BGB greifen.

Exkurs:

Wenn über das Vermögen des Herausgabeschuldners das **Insolvenzverfahren** eröffnet wird, so gewährt der dingliche Anspruch aus § 985 BGB ein **Aussonderungsrecht** nach § 47 InsO. Das bedeutet, dass der Eigentümer kein Insolvenzgläubiger ist, der sich auf die Anmeldung seines Anspruches zur Tabelle begnügen muss. Bei Verweigerung der Herausgabe kann gegen den Insolvenzverwalter beim Gerichtsstand des § 19a ZPO Klage erhoben werden. Die sonstigen Nebenansprüche des Eigentümers aus §§ 987 ff. BGB sind in der Regel bloße Insolvenzforderungen, die nach §§ 38, 87, 174 ff. InsO zur Tabelle angemeldet werden müssen. Kein Aussonderungsrecht liegt vor, wenn der Anspruch aus § 985 BGB auf das erworbene Sicherungseigentum gestützt wird. Nach § 51 Nr. 1 InsO besteht dann lediglich ein Absonderungsrecht (dh Insolvenzverwalter muss Sache verwerten und Erlös auskehren, §§ 165 ff. InsO).

2. Die Nebenansprüche des Eigentümers, §§ 987 ff. BGB

a) Voraussetzung aller Ansprüche: Vindikationslage

48 Das Bestehen und die Reichweite der Nebenansprüche sind von der Gut- oder Bösgläubigkeit des Besitzers oder von der Rechtshängigkeit abhängig. Die Bösgläubigkeit bezieht sich dabei auf die Vindikationslage bzw. das Besitzrecht und nicht auf eine Schädigungshandlung. Als Maßstab der Bösgläubigkeit dient § 932 II BGB.

b) Schadensersatzanspruch des Eigentümers

Hier ist der Anspruch gegen den bösgläubigen oder verklagten Besitzer aus §§ 989, 990 BGB wichtig. Beachten Sie, dass neben der Bösgläubigkeit/Rechtshängigkeit zusätzlich Verschulden nötig ist! Vorenthaltungsschäden wie zB Nutzungsausfall werden nach hM nicht von §§ 989, 990 I BGB erfasst (Argument: Wortlaut von §§ 989, 990 II BGB), jedoch ist bei Verzug an den Anspruch aus § 990 II BGB zu denken. Umstritten ist, ob im Falle von § 857 BGB auch die Bösgläubigkeit des Erblassers auf den Erben übergeht.[164] Lesen Sie auch einmal den § 992 BGB.

c) Nutzungsherausgabeanspruch des Eigentümers

§§ 987, 990, 992, 993, 988 BGB regeln die Frage, ob der Besitzer Nutzungsersatz leisten muss oder nicht (bezüglich tatsächlich gezogener Nutzungen Auskunftsanspruch des Eigentümers aus § 242 BGB!). § 988 BGB wird dabei von der Rspr. analog auf den rechtsgrundlosen unberechtigten Besitzer angewendet, da auch er keine Gegenleistung erbringen muss und daher mit dem unentgeltlichen Besitzer gleich zu behandeln ist.

Klausurtipp: Der Kläger kann im Prozess § 985 BGB mit §§ 987 ff. BGB über die verschiedenen Formen der **Klagenhäufung** verbinden.[165] Wenn der Kläger zunächst nur auf Herausgabe klagt und erst während des Rechtsstreits erfährt, dass die Sache bereits vor Rechtshängigkeit veräußert worden ist, kann er auch gegen den Widerspruch des Beklagten auf Schadensersatz umstellen. In der

164 Vgl. Palandt/*Herrler* BGB § 857 Rn. 2. In der Klausur lesen Sie im Kommentar nach, nichts auswendig lernen!
165 *Kaiser/Kaiser/Kaiser* Zivilgerichtsklausur I Rn. 319 ff.

Zulässigkeit der Klage sind dann bezüglich dieser Klageänderung § 264 Nr. 3 ZPO und § 269 ZPO zu erörtern.[166] Auch eine Verbindung von Herausgabe und Schadensersatz statt der Leistung über eine Fristsetzung iSv **§§ 255, 259 ZPO** ist möglich,[167] da **§ 281 BGB auf § 985 BGB anwendbar** ist (Argument: der dingliche darf nicht schlechter stehen als der schuldrechtliche Gläubiger). Allerdings gilt § 281 BGB nur mit der Maßgabe, dass die subjektiven Voraussetzungen von §§ 989, 990 BGB (Bösgläubigkeit oder Rechtshängigkeit) vorliegen.[168] Die weiteren Voraussetzungen der §§ 989, 990 BGB – vor allem die Unmöglichkeit einer Herausgabe – müssen dann natürlich nicht gegeben sein. Dies ist ja gerade der Witz der Anwendung von § 281 BGB, dass die Nichtherausgabe zum Fristablauf ausreicht. Dieses Zusammenspiel § 281 BGB – § 985 BGB kam in den letzten Jahren **in gigantisch vielen Klausuren** vor, und zwar vor allem in der Anwaltsklausur. Lesen Sie *Kaiser/Kaiser/Kaiser* Anwaltsklausur Rn. 40 und 46, das gehört zum Standard-Repertoire der LJPAs. **BGH NJW 2018, 786 ff.** bietet sich dazu aus neuerer Rspr. an, unbedingt lesen!

3. Die Gegenansprüche des nichtberechtigten Besitzers, §§ 994 ff. BGB

§§ 994 ff. BGB unterscheiden beim Umfang der zu ersetzenden Verwendungen zum einen nach der Qualität der Verwendung (notwendig, nützlich, luxuriös) und zum anderen nach der Gut- oder Bösgläubigkeit des Besitzers (§ 994 II BGB ist übrigens Rechtsgrundverweisung auf die GoA – ein Fremdgeschäftsführungswille muss aber nicht vorliegen). In Klausuren handelt es sich häufig um Verwendungen auf Autos, Häuser oder Tiere (Futter- und Tierarztkosten etc.). Dann muss man sauber die verschiedenen Positionen zuordnen. Gegenüber den auf Geld gerichteten Nutzungsansprüchen des Eigentümers findet bei Fälligkeit der Gegenansprüche des Besitzers – ähnlich wie bei der Saldotheorie – eine automatische Verrechnung statt. **§§ 1000, 1001, 1002 BGB (lesen!)** regeln die Frage, wann bzw. wie lange die Gegenansprüche geltend gemacht werden können. Das einzig relevante Problem ist der **enge Verwendungsbegriff des BGH**: Danach sind solche Aufwendungen von §§ 994 ff. BGB nicht erfasst, die die Sache grundlegend verändern (zB Komplettsanierung eines Hauses durch Mieter in Unkenntnis der Unwirksamkeit des Mietvertrages – **»Bauen auf fremdem Grund«**). Da bei solchen Arbeiten Ersatzansprüche hohe Beträge erreichen würden, soll der Eigentümer so vor §§ 994 ff. BGB geschützt werden. Ein Ausgleich nach §§ 951, 812 BGB ist in diesen Fällen nach dem BGH auch nicht möglich, da §§ 994 ff. BGB »absolute Sperrwirkung« gegenüber § 812 BGB entfalten (→ Rn. 42, 46). Der Besitzer ist auf das Wegnahmerecht nach § 997 BGB und bei völliger Unzumutbarkeit auf einen Ausgleichsanspruch aus § 242 BGB beschränkt. 49

C. Grundpfandrechte in der Assessorklausur

I. Allgemeines und Examensrelevanz

Die Grundpfandrechte Hypothek und Grundschuld sind beschränkt dingliche Rechte an einem Grundstück, die ein Verwertungsrecht geben und in der Praxis die häufigsten Kreditsicherungsmittel sind. Klausuren dazu sind im zweiten Examen aber bei weitem nicht so häufig anzutreffen wie im ersten Examen. Das sollte Sie beruhigen. Vor allem die Hypothek spielt kaum eine Rolle in den Klausuren, wenn überhaupt dann eher die Grundschuld (und dann vor allem in **Zwangsvollstreckungsklausuren**, vgl. *Kaiser/Kaiser/Kaiser* Zwangsvollstreckungsklausur Rn. 8 f. und 16 ff.). 50

166 *Kaiser/Kaiser/Kaiser* Zivilgerichtsklausur I Rn. 409 ff.

167 *Kaiser/Kaiser/Kaiser* Zivilgerichtsklausur I Rn. 402.

168 Palandt/*Herrler* BGB § 985 Rn. 14 mwN. Wenn der Schuldner über § 281 BGB Schadensersatz leisten muss und der herauszugebende Gegenstand bei ihm noch vorhanden ist, dürfte er **analog § 255 BGB vom Eigentümer die Übereignung des Gegenstandes verlangen können.** Der Gläubiger kann nicht gleichzeitig Schadensersatz verlangen und dennoch sein Eigentum behalten (Bereicherungsverbot des Schadensrechts).

Allgemeines zur Hypothek und Sicherungsgrundschuld

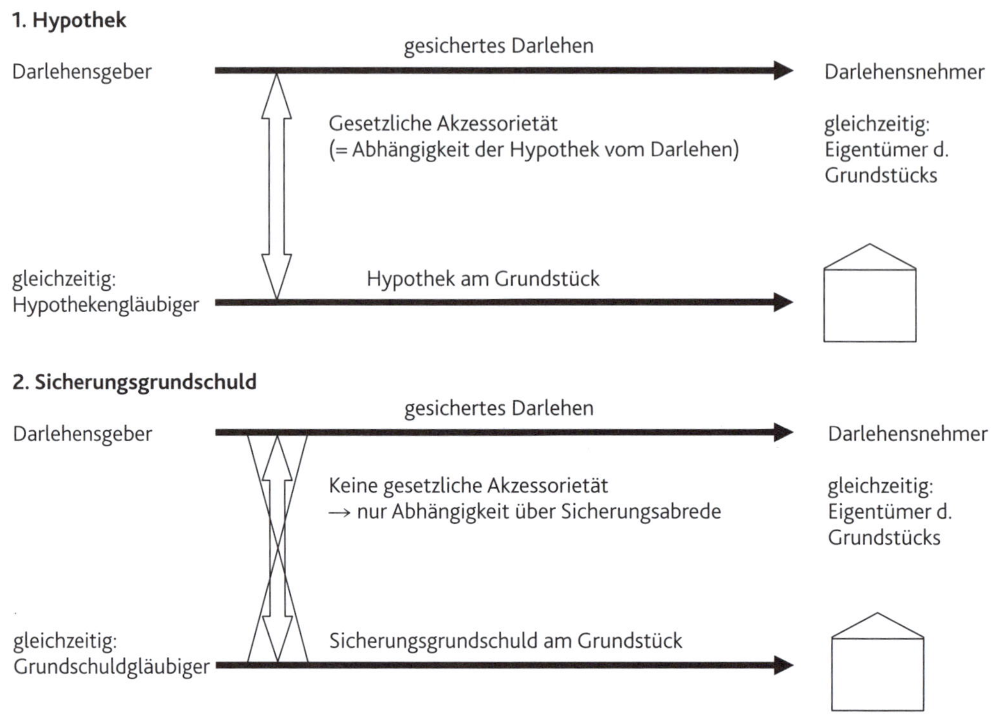

Die **Hypothek** ist gem. § 1113 I BGB **akzessorisch**, dh, sie kann nicht ohne die zugrunde liegende Forderung existieren und steht grundsätzlich dem zu, der Inhaber der Forderung ist. Die **Grundschuld** gem. § 1191 I BGB ist **nicht akzessorisch (Merksatz** *»Die Grundschuld ist ohne Schuldgrund«*). Nach § 1192 I BGB sind auf diese daher nur diejenigen Vorschriften aus dem Hypothekenrecht anwendbar, die nicht die Akzessorietät voraussetzen (daher nicht §§ 1137, 1143, 1153, 1163 BGB). Natürlich bestellt in der Praxis keiner eine Grundschuld ohne Anlass. In der Regel soll die Grundschuld ein Bankdarlehen absichern (Sicherungsgrundschuld). Zwischen der Sicherungsgrundschuld und der Forderung besteht dann über die **Sicherungsabrede** (zum Teil auch »Zweckerklärung« genannt) eine – vertraglich vereinbarte – Verknüpfung ohne gesetzliche Akzessorietät.[169] Aus diesem Grunde bezeichnet man die Sicherungsgrundschuld nicht als akzessorische, sondern als fiduziarische Sicherheit. In allen Fällen muss der persönliche Schuldner nicht identisch sein mit dem das Pfandrecht bestellendem Grundstückseigentümer.

Merke: Die Sicherungsabrede ist ein atypischer Schuldvertrag iSd §§ 311, 241 I BGB und gleichzeitig Rechtsgrund für die Grundschuldbestellung. Bei Unwirksamkeit der Sicherungsabrede (zB §§ 119 ff., 138 BGB) hat der Sicherungsgeber einen Anspruch aus § 812 BGB auf Rückübertragung der Grundschuld, gegen die Geltendmachung der Sicherheit steht ihm die Bereicherungseinrede aus § 821 BGB zu. Auch bei der Bestellung einer Hypothek wird in der Regel eine Sicherungsvereinbarung geschlossen.

Aus einer fälligen Hypothek/Grundschuld kann gem. §§ 1147, 1192 BGB nicht Zahlung, sondern nur **Duldung der Zwangsvollstreckung** in das belastete Grundstück inklusive Haftungsverband nach §§ 1120 ff. BGB vor dem nach § 24 ZPO ausschließlich zuständigen Gericht verlangt werden. Macht der Berechtigte gleichwohl einen Zahlungsanspruch geltend, müssen Sie den Anspruch auf Duldung der Zwangsvollstreckung als Minus iSv § 308 I ZPO

169 Ein **Austausch der durch die Grundschuld gesicherten Forderung** ist durch formfreie Änderung der Sicherungsabrede möglich. Auch im Grundbuch muss diese Änderung nicht eingetragen werden. Das macht die Sicherungsgrundschuld so flexibel. Dasselbe gilt, wenn die gesicherte Forderung erloschen ist und die Parteien vereinbaren, die Grundschuld nun mit einer neuen Forderung »aufzuladen«.

zusprechen und die Klage im Übrigen abweisen. Zur **Abwehr der Zwangsvollstreckung** kann der Eigentümer des Grundstücks nach § 1142 BGB freiwillig zahlen. Im Prozess könnte der Kläger dann nach erhobener Klage den Rechtsstreit für erledigt erklären. Wenn der verklagte Eigentümer sich dem anschließt, liegt ein Fall des § 91a ZPO vor, sonst ein Fall der einseitigen vollständigen Erledigungserklärung. Schutz vor Verschlechterung der Haftungsmasse bieten **§§ 1133 ff., 1192 BGB**, die unter anderem einen **Unterlassungsanspruch** enthalten (*lex specialis* zu § 1004 BGB!), der auch durch einstweilige Verfügung gesichert werden kann. Daneben treten § 823 I, II BGB.

Klausurtipp: Oft lassen sich die Grundschuldgläubiger den Duldungsanspruch aus der Sicherungsgrundschuld von vorneherein mit einer **dinglichen Unterwerfungserklärung** nach §§ 794 I Nr. 5 ZPO titulieren, sodass sie bei Fälligkeit der Grundschuld sofort vollstrecken können. Examensrelevanz erlangt dieses Thema vor allem über die Vollstreckungsgegenklage. **Lesen Sie dazu unbedingt *Kaiser/Kaiser/Kaiser* Zwangsvollstreckungsklausur Rn. 8 f., 16.** Wenn der Gläubiger mit einem Vollstreckungsrechtsbehelf des Schuldners rechnen kann, darf er – statt aus der Unterwerfungserklärung zu vollstrecken – auch auf Duldung der Zwangsvollstreckung klagen, da es ohnehin zum Rechtsstreit kommen wird.[170]

Achten Sie bei einer Verurteilung zur Duldung der Zwangsvollstreckung auf einen **vollstreckungsfähigen Tenor:**

> Der Beklagte wird verurteilt, aus der im Grundbuch … eingetragenen Grundschuld in Höhe von … EUR die Zwangsvollstreckung in sein Grundstück, eingetragen im Grundbuch Lübeck, Band …, Blatt …, Flurstück …, Adresse …, zu dulden.

Sonderformen der Hypothek wie zB die Sicherungshypothek sind bei Palandt/*Herrler* BGB § 1113 Rn. 2 aufgeführt. Für diese Spezialfälle gelten Besonderheiten (vgl. zB §§ 1116, 1184, 1185 BGB), auf die im Folgenden nicht weiter eingegangen wird. Die Ausführungen im Skript gelten grundsätzlich nur für die Verkehrshypothek als den Hauptklausurfall.

II. Das Wichtigste zu den examensrelevanten Problemen

1. Die Entstehung der Hypothek/Grundschuld

Die **Hypothek** entsteht nach §§ 1113 f., 873 BGB. Beachten Sie die Prüfungsreihenfolge: 51

1. Einigung, §§ 873, 1113 BGB (grundsätzlich formfrei, aber wegen § 29 GBO Notar!)
2. Eintragung in das Grundbuch, §§ 873, 1115 BGB
3. Fortbestand der Einigung im Zeitpunkt der Eintragung
4. Übergabe des Hypothekenbriefes bei Briefhypothek (alternativ: Buchhypothek), §§ 1116, 1117 BGB
5. Berechtigung und Verfügungsbefugnis
   - Wenn Berechtigung fehlt: **gutgläubiger Ersterwerb über § 892 BGB möglich**.
   - Wenn Verfügungsbefugnis fehlt (zB Anordnung der Zwangsversteigerung/Zwangsverwaltung über das Grundstück): auch hier gutgläubiger Erwerb über § 892 I 2 BGB möglich.
6. Wegen Akzessorietät: Bestehen der zu sichernden Forderung, § 1113 BGB (Eigentümer muss nicht Schuldner der Forderung sein!)
   - Forderung noch nicht entstanden, zB weil Bank Kredit noch nicht ausgezahlt hat: Es entsteht lediglich eine rangwahrende Eigentümergrundschuld, §§ 1163 I 1, 1177 I 1 BGB, die sich später in eine Hypothek umwandelt. Die Eigentümergrundschuld kann zB zur Zwischenfinanzierung abgetreten werden.
   - Künftige/bedingte Forderungen iSd § 1113 II BGB: Zunächst entsteht eine Eigentümergrundschuld, dann erfolgt eine automatische Umwandlung in eine Fremdhypothek, sobald die Forderung entsteht.

Klausurtipp: Das Aufbauschema kann man sich gut aus Palandt/*Herrler* BGB § 1113 Rn. 7 ableiten!

170 OLG Brandenburg BeckRS 2015, 15388 = MDR 2016, 17 f. Dies wäre dann in der Zulässigkeit der Klage darzustellen (Rechtsschutzbedürfnis).

Problematisch ist es, wenn der **Darlehensvertrag nichtig** ist, die Valuta aber schon ausgezahlt wurde: Soll durch die Hypothek dann der Rückforderungsanspruch der Bank aus § 812 BGB gesichert sein? Die hM bejaht dies bei einem (per Auslegung) zu ermittelnden entsprechenden Willen der Parteien, und zwar sowohl bei der Hypothek als auch bei der Sicherungsgrundschuld.

Die **Grundschuld** entsteht nach §§ 1191, 1192, 873, 1113 ff. BGB. Die Prüfungsreihenfolge ist wie bei der Hypothek bis auf das Erfordernis des Bestehens einer Forderung (die Grundschuld ist ja nicht akzessorisch). Auch ein gutgläubiger Ersterwerb vom Scheineigentümer über § 892 BGB ist möglich.

2. Die Übertragung der Hypothek/Grundschuld

Die **Hypothek** kann nicht isoliert übertragen werden, sondern geht automatisch mit Übertragung der Forderung als Annex auf den neuen Gläubiger über, §§ 1153, 1154, 398, 401 BGB. Wenn die Parteien von der Übertragung »der Hypothek« reden, ist dies nach §§ 133, 157 BGB so auszulegen, dass damit die Abtretung der gesicherten Forderung gemeint ist. Ist der Zedent gar nicht Inhaber der Forderung oder der Hypothek, so ist der **gutgläubige (»Zweit-«) Erwerb der Hypothek** nach §§ 1153, 1154, 398, 401 iVm **§§ 1138, 892 BGB** (beachten Sie aber § 1185 II BGB) zu prüfen. Das alles ist leider nicht übersichtlich an einer Stelle im Palandt kommentiert! Die Fallgruppen sind:

- Der Zedent ist zwar Forderungsinhaber, er ist aber selbst nicht wirksam Hypothekengläubiger geworden: gutgläubiger Erwerb durch § 892 BGB möglich, wenn Zedent im Grundbuch als Hypothekengläubiger eingetragen.
- Der Zedent ist nicht Forderungsinhaber (zB Forderung ist nichtig oder schon getilgt), deswegen ist auch keine Hypothek vorhanden, sondern es handelt sich von vorneherein/nachträglich um eine Eigentümergrundschuld nach §§ 1163 I, 1177 I 1 BGB: gutgläubiger Erwerb einer sog. **»forderungsentkleideten Hypothek«** durch §§ 1138, 892 BGB möglich (§ 1138 BGB fingiert das Bestehen der Forderung für die juristische Sekunde des Übergangs der Hypothek, durch § 892 BGB wird die fehlende Berechtigung des Zedenten überwunden).
- Der Zedent ist nicht Forderungsinhaber, zudem ist er aus einem anderen Grund nicht Hypothekengläubiger geworden (zB keine wirksame Einigung bei Bestellung zu seinen Gunsten), es liegt also ein sog. Doppelmangel vor: Ein gutgläubiger Erwerb der forderungsentkleideten Hypothek ist auch hier über §§ 1138, 892 BGB möglich.

Problematisch bei dem gutgläubigen Erwerb einer Hypothek ist der Fall, dass der Zedent zwar nicht Forderungsinhaber ist, die Forderung aber einem Dritten zusteht, sie also irgendwo existiert. Nach eA wird dann bei dem gutgläubigen Erwerb der Hypothek analog § 1153 II BGB auch die **Forderung »mitgerissen«** (Argument: kein Auseinanderfallen von Hypothek und Forderung), nach aA wird auch dann nur eine forderungsentkleidete Hypothek erworben (Argument: eindeutiger Wortlaut von § 1138 BGB, kein »Geschenk des Himmels« für Hypothekenerwerber, es gibt keinen gutgläubigen Forderungserwerb).[171] Klausuren dazu gab es seit Jahren nicht.

Auch die **Grundschuld** kann übertragen werden, und zwar – anders als die Hypothek – mangels Akzessorietät auch ohne die Forderung. Die Übertragung der Grundschuld richtet sich nach §§ 1191, 1192, 1154 BGB. Ist der Zedent nicht Inhaber der Grundschuld, kommt über **§ 892 BGB** ein gutgläubiger **(»Zweit-«)Erwerb der Grundschuld** in Betracht. Der Nichteintritt des Erwerbers in die Sicherungsvereinbarung lässt die Wirksamkeit der Grundschuldabtretung unberührt. Auch die Sicherungsabrede begründet nicht ohne Weiteres eine dingliche Unwirksamkeit der isolierten Übertragung von Grundschuld und Forderung iSv § 399 Alt. 2 BGB, es sei denn, das Abtretungsverbot ist ausdrücklich vereinbart worden (hier aber wieder § 892 BGB für den Erwerber möglich!).

171 Palandt/*Herrler* BGB § 1153 Rn. 2; *von Bismarck* JA 2011, 652 ff. Vor einer doppelten Inanspruchnahme schützt den Eigentümer-Schuldner in letzterem Fall dann die sich aus der Sicherungsabrede ergebende Einwendung, er müsse nur gegen Übertragung der Hypothek zahlen.

Wird der Eigentümer nach Übertragung von Forderung und Grundschuld an verschiedene Personen aus der Forderung in Anspruch genommen, so kann er nach §§ 404, 273 BGB seiner Inanspruchnahme aus der Forderung entgegenhalten, dass er nur gegen Rückgewähr der Sicherheit zahlen muss.[172] Wird er vom neuen Grundschuldgläubiger aus der Grundschuld in Anspruch genommen, steht seiner Inanspruchnahme aus der Grundschuld eine Einrede aus der Sicherungsabrede entgegen, die bei der Sicherungsgrundschuld nach **§ 1192 Ia BGB** stets auch gegenüber dem Erwerber geltend gemacht werden kann. Es handelt sich um das (konkludent in jeder Sicherungsabrede enthaltende schuldrechtliche) Verbot der isolierten Übertragung von Forderung und Grundschuld.

3. Einwendungen vom Schuldner/Eigentümer gegen die Inanspruchnahme

Klausurproblem Einwendungen gegen die Inanspruchnahme bei Hypothek/Sicherungsgrundschuld 52

1. Inanspruchnahme aus dem Darlehen

Darlehensgeber → (Inanspruchnahme aus Darlehen) → Darlehensnehmer

gegen Darlehensgeber:
- ▶ Einwendungen aus Forderungsverhältnis

gegen neuen Darlehensgeber bei Abtretung:
- ▶ §§ 404 ff. BGB

2. Inanspruchnahme aus der Hypothek

Hypothekengläubiger → (Inanspruchnahme aus Hypothek) → Eigentümer d. Grdst.

gegen Hypothekengläubiger:
- ▶ Einwendungen gegen die Hypothek
- ▶ Einwendungen gegen die Forderung, § 1137 BGB
- ▶ Einwendungen aus der Sicherungsabrede

Einwand des guten Glaubens §§ 1157 S. 2, 1138 Alt. 2, 892 BGB ⇒

gegen neuen Hypothekengläubiger bei Abtretung:
- ▶ Einwendungen gegen die Hypothek, § 1157 BGB
- ▶ Einwendungen gegen die Forderung, § 1137 BGB
- ▶ Einwendungen aus der Sicherungsabrede, § 1157 BGB

3. Inanspruchnahme aus der Sicherungsgrundschuld

Grundschuldgläubiger → (Inanspruchnahme aus der Sicherungsgrundschuld) → Eigentümer d. Grdst.

gegen Grundschuldgläubiger:
- ▶ Einwendungen gegen die Grundschuld
- ▶ Einwendungen aus der Sicherungsabrede
  - → Einwendungen aus der Sicherungsvereinbarung
  - → Einwendungen gegen die Forderung

Einwand des guten Glaubens nach § 1192 Ia BGB nur eingeschränkt möglich ⇒

gegen neuen Grundschuldgläubiger bei Abtretung:
- ▶ Einwendungen gegen die Grundschuld, §§ 1192, 1157 BGB
- ▶ Einwendungen aus der Sicherungsabr., §§ 1192, 1157 BGB
  - → Einwendungen aus der Sicherungsvereinbarung
  - → Einwendungen gegen die Forderung

Die Einwendungen des Schuldners gegen die Inanspruchnahme aus der gesicherten Forderung ergeben sich vor der Übertragung der Forderung aus dem zugrunde liegenden Rechtsverhältnis, nach dessen Übertragung aus §§ 404 ff. BGB. Daneben können §§ 1161, 1160 BGB (Leistung nur gegen Herausgabe des Hypothekenbriefes) oder bei der Sicherungsgrundschuld §§ 404, 273 BGB (Leistung nur gegen Rückübertragung der Grundschuld, s. oben) relevant werden. Auf Einwendungen bezüglich des Grundpfandrechts darf er sich nicht berufen.

172 Palandt/*Herrler* BGB § 1191 Rn. 22. Diese Einwendung ergibt sich aus der Sicherungsabrede.

Einwendungen des Eigentümers des Grundstücks gegen die Duldung der Zwangsvollstreckung aus der Hypothek:

- **Pfandrechtsbezogene Einwendungen** (zB Hypothek ist nicht wirksam entstanden, Hypothek hat sich in eine Eigentümergrundschuld/-hypothek umgewandelt): Diese können sowohl dem alten Gläubiger als auch über § 1157 S. 1 BGB nach der Übertragung dem neuen Berechtigten entgegengehalten werden.
- **Forderungsbezogene Einwendungen** nach § 1137 BGB, zB keine Auszahlung oder fehlende Fälligkeit des Darlehens, Anfechtbarkeit, Scheingeschäft, § 242 BGB: Nach Übertragung gelten §§ 1137, 1138 Alt. 2 BGB gegenüber dem neuen Berechtigten. Achten Sie auf **§ 216 I BGB (lesen!)** bezüglich des nicht möglichen Verjährungseinwandes! **Das heißt, die Verjährung des gesicherten Anspruches hindert ein Vorgehen aus der Hypothek nicht!**
- **Einwendungen aus der Sicherungsabrede** (Inhalt je nach Vereinbarung): Diese können sowohl dem alten als auch über § 1157 S. 1 BGB dem neuen Berechtigten gegenüber geltend gemacht werden.

Für die Inanspruchnahme aus einer Sicherungsgrundschuld gilt:

- **Pfandrechtsbezogene Einwendungen** (zB Grundschuld ist nicht wirksam entstanden, Grundschuld hat sich in Eigentümergrundschuld umgewandelt, keine Kündigung iSv § 1193 BGB): Diese können sowohl dem alten als auch dem neuen Berechtigten gegenüber geltend gemacht werden, §§ 1191, 1192 I, 1157 BGB.
- **Einwendungen aus der Sicherungsabrede** bestehen aus direkten Einwendungen aus der Sicherungsabrede (zB Verbot der isolierten Übertragung, Grundschuld darf nur in Höhe der noch offenen Forderung durchgesetzt werden, Pflicht zur Rückübertragung der Grundschuld, wenn der Sicherungszweck durch Zahlung erfüllt wurde, Einrede aus §§ 821, 812 BGB bei unwirksamer Sicherungsabrede) und **aus forderungsbezogenen Einwendungen** (zB Unwirksamkeit des Darlehens, fehlende Fälligkeit, Nichtvalutierung, nicht erfolgte Rechnungslegung über die Restvalutierung des Darlehens, § 242 BGB), die – § 1137 BGB ist bei der Grundschuld ja nicht anwendbar – einfach aus der Sicherungsabrede abgeleitet werden. Diese Einwendungen können sowohl dem alten als auch dem neuen Berechtigten gegenüber geltend gemacht werden, §§ 1191, 1192 I, Ia 1 iVm § 1157 BGB. Achten Sie bei Verjährung aber auf **§ 216 II BGB (lesen!). Die Verjährung des gesicherten Anspruches hindert ein Vorgehen aus der Sicherungsgrundschuld nicht!**

Beachte: Wenn das Eigentum an dem **belasteten Grundstück von einem Dritten erworben** wird, übernimmt dieser die dinglichen Belastungen. Er kann Einwendungen aus der Sicherungsabrede seiner Inanspruchnahme aus der Grundschuld aber nur dann entgegenhalten, wenn der Veräußerer/Sicherungsgeber die Ansprüche aus der Sicherungsvereinbarung an ihn (gegebenenfalls konkludent) abgetreten hat.

Beachten Sie, dass beim Erwerb der Hypothek **Einwendungen** des Eigentümers gegen den alten Berechtigten durch den neuen Berechtigten/Erwerber **»gutgläubig wegerworben«** werden können, wenn diese nicht im Grundbuch eingetragen sind. Bezüglich pfandrechtsbezogener Einwendungen und solcher aus der Sicherungsabrede gelten §§ 1157 S. 2, 892 BGB, bezüglich forderungsbezogener Einwendungen gelten §§ 1138 Alt. 2, 892 BGB. Der Sicherungsgeber trägt die Beweislast für die Bösgläubigkeit des Erwerbers. Dasselbe gilt im Prinzip über §§ 1191, 1192, 1157 S. 2, 892 BGB auch bei der Grundschuld, nicht jedoch bei der für die Klausur einzig relevanten **Sicherungsgrundschuld.** Hier schließt **§ 1192 Ia 1 BGB** einen gutgläubigen Erwerb zumindest bezüglich Einreden aus der Sicherungsabrede aus. § 1192 Ia BGB setzt nicht voraus, dass der Grundschulderwerber in den Sicherungsvertrag eingetreten ist.

§ 1156 BGB regelt, dass der Erwerber der Hypothek/Grundschuld Einwendungen des Eigentümers aus den §§ 406 ff. BGB, die nach dem Erwerb des Grundpfandrechts entstehen, nicht gegen sich gelten lassen muss (zB nachträgliche weitere Bedienung des Darlehens an den

Zedenten). Allerdings dürfte bei der Sicherungsgrundschuld § 1156 BGB in der Regel durch § 1192 Ia BGB verdrängt sein.[173]

Merke: Das gesamte Thema Einwendungen vor und nach der Übertragung ist im Palandt nicht an einer Stelle kompakt kommentiert, sondern nach dem Gießkannenprinzip auf zig Normen verteilt worden. Sie lernen das also entweder auswendig, was hier steht, oder setzen auf Lücke.

4. Die Zahlung an den Gläubiger und der Regress

a) Bei der Hypothek

Die Rechtsfolge einer Zahlung ist, dass sich die Hypothek umwandelt – zB zu einer Eigentümergrundschuld wird – und damit das Grundbuch unrichtig wird (Folge: § 894 BGB). Sie erlischt also nicht, sondern erst durch tatsächliche Befriedigung im Rahmen der Zwangsvollstreckung (§ 1181 BGB) oder mit Aufhebung nach § 875 BGB. Das Schicksal der Forderung, auf die gezahlt wurde, hängt davon ab, wer den Gläubiger befriedigt. Zu den einzelnen Konstellationen finden Sie bei **Palandt/*Herrler* BGB § 1113 Rn. 19 ff.** eine gute Hilfe für die Klausur. In Klausuren zum Wettlauf der Sicherungsgeber (→ Rn. 69) kann aus diesem Bereich einzig § 1143 BGB (lesen!) eine Rolle spielen, wenn der nicht mit dem Schuldner personenidentische Eigentümer auf die Hypothek zahlt (diese wird nach §§ 401, 412, 1177 II, 1153 BGB zur Eigentümerhypothek) und nach §§ 1143 I, 412, 401 BGB die gesicherte Forderung samt daran »klebenden« weiteren akzessorischen Sicherheiten erwirbt. **53**

b) Bei der Grundschuld

Auch hier brauchen Sie nichts auswendig zu lernen: Die Kommentierung bei **Palandt/*Herrler* BGB § 1191 Rn. 34 ff.** hilft enorm. Dort wird wie in einem Skript ausgeführt, was mit Forderung und Grundschuld passiert, wenn an den Gläubiger gezahlt wird. In Klausuren zum Wettlauf der Sicherungsgeber kann hier wieder der nicht mit dem Schuldner identische Eigentümer auftreten, der auf die Grundschuld zahlt. Die Grundschuld wird dann analog § 1143 BGB zur Eigentümergrundschuld, aus der Sicherungsabrede hat er sodann einen Anspruch auf Abtretung der gesicherten Forderung. Sind zugleich andere Sicherheiten bestellt, ergibt sich diesbezüglich analog §§ 774 I, 401 BGB auch ein Abtretungsanspruch. **54**

Merke: Diese Thematik ist gut im Palandt kommentiert. Da dies seit vielen Jahren aber kaum in Klausuren vorgekommen ist, müssen Sie nur wissen, wo Sie das nachschlagen können. Bitte keine Details lernen!

173 *Nietsch* NJW 2009, 3606 ff.; Nachw. bei *Klose* JA 2013, 568 ff.

§ 6 Deliktische Ansprüche

Beachte: Da es in der mündlichen Prüfung immer wieder Prüfer gibt, die nach der **»Einteilung der deliktischen Haftungsgründe«** fragen, hier der Überblick:
1. Haftung bei nachgewiesenem Verschulden (vor allem §§ 823, 826 BGB)
2. Haftung wegen vermuteten Verschuldens (vor allem §§ 831 f., 836 ff. BGB, § 18 I StVG)
3. Gefährdungshaftung (= Haftung ohne Verschulden, § 7 I StVG, § 833 S. 1 BGB, § 1 ProdHaftG)
4. Haftung für fremdes Unrecht (§ 839 BGB iVm Art. 34 GG)

A. Verkehrsunfallklausuren – die Haftung nach dem StVG

I. Die wichtigsten Examensprobleme zur Haftung nach dem StVG

55 In Verkehrsunfallklausuren sind Ansprüche aus §§ 7, 18 StVG und § 823 I, II BGB iVm Schutznormen aus dem StGB/der StVO möglich, wobei **Ansprüche aus StVG stets zuerst zu prüfen** sind. Beachten Sie den Ausschluss der StVG-Haftung nach **§§ 8, 15 StVG,** die Schwarzfahrt in § 7 III StVG und den etwaigen **Vorrang des Amtshaftungsanspruches** gegenüber § 18 StVG, wenn es um eine »hoheitliche Fahrt« geht (zB Polizei, Müllabfuhr).

Aus **§ 7 I StVG** haftet der Halter eines Kfz (in § 1 II StVG definiert) oder Anhängers ohne Verschulden, wenn bei dessen Betrieb ein anderer verletzt/getötet/eine andere Sache beschädigt wird und keine höhere Gewalt nach § 7 II StVG vorliegt. Die Schädigung muss zudem – was sich nicht aus § 7 StVG ergibt – **objektiv rechtswidrig** sein, was zB bei **gestellten Unfällen** nicht gegeben ist.[174] Auf eine Unfallmanipulation kann in der Regel nur über Indizien geschlossen werden. **Halter** ist unabhängig vom Kfz-Brief derjenige, der das Kfz auf eigene Rechnung mit Verfügungsgewalt in Gebrauch von gewisser Dauer hat. Eigentümerstellung und Haltereigenschaft können daher auseinander fallen. So sind zB Leasingnehmer, der Eigentumsvorbehalts-Käufer oder Sicherungsgeber bei einer Übereignung nach §§ 929, 930 BGB in der Regel Halter, ohne gleichzeitig Eigentümer zu sein. **Höhere Gewalt** iSv § 7 II StVG liegt nur vor, wenn das Ereignis betriebsfremd, von außen kommend und nach menschlicher Einsicht unvorhersehbar ist, sodass dies als Entlastungsgrund im Straßenverkehr in der Regel ausscheidet (auch »feindliches Grün« ist keine höhere Gewalt!).

Klausurtipp: Die Haftung aus § 7 StVG setzt voraus, dass **die Sache eines »Dritten« beschädigt wird.** § 7 StVG normiert nämlich die Haftung des Halters für die Gefahr, die sein Kfz auf andere Verkehrsteilnehmer ausstrahlt. Daher kann zB der Fahrer nicht gegen den Halter des von ihm gelenkten Kfz aus § 7 StVG vorgehen und der Halter nicht gegen »seinen« Fahrer nach § 18 StVG. **Für die Binnenhaftung zwischen Halter und Fahrer desselben Kfz kommen nur Vertrag und § 823 BGB in Betracht.** Auch beim Abschleppen eines Kfz scheidet eine gegenseitige Haftung zwischen **Abschleppendem und Abgeschleppten** aus dem StVG aus, da beide Fahrzeuge eine »Betriebseinheit« bilden.[175] **Schließlich kann auch der Leasinggeber (Eigentümer) sich nicht gegen den Leasingnehmer (Halter)** wegen Schäden des Leasing-Kfz auf Ansprüche aus §§ 7, 18 StVG stützen, weil das Leasing-Kfz eben keine Sache eines »Dritten« ist.[176]

Merke: §§ 7, 18 StVG regeln nur die Außenhaftung gegenüber anderen Unfallbeteiligten, nicht die Binnenhaftung zwischen Halter und Fahrer desselben Fahrzeuges oder zwischen Abschlepper und Abgeschlepptem.

Gemäß **§ 18 StVG** haftet der Fahrer des Kfz, was nur Bedeutung gewinnt, wenn Halter und Fahrer nicht identisch sind (bei Personenidentität entfällt § 18 StVG[177]). Fahrer ist, wer das

174 OLG Hamm NJW-RR 2017, 85 ff. lässt die Einwilligung des Halter gebliebenen Sicherungsgebers in die Beschädigung ausreichen.
175 BGH NJW 2014, 2577 = MDR 2014, 589; OLG Karlsruhe BeckRS 2014, 18875. Hier ist zudem § 8 Nr. 3 StVG relevant.
176 BGH NJW 2011, 996 ff. Gleiches dürfte für den Sicherungsnehmer ggü. dem Halter gelten.
177 BeckOGK/*Walter* StVG § 18 Rn. 2 f.

Kfz eigenverantwortlich in Betrieb setzt und während der Fahrt leitet (Ausnahme: Fahrschüler, § 2 XV StVG). § 1a IV StVG regelt die Fahrereigenschaft bei selbstfahrenden Autos. Bei § 18 StVG wird das Verschulden des Fahrers vermutet, er muss sich dann entlasten.

Beachte: Mehrere unfallverursachende Halter/Fahrer haften dem geschädigten Dritten nach § 840 BGB (analog) gesamtschuldnerisch. Wurde ein Verursacher vom Geschädigten auf Zahlung des Gesamtschadens in Anspruch genommen, kann er anteilig **Regress bei den anderen Unfallverursachern** nehmen. Der Innenausgleich zwischen Halter und Fahrer desselben Kfz fällt unter § 426 I, II BGB,[178] für den Innenausgleich zwischen Haltern/Fahrern verschiedener Kfz sind §§ 17 I, 18 III StVG ggü. § 426 I 1 BGB vorrangig, wobei daneben § 426 I 2, II BGB anwendbar bleiben.

Im Folgenden folgt zuerst der Aufbau der Prüfung der §§ 7, 18 StVG von unfallbeteiligten Fahrern/Haltern gegen die anderen unfallbeteiligten Fahrer/Halter und dann weitere Klausurprobleme:

Prüfung eines Anspruchs gegen den Halter aus § 7 I StVG

1. **Voraussetzungen des § 7 I StVG**
   - Anspruchsgegner ist Halter des Kfz
   - Rechtswidrige Rechtsgutsverletzung iSv § 7 I StVG beim Anspruchsteller durch Betrieb des Kfz
2. **Keine höhere Gewalt für Halter (bzw. dessen Fahrer), § 7 II StVG**
3. **Schadensausgleich nach § 17 StVG, wenn Anspruchsteller Halter des unfallbeteiligten Kfz (wenn Anspruchsteller Fahrer, dann iVm § 18 III StVG)**
   - § 17 III StVG: kein unabwendbares Ereignis für gegnerischen Halter bzw. dessen Fahrer
     - Wenn unabwendbar: kein Anspruch gegen Halter!
     - Wenn nicht unabwendbar: Prüfung geht weiter!
   - § 17 II StVG: Haftet der Anspruchsteller selber aus §§ 7, 18 StVG? Hier kurze Inzidentprüfung!
     - Wenn (–): Abwägung nach § 17 I StVG nicht möglich, Halter haftet voll!
     - Wenn (+): Quotenbildung – **Darstellung und Abwägung der Verursachungsbeiträge** nach § 17 I StVG
4. **Kein Haftungsausschluss nach §§ 8, 15 StVG**

Prüfung eines Anspruchs gegen den Fahrer aus § 18 I StVG

1. **Voraussetzungen von § 7 I StVG (vgl. § 18 I StVG: *»In den Fällen des § 7 I StVG …«*)**
   - Für Halter des vom Fahrer geführten Kfz liegt § 7 I StVG vor: Prüfung wie oben
2. **Beklagter = Führer/Fahrer des Kfz**
3. **Keine höhere Gewalt für Fahrer, §§ 18 I 1, 7 II StVG**
4. **Verschulden des Fahrer, § 18 I 2 StVG**
   - Wird vermutet, Fahrer kann sich aber gegebenenfalls exkulpieren (dann scheidet Anspruch aus)
5. **Schadensausgleich, § 18 III, 17 StVG, wenn Anspruchsteller Halter/Fahrer des unfallbeteilgten Kfz**
   - § 17 III StVG: kein unabwendbares Ereignis für gegnerischen Fahrer
   - § 17 II StVG: Haftet der Anspruchsteller selber aus §§ 7, 18 StVG? Hier kurze Inzidentprüfung!
     - Wenn (–): Abwägung nach § 17 I StVG nicht möglich, Fahrer haftet voll!
     - Wenn (+): Quotenbildung – **Darstellung und Abwägung der Verursachungsbeiträge** nach § 17 I StVG
6. **Kein Haftungsausschluss nach §§ 8, 15 StVG**

Die wichtigsten speziellen Klausurprobleme betreffen den Betriebsbegriff bei § 7 I und den § 17 StVG.

178 OLG Frankfurt a.M. VersR 1983, 926; vgl. auch BGH NJW 2014, 2730 ff.

Problem: »Bei Betrieb« iSd § 7 I StVG

- Grundsätzlich wegen umfassenden Schutzzwecks weit auszulegen: Erforderlich ist nach der verkehrstechnischen Auffassung (hM) ein **naher örtlicher und zeitlicher (Zurechnungs-)Zusammenhang mit einem Betriebsvorgang oder einer bestimmten Betriebseinrichtung.** Es muss sich die »typische Betriebsgefahr« des Kfz realisiert haben (auch herausgeforderte Ausweichreaktionen, Ein- und Aussteigen, Amokfahrt[179], Be- und Entladen, im öffentlichen Verkehrsraum abgestelltes Kfz, Schäden durch freiwillige Hilfe nach einem Unfall; in der Regel (–), wenn Fortbewegungsfunktion des Kfz keine Rolle mehr spielt wie zB Ereignisse im Rahmen von Reparaturarbeiten oder wenn Kfz steht und nur noch als Arbeitsmaschine eingesetzt wird – Rspr. macht aber auch hier Ausnahmen). Hierzu **sollten Sie zwingend die aktuelle Rspr. kennen** (fast jede Klausur zum StVG ist ein aktuelles Urteil – zB Fahrzeugbrand-Urteile, Öllaster-Fall, Urteile zum »berührungslosen Unfall« – machen wir alles im Wochenendseminar) und zudem mit den einschlägigen **Schlagwörtern aus der Praxis** arbeiten (Juristen – Sie eingeschlossen – sind stichwortbesessen; bedienen Sie diese Macke in der Klausur!): *»Innerer Zusammenhang mit Fortbewegungsfunktion des Kfz besteht/besteht nicht«*, *»Innerer Zusammenhang mit verkehrstypischen Gefährlichkeit des Kfz fehlt/fehlt nicht«*, *»Von dem Kfz ausgehende Gefahr hat sich ausgewirkt/nicht ausgewirkt«* etc.

Problem: Schadensausgleich nach § 17 StVG – Quotenbildung

- Aus §§ 17 I, II, 18 III StVG wird Folgendes herausgelesen: Ist der Geschädigte Halter oder Fahrer eines am Unfall beteiligten Kfz, muss bei seinem Anspruch gegen den Halter/Fahrer des anderen Kfz aus §§ 7, 18 StVG (und aus §§ 823 ff. BGB) eine Abwägung nach § 17 I StVG (*lex specialis* zu § 254 BGB und zu § 9 StVG) durchgeführt werden. Das heißt, Sie müssen in der Klausur eine umfassende **Darstellung und Abwägung der Verursachungsbeiträge** (achten Sie hier auf die Formulierung: es darf nicht »Verschuldensbeitrag« heißen!) beider Parteien vornehmen (Betriebsgefahr, Verschuldensgrad, genaue Aufzählung der **Verkehrsverstöße nach der StVO**, zu schnelles Fahren, Alkohol etc.) und dann bezüglich der Haftung eine **Quote bilden**. Wenn keine der Parteien der anderen einen kausalen Verursachungsbeitrag nachweisen kann, bleibt für die Abwägung in der Regel die stets zu berücksichtigende jeweilige Betriebsgefahr des Kfz.[180] Häufig kommt es in der Klausur zu einer Beweisaufnahme.
- Der Verursachungsbeitrag des Fahrers wird bei der obigen Abwägungen dem Halter bei dessen Haftung aus § 7 StVG zugerechnet (sog. **»Zurechnungseinheit zwischen Halter und Fahrer«**).
- Das **»unabwendbare Ereignis«** spielt nach **§ 17 III StVG** für die Möglichkeit der Abwägung der Verursachungsbeiträge eine Rolle. Unabwendbarkeit (+), wenn selbst ein **»Idealfahrer«** den Unfall bei **»äußerst möglicher Sorgfalt«** nicht hätte vermeiden können. Das Vorliegen der Unabwendbarkeit muss derjenige beweisen, der sich darauf beruft. Auch eine »rechtliche« (relevant zB für die Polizei bei Verfolgungsfällen auf der Autobahn – rechtliche Pflicht zur Verfolgung) reicht aus. Zu § 17 III StVG müssen Sie immer etwas schreiben!
- Der eigene Verursachungsbeitrag kann dem Anspruchsteller gem. **§ 17 II StVG** (»Haftung untereinander«) nur dann anspruchsmindernd entgegengehalten werden, wenn er bei gedachter Schädigung des Anspruchsgegners diesem ersatzpflichtig wäre. Bevor eine Abwägung der Verursachungsbeiträge nach § 17 I StVG erfolgen kann, muss also **inzident die (hypothetische) eigene Haftung des Anspruchstellers** festgestellt werden.[181]

179 Beim Vorsatzunfall **(Amokfahrt)** scheidet die Haftung der Kfz-Haftpflichtversicherung allerdings sowohl im Innen- als auch im Außenverhältnis nach §§ 103, 117 III 1 VVG aus (keine »übernommene Gefahr«), vgl. OLG Brandenburg VersR 2016, 671 mwN.

180 Daher der Rat einiger AG-Leiter (sog. Balkenwaagen-Modell): Bei der Abwägung ist vom **Grundsatz 50% – 50%** auszugehen und dann **je nach erwiesenem Verursachungsbeitrag die hälftige Quotierung zu verschieben. Eine sinnvolle gedankliche Hilfestellung!**

181 Dh inzidente Prüfung vor allem von §§ 7, 18 StVG, vgl. OLG Frankfurt a.M. NJW-RR 2016, 731 ff.; 2013, 664 ff.; OLG Saarbrücken NJW 2011, 1820 ff.; LG Saarbrücken NJW-RR 2014, 1179 ff.; 2013, 1249 ff. und NJW 2013, 2767 ff.; *Benner* Referendarklausurenkurs Rn. 246.

Merke: Die StVO gilt nur bei der Teilnahme am öffentlichen Straßenverkehr. Dies sind alle Flächen (auch private!), die (gegebenenfalls nur zeitweise) der Allgemeinheit zu Verkehrszwecken offen stehen. Bei Unfällen außerhalb des öffentlichen Straßenverkehrs gilt die StVO nicht direkt, die Grundgedanken von § 1 I, II StVO (lesen!) sind nach der Rspr. aber anwendbar, da es sich um allgemeine Verhaltensregeln handelt. Anders §§ 7 ff. StVG: Diese gelten auch bei Kfz-Unfällen auf Privatgrundstücken unproblematisch direkt!

Klausurtipp: Wenn der **geschädigte Anspruchsteller selbst nicht Halter/Fahrer eines der beteiligten Kfz** ist (zB Leasinggeber oder Sicherungsnehmer des beschädigten Kfz, Fußgänger, Radfahrer) und daher selbst aus dem StVG für den Unfall nicht haftet, erfolgt die Berücksichtigung eines etwaigen eigenen oder fremden Verursachungsbeitrages **bei seinen Ansprüchen aus §§ 7, 18 StVG nur nach § 9 StVG (Quotenbildung, lesen!). § 17 StVG ist dann für die Quote nicht anwendbar (Ausnahme: § 17 IV StVG bei Tier-Kfz-Zusammenprall)! Bei** seinen Ansprüchen aus **§§ 823 ff. BGB** erfolgt eine Zurechnung des eigenen oder fremden Verschuldens **nur nach Maßgabe von § 254 BGB**, nicht dagegen über §§ 17 I, II, 18, 9 StVG. Das führt dazu, dass sich zB der Leasinggeber (identisch: Sicherungsnehmer), der nicht Halter des verunfallten Leasing-Kfz ist, bei seinem Anspruch gegen den Unfallgegner aus § 823 BGB weder ein Mitverschulden des Leasingnehmers (identisch: Sicherungsgebers) oder des Fahrers des Leasing-Kfz noch die Betriebsgefahr anspruchsmindernd zurechnen lassen muss, da die Voraussetzungen von §§ 254 II 2, 278 BGB (»Sonderverbindung«) nicht vorliegen und § 17 I StVG nicht anwendbar ist. Anders ist dies bei seinen Ansprüchen aus §§ 7, 18 StVG. Hier muss sich der Leasinggeber zwar nicht die Betriebsgefahr (§ 17 I StVG gilt ja nicht!), aber ein Mitverschulden des Fahrers als des Inhabers der tatsächlichen Gewalt (sog. Bewahrungsgehilfe) nach § 9 StVG zurechnen lassen (die Zurechnung des Beitrages des Bewahrungsgehilfens nach § 9 StVG setzt keine Sonderverbindung voraus!).[182] Fragen in der Mündlichen und Klausuren dazu gibt es regelmäßig (zuletzt als Klausur im Januar 2014, Februar 2014, April 2017 und Oktober 2017!). In den Fällen, in denen das Kfz des Leasinggebers oder Sicherungsnehmers durch einen Unfall des Halters beschädigt wird, kann zwischen den Unfallbeteiligten eine gesamtschuldnerische Haftung gegenüber dem Leasinggeber bzw. dem Sicherungsnehmer entstehen (Gegenstand zB einer Feststellungswiderklage des Schädigers).

II. Prozessuale Besonderheiten bei Verkehrsunfallsachen

Denken Sie daran, dass als örtlicher **Gerichtsstand** entweder der allgemeine Gerichtsstand nach §§ 12, 13 ZPO oder der Gerichtsstand der unerlaubten Handlung nach § 32 ZPO, § 20 StVG (Unfallort) infrage kommt.

Die **Kfz-Haftpflichtversicherung** des Halters haftet gem. **§ 115 I VVG** dem Geschädigten ebenfalls, wenn der Eigentümer, Halter oder Fahrer aus dem Gebrauch des Kfz aus StVG oder sonstigen Normen[183] haftet, auch wenn er die **letzten Prämien nicht bezahlt** hat (wird gerne von den LJPAs eingebaut!), vgl. auch § 117 VVG. Gemäß § 115 I 4 VVG sind Halter/Fahrer und Versicherung Gesamtschuldner, lesen Sie bitte den ganzen § 115 VVG. **§ 124 VVG (lesen!)** regelt die Rechtskrafterstreckung. Beachten Sie, dass die **Außenhaftung der Kraftfahrzeugversicherung ein Ausnahmefall** ist. So hat der Geschädigte gegenüber einer privaten Haftpflichtversicherung (zB Betriebs- und Privathaftpflicht, Haftpflichtversicherung für Hunde) keinen Direktanspruch, da § 115 VVG hier nicht greift.

Verklagt der Kläger neben dem Halter auch den Fahrer und/oder die Versicherung, liegt eine **einfache Streitgenossenschaft** iSd §§ 59, 60 ZPO vor. In der Zulässigkeit sind dann §§ 59 ff. ZPO und § 260 ZPO analog darzustellen.[184] Im umgekehrten Fall wird der Beklagte oft zum Gegenangriff übergehen und eine **Widerklage oder Drittwiderklage** (zB gegen die Versicherung des Klägers und den Fahrer) erheben. In der Klausur sind dann ganz genau die jeweili-

182 BGH NJW 2017, 2352 = MDR 2017, 701; NJW 2007, 3120; OLG Karlsruhe MDR 2014, 152; LG Stuttgart NJOZ 2016, 1699; LG Münster NJW-RR 2011, 1327.

183 Dh die Haftung nach § 115 VVG greift auch, wenn der Halter statt aus StVG »nur« aus § 823 BGB haftet, vgl. BGH NJW 2012, 1951.

184 *Kaiser/Kaiser/Kaiser* Zivilgerichtsklausur I Rn. 331 ff.

gen Zulässigkeitsvoraussetzungen der Widerklage und der Drittwiderklage herauszuarbeiten.[185]

In Unfallprozessen, in denen der Kläger Schmerzensgeld verlangt, können Sie auch auf **unbezifferte Klageanträge** stoßen. Diese Anträge sind trotz § 253 II Nr. 2 ZPO unter bestimmten Voraussetzungen prozessual zulässig, was Sie dann in der Klausur herausarbeiten müssen.[186] Mit dem Zahlungsantrag kann der Kläger auch einen **Antrag auf Feststellung** nach § 256 I ZPO über den Grund der Haftung verbinden, vor allem wenn die Höhe des Schadens noch nicht feststeht oder zukünftige Schäden zu besorgen sind. Auch hier bedarf es stets Ausführungen von Ihrer Seite![187]

Beachten Sie, dass bei Verkehrsunfällen häufig der **Anscheinsbeweis** eine große Rolle spielt (für die Mündliche: einige Prüfer wollen hier *»Wenn's hinten kracht, gibt's vorne Geld«* hören).[188] Relevant wird dies bei §§ 7, 18 StVG vor allem bei der Abwägung der Verursachungsbeiträge. Da es zu fast jeder Verhaltensnorm des StVG dezidierte Rspr. zum Anscheinsbeweis gibt und kein Praktiker das alles auswendig weiß, sondern immer in die Bibliothek des LG schlurft und sich das raussucht, müssen Sie das auch nicht können. In der Klausur genügt, wenn Sie zur Frage, ob nun ein Anscheinsbeweis greift oder nicht, argumentativ Stellung nehmen, wenn der Sachverhalt dazu Anlass gibt.

B. Die Haftung nach § 823 I BGB

56 Beachten Sie stets den **Vorrang des EBV** vor dem Deliktsrecht, wenn im Zeitpunkt der Schädigung eine Vindikationslage vorlag (→ Rn. 46). Wesentlich relevanter im Assessorexamen ist allerdings der **Vorrang des Amtshaftungsanspruches** (vgl. unten Abschnitt C), wenn es um hoheitliches Handeln geht (Tätigkeit des Gegners in »Wahrnehmung öffentlicher Funktionen eingebettet«?). Der Amtshaftungsanspruch sperrt dann § 823 BGB und im Straßenverkehr den § 18 StVG, dagegen nicht die Halterhaftung aus § 7 StVG.

Prüfungssystematik des Anspruchs aus § 823 I BGB

Vorprüfung: EBV oder Amtshaftung vorrangig?

1. Verletzungshandlung
   - Tun oder Unterlassen (an Verkehrssicherungspflichten denken, Übertragung der Verkehrssicherungspflichten?)
2. Rechtsgutsverletzung
   - Geschütztes Rechtsgut iSv § 823 I BGB verletzt (sonstige Rechte: allgemeines Persönlichkeitsrecht, berechtigter Besitz, Recht am eingerichteten und ausgeübten Gewerbebetrieb)
3. Haftungsbegründende Kausalität
   - Kausalität zwischen Verletzungshandlung und Rechtsgutsverletzung
   - Liegt Rechtsgutsverletzung im Schutzzweck der Norm?
4. Rechtswidrigkeit
   - Wird grundsätzlich indiziert, Ausnahme: Rahmenrechte wie allgemeines Persönlichkeitsrecht/Recht am eingerichteten und ausgeübten Gewerbebetrieb
5. Verschulden
   - Gibt es gesetzliche oder vertragliche Haftungsmilderungen?
6. Schaden
   - §§ 249 ff. BGB, Mitverschulden nach § 254 BGB
7. Haftungsausfüllende Kausalität
   - Kausalität zwischen Rechtsgutsverletzung und Schaden
   - Liegt der Schaden im Schutzzweck der Norm?

185 *Kaiser/Kaiser/Kaiser* Zivilgerichtsklausur I Rn. 453 ff.
186 *Kaiser/Kaiser/Kaiser* Zivilgerichtsklausur I Rn. 316 ff.; *Kaiser/Kaiser/Kaiser* Anwaltsklausur Rn. 31.
187 *Kaiser/Kaiser/Kaiser* Anwaltsklausur Rn. 38
188 BGH NJW 2017, 1177 ff.; OLG Karlsruhe NJW 2017, 2626 ff.; *Nugel* NJW 2013, 193 ff. und *Metz* NJW 2008, 2806 ff.

a) Verletzungshandlung

Eine Verletzungshandlung kann durch Tun (willentliches Handeln) oder Unterlassen begangen werden. Unterlassen ist nur dann tatbestandsmäßig, wenn eine Handlungspflicht besteht, vor allem wegen einer **Verkehrssicherungspflicht**.

Problem: Verletzung durch Unterlassen bei Bestehen einer Verkehrssicherungspflicht (gigantische Klausurrelevanz!)

- **Der (generelle) Begriff und der Umfang der Verkehrssicherungspflicht** sind in der Klausur genau darzustellen, also bei **Palandt/*Sprau* BGB § 823 Rn. 46 ff.** abzuschreiben! Dann müssen Sie unter Heranziehung des Klausurfalles detailliert dazu Stellung nehmen, welche (versteckten) Gefahren drohten, welche Maßnahmen notwendig und zumutbar waren und ob der Schädiger genug getan hat oder nicht. Ausführungen dazu sind stets einer der **Schwerpunkte** von Schadensklausuren! Die LJPAs nehmen für Klausuren und Aktenvorträge fast immer aktuelle Entscheidungen als Vorlage. **Die sich für Ihren Termin aktuell anbietenden Urteile sollten Sie daher auf jeden Fall kennen** (wir machen das mit Ihnen im Wochenendseminar zum materiellen Zivilrecht im Assessorexamen)!
- Spezialfragen zur Verkehrssicherungspflicht kann man gut mit dem Palandt § 823 Rn. 46 ff., 186 ff. lösen! Am relevantesten sind die Verkehrssicherungspflicht des Grundstückseigentümers (zB Streupflicht bei allgemeiner Glätte oder erkennbarer Einzelglätte, Dachlawine, Baumkontrolle), des Produzenten (Konstruktions-, Fabrikations-, Instruktions-, Produktbeobachtungs-, Warnungs- und Rückrufpflicht) und die Verkehrssicherungspflicht von Betriebsinhabern zur ordnungsgemäßen Organisation der Betriebsabläufe und deren Überwachung zumindest durch einen Repräsentanten iSv § 31 BGB (**»Betriebsorganisationspflichtverletzung«**). Das heißt, bei einem Gefahreneintritt haftet der Betriebsinhaber (die GmbH, die GbR etc.) entweder, weil er den Betrieb schon nicht entsprechend organisiert hat oder aber – bei guter Organisation – weil der Repräsentant (Zurechnung nach § 31 BGB!) die konkrete Pflichtennichterfüllung nicht bemerkt hat. Denken Sie hier auch an das ProdHaftG (→ Rn. 56).
- Bei Verletzung einer Verkehrssicherungspflicht können weitere Anspruchsgrundlagen in Betracht kommen. So kann die Verletzung einer deliktischen Verkehrssicherungspflicht oft gleichzeitig die Verletzung einer vorvertraglichen (c.i.c.) bzw. einer vertraglichen Nebenpflicht (pVV) darstellen.[189] Zudem ist an § 831 BGB zu denken. Diese **Kombination pVV/c.i.c. – VSP – § 831 BGB hatte in den letzten Jahren eine gigantische Klausurbedeutung!**
- Beachten Sie den **Vorrang der Amtshaftung** nach § 839 BGB iVm Art. 34 GG, wenn es um Verkehrssicherungspflichten der öffentlichen Hand (dh Bund/Land/Gemeinde) vor allem für den **öffentlichen Straßenraum** geht.[190]
- Die **Übertragung der Verkehrssicherungspflicht** durch private Verpflichtete auf Dritte ist zulässig (zB Delegation der Streupflicht auf ein Unternehmen/einen Mieter; Achtung: nicht delegierbar ist die oben beschriebene Betriebsorganisationspflicht!). Der Dritte wird dann gegenüber Geschädigten selbst deliktsrechtlich verantwortlich, und die Verkehrssicherungspflicht des Übertragenden wandelt sich bei diesem in eine **Kontrollpflicht** um.[191] Wenn der Übertragungsvertrag unwirksam sein sollte, bleibt es bei der vollen Verkehrs-

189 OLG Schleswig BeckRS 2017, 117438: Drehtür im Hotel; OLG Hamm BeckRS 2016, 17038: Tankstelle; OLG Hamm VersR 2016, 1328: Schmutzfangmatte vor Theater; OLG Hamm BeckRS 2016, 113211: Diskothek; OLG Hamm NJW-RR 2014, 985: Freibad; OLG Hamm MDR 2013, 908: Schlafender Hund; OLG Hamm NJW-RR 2013, 397: Sauna; OLG Koblenz MDR 2014, 1143: Glätte im Einkaufszentrum. Es gibt Tausende von Vorlagen für die LJPAs!

190 Palandt/*Sprau* BGB § 823 Rn. 219 ff. **VSP für öff. Sachen sind idR zivilrechtlich, die VSP für den öff. Straßenraum idR durch Landesvorschriften öffentlich-rechtlich ausgestaltet** = eine drittbezogene Amtspflicht (§ 823 BGB gesperrt, stattdessen Amtshaftung!). Vgl. bei Interesse *Itzel* MDR 2017, 1393 ff. und MDR 2018, 9 ff. zur Haftung bei öffentlichen Straßenbauarbeiten.

191 Ausnahme: Die einschlägige öffentliche Rechtsnorm – zB eine Ortssatzung – lässt zB bzgl. des Gehwegs vor dem Haus die Übertragung auf Dritte ausdrücklich zu. Dann besteht keine Kontrollpflicht mehr, weil dann auch die Polizeipflichtigkeit entfällt (BGH NJW 1972, 1321 ff.). Dies gilt aber nur für den Bereich, für den die Ortssatzung ursprünglich überhaupt eine Streupflicht des Anliegers begründet hat! Für die Wege auf dem Grundstück, bzgl. derer der Eigentümer ohnehin die VSP hat, bleibt die Kontrollpflicht bestehen.

sicherungspflicht des Übertragenden. Daneben haftet aber auch der Übernehmer, denn seine Verkehrssicherungspflicht setzt lediglich eine »einverständliche Aufgabenübernahme« voraus. Wenn der Übertragende neben dem Dritten haftet, besteht nach § 840 BGB eine Gesamtschuldnerschaft (im Innenverhältnis also Ansprüche aus Vertrag[192] und § 426 BGB möglich!). Wenn dem Eigentümer aber vom Staat (zB nach FStrG) gegen seinen Willen der Besitz entzogen wurden, entfällt seine Verkehrssicherungspflicht ganz, es bleibt auch keine Kontrollpflicht über.

Merke: Die Verkehrssicherungspflicht werden von der hM und den LJPAs hier und nicht erst bei der Rechtswidrigkeit geprüft!

Problem: »Herausforderungsfälle« und mittelbare Handlungen

Das sind Fälle, in denen die letzte unmittelbar schädigende Handlung vom Geschädigten selbst stammt (Beispiel: A rennt vor B weg, weil dieser mit geballter Faust auf ihn zukommt; auf der Flucht stürzt A und verletzt sich; oder: A rennt hinter dem Dieb B hinterher; A stürzt auf der Flucht).

- Bei § 823 BGB ist dann auf die **mittelbare Handlung** des Schädigers, die zur letzten Ursache durch den Geschädigten geführt hat, abzustellen (in den Beispielen die Faustattacke und die Flucht des Diebes).
- Auch bei gefahrbegründenden Handlungen außerhalb der Selbstschädigung, bei denen erst durch das Hinzutreten weiterer Umstände der/ein weiterer Verletzungserfolg eintritt, ist auf die **mittelbare Handlung** des Erstschädigers abzustellen. Beispiel aus dem August 2015 (die Klausur wurde danach im Januar und Dezember 2016 wiederholt, der Fall stand vorher hier schon im Skript!): A weicht bewusst dem Huftritt eines Pferdes (Cosmo) aus, wodurch der hinter ihm stehende B von Cosmo getroffen wird. Hier war laut den LJPAs auf das Ausweichen als mittelbare Handlung abzustellen. Diese Handlung ist aber nur dann tatbestandsmäßig, wenn ein **entsprechender Pflichtenverstoß** (wie Verkehrssicherungspflicht) vorliegt, was dann an dieser Stelle **zu prüfen ist**. Weiteres Beispiel: Eigentümer beauftragt Unternehmer mit Gartenarbeiten, bei deren Durchführung Nachbareigentum beschädigt wird, was ihm wegen einer schlechten Handwerkerauswahl oder mangels Hinweises bei einer erhöhten Gefahrenlage hätte klar sein müssen (VSP).[193] Es handelt sich um eine **Zurechnungsfrage** anhand einer wertenden Betrachtung. Letztlich wird so außerhalb der Zurechnungsvorschriften eine Zurechnung für das Handeln Dritter im Deliktsrecht geschaffen. Die Problematik stellt sich daher nur, wenn das Verhalten des Dritten nicht schon über §§ 31, 89 BGB zugerechnet wird.
- In allen diesen Fällen ist die **haftungsbegründende Kausalität** in einem weiteren Schritt zu prüfen (s. unten)!

b) Rechtsgutverletzung

Als nächstes ist zu prüfen, ob eines der von § 823 I BGB geschützten Rechtsgüter (Körper, Freiheit, Eigentum, sonstiges Recht), also ein absolutes Recht, verletzt wurde. Forderungen, vertragliche Verpflichtungen oder das Vermögen (Beispiel: unberechtigtes Abheben von Geld) gehören nicht zu den geschützten Rechtsgütern.[194]

---

192 Die Übernahme des Winterdienstes ist idR keine reine Gefälligkeit des täglichen Lebens, also RBW (+) für Werkvertrag oder Auftrag. Wenn vom Vermieter auf den Mieter delegiert wird, kann man in der Übernahme auch eine nachträgliche mietvertragliche Nebenpflicht annehmen.

193 BGH NJW-RR 2016, 588 ff.; OLG Düsseldorf NJW-RR 2017, 856 ff.; OLG Oldenburg Urt. v. 3.11.2016 – 14 U 96/16. Ohne Verletzung einer VSP des Bestellers (dürfte der Regelfall sein!) kommt dessen Haftung ggü. dem Nachbarn aus § 906 II 2 BGB analog in Betracht. Der Unternehmer haftet dem Nachbarn aus Delikt und dem Werkvertrag iVm VSD!

194 **Der bekannte Spruch** *»Das Vermögen wird durch § 823 BGB nicht geschützt«* **ist ungenau.** Denn im Rahmen der Frage, ob iSv §§ 249 ff. BGB ein ersatzfähiger Schaden entstanden ist, kommt es maßgeblich auf die Frage an, ob gerade ein Vermögensschaden vorliegt. Nur hier bei der in der Prüfungsreihenfolge zuerst anfallenden Frage der Rechtsgutsverletzung darf nicht auf das Vermögen abgestellt werden.

Problem: Beeinträchtigung des Eigentums

- (+) bei Substanzverletzung, unerlaubter Benutzung (Fotografieren eines Hauses unter Betreten des fremden Grundstücks, Fremdbefüllung eines Gastanks), Eindringen (zB Drohnenflug), Immissionen (Geräusche, Gerüche), Sachentziehung (zB durch Veräußerung oder Pfändung und Verwertung), auch Störung des bestimmungsgemäßen Gebrauchs (»Fleet-Fall«, aber problematisch, da nicht jede Gebrauchsstörung reichen kann, da in diesen Fällen in der Regel nur das Vermögen betroffen wäre; Verwendbarkeit muss – gegebenenfalls nur vorübergehend – »praktisch aufgehoben« sein[195]).
- Beim Erwerb einer mangelhaften Sache (oder bei mangelhafter Werkleistung – die Rspr. gilt also auch im Werkrecht) greifen zunächst die Gewährleistungsvorschriften, die das Äquivalenzinteresse schützen. Frisst sich der zuerst abgrenzbare Mangel aber weiter und beeinträchtigt die restliche Sache, liegt ein sog. **Weiterfresserschaden** vor (treffender: »Weiterfressermangel«). Fehlt in diesen Fällen die **Stoffgleichheit** (Kriterium: Vergleich des Mangelunwerts der Sache im Zeitpunkt der Lieferung mit jetzigem Schaden), ist zusätzlich das durch § 823 BGB geschützte Integritätsinteresse betroffen, § 823 I BGB greift dann neben der Gewährleistung[196] ein. Die Rspr. dazu geht auf den »Schwimmschalter-Fall« zurück (Mündliche!). Stoffgleichheit liegt vor, wenn bei wirtschaftlicher Betrachtungsweise die Sache als Ganzes wegen des Mangels schon vor dem Weiterfressen nur sehr eingeschränkt verwendbar war oder zu diesem Zeitpunkt der Mangel nicht in wirtschaftlich vertretbarer Weise behoben werden kann. Dann deckt sich der anfängliche Mangelunwert mit dem späteren Schaden, und § 823 I BGB scheidet aus. Deckt er sich nicht, dann greift neben Gewährleistung auch Delikt, was zB wegen verschiedener Verjährungsfristen interessant sein könnte. Rund **einmal pro Jahr** bauen die LJPAs diese Problematik in Klausuren ein.

Problem: Schockschäden als Körperverletzung

- Eine Körperverletzung liegt dann vor, wenn der Schock das Ausmaß eines pathologischen Zustands erreicht (= **echten Krankheitswert** hat = behandlungsbedürftig ist – bloß psychischer Schmerz nicht ausreichend).
- Bei **Schockschäden Dritter** wird – anders als bei unmittelbar Verletzten – zur Vermeidung von Haftungslawinen zusätzlich vom BGH gefordert, dass der Schockschaden über das hinausgeht, was mittelbar Geschädigte in derartigen Fällen erfahrungsgemäß erleiden.[197] Dabei ist nicht entscheidend, ob der Dritte den Schockschaden aufgrund des Miterlebens des Unfallgeschehens oder infolge einer überbrachten Nachricht erleidet, da in beiden Fällen eine über das Normalmaß hinausgehende Beeinträchtigung vorliegen kann. Allerdings kann für die Frage, wann hinzunehmende »normale« Erschütterung in eine Körperverletzung im oben genannten (strengen) Sinne übergeht, das unmittelbare Erleben des Unfalls bedeutsam sein.

Problem: Besitz als »sonstiges Recht« (zB des Mieters, Leasingnehmers etc.)

- Geschützt ist nach hM der **berechtigte** unmittelbare Besitz/Mitbesitz (Argument: Besitzbefugnisse des rechtmäßigen Besitzers sind »eigentümerähnlich«). Auch der mittelbare Besitz fällt unter § 823 I BGB, nicht jedoch gegenüber dem unmittelbaren Besitzer (hier nur

---

195 BGH NJW-RR 2017, 219 (Tankschiff Patmos, Fleet-Fall reloaded); AG Frankfurt a.M. Urt. v. 25.8.2017 – 32 C 3586/16 (Straßenbahn-Fall).

196 Die Schäden an der restlichen Kaufsache sind nach hM iRd Nacherfüllung zu beseitigen, fallen also unter § 281 BGB und nicht unter § 280 BGB, vgl. BeckOK BGB/*Faust* § 439 Rn. 15 mwN. Anders bei Mangelfolgeschäden an anderen Rechtsgütern, diese sind ein Fall von § 280 BGB. Im Werkrecht greift bei weiterfressenden Mängeln stets nur § 280 BGB, Palandt/*Sprau* BGB § 635 Rn. 6; BGH NJW 2018, 944; NJW-RR 2012, 268 ff.

197 Palandt/*Grüneberg* BGB Vorb v § 249 Rn. 40. *Dörr* (MDR 2015, 1209 ff.) schreibt zutreffend, dass hier vom BGH kaum gemeint sein kann, dass keine Gesundheitsbeeinträchtigung vorliegt, wenn der Schock vergleichbar ist mit dem, was andere Betroffene in dieser Situation erleben. Dann würden nur unvergleichbare »Mega-Schocks« ersetzbar sein. Die Formulierung kann vielmehr nur so gemeint sein, dass jedenfalls die mit der »normalen Trauer« einhergehenden körperlichen Beeinträchtigungen, die ein mitfühlender Mensch idR verarbeiten muss, wenn er einen Angehörigen verliert, nicht tatbestandsmäßig sind.

Besitzmittlungsverhältnis maßgebend). Da der Besitzer nicht besser geschützt werden soll als der Eigentümer der Sache, ist nach der Rspr. für eine Verletzung des berechtigten Besitzes stets erforderlich, dass auch das Eigentum verletzt ist (Inzidenzprüfung!), vgl. Autobahnbrücken-Fall des BGH NJW 2015, 1174.

- Ersatz des Substanzschadens kann grundsätzlich nur der Eigentümer verlangen. Der Schaden des Besitzers besteht in seinem **Nutzungsausfall** und gegebenenfalls im **Haftungsschaden**. Dies sind Schäden, die dem Besitzer dadurch entstehen, dass er dem Eigentümer im Innenverhältnis wegen der Beschädigung haftet. Auch **Kosten der Besitzwiedererlangung** sind zu ersetzen, nicht aber Schockschäden des Besitzers wegen der Besitzentziehung (Schutzzweck der Norm fehlt).

Problem: Allgemeines Persönlichkeitsrecht als »sonstiges Recht« iSv § 823 I BGB

- Das allgemeine Persönlichkeitsrecht aus Art. 1 I, 2 I GG (= Recht des Einzelnen auf Achtung seiner personalen und sozialen Identität und Entfaltung seiner Persönlichkeit; Ausprägungen: Schutz der Ehre/sozialen Anerkennung, des Namens, des Rechts am eigenen Bild/Wort, der informationellen Selbstbestimmung und – etwas genereller – der Intim-, Privat- und Sozialsphäre) ist als geschütztes Rechtsgut des § 823 I BGB anerkannt und zwar sowohl für natürliche Personen als auch für private Unternehmen/Verbände (sog. Unternehmenspersönlichkeitsrecht). Wenn Sie mal ein frisches Beispiel aus einer Examensklausur lesen wollen: LG Essen NJW 2014, 563 f. (Januartermin 2018).
- Klausuren zum allgemeinen Persönlichkeitsrecht (zB unwahre Berichterstattung, schändliche Äußerung, unerlaubte Fotos) sind undankbar, aber häufig (zuletzt Januar- und Märztermin 2018!). Hier kennt jeder die zu prüfenden Normen, notenprägend sind daher vor allem die Tiefe und Überzeugungskraft der Argumentation und die **Praxisnähe der Formulierungen**. Nötig ist also das klassische Handwerkszeug: gute Obersätze, Hin- und Her-Argumentieren, Auswerten des Sachverhaltes und das Abarbeiten bestimmter **Stichwörter der Rspr.** Arbeiten Sie hier viel mit **Palandt/*Sprau* BGB § 823 Rn. 84 ff.** Aufbauhinweis: Der Eingriff und die Rechtswidrigkeit (Abwägung!) hängen so eng miteinander zusammen, dass Sie in der Praxis in der Regel zusammen geprüft werden. In der Klausur können Sie das auch so machen.
- Das Recht am eigenen Bild als Bestandteil des allgemeinen Persönlichkeitsrechts ist zusätzlich in **§§ 22 ff. KunstUrhG** geregelt, wobei es sich hier um ein Schutzgesetz iSv § 823 II BGB handelt (§ 823 I BGB wegen allgemeinen Persönlichkeitsrechts wird dadurch nicht verdrängt!). Die Zulässigkeit von Bildveröffentlichungen ist *»nach dem abgestuften Schutzkonzept der §§ 22, 23 KunstUrhG zu beurteilen«*. Hier liegt dann der Schwerpunkt der Prüfung. Die Rspr. zu § 23 KunstUrhG erschließt sich am besten, wenn Sie BGH NJW 2009, 1499 ff. und dort nur S. 1500 lesen.
- Bei Verletzung der vermögenswerter Bestandteile durch **unbefugte kommerzielle Verwertung** kommen neben Unterlassungsansprüchen aus § 1004 BGB analog Geldansprüche aus §§ 823, 687 II, 667 BGB in Betracht, für deren Berechnung die Rspr. drei Methoden[198] entwickelt hat: Konkret, Lizenzanalogie oder Gewinnabschöpfung. Daneben tritt ein Anspruch aus Eingriffskondiktion (geht auf Zahlung der üblichen – gegebenenfalls fiktiven – Lizenzgebühr).
- LJPA-Liebling: Dome-**Videokamera** des Nachbarn (»Überwachungsdruck«), vergleichbar Kamera-Drohne.

Problem: Recht am eingerichteten und ausgeübten Gewerbebetrieb als »sonstiges Recht«

- **Betriebsbezogener Eingriff** (= Eingriff ist gegen den Betrieb als solchen gerichtet = gezielte Verletzung) in den betrieblichen Bereich erforderlich (zB Boykottaufruf, Schmähkritik in Internetforen, Zusendung unverlangter Werbemails; bei Zusendung an Private: allgemeines Persönlichkeitsrecht!). Zwei vor kurzem gestellte Originalklausuren zum Üben sind OLG Hamburg BeckRS 2012, 02275 und BGH JA 2016, 546.
- Das Recht am eingerichteten und ausgeübten Gewerbebetrieb ist **subsidiär** und tritt daher zurück, wenn bereits § 823 II BGB oder § 824 BGB greifen.

198 Kommentiert bei Palandt/*Sprau* BGB § 687 Rn. 7.

Klausurtipp: Klausurrelevante weitere **sonstige Rechte** iSv § 823 I BGB sind vor allem dingliche Rechte (zB Dienstbarkeiten, Grundpfandrechte), das **Anwartschaftsrecht**[199] und das **Recht auf Totenfürsorge (unter anderem Bestattung)**.[200]

Klausurtipp: Denken Sie bei Klausuren mit unerlaubten Handlungen an den Gerichtsstand des **§ 32 ZPO!**

c) Haftungsbegründende Kausalität

Das ist die Kausalität zwischen Verletzungshandlung und Rechtsgutsverletzung. Diese wird in drei Schritten geprüft, die wie hintereinander geschlossene Filter immer enger »aussieben«:

1. Äquivalenz (= Ist Verletzungshandlung *conditio sine qua non* für Rechtsgutsverletzung?)
2. Adäquanz (= War Rechtsgutsverletzung vorhersehbar oder liegt ein gänzlich atypischer Kausalverlauf vor?)
3. Schutzzweck der Norm (= Soll die Norm – hier § 823 BGB – gerade vor dieser Rechtsgutsverletzung schützen?)

Die Praxis arbeitet oft mit **Anscheinsbeweisen.** So wird zB bei **Verletzung einer Verkehrssicherungspflicht** in der Regel die Ursächlichkeit für die Rechtsgutsverletzung und den Schaden vermutet, wenn gerade solche Verletzungen durch die Verkehrssicherungspflicht verhindert werden sollen. Auch umgekehrt ist dies ähnlich möglich: Bei typischen Geschehensabläufen wird bei eingetretenen Schäden in der Praxis zum Teil sogar auf die Verletzung einer Verkehrssicherungspflicht rückgeschlossen (zum Teil als Indiz, zum Teil als echter Anscheinsbeweis). Gleiches gilt bei objektiv gefährlichen Zuständen (Rückschluss auf Verkehrssicherungspflichtsverletzung).[201] Sonderprobleme zu sonstigen Kausalitätsfragen sind im Palandt in der Vorbemerkung von § 249 BGB kommentiert. Das LJPA wird Sie durch Hinweise in der Akte darauf aufmerksam machen, wenn etwas auszuführen ist. Des Öfteren wird der **Zurechnungsfilter des Schutzzwecks der Norm** problematisch. Hier sollten zwei Fallgruppen bekannt sein:

Problem: Schockschäden

- Schockschäden des unmittelbar Verletzten (= direkt am Unfall Beteiligter) fallen stets in den Schutzbereich von § 823 I BGB (und zB von §§ 831, 833 BGB, §§ 7, 18 StVG!). **Schockschäden Dritter** fallen **nur** in den Schutzbereich der Norm, wenn es sich um **nahe Angehörige** (es reicht eine »personale Sonderbeziehung«, daher wäre zB Verlobung ausreichend – Schockschäden sonstiger Personen sind allgemeines Lebensrisiko, bei Polizisten etc. »allgemeines Berufsrisiko« – Ausnahme: Amoklauf) des schwer verletzten/toten Unfallopfers handelt, der Schock im Hinblick auf seinen Anlass **verständlich,** dh keine Überreaktion ist (auch hier kann wieder das unmittelbare Erleben des Unfalls eine Rolle spielen) und die psychische Reaktion in einem engen zeitlichen Zusammenhang mit dem Unfallgeschehen steht (Grenze: in der Regel 6 Monate). Das Mitverschulden des Unfallopfers führt nach § 242 BGB iVm § 254 BGB analog zur Anspruchsreduzierung beim Schockgeschädigten. Diese Schockschaden-Rspr. gilt nach dem BGH **nicht, wenn das Unfallopfer ein Tier ist** (Argument: hier ist der Schock des Herrchens ein hinzunehmendes allgemeines Lebensrisiko).

---

199 Der Schaden des AWR-Inhabers orientiert sich an dem wirtschaftlichen Wert des AWR (= Wert der Sache abzüglich noch geschuldeter Zahlung zzgl. Nutzungsausfall). Nach der Rspr. stehen die Ansprüche des Eigentümers und des AWR-Inhabers aus § 823 BGB nebeneinander (BGH NJW 1971, 799), nach aA gemeinschaftliche Gläubigerschaft analog §§ 432, 1281 BGB (**Palandt/*Herrler* BGB § 929 Rn. 43 ohne Hinweis auf Rspr.!**).

200 Palandt/*Weidlich* BGB Einl v § 1922 Rn. 9 ff. **Das war bereits mehrfach Klausurthema!** Ebenfalls das **Aneignungsrecht des Erben** bzgl. des Körpers/Körperteilen des Erblassers analog § 985 BGB, vgl. Palandt/*Weidlich* BGB § 1922 Rn. 37.

201 BGH MDR 2018, 88 ff.; NJW 1994, 945; 1986, 2757; OLG Karlsruhe NJOZ 2016, 1153; OLG München BeckRS 2011, 22233; OLG Frankfurt a.M. NVwZ-RR 2005, 763; OLG Celle NJW-RR 2003, 1536; LAG Düsseldorf BeckRS 2017, 124514; LG Ellwangen NJOZ 2017, 567; AG München BeckRS 2013, 02702; zurückhaltender BGH NVwZ-RR 2013, 909 = MDR 2013, 970.

- Kommentiert ist das alles bei **Palandt/*Grüneberg* BGB Vorb v § 249 Rn. 40**.
- Sind die strengen Voraussetzungen für Rechtsgutsverletzung und Kausalität bei Schockschäden nicht erreicht, denken Sie an die neue (subsidiäre) Anspruchsgrundlage **§ 844 III BGB** (Schmerzensgeld für seelisches Leid von Hinterbliebenen bei Tötung – »Hinterbliebenengeld«), flankiert durch § 10 III StVG bei Verkehrsunfällen.

Klausurtipp: Das Problem des Schockschadens spielt iRd § 823 I BGB an zwei Stellen eine Rolle: Zum einen bei der Rechtsgutsverletzung und zum anderen bei der haftungsbegründenden Kausalität. In der Praxis wird das in der Regel nicht streng dogmatisch an zwei Stellen geprüft, sondern die Thematik oft »en bloc« behandelt.

Problem: »Herausforderungsfälle« und mittelbare Handlungen

- Das Abstellen auf die mittelbare Handlung ist im Prüfungsaufbau zuerst bei der Verletzungshandlung zu problematisieren (vgl. oben). Sodann ein weiteres Mal bei der Kausalität, also hier.
- Tritt sozusagen als »letzter Akt« eine willentliche Handlung des Geschädigten zwischen die mittelbare Handlung des Schädigers und die endgültige Rechtsgutsverletzung, so müssen – § 823 I BGB soll nicht das allgemeine Lebensrisiko schützen bzw. die eigenverantwortliche Selbstgefährdung ist grundsätzlich eigenes Risiko! – folgende Kriterien erfüllt sein, damit eine Zurechnung der **selbst verursachten Rechtsgutsverletzung** zur mittelbaren Schädigungshandlung erfolgen kann (**»Herausforderungs-Rspr.«**):[202] Der Schädiger hat den Geschädigten in vorwerfbarer Weise zur Selbstgefährdung herausgefordert, die Handlung des Herausgeforderten ist verhältnismäßig, und es muss sich ein herausforderungstypisches Risiko verwirklicht haben.
- Die Herausforderungsproblematik kann sowohl bei der haftungsbegründenden (wenn eine Körperverletzung herausgefordert wurde) als auch bei der haftungsausfüllenden Kausalität (wenn nach einer Rechtsgutsverletzung ein weiterer Schaden – in der Regel eine Vermögensverfügung – herausgefordert wurde) eine Rolle spielen.
- Ähnlich wird die Problematik gelöst, ob letztlich erst zum (gegebenenfalls weiteren) Verletzungserfolg führende weitere Ursachen – vor allem das **Verhalten Dritter – dem (mittelbaren) Erstschädiger zurechenbar** sind:
  - Zurechnung (–), wenn der Fall eine *»neue Wendung«* nimmt, sodass zwischen beiden Ereignissen nur ein *»zufälliger Zusammenhang«* besteht.[203]
  - Zurechnung (+), wenn ein *»innerer Zusammenhang«* vorliegt, bei dem der mittelbare Schädiger eine *»besondere Gefahrenlage«* für die gleichsam *»herausgeforderte«* weitere Ursache geschaffen hat.

Ein **Beispiel** vom **Julitermin 2011**: Fußballtrainer A sagt den Fußballjungs, dass sie nach dem Training das Fußballtor über den Parkplatz des Vereins in den Schuppen tragen sollen. Die Kinder rammen mit dem Tor ein Auto. Hier Zurechnung laut LJPAs (+).
Aktuelles Beispiel vom OLG Hamm: A lässt in gemieteter Werkstatt Benzin in einen offenen Eimer ab, B zündelt dran, Explosion! Das Handeln von B wird A zugerechnet.

Merke: Kausalitäts- bzw. Zurechnungsfragen sind nicht nur ein Problem des § 823 BGB, sondern können in jeder Klausur mit Schadensersatzbegehren relevant werden. So muss zB bei § 280 BGB die Pflichtverletzung auch kausal für den Schaden sein. Zwei Prüfungshits zur Zurechnung außerhalb von § 823 BGB sind OLG Hamm NJW-RR 2013, 349 (§ 280 BGB des Beherbergungsvertrages: messerstechender Nachtportier im Schutzzweck der Norm) sowie BGH NJW 2018, 394 und 2016, 3715 (pVV des Zuschauervertrages gegen böllernden Fan: vom DFB dem Verein auferlegte Geldstrafe im Schutzzweck der Norm? ja!). Im November 2017 kam in NRW OLG Frankfurt a.M. NJW-RR 2017, 1055 zur Zurechnung bei einer Flucht.

202 Palandt/*Grüneberg* BGB Vorb v § 249 Rn. 41; OLG Saarbrücken NJW 2012, 324 ff.; OLG Hamm MDR 2016, 159 (Bierbank-Fall).

203 BGH NJW-RR 2016, 588; NJW 2012, 2024 ff.; OLG Hamm BeckRS 2017, 108096; NJW-RR 2013, 349; Palandt/*Grüneberg* BGB Vorb v § 249 Rn. 41, 47 ff.

d) Rechtswidrigkeit

Die Rechtswidrigkeit wird **wie im Strafrecht** (Lehre vom Erfolgsunrecht) **grundsätzlich indiziert.**[204] Die wichtigsten Rechtfertigungsgründe sind §§ 227 ff., 859 f., 904, 906 ff., 921 f. BGB, berechtigte GoA, § 127 StPO, §§ 34, 193 StGB, § 23 I KunstUrhG, die Einwilligung zB beim Tattoo-Stechen oder Arzteingriff nach § 630d BGB[205] und die Einwilligung nach § 22 KunstUrhG. Zu Letzterem wurde im Juli- u. Oktobertermin 2017 OLG Frankfurt a.M. BeckRS 2011, 06926 (KunstUrhG) gestellt. Wenn Sie Zeit haben, können Sie das Urteil einmal lesen.

Nur beim **Recht am eingerichteten und ausgeübten Gewerbebetrieb und allgemeinen Persönlichkeitsrecht** als **»offenen Tatbeständen«** ist die Rechtswidrigkeit nicht durch die Tatbestandsmäßigkeit indiziert, sondern im Rahmen einer Gesamtabwägung der widerstreitenden Interessen unter Würdigung aller Umstände des konkreten Einzelfalles und Beachtung des Grundsatzes der Verhältnismäßigkeit **positiv festzustellen** (so ähnlich formuliert steht das oft in den Examensvoten!). Hier müssen Sie dann anhand des konkreten Klausursachverhaltes die gegenüberstehenden Interessen/Rechtsgüter/Grundrechte sauber darstellen und gegeneinander abwägen. Es sind Schlagwörter zu bringen wie zB *»öffentlicher Geltungsanspruch«*, *»Kernbereich betroffen«*, *»berechtigtes Informationsinteresse der Öffentlichkeit«*, Argumentation mit der betroffenen *»Sphäre«* des allgemeinen Persönlichkeitsrechts, *»Prangerwirkung«*, *»stigmatisierende Wirkung der Äußerung«*, *»unzulässige Schmähkritik«*, *»Diffamierung der Person«* etc. Der Eingriff ist nur dann rechtswidrig, *»wenn das Schutzinteresse des Betroffenen die schutzwürdigen Belange der anderen Seite überwiegt«*. **Die Abwägung ist immer Schwerpunkt der Klausuren zum allgemeinen Persönlichkeitsrecht!**

e) Verschulden

Ein Verschulden liegt dann vor, wenn der Schädiger vorsätzlich oder fahrlässig hinsichtlich des Tatbestandes und der Rechtswidrigkeit gehandelt hat. Das Verschulden hat grundsätzlich der Geschädigte zu beweisen. Hierzu Folgendes:

- Das Handeln/**Verschulden Dritter** wird dem Schädiger iRv § 823 I BGB außer in den Fällen von **§§ 31, 89** (→ Rn. 112) und von § 839 BGB iVm Art. 34 GG nicht zugerechnet, § 278 BGB findet im Deliktsrecht keine Anwendung. Eine faktische Zurechnung erreicht die Rspr. aber, indem man die Verkehrssicherungspflicht entsprechend weit fasst oder in den Fällen der mittelbaren Handlung/Gefahrenverursachung durch Wertungsbetrachtungen (s. oben).
- Einige gesetzliche Haftungsbeschränkungen bei bestimmten Schuldverhältnissen sind auch auf »im Vertrag« begangene deliktische Handlungen zu übertragen, so §§ 521, 599, 680, 690, 708 BGB, da sonst deren Privilegierungsfunktion unterlaufen würde. Weitere Haftungsprivilegien finden Sie in §§ 1359, 1664 BGB. Die Haftungsmilderungen nach **§§ 708, 1359, 1664 BGB**, die eine Milderung in Form der Haftung für *diligentia quam in suis* (= eigenübliche Sorgfalt) iSv § 277 BGB vorsehen, sind auf die Haftung im Straßenverkehr wegen Führens eines Kfz nicht anwendbar, da dort nach § 1 StVO *»kein Raum für individuelle Sorglosigkeit«* besteht. Gleiches gilt bei gemeinsamem Freizeitsport (Wasserski). **Was meint eigentlich § 277 BGB?** Danach haftet derjenige nicht für einfache Fahrlässigkeit, der in eigenen Angelegenheiten auch nicht sorgfältiger ist.[206] Ob vertraglich vereinbarte Haftungsbeschränkungen auf Delikt anwendbar sind, ist nach der Rspr. eine Frage der Auslegung des Vertrages.

---

204 Auch die Verletzung einer VSP indiziert die Rechtswidrigkeit, vgl. BGHZ 74, 9 ff. = NJW 1979, 1351; BGH NJW 2011, 3294 ff. Auch bei pflichtwidrigen mittelbaren Handlungen wird die Rechtswidrigkeit indiziert, vgl. HK-BGB/*Staudinger* § 823 Rn. 75 mwN.

205 Die Einwilligung gilt nur für eine mangelfreie Leistung, vgl. nur OLG Hamm NJW-RR 2014, 717. Ein vom Patienten gewünschtes behandlungsfehlerhaftes Vorgehen muss ein Arzt ablehnen, sonst Haftung aus §§ 611, 280 BGB, vgl. OLG Hamm BeckRS 2016, 11770.

206 **Der berühmte Merksatz für die wichtigsten Anwendungsfälle von § 277 BGB ist:** *»Der Vater begattet die Gesellschafterin, die den Vorerben unentgeltlich verwahrt.«* **Vgl. §§ 1664, 1359, 708, 2131, 690 BGB.**

- Bei Verletzung einer **Verkehrssicherungspflicht wird das Verschulden in der Regel vermutet,**[207] so auch bei der **Produzentenhaftung.** Für Konstruktions- und Fabrikationsfehler wird die Beweislastumkehr sogar auf die Verletzung der Verkehrssicherungspflicht selbst erstreckt. Auch bei **Arzthaftung** gelten zum Schutze des Patienten besondere Regeln für die Beweislast hinsichtlich des Behandlungsfehlers, der Kausalität und des Verschuldens. Klausuren zur Produzenten- und Arzthaftung sind im Assessorexamen Exoten. Im Notfall: Palandt! Interessanter für die LJPAs ist, dass der BGH die Beweislastgrundsätze der Arzthaftung für die Kausalität (§ 630h V BGB) auf vergleichbare Verträge mit beruflicher Aufsichtspflicht erweitert hat (zB **Hausnotruf, Bademeister, Tierarzt** – nicht aber erste Hilfe durch Lehrer als Amtspflicht).

Der Verschuldensvorwurf entfällt, wenn der Schädiger nicht **deliktsfähig** ist, §§ 827 f. BGB. Bedeutsam ist hier **§ 828 BGB bei Minderjährigen.** Knackpunkt bei § 828 II BGB ist dessen teleologische Reduktion: Er gilt nicht, wenn keine **typische Überforderungssituation** für das Kind vorliegt (denken Sie hier immer auch an § 832 BGB!). Beachten Sie in dem Zusammenhang die schon öfters abgeprüfte **»Clou-Norm«** des **§ 829 BGB** (Märztermin 2018!).

f) Schaden, §§ 249 ff. BGB

Hier gelten §§ 249 ff. BGB (→ Rn. 62 f.) sowie die Sonderregelungen in §§ 842–851 BGB.

g) Haftungsausfüllende Kausalität

Auch die haftungsausfüllende Kausalität zwischen Rechtsgutsverletzung und Schaden wird wie die haftungsbegründende Kausalität in den oben genannten drei Stufen Äquivalenz, Adäquanz und Schutzzweck der Norm geprüft.

> **Merke:** Bei der haftungsbegründenden Kausalität geht es darum, »ob überhaupt« gehaftet, bei der haftungsausfüllenden Kausalität darum, »wie viel« ersetzt werden muss.

Sonderprobleme hierzu sind äußerst selten und dann **in der Regel schnell dem Palandt zu entnehmen.** Möglich wäre zB die Frage, ob **Vorsorgeaufwendungen** (Haltung von Reservefahrzeugen, Kosten von Sicherungsmaßnahmen) ein ersatzfähiger Schaden sind[208] oder die Unerheblichkeit von Schadensanlagen.[209] Zudem sollten Sie darauf achten, dass sog. **Sowieso-Kosten** in der Regel ebenfalls nicht als Schaden ersetzbar sind (rechtmäßiges Alternativverhalten).[210]

C. Sonstige deliktische Anspruchsgrundlagen

Für Hersteller ist im **ProdHaftG (kommentiert im Palandt!)** eine Gefährdungshaftung normiert. Detailfragen sollten Sie im Kommentar nachschlagen, Präsenzwissen ist nicht erforderlich, da Klausuren dazu sehr selten sind. Oft ergab sich die Lösung auch direkt aus der Normen des ProdHaftG. Bei **Unfällen mit Straßenbahnen** beachten Sie § 1 II StVG. Es kommen dann Ansprüche aus Vertrag, Delikt und **HPflG** in Betracht.

Die Amtshaftung ergibt sich aus **§ 839 BGB iVm Art. 34 GG** und ist **gut kommentiert im Palandt bei § 839 BGB.** Achten Sie hier auf drei Sachen:

1. Bei den öffentlich-rechtlichen VSP im Straßenraum gilt das Verweisungsprivileg des § 839 I 2 BGB nicht (Argument: Gleichbehandlungsgrundsatz im Straßenverkehr).
2. Der Staat haftet auch für das Handeln seiner privaten »Werkzeuge/Verwaltungshelfer« (Beamter im haftungsrechtlichen Sinn).
3. Immer Mitverschulden nach § 254 BGB prüfen!

Amtshaftung kommt immer wieder in Examensklausuren vor, glauben Sie uns! Ein frisches Urteil zum Üben wäre die **Rückstau-Entscheidung BGH BeckRS 2017, 128869 = MDR**

207 Palandt/*Sprau* BGB § 823 Rn. 54; *Tempel/Graßnack/Kosziol/Seyderhelm* Materielles Recht 463 mwN; OLG Hamm BeckRS 2016, 113211; OLG Hamm NJW-RR 2015, 86 ff.

208 Manchmal ja, manchmal nein, vgl. Palandt/*Grüneberg* BGB § 249 Rn. 62 f.

209 Palandt/*Grüneberg* BGB Vorb v § 249 Rn. 35.

210 Palandt/*Grüneberg* BGB Vorb v § 249 Rn. 64 ff. mit vielen Fallgruppen.

2018, 27 ff. (lesen!). Neben diesem Amtshaftungsanspruch gibt es noch weitere Ansprüche bei Schäden durch staatliches Handeln (enteignender Eingriff, enteignungsgleicher Eingriff und Aufopferung, zB Erstürmen einer Wohnung durch SEK, Biss eines Polizeihundes bei Demonstration, Polizei rammt das einem Dritten gehörende Kfz des flüchtenden Verbrechers), die gut im Palandt in der **Vorbemerkung zu § 903 BGB** kommentiert sind. Unterschätzen Sie das Thema nicht. Auch ganz aktuelle Fälle aus der Presse kommen dann oft vor, daher sollten Sie hier auf dem Laufenden bleiben. Denken Sie auch an die Zuständigkeit des Landgerichts, § 71 II Nr. 2 GVG!

§ 19 I BNotO normiert die **Haftung der Notare** für Amtspflichtverletzungen (Palandt/*Sprau* BGB § 839 Rn. 130!).

In **§§ 19 ff. AGG** ist die Haftung für Diskriminierungen nach dem AGG im Zivilrechtsverkehr normiert. Relevant wird dies zB bei Diskriminierung im Rahmen der Wohnungssuche oder Diskothekenbesuchen. Auch das AGG ist im Palandt kommentiert. Sogenannte AGG-Hopper haben wegen § 242 BGB keine Ansprüche, selbst im Falle einer Diskriminierung.

Über derartige mit dem Palandt gut lösbare Sondervorschriften hinaus spielen in Examensklausuren §§ 823 II, 826, 830 ff., 906 II 2, 1004 BGB eine überragende Rolle, auf die im Folgenden näher eingegangen wird.

I. § 823 II BGB iVm einem Schutzgesetz und §§ 824, 826, 852 BGB

§ 823 II BGB greift bei schuldhafter Verletzung eines **Schutzgesetzes** ein, dh einer Norm, die zumindest auch dem Schutz von Individualinteressen und nicht nur der Allgemeinheit dient. Einige Vorschriften aus dem BGB sind Schutzgesetze, wie zB §§ 858, 226, 906 f., 909, 1004 BGB. Öffentliche Streupflichtsatzungen sind auch Schutzgesetze. Im StGB und in der StVO/StVZO sind viele Bestimmungen ebenfalls Schutzgesetze. Der Zivilrichter ist bei der Prüfung eines Schutzgesetzes zB aus dem StGB nicht an die Ausführungen in einem Strafurteil gebunden. Zum Üben: Eine schöne Original-Klausur zu § 823 II BGB finden Sie bei *Kupczyk* JA 2011, 529 ff. 57

Klausurtipp: Ein beliebter Fall, bei dem Sie an § 823 II BGB denken müssen, ist die Klage auf Ersatz von **Abschleppkosten** durch den gestörten Grundstückseigentümer → Rn. 34. Das unbefugte Abstellen eines Kfz ist eine Besitzbeeinträchtigung und damit verbotene Eigenmacht iSv § 858 BGB. Zudem greifen § 823 I BGB (Eigentum und Besitz am Grundstück betroffen) und die GoA. Wiederholen Sie → Rn. 34! **In der Mündlichen** wird hier immer wieder danach gefragt, ob man bei Falschparkern auf dem eigenen Grundstück eine **Parkkralle** anbringen darf. Was ist die Lösung? Erst nachdenken, dann Fußnote lesen![211]

Die Geschäftsehre wird zusätzlich durch **§ 824 BGB** geschützt, der neben §§ 823 I, II, 826 BGB und §§ 8 ff. UWG in Betracht kommt (Beispiel aus Original-Klausur: *»XY GmbH verschafft sich durch frisierte Bilanzen Bankkredite«*).

Der wichtigste Anwendungsfall von **§ 826 BGB** ist die Durchbrechung der Rechtskraft durch eine auf § 826 BGB gestützte Unterlassungsklage gegen den Zwangsvollstreckungsgläubiger (**»Urteilsmissbrauch«**):[212] Nach der Rspr. kann in Ausnahmefällen **Unterlassung der Zwangsvollstreckung** aus einem rechtskräftigen, aber materiell unrichtigen Titel verlangt werden. Wurde der Titel bereits vollstreckt, ergibt sich aus § 826 BGB auch ein Rückzahlungsanspruch. In der **Zulässigkeit** der Unterlassungsklage nach § 826 BGB sollten Sie – wie bei jedem Zwangsvollstreckungsrechtsbehelf – auf die Zuständigkeit des Gerichts (zuständig ist das Gericht, in dessen Bezirk die Zwangsvollstreckungsmaßnahme zu erwarten ist), auf die Statthaftigkeit (wenn Urteilsmissbrauch vorgetragen wird) und auf das Rechtsschutzbedürfnis (Vollstreckung droht/begonnen) eingehen. Die Rechtskraft der angegriffenen Entscheidung steht der Klage nicht entgegen, weil § 826 BGB ja gerade einen anerkannten Fall der Durch-

211 Natürlich nicht! Dies wäre eine Eigentums- u. Besitzstörung, die nicht durch §§ 859, 227 ff. BGB gerechtfertigt ist, weil sie die Störung nicht beseitigt, sondern – im Gegenteil – verfestigt/perpetuiert! Vgl. dazu *Paal/Guggenberger* NJW 2011, 1036 ff.

212 *Kaiser/Kaiser/Kaiser* Zwangsvollstreckungsklausur Rn. 8.

brechung der Rechtskraft darstellt. Manchmal lassen die LJPAs den Beklagten zudem vortragen, dass §§ 580 ff. ZPO (Restitutionsklage) vorgehen. Die §§ 580 ff. ZPO sperren die Klage nach § 826 BGB jedoch nicht, da durch §§ 580 ff. ZPO Sonderfälle geregelt werden, die mit Urteilsmissbrauch nichts zu tun haben. Die Klage ist **begründet**, wenn der Titel materiell unrichtig ist, der Zwangsvollstreckende die Unrichtigkeit kennt und weitere besondere Umstände hinzutreten, welche die Erlangung des Vollstreckungstitels oder seine Ausnutzung als sittenwidrig erscheinen lassen. Beachten Sie, dass auf die Unterlassungsklage aus § 826 BGB zur Vermeidung einer Aushöhlung der Rechtskraft zwar nicht § 767 II ZPO, jedoch die Vorschrift des **§ 582 ZPO** (lesen!) jedenfalls bei Vollstreckung aus Urteilen (zB Versäumnisurteil) **analog** angewendet wird.[213] Weitere Anwendungsfälle von § 826 BGB: Eigentümer verschweigt Stromversorger; Stromanschlussnutzer und Herstellerhaftung im VW-Abgasskandal.

Sind deliktische Ansprüche aus §§ 823 ff. BGB verjährt, denken Sie bitte an die **Spezial-Anspruchsgrundlage in § 852 BGB.** Der Witz in der Klausur ist dann nur, überhaupt an diese Norm zu denken (so wie zB im Julitermin 2016!).

II. § 830 BGB – insbesondere die alternative Kausalität

58 Wichtig ist **§ 830 I 2 BGB**, der bei gemeinschaftlichen Verletzungshandlungen außerhalb von Mittäter- und Teilnehmerschaft nach hM eine **eigene Anspruchsgrundlage** ist, wenn die jeweilige Ursächlichkeit für den eingetretenen Schaden nicht festgestellt werden kann (*»alternative Kausalität«*, zuletzt Mai- und Dezembertermin 2016!). § 830 I 2 BGB gilt für sämtliche Ansprüche aus §§ 823 ff. BGB, so zB auch bei Gefährdungshaftung. In der Praxis wird in der Regel vor § 830 I 2 BGB der jeweilige Grundtatbestand, also zB § 823 I BGB mitzitiert.

Formulierungsbeispiel: Die von der Klägerin gem. § 823 I iVm § 830 I 2 BGB geltend gemachten Schadensersatz- und Schmerzensgeldansprüche sind dem Grunde nach unter Berücksichtigung eines Mitverschuldens der Klägerin von 50% gerechtfertigt. Die Beklagte hat die ihr obliegende Verkehrssicherungspflicht verletzt, weil …

III. § 831 BGB – die Haftung für Verrichtungsgehilfen

59 § 831 BGB ist eine eigene Anspruchsgrundlage gegen den Geschäftsherrn für eigenes Verschulden bezüglich der Auswahl und/oder der Überwachung seines **Verrichtungsgehilfen,** wenn Letzterer im Zusammenhang mit seinem Pflichtenkreis einem anderen rechtswidrig (Verschulden nicht nötig) einen Schaden zufügt. Verrichtungsgehilfe ist, wer in weisungsgebundener und abhängiger Stellung zum Geschäftsherrn ist (viele Beispiele im Palandt!). In den Examensklausuren **handelt es sich in der Regel um Angestellte.** Das Verschulden des Geschäftsherrn wird vermutet, der Geschäftsherr kann sich aber **exkulpieren,** § 831 I 2 BGB. Im Rahmen von Betrieben greift der sog. dezentralisierte Entlastungsbeweis. Was heißt das?[214] Bei mangelnder Organisation sollte in der Klausur auch § 823 I BGB geprüft werden (→ Rn. 56: Organisationspflicht). Der Verrichtungsgehilfe selbst haftet zudem nach §§ 823 ff. BGB.

Beachte: Die Pflichtverletzung (steht nicht in § 278 BGB, wird aber per Auslegung hineingelesen, da sich sonst kaum ein Anwendungsbereich ergäbe) und das Verschulden von **Erfüllungsgehilfen** (Personen, denen sich der Schuldner zur Erfüllung seiner Pflichten aus dem **bestehenden Schuldverhältnis** bedient) wird bei dessen Handeln im Zusammenhang mit dem gesetzlichen oder vertraglichen Schuldverhältnis nach **§ 278 BGB** zugerechnet. § 278 BGB ist keine Anspruchsgrundlage, sondern nur Zurechnungsnorm, die vor allem bei Sekundäransprüchen aus §§ 280 ff. BGB, **pVV und c.i.c.** relevant wird. Eine Exkulpation sieht § 278 BGB – anders als § 831 BGB – nicht vor (dies wird trotzdem häufig von der betroffenen Partei geltend gemacht!).

213 BGH NJW 1989, 1258 f.; Palandt/*Sprau* BGB § 826 Rn. 52.

214 Der Geschäftsherr kann die Auswahl und Überwachung des Personals innerhalb der Organisation auf Angestellte übertragen. Eine Entlastung gelingt dann, wenn der Geschäftsherr den überwachenden leitenden Angestellten sorgfältig ausgewählt und überwacht **und** dieser wiederum selbst sorgfältig ausgesucht und überwacht hat, vgl. Palandt/*Sprau* BGB § 831 Rn. 11 ff.

Merke: Ist der Erfüllungsgehilfe gleichzeitig Verrichtungsgehilfe (zB Angestellter), so können **§ 278** BGB und § 831 BGB nebeneinander anwendbar sein, wenn die Parteien durch ein Schuldverhältnis verbunden sind!

IV. §§ 832 ff. BGB – insbesondere die Tierhalterhaftung

§§ 832 ff. BGB enthalten Sondertatbestände (lesen!). Die Elternhaftung nach § 832 BGB kann 60
zB bei **illegalem Filesharing** der minderjährigen Kinder relevant werden. **Am wichtigsten für die Klausuren ist die Tierhalterhaftung nach § 833 BGB (die Norm jetzt bitte lesen!).**

In der Klausur sind zu § 833 BGB **standardmäßig mehrere Punkte abzuklappern**, dh darzustellen:
1. Hat sich spezifische Tiergefahr verwirklicht (»*durch ein Tier*«)? = typisches unberechenbares Tierverhalten?
2. Haftungsausschluss (vertraglich, konkludent oder wegen Handelns auf eigene Gefahr oder nach § 242 BGB)?
3. Anrechnung der mitwirkenden Tiergefahr des von einem selbst gehaltenen Tieres analog § 254 BGB.[215]
4. Abzug eigenen Mitverschuldens nach § 254 BGB[216] oder § 17 IV StVG (Kfz-Tier-Zusammenprall).

Hier ist eine saubere Argumentation mit der Klausurakte und Arbeit mit dem Palandt bei § 833 BGB gefragt. Gegebenenfalls sind auch die **Halter- oder Nutztiereigenschaft** oder die Rechtswidrigkeit zu problematisieren. Zudem geht es in jeder Klausur um **Schadensfragen** wie die präzise Begründung der Höhe des Schmerzensgeldes, den unbezifferten Klageantrag und um den Feststellungsantrag bezüglich Folgeschäden. Neben § 833 BGB kommen **§§ 834, 823 I** (Verkehrssicherungspflicht!), II (Leinenzwang in Landesgesetzen) BGB infrage, die vor allem im Anwaltsgutachten **nach § 833 BGB zu prüfen** sind.

Lese- u. Übungstipps zu § 833 BGB (alle LJPAs lieben Tiere – fast alle Klausuren sind aktuelle Entscheidungen!):

- *Gömöry* JA 2011, 373 ff. (Examensklausur Juni 2009!)
- OLG Hamm NJW-RR 2003, 239 ff. (Examensklausur März 2011!)
- BGH NJW 2011, 1961 f. (Examensklausur September 2013!)
- OLG Hamm MDR 2013, 908 (Original-Aktenvortrag aus 2013!).
- OLG Frankfurt a.M. NJW-RR 2004, 1672 ff. (Examensklausur November 2014!)
- *Mallepree* JA 2015, 294 ff. (Original-Aktenvortrag aus NRW)
- OLG Hamm NJW-RR 2015, 1114 u. NJW-RR 2016, 97 (hervorragend als Aktenvortrag geeignet!)
- BGH NJW 2015, 1824 ff., 2016, 1589 ff. und 2016, 2737 ff. (das werden mal Klausurklassiker!)
- OLG Koblenz MDR 2017, 763; NJW-RR 2017, 728 (perfekt!)
- OLG Nürnberg NJW-RR 2017, 1173 ff.; OLG München NJW 2017, 3664 ff. (sehr klausurgeeignet!)
- OLG Saarbrücken BeckRS 2018, 2662 (sehr klausurgeeignet als Klausur/Aktenvortrag!)

V. Der Beseitigungs- und Unterlassungsanspruch aus § 1004 BGB

Nach dem verschuldensunabhängigen § 1004 BGB kann Beseitigung/Unterlassen der Eigen- 61
tumsstörung verlangt werden. In Klausuren ist zum Teil ein Antrag auf **Androhung von Ordnungsgeld** enthalten. Dann ist § 890 II ZPO zu nennen (die Norm kannten ganz viele Examenskandidaten gar nicht!).

215 Haftet der andere Tierhalter aus § 823 BGB, so wird die abstrakte Tiergefahr des eigenen Tieres des Geschädigten **analog § 840 III BGB** bei § 823 BGB nicht abgezogen, vgl. Palandt/*Sprau* BGB § 833 Rn. 13; BGH NJW 2016, 1589 ff.; MDR 2016, 1017 f.

216 Wird der Tieraufseher iSv § 834 BGB durch das von ihm beaufsichtigte Tier verletzt, so wird nach der Rspr. die Verantwortlichkeitsvermutung des Tieraufsehers nach **§ 834 S. 2 BGB** für den Abzug des Mitverschuldens in die Prüfung von § 833 BGB gegen den Halter »rübergezogen«, sofern nicht die Haftung des Halters ohnehin ggü. dem Aufseher ausgeschlossen ist, vgl. Palandt/*Sprau* BGB § 833 Rn. 11.

Der **Beseitigungsanspruch** aus § 1004 I 1 BGB hat folgende Voraussetzungen:

1. Rechtswidrige Beeinträchtigung des Eigentums
2. Fortwirken/Gegenwärtigkeit der Beeinträchtigung
3. Gläubiger ist Eigentümer und Schuldner ist Störer
4. Keine Duldungspflicht, § 1004 II BGB
5. Rechtsfolge: Beseitigung der Störung

Der **Unterlassungsanspruch** aus § 1004 I 2 BGB hat folgende Voraussetzungen:

1. Rechtswidrige Beeinträchtigung des Eigentums
2. Wiederholungsgefahr, vgl. ausdrücklich § 1004 I 2 BGB
3. Gläubiger ist Eigentümer und Schuldner ist Störer
4. Keine Duldungspflicht, § 1004 II BGB
5. Rechtsfolge: Unterlassen der Störung (gegebenenfalls auch aktives Handeln geschuldet)

Zu § 1004 BGB sollten Sie Folgendes wissen:

- Beispiele für Eigentumsverletzung: **grenzüberschreitende Natureinwirkungen** (Lärm, Überwuchs, Wurzeln, Nadeln) und Verstoß gegen nachbarschützende (Landes-)Vorschriften (zB Grenzabstand für Bäume, Garagen etc.), Blendwirkung durch Nachbars PV-Anlage, nicht dagegen der Entzug von Luft und Licht (»Verschattung«).
- Die nur für den Unterlassungsanspruch erforderliche **Wiederholungsgefahr** ergibt sich grundsätzlich (widerleglich) schon aus der Tatsache des Ersteingriffs. Eine Unterlassungserklärung beseitigt eine Wiederholungsgefahr nur, wenn es sich um eine strafbewehrte Unterlassungserklärung handelt.[217]
- **Vorbeugender Unterlassungsanspruch**: Es reicht, wenn eine Beeinträchtigung erstmals konkret droht (Erstbegehungsgefahr). Der Eigentümer muss also nicht eine Störung abwarten, bis er aktiv wird.
- **Störer: Handlungs- und Zustandsstörer**. Problematisch ist die **Zustandsstörereigenschaft** vor allem bei Naturereignissen. Das bloße Eigentum bezüglich des störenden Grundstücks reicht in der Regel nicht. Vielmehr muss die Störung wenigstens mittelbar auf den Willen des Eigentümers zurückgehen, zB weil eine Sicherungspflicht besteht oder er sonstwie eine Gefahrenquelle geschaffen hat (*»wertende Betrachtung im Einzelfall«*). Insbesondere bei Feuerausbrüchen, Wasserrohrbrüchen und Wurzelüberwuchs bejaht die Rspr. in der Regel die Störereigenschaft des Eigentümers. Der **Portalbetreiber** einer Internetseite (zB Ärztebewertungsportal) mit fremden ehrverletzenden Beiträgen ist nur Störer, wenn er *»zumutbare Prüfpflichten«* nach Hinweis auf bestimmte Einträge verletzt (keine Vorzensur erforderlich!). Er wird dann in der Regel als mittelbarer Handlungsstörer bezeichnet.[218] **Welche Art von Störer vorliegt, müssen Sie in der Klausur immer darlegen (oft einer der Schwerpunkte der Klausur)!**
- Besteht eine **Duldungspflicht** (entspricht einer Rechtswidrigkeitsprüfung)?
  - ZB aus §§ 904, 905 I 2, 906, 910 II, 912 (entschuldigter Überbau), 917, 921 f. BGB, aus dingl. Nutzungsrecht (zB im Grundbuch eingetragenes Wegerecht), aus öffentlichem Recht (Naturschutzrecht, Bauordnungsrecht, BImSchG, Nachbargesetze, Verwaltungsakt), wegen Einwilligung des Beeinträchtigten oder (restriktiv!) aus dem nachbarschaftlichen Gemeinschaftsverhältnis.[219] **Die wichtigste Norm in der Klausur ist § 906 BGB.** Im Rahmen von § 906 BGB (Wesentlichkeit) müssen Sie je nach Fall die TA Luft/TA Lärm anwenden.
  - ZB aus § 193 StGB oder aus Grundrechten (bei verletzenden Äußerungen oder Rauchen auf dem Balkon)

---

217 Wird der **Störer berechtigt abgemahnt**, so muss er nach der Rspr. aus GoA (im Wettbewerbsrecht § 12 UWG) die **Anwaltskosten tragen**. Bei unberechtigter Abmahnung dreht sich der Anspruchsspieß natürlich um, vgl. dazu Palandt/*Sprau* BGB § 823 Rn. 140.

218 Palandt/*Sprau* BGB § 823 Rn. 203 mwN; BGH NJW 2016, 2106 = MDR 2016, 518 ff.

219 Palandt/*Herrler* BGB § 903 Rn. 13; OLG Naumburg NJOZ 2017, 398 ff. Dies wird vor allem dann relevant, wenn für die Duldungspflicht § 906 BGB nicht gilt, zB bei Grenzüberschreitung von Hunden, Katzen oder bei Bienen- o. Taubenhaltung des Nachbarn.

- Bei Mitverursachung der Störung (auch schuldloser) erfolgt analog § 254 BGB eine Kostenbeteiligung des Gestörten: Die Verurteilung zur Beseitigung wird dann durch die Feststellung beschränkt, dass sich der beeinträchtigte Eigentümer in Höhe seiner Haftungsquote an den Kosten der Beseitigung zu beteiligen hat.
- **Umfang der Beseitigung**: Es kann grundsätzlich nur die Beseitigung der Störungsquelle verlangt werden, nicht die Beseitigung der Störungsfolgen (hierfür nur Schadensersatzansprüche möglich). Jedoch erfasst § 1004 BGB auch die Beseitigung der **Begleitschäden**, die zwangsläufig **durch die Beseitigung** der Störungsquelle entstehen (zB nach Entfernen der Wurzeln Neuverlegung des durch die Wurzelbeseitigung zerstörten Weges).
- Bei grenzüberschreitenden Zweigen/Wurzeln tritt das Selbsthilferecht aus **§ 910 BGB neben § 1004 BGB**. Gegebenenfalls sind weitere Ansprüche aus dem Nachbarrecht des Landes möglich (auf Bearbeitervermerk achten!).
- In vielen Klausuren mit herüberhängenden Zweigen oder Wurzeln **nimmt der Gestörte die Beseitigung selbst vor** und verlangt dann Kostenersatz vom störenden Nachbarn. Was sind dann die Anspruchsgrundlagen?[220]

Klausurtipp: Bei Unterlassungsklagen wird in den Klausuren vom Gegner auch gerne vorgetragen, dass der Antrag wg. **Unbestimmtheit (§ 253 II Nr. 2 ZPO)** unzulässig sei. Hiervon kann allerdings nur ausgegangen werden, wenn der Klageantrag auch nach Auslegung nicht hinreichend bestimmt ist. Die Rspr. hierzu finden Sie bei Palandt/*Herrler* BGB § 1004 Rn. 51! Denken Sie auch bei Nachbarstreitigkeiten an das gegebenenfalls durch Landesrecht (LSchlG) vorgeschriebene **obligatorische Güteverfahren**, welches der Klageerhebung vorausgehen muss (sonst Klage unzulässig!). Zudem kann bei Klagen im Zusammenhang mit Grundstücken die (ausschließliche) örtliche **Zuständigkeit nach § 24 ZPO** relevant werden.

§ 1004 BGB gilt direkt nur für Eigentumsverletzungen. Um Rechtsschutzlücken zu vermeiden, wird **§ 1004 BGB analog** bei Beeinträchtigung aller weiterer durch §§ 823 ff. BGB geschützten Rechte (zB berechtigter Besitz, allgemeines Persönlichkeitsrecht, Anwartschaftsrecht, Recht am eingerichteten und ausgeübten Gewerbebetrieb) angewendet. **Anspruchsgrundlage ist dann zB beim allgemeinen Persönlichkeitsrecht § 1004 I BGB analog iVm § 823 I BGB** (dh, die Norm, aus der sich das geschützte Recht ergibt, ist stets hinter § 1004 I BGB analog mit zu zitieren; darauf achten die Korrektoren!). Der Anspruch bei **Verletzung des allgemeinen Persönlichkeitsrechts** richtet sich bei unwahren Tatsachenbehauptungen auf Unterlassen und Beseitigung (zB durch Widerruf). Bei herabsetzenden Werturteilen kann nur Unterlassen verlangt werden, da Meinungen nicht widerrufen werden können. Bei Sachverhalten im Zusammenhang mit ehrverletzenden Äußerungen kommt es gegebenenfalls auf **Beweislastfragen** an. Die Beweisregel des § 186 StGB wird hier ins Zivilrecht »rübergezogen«. Daher muss grundsätzlich der Äußernde die Wahrheit seiner Tatsachenbehauptung beweisen. Abgeschwächt wird dies allerdings, wenn der Anspruchsgegner sich auf § 193 StGB beruft (»pressemäßige Sorgfalt«). Bei Widerrufsklagen trägt dagegen stets der Anspruchsteller die Beweislast, da sonst der Äußernde gegebenenfalls gezwungen würde, im Rahmen der Zwangsvollstreckung eine nicht erweislich wahre bzw. unwahre Tatsache zu widerrufen.[221]

Klausurtipp: Wenn die verletzende **Äußerung im Rahmen eines Prozesses oder gegenüber Strafverfolgungsbehörden** getätigt wird und daraufhin eine Widerklage auf Unterlassung erhoben wird, so ist das Rechtsschutzbedürfnis für eine derartige Klage zu problematisieren.[222] Zudem muss die Wiederholungsgefahr dargelegt werden, weil ohne besondere Anhaltspunkte nichts dafür spricht, dass die Äußerung außerhalb des Prozesses wiederholt wird.

---

220 **Früher § 812 BGB, nach neuer Rspr. vorrangig GoA!** Auch-fremdes Geschäft (+), weil und wenn Störer von § 1004 BGB befreit wird. Nur wenn GoA (–), soll Rückgriffskondiktion möglich sein (zuletzt wieder BGH MDR 2014, 1141 mwN; Palandt/*Herrler* BGB § 1004 Rn. 30). Auch die Voraussetzungen von §§ 281, 286 BGB können vorliegen, da die Pflichten aus § 1004 BGB ein gesetzliches Schuldverhältnis begründen, Palandt/*Herrler* BGB § 1004 Rn. 48; OLG Karlsruhe NJW 2012, 1520. Die Praxis stützt sich aber idR nur auf GoA und subsidiär § 812 BGB.

221 Palandt/*Sprau* BGB § 823 Rn. 101a; Palandt/*Sprau* BGB Einf v § 823 Rn. 32; BGH NJW 1996, 1131 ff.

222 BGH NJW 2012, 1659 ff.; *Kaiser/Kaiser/Kaiser* Zivilgerichtsklausur I Rn. 400 mit Formulierungsbeispiel. **Ein beliebtes Klausurproblem!**

Klausurtipp: In der Regel bietet es sich an, bei Klausuren rund um die Verletzung der Ehre/des allgemeinen Persönlichkeitsrechts die Anspruchsprüfung nach der gewollten Rechtsfolge zu gliedern: Ansprüche auf Widerruf, auf Unterlassen, auf Schadensersatz/Schmerzensgeld etc. Sinnvoll ist es auch, bei der Anspruchsprüfung stets zwischen den einzelnen angeblich das allgemeine Persönlichkeitsrecht beeinträchtigenden Handlungen zu differenzieren und nicht alles über einen Kamm zu scheren, denn oft wird dem Schädiger in Klausuren ein ganzes Bündel an verbotenen Handlungen vorgeworfen. Das musste dann alles getrennt geprüft werden. Oft wird der einstweilige Rechtsschutz als prozessualer Mantel gewählt (vgl. dazu ***Kaiser/Kaiser/Kaiser*** **Anwaltsklausur Zivilrecht Rn. 73 ff.**).

Bei unzumutbaren Beeinträchtigungen eines nach § 1004 BGB geschützten Rechtsgutes, deren Verhinderung dem Gestörten aus besonderen Gründen nicht möglich war, wird nach Eintritt eines Schadens der **nachbarrechtliche Ausgleichsanspruch analog § 906 II 2 BGB** relevant. Diese Rechtsfigur wurde entwickelt, um dem Geschädigten in Fällen, in denen von einem anderen Grundstück (horizontale Grenzüberschreitung nötig; Ausnahme: WEG-Häuser bei Störung des Sondereigentums durch anderes Sondereigentum – *»Sondereigentum fungiert als Ersatzgrundstück«*) infolge privatwirtschaftlicher grundstücksspezifischer Benutzung (»Sylvesterraketen-Fall« vom BGH) unzumutbare Einwirkungen ausgehen, finanziell zu entschädigen. Andere Anspruchsgrundlagen auf Schadensersatz greifen nämlich oft in diesen Nachbarfällen nicht:

- §§ 280, 242 BGB iVm dem nachbarschaftlichen Gemeinschaftsverhältnis in der Regel (–), da die Nachbarschaft kein Schuldverhältnis ist (restriktive Ausnahme: Anspruch möglich, wenn billiger Ausgleich *»dringend geboten«*).[223]
- § 906 II 2 BGB direkt in der Regel (–), da Beeinträchtigung wegen Ortsunüblichkeit nicht zu dulden ist oder die Einwirkung durch eine zumutbare Maßnahme hätte verhindert werden können (zB bei eindringendem Regenwasser) oder eine Beeinträchtigung vorliegt, die von vorneherein nicht unter § 906 BGB jedoch unter den nachbarrechtlichen Ausgleichsanspruch fällt wie zB Feuer oder Wasser als Grobimmissionen oder Zugangsbeschränkungen.
- § 823 BGB in der Regel auch (–), da keine Verkehrssicherungspflicht verletzt oder mangels Beweises des Verschuldens beim Schädiger.
- § 1004 BGB (–), da nur Unterlassen/Beseitigung aber kein Geldersatz gefordert werden kann.

Der nachbarrechtliche Ausgleichsanspruch **ist grundsätzlich subsidiär.** Daher müssen Sie in der Klausur in der Regel vorher die oben aufgezeigten Ansprüche kurz durchprüfen und ablehnen, bevor Sie zum »großen Finale« kommen und den nachbarrechtlichen Ausgleichsanspruch analog § 906 II 2 BGB aus dem Klausurhut zaubern.

Voraussetzungen des nachbarrechtlichen Ausgleichsanspruches aus § 906 II 2 BGB analog

Vorprüfung wg. Subsidiarität: keine anderen Ansprüche einschlägig? Wenn (–):

1. Unzumutbare horizontale privatwirtschaftliche grundstücksspezifische Einwirkung von außen auf anderes Grundstück.
2. Einwirkung zieht dem Grunde nach Anspruch aus §§ 1004, 862 BGB nach sich (**Inzidentprüfung**).
3. Betroffener war aus »besonderen Gründen« an der Geltendmachung des Unterlassungsanspruchs gehindert
   - Tatsächliche Hinderungsgründe:
     - ZB »faktischer Duldungszwang« bei Grobimmissionen (Feuer, Wasserrohrbruch).
     - ZB Geschädigter vertraut Beseitigungszusage des Störers, die dann doch unterbleibt.
   - Ausnahmsweise auch bei rechtlichen Hinderungsgründen:
     - ZB Beseitigungsanspruch nach Naturschutzrecht verfristet (BGH NJW 2018, 1010).
     - ZB Duldungspflicht iSv § 1004 II BGB aus dem nachbarschaftlichem Gemeinschaftsverhältnis.

Klausurtipp: Dieser Anspruch ist super bei Palandt/*Herrler* BGB § 906 Rn. 37 f. kommentiert!

BGH NJW 2018, 1542 (Brand durch beauftragte Dachdecker) wird der Klassiker dazu!

223 OLG Hamm BeckRS 2017, 126643 bejaht ein Schuldverhältnis iSv § 280 BGB zwischen den Nachbarn bei Arbeiten an einer gemeinschaftlichen Grenzwand iSv §§ 921 f. BGB. Mal schauen, ob sich das durchsetzt.

Anspruchsgläubiger ist der Eigentümer oder berechtigte Besitzer (zB Mieter) des betroffenen Grundstücks, Anspruchsgegner der Nachbar-Störer (nicht Bauunternehmer, die nur für den Nachbar-Störer tätig sind!). Der Anspruch geht auf Entschädigung für die nicht mehr zumutbare Beeinträchtigung (nicht Schmerzensgeld!). Analog § 254 BGB wird bei (auch schuldloser) Mitverursachung der Anspruch gekürzt, gegebenenfalls sogar auf Null.

Klausurtipp: In der Regel wird in der Praxis und daher oft auch in der Klausur die Versicherung den Schaden ihres Versicherungsnehmers (Geschädigter) ersetzt haben und nun nach **§ 86 VVG (*cessio legis*)** gegen den Schädiger vorgehen. § 86 VVG ist dann nur die äußere Hülle, inzident prüfen Sie das Bestehen des übergegangenen Anspruches des Geschädigten (Versicherungsnehmer) gegen den Schädiger.

Zuletzt noch ein Hinweis auf eine gern verwendete **fiese Klausurkonstellation** in diesem Zusammenhang, die sog. **Grenzverwirrung:** Wenn sich zwei Nachbarn über einen Grenzstreifen nicht einigen können (vgl. § 920 BGB), ergibt sich aus §§ 920, 242 BGB iVm dem nachbarschaftlichen Gemeinschaftsverhältnis ein Unterlassungsanspruch, der es den Nachbarn verbietet, das streitige Flurstück in Besitz zu nehmen, um vorzeitige Fakten zu schaffen. Dieser Unterlassungsanspruch kann mit einer einstweiligen Verfügung durchgesetzt werden. Und wenn aus dem Vollzug der einstweiligen Verfügung dann ein Schaden entsteht, kann dies alles unter der examensträchtigen Vorschrift § 945 ZPO[224] geprüft werden. Vorlage für diese Klausuren ist BGH NJW-RR 2008, 610 ff. Übrigens: Im Oktober 2017 und April 2018 lief eine Klausur zu einem gemeinsamen **Grenztor**, hier waren §§ 1004, 921 f. BGB zu prüfen (Vorlage war LG Hamburg BeckRS 2016, 05638). Und wenn wir schon mal beim Thema sind: In § 923 BGB ist der **Grenzbaum** und dessen Fällen geregelt. Generell gilt: Ab und zu gibt es **»Clou-Klausuren« und Aktenvorträge aus dem Nachbarrecht**, bei denen es um das Auffinden unbekannter Normen geht. Beliebt sind §§ 836 f., 908, 909, 917 ff. BGB (alle Vorschriften jetzt lesen!). Die LJPAs prüfen manchmal absurde Dinge!

Beachte: In der Mündlichen wird in Nachbarfällen ab und zu nach dem sog. **Hammerschlags- und Leiterrecht** gefragt. Dies ist die sich in der Regel aus den Nachbargesetzen oder sonst aus dem nachbarschaftlichem Gemeinschaftsverhältnis ergebende Pflicht, die Benutzung des eigenen Grundstücks durch den Nachbarn vorübergehend zu nutzen, wenn außergewöhnliche Arbeiten erforderlich sind (zB Aufstellen eines Gerüstes).

D. Der Umfang der Haftung, §§ 249 ff. BGB

§§ 249 ff. BGB sind keine Anspruchsgrundlagen, sondern regeln lediglich den Umfang von **62**
Schadensersatzansprüchen zB aus §§ 280 ff., 823 ff. BGB, StVG. Ergänzungen enthalten §§ 10 ff. StVG.

Die Prüfungsreihenfolge für die Ermittlung des Umfangs des Schadensersatzes lautet:

1. Schadensermittlung
2. Schadenskorrektur
3. Form des Schadensersatzes

I. Die Klausurprobleme zur Schadensermittlung

Differenziert wird zwischen dem Vermögensschaden und dem Nichtvermögensschaden/immateriellen Schaden. Ein Vermögensschaden liegt vor, wenn der jetzige Wert des Vermögens niedriger ist als wenn das schädigende Ereignis nicht stattgefunden hätte (**Differenzhypothese**). Ein Nichtvermögensschaden liegt bei der Verletzung von immateriellen Rechtsgütern wie Ehre oder Gesundheit/Körper vor.

224 Vgl. dazu *Kaiser/Kaiser/Kaiser* Zwangsvollstreckungsklausur Rn. 124.

Problem: Normativer Schaden bei entgangener Nutzungsmöglichkeit (»Vermögensschaden kraft Wertung«)

- Entgangene Nutzung ist eigentlich kein Vermögensabfluss, dennoch wird ein Vermögensschaden über den **Kommerzialisierungsgedanken** bejaht. Voraussetzungen: Wirtschaftsgut von zentraler Bedeutung geschädigt, hypothetischer Nutzungswille und hypothetische Nutzungsmöglichkeit. Anerkannt zB bei **Pkw, Motorrad, Wohnung, Internetanschluss, Telefon,** nicht Fax, Smartphone und Fernsehen.[225] Rechtsfolge: Nutzungsausfallentschädigung = Kosten für Anmietung einer Ersatzsache oder Wertersatz für entgangenen Gebrauchsvorteil.
- **§ 651n II BGB nF** normiert einen Schadensersatz für entgangene Urlaubsfreuden im Reiserecht (→ Rn. 77). Außerhalb von § 651n II BGB nF wird die Ersatzfähigkeit von **entgangenem Urlaub** von der Rspr. grundsätzlich verneint (anders bei entgangenem vorher bezahltem Genuss außerhalb vom Urlaub).[226]

Problem: Aufwendungen als Schaden?

- In der Regel (–), da Schäden nur unfreiwillige Vermögensopfer sind.
- Ausnahme unter den Voraussetzungen der sog. **Rentabilitätsvermutung**. Danach wird bei Verträgen mit **kommerziellem Zweck** vermutet, dass sich bei ordnungsgemäßer Leistung die unmittelbaren Erwerbsaufwendungen (zB Maklerkosten, Notarkosten) später rentiert hätten und diese Amortisierung jetzt verhindert wurde. Diese Aufwendungen sind dann als echter Schaden zu ersetzen.[227]

Problem: Haftungsschaden

- Wird ein Gegenstand des Geschädigten beschädigt, den dieser bereits vor der Schädigungshandlung an einen Dritten verkauft hat (noch ist er Eigentümer), ergibt sich nach der Differenzhypothese kein Vermögensschaden, da Verbindlichkeiten als Negativposition abgezogen werden. Dann müssen Sie in der Klausur den Begriff **»Haftungsschaden«** bringen: Unter den Schadensbegriff fallen nämlich auch **Ansprüche Dritter**, denen der Geschädigte aufgrund der Handlung des Schädigers ausgesetzt ist (dann Inzidentprüfung!). Rechtsfolge: Vor Inanspruchnahme durch den Dritten kann über § 249 I BGB Freistellung verlangt werden (→ Rn. 63).
- Weiteres Beispiel: Die vom Mieter beauftragten Handwerker beschädigen die Mietsache. Hier wird durch die Pflichtverletzung der Handwerker ein Schadensersatzanspruch des Vermieters gegen den Mieter ausgelöst (pVV des Mietvertrages, Verschulden der Handwerker muss sich der Mieter nach § 278 BGB zurechnen lassen).

II. Die examensrelevanten Fallgruppen der Schadenskorrektur

Klausurtipp: Vor allem die **gestörte Gesamtschuld** hat in den letzten Jahren bei den LJPAs eine **gigantische Renaissance in den Examensklausuren** erfahren. Bitte prägen Sie sich diese Thematik gut ein!

- **Vorteilsanrechnung/Vorteilsausgleichung** (§ 242 BGB): Danach wird dem Geschädigten, dem durch das Schadensereignis zugleich ein Vorteil erwachsen ist, dieser Vorteil auf den Schaden angerechnet, wenn dies nicht unbillig ist. Die Billigkeit ist das entscheidende Wertungskriterium. Angerechnet werden zB ersparte Aufwendungen bei Krankenhausaufenthalten. Der schwierigste Fall taucht in der **»werkvertraglichen Leistungskette«** Besteller – Hauptunternehmer – Subunternehmer auf: Der Hauptunternehmer, der von seinem

225 Palandt/*Grüneberg* BGB Vorb v § 249 Rn. 11 f.; § 249 Rn. 40 ff.; LG Hagen NJW 2017, 2928; AG München Urt. v. 24.10.2017 – 283 C 12006/17.

226 AG München Urt. v. 4.11.2016 – 132 C 9692/16. Zu entgangenem Genuss Palandt/*Grüneberg* BGB § 249 Rn. 69.

227 Die schadensrechtliche Geltendmachung von Aufwendungen mit der Rentabilitätsvermutung dürfte aber nur dann zulässig sein, wenn der Geschädigte nicht gleichzeitig entgangenen Gewinn iSv § 252 BGB fordert, da sich beide Positionen gegenseitig ausschließen, sog. Bereicherungsverbot des Schadensrechts, vgl. BGH NJW 1999, 3625 ff. und 2000, 2342 ff.; anders wohl BGH NJW 2000, 506 ff.

Besteller wegen Werkmängeln nicht mehr in Anspruch genommen wird oder werden kann, kann wegen der Vorteilsausgleichung grundsätzlich nicht seinerseits Ansprüche (Schadensersatz, Minderung) wegen dieser Mängel gegen seinen Subunternehmer geltend machen (Ausnahme: das ZBR nach § 641 III BGB steht ihm nach der Rspr. aber zu). Weitere **Beispiele stehen bei Palandt/*Grüneberg* BGB Vorb v § 249 Rn. 77 ff. Lernen Sie hier nichts auswendig**, was Sie schnell nachschlagen können! Wenn der anzurechnende Vorteil ein Geldvorteil ist, wird er automatisch vom Schaden abgezogen. Sind Schaden und Vorteil nicht gleichartig, so muss der Geschädigte Zug um Zug den Vorteil an den Schädiger herausgeben, wobei der Schädiger dies noch nicht einmal beantragen muss, da nach ständiger Rspr. der Schadensersatzanspruch des Geschädigten *a priori* nur mit dieser Einschränkung besteht. Vorteile Dritter werden dem Geschädigten nicht angerechnet, es sei denn, es liegen die Voraussetzungen des Vertrags mit Schutzwirkung zugunsten Dritter oder der Drittschadensliquidation vor.

- **Gestörte Gesamtschuld:** Davon spricht man, wenn einer von mehreren Schädigern aufgrund eines Haftungsprivilegs (zB §§ 1359, 1664 BGB, §§ 104 ff. SGB VII), welches nur ihm zugutekommt, nicht haftet. Im Endeffekt ist also gar keine Gesamtschuld entstanden (daher »gestört«). Hier stellt sich die Frage, ob und wie sich diese Haftungsprivilegierung auf den nicht freigestellten Schädiger auswirkt. Anders als im ersten Examen müssen Sie hier **nicht die verschiedenen Meinungen darstellen**, sondern gleich mit dem BGH gehen. Dieser entscheidet unterschiedlich und hat verschiedene Fallgruppen gebildet, die **wunderbar bei Palandt/*Grüneberg* BGB § 426 Rn. 18 ff.** stehen. Die für Klausur und Mündliche wichtigsten Fälle sind diese: Wenn das Kind auf die Straße rennt und dort von einem Kfz erfasst wird, weil die Mutter in der Annahme, die Straße sei frei, eine leichte Vorwärtsbewegung gemacht hat, kommt der Mutter hinsichtlich des ihrem Kind entstandenen Schadens das **Haftungsprivileg gem. §§ 1664, 277 BGB** zugute.[228] Sie haftet dem Kinde gegenüber also nicht. Der Kfz-Fahrer haftet dagegen aus StVG und Delikt nach der Rspr. voll (nicht nur in Höhe seines Haftungsanteils!) und kann bei der Mutter auch keinen Regress nehmen. Argument: § 1664 BGB dient der Wahrung des Familienfriedens und der Begünstigung der Familie gegenüber außenstehenden Schädigern. Dies soll nicht unterlaufen werden. Eigenes Mitverschulden des Kindes scheidet nach § 828 BGB, die Zurechnung des Verschuldens der Mutter scheidet wegen § 254 II 2 BGB (Schuldverhältnis entsteht erst durch Unfall, keine vorherige Sonderverbindung!) aus. Denken Sie also bei der Verletzung von Kindern durch Dritte im Beisein der Eltern an die Problematik gestörte Gesamtschuld und an § 254 II 2 BGB (s. unten)! Die ganze Geschichte kann auch beim Einkaufsbummel der Mutter passieren, bei dem das Kind mitkommt und im Laden von einer herunterfallenden Flasche getroffen wird. Dann wird allerdings dem Kind das Mitverschulden der Mutter nach § 254 II 2 BGB und § 334 BGB analog abgezogen. Warum?[229] Das zweite Beispiel sind Drei-Personen-Konstellationen, in denen **ein Arbeiter auf einer gemeinsamen Betriebsstätte durch das SGB VII privilegiert ist** (→ Rn. 116). Hier entscheidet die Rspr. anders, nämlich zulasten des Geschädigten, und kürzt dessen Anspruch gegen den nicht Privilegierten, da der Geschädigte ausreichend durch sozialversicherungsrechtliche Ansprüche kompensiert wird.
- **Abzug neu für alt:** Wenn im Rahmen der Naturalrestitution gebrauchte/vorbeschädigte Sachen durch neue Sachen ersetzt werden, muss der Wertzuwachs abgezogen werden, wenn dies nicht unbillig ist (*»spürbare Verlängerung der Lebensdauer der betroffenen Teile«*?). Dies folgt aus dem Bereicherungsverbot des Schadensrechts.
- **Mitverschulden**, § 254 BGB (**gilt für alle Schadensersatzansprüche, nicht nur für § 823 BGB!**)

---

228 **§ 1664 BGB ist nicht nur Haftungsmaßstab, sondern nach hM auch eigene Anspruchsgrundlage des Kindes gegen die Eltern**, die neben die weiteren möglichen Ansprüche, zB aus § 823 I, II BGB, tritt. Die Norm gilt nach hM auch bei Aufsichtspflichtverletzungen der Eltern bei Teilnahme des Kindes im Straßenverkehr, es sei denn, die Eltern führen das Kfz.

229 Weil im Zeitpunkt der Schädigung bereits eine Sonderverbindung iSv §§ 254 II 2, 278 BGB zwischen Kind und Ladeninhaber bestand, nämlich die c.i.c. der Mutter ggü. dem Ladeninhaber iVm den Grundsätzen des VSD (→ vgl. Rn. 66). Ein beliebter Fall in beiden Examina!

- Mitverschulden (an Schadensentstehung/-minderung) wird nicht im Rahmen des Verschuldens, sondern beim Haftungsumfang geprüft, da bei bestehendem Mitverschulden eine **Quote zu bilden** ist. Der Mitverschuldensvorwurf ist in der Klausur **genau herauszuarbeiten.** Aktuell: Fahrradfahren ohne Helm – allgemeines Verkehrsbewusstsein, dass das gefährlich ist? BGH: Nein bei Unfällen bis 2011, bis 2013 erweitert vom OLG Hamm. Beachten Sie: Das Mitverschulden wird bei einem Schmerzensgeldanspruch entgegen der sonst üblichen Systematik bereits im Rahmen der Bemessungsfaktoren berücksichtigt; hier erfolgt keine Quotelung!
- Mitverschulden setzt Verschulden (Vorsatz, Fahrlässigkeit) voraus, auch §§ 827 f. BGB gelten analog.
- Fahrlässiges Mitverschulden muss man sich in der Regel nicht entgegenhalten lassen, wenn der Schädiger vorsätzlich gehandelt hat (Argument: § 242 BGB).
- Das Mitverschulden der gesetzlichen Vertreter/Erfüllungsgehilfen ist nach **§ 254 II 2 iVm § 278 BGB** zurechenbar. Vor allem die fehlerhafte Beaufsichtigung eines geschädigten Minderjährigen durch seine Eltern kann hiernach dem Kind quotenmindernd zugerechnet werden. Da § 254 II 2 BGB eine Rechtsgrundverweisung auf § 278 BGB ist, muss allerdings **im Zeitpunkt des schädigenden Ereignisses zwischen dem Schädiger und dem Kind ein Schuldverhältnis oder eine sonstige rechtliche Sonderverbindung (c.i.c., Vertrag mit Schutzwirkung zugunsten Dritter oder Vertrag zugunsten Dritter reichen) bestanden haben,** in dessen Rahmen die Eltern als Vertreter gelten. Nur dann greift § 254 II 2 BGB. Der Abzug des Mitverschuldens nach §§ 254 II 2, 278 BGB gilt nach der Rspr. auch, wenn die Sonderverbindung ein Vertrag zugunsten Dritter/Vertrag mit Schutzwirkung zugunsten Dritter ist und der Geschädigte seine Ansprüche auf Delikt stützt.[230] Ohne Sonderverbindung kommt eine Zurechnung von Drittverschulden bei Verrichtungsgehilfen nach § 831 BGB analog infrage. Außerdem wird in der Praxis das Mitverschulden des Fahrers auch ohne Sonderverbindung stets dem Halter zugerechnet.
- **§ 17 I, II StVG verdrängt § 254 BGB** bei der Haftungsverteilung zwischen am Unfall beteiligten Kfz-Halter und Fahrern auch für Ansprüche aus §§ 823 ff. BGB (→ Rn. 55).

III. Die Form des Schadensersatzes, §§ 249 ff. BGB

63 Inhalt und Umfang des Schadensersatzes richten sich nach §§ 249 ff. BGB. Bei Vorliegen eines **Vermögensschadens** kommen Naturalrestitution nach § 249 BGB oder – subsidiär – Wertersatz nach § 251 BGB in Betracht. Wegen der Tieraffinität der LJPAs sollte Ihnen auch **§ 251 II 2 BGB** bekannt sein. Wird die Verhältnismäßigkeitsgrenze des § 251 II 2 BGB überschritten, schuldet der Schädiger nach neuer Rspr. bei Verletzung von Tieren entgegen § 251 II 1 BGB die noch als verhältnismäßig zu erachtenden Tierbehandlungskosten (Argument: Tierschutz, **steht nicht im Palandt!**). Liegt der Schaden in einer Belastung mit der Verbindlichkeit gegenüber einem Dritten, so kann **Freistellung** verlangt werden (Umwandlung in Geldanspruch über **§ 250 BGB** möglich, bitte lesen!). § 252 BGB gewährt entgangenen Gewinn.

Bei **Nichtvermögensschäden** kann nach **§ 253 I BGB** grundsätzlich nur Naturalrestitution verlangt werden (Ausnahmen: §§ 651n II nF, 253 II, 844 III BGB, § 21 II AGG). Nach der Rspr. ist bei **schwerwiegender Verletzung des allgemeinen Persönlichkeitsrechts** (zB Intimfotos, schwere Beleidigung) aus § 823 I BGB iVm Art. 1 I, 2 I GG Geldersatz möglich, wenn die Naturalrestitution nicht ausreichend ist. Dies hängt von der Schwere des Eingriffs sowie vom Grad des Verschuldens ab. Dieser Entschädigungsanspruch wg. Verletzung der immateriellen Bestandteile des allgemeinen Persönlichkeitsrechts ist nach BGH (seit »Peter-Alexander-Entscheidung«) aufgrund seines höchstpersönlichen Zwecks (Genugtuung, ideelle Bestandteile sind personenbezogen) ausnahmsweise nicht vererblich/abtretbar, auch wenn der Anspruch noch zu Lebzeiten des Geschädigten anhängig wurde. Liegt in einer schwerwiegenden Verletzung des allgemeinen Persönlichkeitsrechts gleichzeitig eine Gesundheitsbein-

230 Palandt/*Grüneberg* BGB § 254 Rn. 51; BGH NJW 1957, 1187; 1968, 1323; OLG Karlsruhe NJW-RR 2017, 624 = MDR 2017, 384 f.

trächtigung, dienen Geldersatz und Schmerzensgeld dem Ausgleich desselben Schadens, wenn auch unter verschiedenen rechtlichen Blickwinkeln. Daher bestehen die Beträge nur alternativ.[231]

Die Zubilligung von **Schmerzensgeld** ist unter den Voraussetzungen von **§ 253 II BGB** (lesen!) in jedem Fall eines Schadensersatzanspruches möglich, also auch bei Ansprüchen aus §§ 280 ff. BGB (nicht bei § 906 II 2 BGB!). § 253 II BGB ist hierbei **keine eigene Anspruchsgrundlage**, sondern lediglich Rechtsfolgenbestimmung, die bei Schmerzensgeldansprüchen dann neben der Anspruchsgrundlage bereits im Obersatz mit zu zitieren ist. Schmerzensgeldansprüche sind grundsätzlich abtretbar (Ausnahme: s. oben), pfändbar und vererblich. Die Diskussion der **Höhe des Schmerzensgeldes** ist stets einer der Schwerpunkte der Klausur. Denken Sie bei Schmerzensgeld auch an die stets eingebauten zivilprozessualen Probleme der §§ 253 II Nr. 2, 287, 256 I ZPO (Stichwort: unbezifferter Klageantrag, Feststellungsantrag bezüglich zukünftiger Schäden, vgl. *Kaiser/Kaiser/Kaiser* Zivilgerichtsklausur I Rn. 316 f., 447 ff.).

Klausurtipp: Bei den sehr klausurrelevanten **Verkehrsunfällen** spielen in der Regel folgende Schadenspositionen eine Rolle (alles bei Palandt/*Grüneberg* BGB § 249 Rn. 8 ff. kommentiert!), deren präzise Abarbeitung/**Untersuchung oft einen Schwerpunkt** der Klausur darstellt:[232]

- **Reparaturkosten** oder Wertersatz auf Wiederbeschaffungsbasis: (+) über § 249 BGB. Gibt es Vorschäden, obliegt es dem Geschädigten, Vorschäden und Neuschäden abzugrenzen.
- **Merkantiler Minderwert** des reparierten Wagens: (+) über § 251 BGB
- **Mietwagenkosten** für gleichwertiges Kfz: (+) über § 249 BGB für die Dauer der Reparatur bzw. geschätzte Wiederbeschaffungszeit abzüglich ca. 10% ersparter Aufwendungen.[233] Weder Mietwagenkosten noch Nutzungsausfall können geltend gemacht werden, wenn dem Geschädigten ein gleichwertiges Ersatzfahrzeug zur Verfügung steht (Schadensminderungspflicht). Bietet der Autovermieter dem Unfallgeschädigten ein Fahrzeug zu einem überhöhten Unfallersatztarif an und besteht deshalb die Gefahr, dass die Haftpflichtversicherung nicht den vollen Tarif übernimmt, muss der Vermieter den Mieter darüber aufklären. Ansonsten: Gegenanspruch des Mieters gegen den Vermieter aus c.i.c. (Gleiches gilt für überhöhte Unfallgutachten).
- Ohne Mietwagen: **Nutzungsausfallentschädigung**: (+) über § 249 BGB für Dauer der Reparatur bzw. geschätzte Wiederbeschaffungszeit. Anspruch (–), wenn Geschädigter wegen Verletzungen sein Kfz in der fraglichen Zeit nicht hätte nutzen können oder er gleichwertigen Zweitwagen hat. Zur Höhe der Nutzungsausfallentschädigung wird in der Praxis auf die Tabelle von *Sanden/Danner/Küppersbusch*, zum Schmerzensgeld auf die von *Hacks*, zu Mietwagenkosten auf *Schwacke* oder *Fraunhofer* zurückgegriffen.
- Vorgerichtliche **Gutachterkosten** (zB DEKRA-Gutachten): (+) über § 249 BGB, wenn kein offensichtlicher Bagatellschaden vorliegt (unter 700 EUR), auch wenn der Schädiger bereits ein Gutachten in Auftrag gegeben hat.[234] Unter Bagatellgrenze: nur Kostenvoranschlag der Werkstatt ersetzbar. Ob es Gutachter gibt, die preisgünstiger arbeiten, ist unerheblich, da der Geschädigte grundsätzlich keine »Marktforschung« betreiben muss.
- Vorgerichtliche **Rechtsanwaltskosten** zur Schadensregulierung: (+) über § 249 BGB.
- Verlust des Schadensfreiheitsrabattes und Rückstufungsschaden durch Inanspruchnahme der eigenen **Kaskoversicherung**: (+) über § 249 BGB; anders Rückstufung bei der Kfz-Haftpflichtversicherung.
- **Kostenpauschale** bei Verkehrsunfällen für Telefon, Porto, Fahrtkosten etc. (20–25 EUR): (+) aus § 249 BGB (+), außerhalb von Verkehrsunfällen aber nur, wenn die Auslagen konkret dargelegt werden (so BGH)
- **Abschleppkosten**: (+) über § 249 BGB
- **Krankenhausbesuchskosten naher Angehöriger**/des Lebensgefährten: (+) über § 249 BGB, weil dies Heilungskosten des Verletzten sind (= eigener Schaden)
- **Schmerzensgeld**: §§ 249, 253 II BGB (+)

231 OLG Hamm NJW-RR 2017, 1124 (Veröffentlichung von Intimfotos).
232 Vgl. auch *Sarimehmetoglu* JA 2011, 127 ff.
233 Besteht kein/kaum Nutzungsbedarf für Mietwagen: nur Nutzungsausfallersatz möglich, zuletzt OLG Hamm BeckRS 2018, 1401.
234 Vgl. *Vuia* NJW 2013, 1197 ff. mwN, Argument: Grundsatz der Waffengleichheit.

- **Schockschäden**: Vgl. → Rn. 56.
- **Stornokosten** für ausgefallenen Urlaub (+)
- **entgangener Urlaubsgenuss** bei Körperverletzung als Bemessungsfaktor des Schmerzensgeldes (+)
- **Haushaltsführungsschaden**: (+) über §§ 249, 842 f. BGB als eigener Schaden des Verletzten, dies sowohl bei Ehegatten als auch bei Alleinstehenden. Der Anspruch mindert sich nicht dadurch, dass der andere Ehegatte einspringt (Argument: unbillige Vorteilsanrechnung, vgl. § 843 IV BGB). Umstritten ist, ob ein Haushaltsführungsschaden auch unter Partnern einer nichtehelichen Lebensgemeinschaft in Betracht kommt.
- Ersatz von Nachteilen hinsichtlich der **Erwerbsfähigkeit**: (+) über §§ 842, 843 BGB

Nicht als Schaden anerkannt sind zB der zur Schadensabwicklung aufgewendete **Arbeitsaufwand** (anders Transportkosten) oder der dadurch verursachte **Verlust an Freizeit** (Argument: kein Vermögensschaden, nicht im Schutzzweck der Norm, allgemeines Lebensrisiko).

Beachten Sie, dass die **Kosten der ärztlichen Behandlung** in der Regel schon durch eine Krankenversicherung gedeckt sind. Der Ersatzanspruch geht kraft Gesetzes auf die Krankenversicherung über, und zwar bei gesetzlicher Krankenversicherung nach **§ 116 I SGB X**[235] und bei Beamten nach § 76 BBG sofort, **bei privater Versicherung nach § 86 VVG** erst nach Zahlung durch die Versicherung. Ähnliches gilt für den Verdienstausfall, wenn und soweit der Arbeitgeber nach § 6 EFZG oder BBesG (dann iVm § 76 BBG) zur Fortzahlung des Lohns verpflichtet ist (*cessio legis* für den Arbeitgeber). Wegen Vorteilsanrechnung lässt die Fortzahlung der Arztkosten/des Lohns/der Bezüge etc. den Schaden nicht entfallen.

Eigene Ansprüche **mittelbar Geschädigter** ergeben sich aus §§ 844, 845 BGB (zB Beerdigungskosten, entgangener Unterhalt). Wenn der mittelbar Geschädigte zudem Erbe des Unfallopfers ist, kommen auch übergegangene Ansprüche zB auf Schmerzensgeld des Opfers (Zeitraum zwischen Unfall und Tod) nach §§ 1922, 823 BGB, StVG in Betracht. Bei Schockschäden des Erben liegt zudem eine eigene Rechtsgutsverletzung iSv § 823 I BGB vor, wenn er naher Angehöriger ist (→ Rn. 56)! Beachten Sie in diesem Kontext den neuen **§ 844 III BGB** (»Hinterbliebenengeld«).

Bezüglich der Schadensabrechnung bei **Beschädigung eines Pkw** unterscheidet man die **fiktive Abrechnung** auf Gutachtenbasis (= Geschädigter bekommt den geschätzten Reparaturbetrag aus dem Gutachten) und die **konkrete Abrechnung** auf Rechnungsbasis (= Geschädigter rechnet auf Grundlage der konkreten Reparaturrechnung der Werkstatt ab). Eine Kombination von fiktiver und konkreter Schadensabrechnung ist unzulässig. **Mehrwertsteuer** darf gem. § 249 II 2 BGB nur zuerkannt werden, wenn sie tatsächlich angefallen ist, also nicht bei Abrechnung auf Gutachtenbasis. Würde die Reparatur die sog. 130%-Grenze übersteigen, kann der Geschädigte nur den Wiederbeschaffungswert abzüglich des vom Gutachter ermittelten Restwertes verlangen (Abrechnung auf Wiederbeschaffungsbasis bei wirtschaftlichem Totalschaden). Die gesamte Thematik ist vom BGH in Hunderten von Urteilen durchentschieden worden, sodass ein Auswendiglernen erstens unmöglich und zweitens Quatsch ist: Es steht alles bei Palandt/*Grüneberg* BGB § 249 Rn. 11 ff.! Mit diesen Basics hier und dem Palandt für Spezialfragen kommen Sie immer durch die Klausur. Hören Sie bitte auf, sich wie ein Student tausend Karteikarten zu machen!

235 IRd § 116 VI SGB X (sog. **Angehörigenprivileg**) geht der Anspruch nicht auf die Versicherung über, obwohl diese an den versicherten Geschädigten zahlen muss. Ein aktuelles – sehr kompliziertes – Urteil dazu ist BGH JA 2018, 226 ff. Bitte nur mit griffbereitem Grappa lesen!

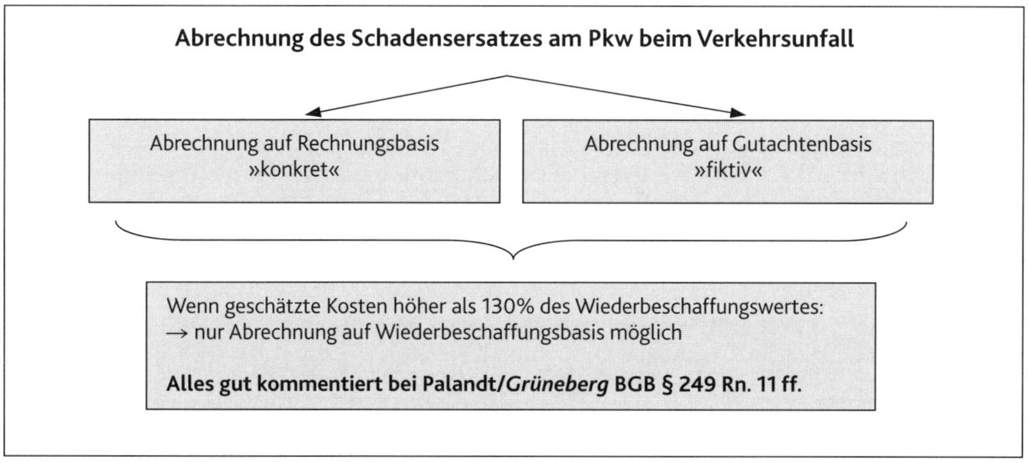

Die Möglichkeit konkret oder fiktiv abzurechnen gilt grundsätzlich auch bei der Beschädigung anderer Sachen als Pkw (anders Personenschäden: keine fiktive Heilbehandlungskosten zulässig, da sonst § 253 I BGB umgangen würde) und überhaupt auch außerhalb von Verkehrsunfällen (es handelt sich um eine allgemeine Schadensproblematik!).

§ 7 Ansprüche aus ungerechtfertigter Bereicherung

A. Allgemeines zu §§ 812 ff. BGB

64 Die berühmten Repetitoriumsfälle, in denen neun oder mehr Personen auftreten, von denen einer stark minderjährig, einer insolvent, einer sich permanent irrt, einer unerkennbar partiell geisteskrank ist und ein anderer das erlangte Geld immer sofort für eine Karibikkreuzfahrt ausgibt, *»die er sich sonst nie hätte leisten können«*, kommen im zweiten Examen nicht vor. Hier geht es eher um die Praxisfälle von § 812 BGB.

Wichtig ist bei §§ 812 ff. BGB immer die Beachtung der grundlegenden Strukturen:

- Prüfen Sie zunächst (in der Regel nur gedanklich), ob andere Normen Vorrang haben, so zB §§ 346 ff. BGB nach einem Rücktritt von einem Vertrag oder das EBV bei einer leckeren Vindikationslage (→ Rn. 46).
- Innerhalb der §§ 812 ff. BGB hat die Leistungskondiktion Vorrang vor der Nichtleistungskondiktion. Dieses Vorrangverhältnis wird vor allem bei Mehrpersonenverhältnissen relevant. Vom **Vorrang der Leistungsbeziehung** gibt es – wie immer bei Jura – Ausnahmen (wegen Wertung, vor allem wenn der Entreicherte schutzwürdiger ist als der Bereicherte).
- Für Bereicherungsansprüche gibt es verschiedene Ausschlussgründe, §§ 814 f., 817 S. 2, 818 III, 242 BGB. Dahinter stecken zwei Gedanken: Der allgemeine Grundsatz der Billigkeit und der Zweck des Bereicherungsrechts, eben nur eine Bereicherung abzuschöpfen (ergo: wo nichts mehr da ist, kann auch nichts abgeschöpft werden).

Merke: *»Vorrang der Leistungsbeziehung«* heißt, dass mit der Nichtleistungskondiktion immer nur dann vorgegangen werden darf, wenn der Herausgabegegenstand dem Empfänger weder vom Anspruchsteller noch von einem Dritten geleistet wurde.[236] Dies bedeutet spiegelbildlich auch, dass derjenige, der etwas durch Leistung eines anderen erlangt hat, nur der Leistungskondiktion eben dieser Person ausgesetzt sein kann und umgekehrt diese Person – der Leistende – ebenfalls in der Regel auf die Leistungskondiktion gegen den Empfänger beschränkt ist und nicht einen Dritten im Wege der Nichtleistungskondiktion in Anspruch nehmen kann. Nur §§ 816 I 2, II, 822 BGB gestatten einen Durchgriff auf einen Dritten.

Die einzelnen Leistungskondiktionen sind:

- § 812 I 1 Alt. 1 BGB (*condictio indebiti*); Sonderform davon: § 813 I 1 BGB
- § 812 I 2 Alt. 1 BGB (*condictio ob causam finitam*)
- § 812 I 2 Alt. 2 BGB (*condictio ob rem*)
- § 817 S. 1 BGB (*condictio ob turpem vel iniustam causam*)

Die einzelnen Nichtleistungskondiktionen sind:

- § 812 I 1 Alt. 2 BGB (Fallgruppen: Eingriffskondiktion, Verwendungskondiktion, Rückgriffskondiktion)
- § 816 I 1, 2 und II BGB
- § 822 BGB

Der **Kläger trägt grundsätzlich für alle Voraussetzungen des § 812 BGB die Beweislast**, also auch für den fehlenden Rechtsgrund. Der Schuldner muss aber im Sinne einer sekundären Behauptungslast die Tatsachen darlegen, aus denen er den angeblichen Rechtsgrund herleitet, damit der Kläger überhaupt in der Lage ist, den Rechtsgrund auszuräumen. Im Rahmen der **Eingriffskondiktion** hat die hM zugunsten des Anspruchstellers **Ausnahmen** zugelassen, insbesondere bei der Abhebung von Geld durch den Anspruchsgegner, der zB eine Schen-

236 Vgl. *Mäsch* JuS 2013, 356 ff.; BGH NJW 2012, 3366 ff.

kung dieses Geldes behauptet. In diesen Fällen trägt der Anspruchsgegner die Beweislast für das Bestehen des Rechtsgrundes.[237]

In **§§ 818 IV, 819 BGB** ist die **verschärfte Haftung des verklagten oder bösgläubigen Bereicherungsschuldners** geregelt. Dies hat zwei Konsequenzen: Zum einen kann er sich wegen des Zwecks der Haftungsverschärfung nicht auf Entreicherung iSd § 818 III BGB berufen (dies ergibt sich nicht aus dem Wortlaut, wird aber seit dem »Flugreise-Fall« des BGH aus §§ 818 IV, 819 I BGB herausgelesen), zum anderen haftet er zusätzlich »nach den allgemeinen Vorschriften«. Damit sind neben § 285 BGB (Surrogat) vor allem §§ 291, 292 BGB mit ihren Verweisungen gemeint, wobei insbesondere der Verweis von § 292 auf §§ 987, 989 BGB (Nutzungen, Schadensersatz) relevant ist (BGH JuS 2015, 73 ff. ist eine schöne Übung dazu). Kommentieren Sie sich die Normen – soweit zulässig – an § 818 IV BGB!

B. Die verschiedenen Leistungskondiktionen

§ 812 I 1 Alt. 1 BGB ist einschlägig, wenn eine Verbindlichkeit erfüllt werden soll, die in Wirklichkeit nicht besteht. Bei der zugrunde liegenden Verbindlichkeit sind dann etwaige Nichtigkeitsgründe (§§ 125, 134, 138 BGB, wegen der Ex-tunc-Wirkung nach BGH auch Anfechtung) zu prüfen. Es reicht auch, wenn zwar eine Verbindlichkeit besteht, die Zahlung aber (zB mangels Empfangszuständigkeit des Empfängers – Minderjährige oder Personen unter Betreuung – oder bei falschem Konto des Empfängers) zu keiner Erfüllung geführt hat.[238] **§ 813 I 1 BGB** erweitert die *condictio indebiti* auf Fälle, in denen auf eine bestehende Schuld geleistet wird, der eine dauernde Einrede entgegensteht (zB §§ 242, 275 II, III, 768, 821 BGB). § 813 I 1 BGB gilt aber nicht für die Einrede der Verjährung, vgl. §§ 813 I 2, 214 II BGB. Lesen Sie auch einmal § 813 II BGB.

§ 812 I 2 Alt. 1 BGB greift, wenn der Rechtsgrund später wegfällt (zB auflösende Bedingung, Vertragsaufhebung, Kündigung) und keine Sonderregelungen wie §§ 527 f., 628 I BGB existieren. Die Kondiktion ist relevant zB für den Ausgleichsanspruch des »Fast-Schwiegersohns« für Investitionen am Haus der Eltern der Lebensgefährtin, wenn man sich nachher trennt und wieder auszieht (im Palandt bei § 812 BGB »Leihe« kommentiert).

§ 812 I 2 Alt. 2 BGB greift, wenn mit der Leistung ein letztlich nicht erreichter Zweck verfolgt werden sollte, der nicht in der Erfüllung einer Verbindlichkeit besteht (sonst wäre Leistungsstörungsrecht vorrangig), sondern entweder darüber hinausgeht oder die Parteien überhaupt nicht vertraglich miteinander verbunden sind. Fallgruppen: Zahlung von Schwarzgeld im Unterverbriefungsfall, Aufwendungen in Erwartung eines künftigen Erwerbes oder einer künftigen Erbeneinsetzung → bei Einbau von Sachen über § 951 BGB, Zahlung zur Abwendung einer dann doch erstatteten Strafanzeige, Zweckschenkung, Anzahlung auf einen dann doch nicht zustande gekommenen Vertrag, ggf. unbenannte Zuwendung bei neLG (→ Rn. 95). Über den Zweck muss eine sog. tatsächliche (ggf. konkludente) Willensübereinstimmung erfolgen. Abgrenzung zu § 313 BGB: Dort ist dieser Zweck nicht vereinbart, sondern nur Geschäftsgrundlage (das Verhältnis der *condictio ob rem* zu § 313 BGB ist übrigens vor allem in der Lit. umstritten).

§ 817 S. 1 BGB ist ein Sonderfall der *condictio indebiti* ohne großen eigenständigen Anwendungsbereich, da in der Regel schon – die zuerst zu prüfende! – *conditio indebiti* greift. Klausurrelevant von § 817 BGB ist nur dessen S. 2 (s. unten).

---

237 *Baumgärtel* Beweislast § 812 Rn. 13 mwN; Palandt/*Sprau* BGB § 812 Rn. 79 mwN; BeckOK/*Wendehorst* § 812 Rn. 272a f. mwN; OLG Brandenburg BeckRS 2013, 06305 und BeckRS 2011, 16816; OLG Köln NJW 1993, 939; BGH NJW 2011, 2130 ff.; 1999, 2887 ff.; 1986, 2107 f.; LAG Hamm BeckRS 2014, 68425; nach OLG Frankfurt a.M. BeckRS 2010, 28151 auch bei der Ansichnahme anderer Sachen als Geld. Achtung: Anders ist es, wenn sich iRd LK der Empfänger auf eine nicht notariell beurkundete Schenkung beruft. Hier muss der Anspruchsteller das Nichtbestehen der Schenkung beweisen. Das mildert die Rspr. aber etwas ab. Der Empfänger muss in diesen Fällen zumindest die bewusste Leistung als Heilungshandlung iSv § 518 II BGB durch den Leistenden nachweisen (BGH NJW 2014, 2275 ff.).

238 BGH NJW 2015, 2497 ff. mwN; *Schmidt* JuS 2012, 169 ff. mwN.

C. Die verschiedenen Nichtleistungskondiktionen

Die Nichtleistungskondiktion nach § 812 I 1 Alt. 2 BGB ist nur möglich, wenn nicht eine Leistungsbeziehung Vorrang hat. Sobald Sie also eine Nichtleistungskondiktion prüfen, dann ist in einem separaten, an den Anfang zu stellenden Prüfungspunkt die **Subsidiarität** anzusprechen und das Vorrangverhältnis zu klären. Man unterteilt die Nichtleistungskondiktion aus § 812 I 1 Alt. 2 BGB in mehrere Fallgruppen: Eingriffskondiktion, Verwendungskondiktion und Rückgriffskondiktion.

Die **Eingriffskondiktion** soll einen Ausgleich schaffen, wenn durch den *»Eingriff in den Zuweisungsgehalt eines fremden Rechts«* auf Kosten des Rechtsinhabers eine rechtsgrundlose Vermögensmehrung erlangt wurde (zB unbefugte Benutzung fremden Eigentums, unbefugte Werbefotos, Blockierstellung durch Hinterlegung). Sie ist im Rahmen der Nichtleistungskondiktion nach § 812 I 1 Alt. 2 BGB gleichsam das Auffangbecken, wenn keine Leistung und keine explizite Verwendungs- oder Rückgriffskondiktion gegeben sind.

Die **Verwendungskondkition** gilt, wenn der Gläubiger ohne Rechtsgrund auf Sachen des Schuldners Verwendungen macht, ohne dadurch an ihn zu leisten. Der Anspruch ist subsidiär zu speziellen Ersatzansprüchen wie §§ 994 ff., § 670 BGB, GoA sowie zu § 539 BGB und kommt daher *in praxi* kaum zum Zug.

Bei der **Rückgriffskondiktion** kann Ersatz nach der Leistung auf eine fremde Schuld verlangt werden. Auch sie ist subsidiär vor allem zu §§ 774, 426 BGB und zur GoA. **Insbesondere die Subsidiarität zur GoA lässt der Rückgriffskondiktion kaum einen Anwendungsbereich:** Wenn iSv § 267 BGB auf eine fremde Schuld mit Fremdgeschäftsführungswillen gezahlt wird, greift nämlich die (berechtigte oder unberechtigte) GoA, die Rückgriffskondiktion scheidet aus.[239] Wenn auf die fremde Schuld ohne Fremdgeschäftsführungswillen gezahlt wird (zB weil sich der Zahlende irrtümlich selbst gegenüber dem Empfänger für verpflichtet hält), so wird die Schuld des wahren Schuldners nicht getilgt, für einen Rückgriff bleibt kein Raum. Dem Zahlenden steht gegen den Empfänger die Leistungskondiktion zu. Nur wenn der Zahlende die Tilgungsbestimmung nachträglich ändert (→ Rn. 14), kommt ein Regress per Rückgriffskondiktion in Betracht.[240] Im Falle der Rückgriffskondiktion bei Befreiung von einer Schuld – falls sie tatsächlich einmal greift – wendet die hM zum Schutz des Schuldners die §§ 404 ff. BGB analog an, sog. **aufgedrängter Rückgriff** (Grund: Regress wirkt für Schuldner wie Abtretung, also kann er sich auf §§ 404 ff. BGB berufen). Der Einwand, der Rückgriff sei »aufgedrängt« und man müsse daher nichts leisten, weil nun ein neuer Gläubiger existiert, greift dagegen nicht. Der Schuldner ist nämlich in seinem Vertrauen darauf, dass sein Gläubiger stets derselbe bleibt, nicht schützenswert, was bereits die Abtretungsregeln in §§ 398 ff. BGB zeigen.

Die Nichtleistungskondiktion aus **§ 816 I BGB** soll einen Ausgleich für den ehemaligen Eigentümer schaffen, der sein Eigentum zu Unrecht verloren hat. Von § 816 I BGB sind nur sachenrechtliche Verfügungen umfasst, dh nicht Verfügungen des Vollstreckungsorgans, die Vermietung fremder Sachen oder Kontoüberweisungen. Die Verfügung ist iSv § 816 I BGB wirksam bei gutgläubigem Erwerb des Dritten oder bei nachträglicher **Genehmigung** des Eigentümers nach § 185 II BGB (auch **konkludent möglich durch Herausgabeverlangen/ Klage** bezüglich des Erlöses). Die Genehmigung bezieht sich dann nur auf die Rechtsfolgen der Verfügung und nicht auf die Nichtberechtigung des Verfügenden. Nach der Rspr. erfasst wegen seines Wortlauts die Herausgabe nach § 816 I 1 BGB alles, was durch den Verfügenden erlangt wurde (nach hM **auch Veräußerungsgewinn**). Der gezahlte Kaufpreis kann vom Bereicherungsschuldner nicht nach § 818 III BGB abgezogen werden, da § 816 BGB als

239 BGH NJW 2016, 2407; 2014, 1095; 2005, 1366; OLG Schleswig NJOZ 2011, 344; Palandt/*Sprau* BGB § 683 Rn. 6; *Schmidt* JuS 2014, 548 ff. Bei unberechtigter GoA ist § 684 S. 1 BGB nach hM eine Rechtsfolgenverweisung. Eine zusätzliche Prüfung der Rückgriffskondiktion neben § 684 BGB ist daher obsolet und wird auch in der Praxis idR nicht gemacht (vgl. auch *Looschelders* SchuldR BT Rn. 1100; MüKo-BGB/*Schwab* § 812 Rn. 373; Staudinger/*Bergmann* BGB § 684 Rn. 5). Beachte: Wenn die fremde Schuld, auf die gezahlt wird, tatsächlich nicht besteht, dann kann der Zahlende vom Scheingläubiger/Empfänger über LK das Geld zurückverlangen, Palandt/*Grüneberg* BGB § 267 Rn. 8 mwN; BGH NJW 2017, 3376 ff.

240 BGH NJW 1986, 2700 f.; Palandt/*Grüneberg* BGB § 267 Rn. 8; *Looschelders* SchuldR BT Rn. 1100 ff.

Rechtsfortwirkungsanspruch zu § 985 BGB angesehen wird und auch dort ein solcher Abzug ausscheidet. **Nicht herauszugeben ist dagegen der Wert** des betroffenen Gegenstandes, was dann relevant wird, wenn dieser höher ist als der erlangte Erlös. Nach hM gilt § 816 I 2 BGB weder direkt noch analog für entgeltliche aber rechtsgrundlose Verfügungen (Argument: Wortlaut, Durchgriffshaftung als Ausnahme). Beachten Sie, dass neben § 816 I 1 BGB oft auch §§ 687 II, 681 S. 2, 667 BGB (angemaßte Eigengeschäftsführung) und §§ 989, 990 BGB zu prüfen sind.

Klausurtipp: Um den Veräußerungsgewinn für den korrekten Antrag iSv § 816 I BGB herauszufinden, bietet sich für den Gläubiger eine **Stufenklage nach § 254 ZPO** an. Lesen Sie dazu *Kaiser/Kaiser/Kaiser* Anwaltsklausur Rn. 32 und bei ausreichend Zeit BGH NJW 2013, 2888 ff. (»Krügerrand«; lief im Termin I 2016 in Bayern)!

Merke: § 816 I, II BGB ist nach hM *lex specialis* zur allgemeinen Eingriffskondiktion.

§ 816 II BGB (Leistung an einen Nichtberechtigten) soll einen Ausgleich für Gläubiger schaffen, deren Schuldner schuldbefreiend an einen Falschen geleistet hat. Wie kann man schuldbefreiend an einen Nichtberechtigten leisten? Weil es im Gesetz steht (zB § 407 BGB) oder weil der Berechtigte – gegebenenfalls konkludent – die Leistung an den Falschen genehmigt. **Klausurbeispiele?** Entgegen Ihren frohen Erwartung jedenfalls nicht der Ihnen gegebenenfalls noch bekannte Fall »Kollision Globalzession mit verlängertem EV«.[241] Das ist ein Rep-Fall aus dem Ersten, der nichts mit dem Assessorexamen zu tun hat und mit dem man arme Studenten quält oder beeindrucken will (oder beides). Im Zweiten gibt es andere Fälle und zwar vor allem die Lebensversicherungskonstellation (→ Rn. 65). Lesen Sie dort nach!

D. Der Umfang der Herausgabepflicht, §§ 812, 818 BGB

Nach § 812 BGB ist das Erlangte herauszugeben. **§ 818 BGB** regelt als Ergänzung dazu den Umfang dieser Pflicht:

- § 818 I 1 BGB: Auch Nutzungen des Erlangten sind herauszugeben (zB Mieterträge, Zinsen).
- § 818 I 2 BGB: Auch Surrogate für das Erlangte sind herauszugeben (zB Geld bei Einziehung einer Forderung).
- **§ 818 II BGB**: Bei Unmöglichkeit der Herausgabe des Erlangten vor allem wegen dessen Beschaffenheit (zB Nutzungsvorteile, Dienstleistungen, Kontogutschrift, Verwendungen auf eine Sache, Befreiung von einer Verbindlichkeit) ist Wertersatz geschuldet – objektiver Verkehrswert.
  Problem: Ist nur Besitz an Sache erlangt und kann dieser wegen dessen Weitergabe nicht herausgegeben werden, geht Wertersatz iSv § 818 II BGB ins Leere. Denn neben den Nutzungen, die der Schuldner ohnehin nach § 812 I 1 BGB herausgeben muss, kommt dem Besitz als solchem kein weiterer »Wert« zu. Der Klassiker dazu ist BGH NJW 2014, 1095 (»Schließfach-Fall«). Infrage kommt dann aber eine Kondiktion der Kondiktion (s. unten).

Die Rechtsfigur der **»aufgedrängten Bereicherung«** (es ist umstritten, ob dieser Einwand aus § 818 II oder III BGB oder aus allgemeinen Erwägungen abgeleitet wird – für die Praxis egal, es werden oft einfach beide Absätze zitiert!) wird vor allem bei Verwendung auf fremde Sachen relevant. Hier »beißt« sich ja das Interesse des Verwenders auf Wertersatz mit dem Interesse des Eigentümers, nicht wegen unerwünschter Vermögensmehrungen in Anspruch genommen zu werden. Die hM stellt auf den subjektiven Ertragswert des Erlangten ab. Ist dieser Null, entfällt die Ersatzpflicht. Nach der Rspr. soll der Bereicherungsschuldner den Gläubiger auf eine Wegnahme der eingebauten Sache (analog § 1001 S. 2 BGB) verweisen oder ihm einen Beseitigungsanspruch wegen einer Eigentumsstörung entgegenhalten können. Da diese Fallgruppen aber auf Fälle beschränkt sind, wo das überhaupt geht, erscheint das

241 Für den Notfall: Die Problematik ist im Palandt bei § 398 BGB, also bei der Abtretung, kommentiert.

Abstellen auf einen **subjektiven Maßstab** angemessen, zumal auch die Rspr. zuweilen hierzu neigt.[242]

§ 818 III BGB regelt den »Wegfall der Bereicherung«: Dieser liegt vor, wenn das Erlangte ersatzlos nicht mehr vorhanden ist oder wenn der Empfänger Vermögensnachteile erlitten hat, die mit dem rechtsgrundlosen Erwerb im kausalen Zusammenhang stehen (vor allem Aufwendungen auf die Sache). Im ersteren Fall fällt ein Anspruch aus § 812 BGB ganz weg, im letzteren Fall kann Herausgabe nur Zug um Zug gegen Erstattung verlangt werden,[243] bei gleichartigen Ansprüchen wird saldiert. **Kein Bereicherungswegfall** aber bei Aufwendungen, die der Schuldner ohnehin hätte tätigen müssen, da dann lediglich eine Vermögensumschichtung stattfindet (zB **Tilgung eigener Schulden**; anders bei sog. Luxusaufwendungen). Die Bereicherung entfällt in der Regel auch dann nicht, wenn der Empfänger infolge der Weitergabe des Erlangten einen **Anspruch gegen Dritte als ausgleichenden Wert** erwirbt. Er schuldet dann grundsätzlich nach § 818 II BGB Wertersatz in Geld und ist daher noch bereichert (in besonderen Fällen bejaht die Rspr. in diesen Fällen statt Wertersatz eine sog. Kondiktion der Kondiktion – dh, der Schuldner kann sich durch Abtretung des erlangten Anspruches befreien – oder sogar einen kompletten Wegfall der Bereicherung).[244] Dazu lief zuletzt im Februartermin 2017 die Entscheidung OLG Schleswig NJW-RR 2016, 1245 ff.

Problem: Saldotheorie bei Rückabwicklung gegenseitiger Austauschverträge

Bei §§ 812 ff. BGB stehen sich in der Regel jeweils zwei Bereicherungsansprüche gegenüber. Da dies bei Entreicherung einer Partei zu unbilligen Ergebnissen führen würde und das bisherige Gegenseitigkeitsverhältnis (Synallagma) aus dem unwirksamen Vertrag – der jetzt rückabgewickelt wird – unberücksichtigt ließe, wird die Abwicklung iRv §§ 812 ff. BGB durch die **Saldotheorie modifiziert.**[245] Die Saldotheorie gilt nur, wenn beide bereits geleistet haben (dh nicht, wenn nur eine Partei vorgeleistet hat). Nun, wie funktioniert denn die Saldotheorie?

- 1. Aussage: Es findet eine **automatische Verrechnung** (ohne Aufrechnungserklärung!) gleichartiger Bereicherungsansprüche (also bei Geld gegen Geld) statt, sodass immer nur der übrig gebliebene Saldo geltend gemacht werden kann. Bei ungleichartigen Ansprüchen (zB Geld gegen Ware) kann die erbrachte **Leistung automatisch nur Zug um Zug** gegen Rückgewähr der Gegenleistung verlangt werden (Zug um Zug ist immanenter Bestandteil des eigenen Rückgewähranspruches, keine Geltendmachung per Zurückbehaltungsrecht nötig).
- 2. Aussage: Die **eigene Entreicherung** wird **automatisch** beim eigenen Kondiktionsanspruch **abgezogen.**
- Die Saldotheorie gilt – weil sie für den Bereicherungsgläubiger negativ wirkt – nach hM nicht, wenn der arglistig Getäuschte oder Minderjährige oder Geschäftsunfähige oder Bewucherte oder durch ein sittenwidriges Geschäft Benachteiligte den Anspruch aus § 812 BGB geltend macht oder bei Untergang der Sache beim Käufer aufgrund von Sachmängeln. Die Nichtanwendbarkeit der Saldotheorie führt dann dazu, dass die jeweils empfangenen Leistungen ohne die Besonderheiten der Saldotheorie nach §§ 812 ff. BGB rückabgewickelt werden.

E. Examensrelevante Probleme/Spezialfragen zum Bereicherungsrecht

Es gibt hier Spezialprobleme, von denen Sie vor Ihren Klausuren schon einmal gehört haben sollten. Und los geht's:

Problem: »Etwas erlangt« iSd §§ 812 ff. BGB

- Dies kann jede vermögenswerte Position sein. Seien Sie **penibel bei der Formulierung** vor allem im Obersatz! Das Erlangte ist nicht das Pferd, das Geld etc., sondern die *»Kontogut-*

242 Palandt/*Herrler* BGB § 951 Rn. 18 ff.; OLG Karlsruhe VersR 2018, 165; OLG Koblenz NJW-RR 2015, 1010; OLG Köln BeckRS 2006, 04118; AG Bad Segeberg NJOZ 2015, 505.

243 BGH NJW 1999, 1626 ff. und 1980, 1789 f.

244 Palandt/*Sprau* BGB § 812 Rn. 67, § 818 Rn. 44 mwN; BGH NJW 2015, 2497 ff.; NJW-RR 1990, 750; NJW 1989, 2879.

245 *Medicus/Petersen* BürgerlR Rn. 224 ff. ist dazu Kult!

schrift als abstraktes Schuldanerkenntnis iHv …« (→ Rn. 78) oder *»Eigentum am …«* oder *»Besitz am …«* etc. Erlangt sein kann auch eine Forderung gegen Dritte, die Befreiung von einer Schuld, die Auflassungserklärung, Dienst- oder Werkleistungen (bzw. spiegelbildlich die ersparten Aufwendungen für diese Leistungen – so BGH), Nutzungsvorteile oder ersparte Aufwendungen.
- Auch eine sog. **Blockierstellung** als Hinterlegungsbeteiligter kann erlangt sein, zB wenn bei einem Gläubigerstreit (**Prätendentenstreit**) der Schuldner den geschuldeten Betrag zugunsten beider Prätendenten nach §§ 372 ff. BGB bei Gericht hinterlegt oder wenn eine staatsanwaltlich beschlagnahmte Sache eines Dritten durch den Ermittlungsrichter oder durch die Staatsanwaltschaft bei Gericht hinterlegt wird. Die Blockierstellung ergibt sich aus den jeweiligen landesgesetzlichen Hinterlegungsregelungen. Eine Blockierstellung außerhalb der Hinterlegungsregeln besteht, wenn zB bei Bauspardarlehen von Ehegatten die Auszahlung durch die Bank von der Zustimmung einer anderen Person abhängig gemacht wird. Eine weitere Blockierstellung ohne Hinterlegung kann sich aus **Nr. 75 II RiStBV** ergeben, wenn die Staatsanwaltschaft nach einer Beschlagnahme beim letzten Gewahrsamsinhaber die Herausgabe an einen der Prätendenten verweigert, bevor sich nicht beide geeinigt haben.[246] Anspruchsgrundlage für den wahren Berechtigten gegenüber dem anderen Prätendenten auf Freigabe ist nach der Rspr. die **Eingriffskondiktion** und nicht Leistungskondiktion oder § 985 BGB. Bei *»auf dessen Kosten ohne Rechtsgrund …«* ist dann inzident zu prüfen, ob dem Anspruchsteller der blockierte Gegenstand als dem »wahren Berechtigten« materiell zusteht. Eine Leistungskondiktion ist nicht vorrangig, weil die Blockierstellung nicht geleistet wurde, sondern nur Folge der Sperrsituation ist. Beruht die Hinterlegung dagegen auf einer Vereinbarung der Parteien (*»Wir vereinbaren Folgendes: Ich hinterlege den von dir geforderten Gegenstand/Betrag bis zur Klärung der Rechtslage zwischen uns beiden«*), ist es vertretbar, alternativ zu § 812 BGB den Freigabeanspruch auch direkt aus einer Auslegung der Vereinbarung zu entnehmen.[247] **Übungsfälle zur Hinterlegung:** *Stöber* JA 2012, 769 ff.; BGH JuS 2015, 937 (»Zahngold-Fall«, Original-Klausur) und OLG Zweibrücken BeckRS 2010, 05239 (Original-Klausur).

Klausurtipp: Begehrt der Beklagte in Hinterlegungsklausuren spiegelbildlich **widerklagend die Freigabe durch den Kläger** (kein kontradiktorisches Gegenteil der Klage, keine anderweitige Rechtshängigkeit durch Klage), hat er dafür ein Rechtsschutzbedürfnis, da er ohne Freigabeerklärung den hinterlegten Gegenstand nicht bekommt. Auch im Rahmen der Widerklage ist dann bei deren Begründetheit die Eingriffskondiktion zu prüfen.

Problem: Leistung im Sinne der Leistungskondiktionen

- Definition: *»Bewusste und zweckgerichtete Mehrung fremden Vermögens«*. Es ist nach §§ 133, 157 BGB analog auf eine objektive Betrachtungsweise aus der Sicht des Zuwendungsempfängers abzustellen.
- Leistender ist derjenige, der unmittelbar oder mittelbar (zB über Bank oder Boten) mit seinen Mitteln etwas zuwendet. Leistungsempfänger ist derjenige, dessen Vermögen der Leistende durch die Zuwendung vermehren will. Bei Leistung an einen Boten/Vertreter ist der wirksam vertretene Hintermann der Empfänger. Bei Zahlung auf ein Bankkonto ist grundsätzlich der Bankkunde der Leistungsempfänger und nicht die Bank als reine »Zahlstelle«.
- Nach **§ 812 II BGB** kann auch ein Anerkenntnis eine Leistung sein. Der »Klassiker« in Klausur und Aktenvortrag ist hier die **irrtümliche Überweisung/Gutschrift** (= abstraktes Schuldanerkenntnis iSv §§ 780, 781 BGB) durch die Bank auf dem Konto ihres Kunden (im Bankenjargon **»Fat Finger Slip«**). Der hebt das Geld schnell ab und macht sich den Tag seines Lebens. Rückforderungsansprüche der Bank?[248]

246 OLG Koblenz NJOZ 2011, 260.

247 Der Weg über § 812 BGB ist aber auch möglich, so wohl OLG Hamm NJOZ 2012, 2604 ff.

248 Na klar! Sowohl aus den Banken-AGB (idR zeitlich befristetes Stornorecht enthalten) als auch aus §§ 812 I 1 Alt. 1, 812 II BGB (dann Entreicherung prüfen!) und aus pVV des Zahlungsdiensterahmenvertrages, vgl. Palandt/*Sprau* BGB § 675f Rn. 37; BGH NJW 1978, 2149.

Problem: Ausschluss der verschiedenen Kondiktionen

- Beachten Sie die **fast in jeder Klausur zu prüfenden** Ausschlusstatbestände für die Kondiktionen:
  - Für § 812 I 1 Alt. 1 BGB: §§ 814, 817 S. 2 BGB
  - Für § 812 I 2 Alt. 1 BGB: nur § 817 S. 2 BGB
  - Für § 812 I 2 Alt. 2 BGB: §§ 815, 817 S. 2 BGB
  - Für § 817 S. 1 BGB: § 817 S. 2 BGB
- Für alle Kondiktionen: § 242 BGB – vor allem dann, wenn die Leistung aus Sicht des Empfängers erkennbar mit dem Willen getätigt wird, sie auch bei Nichtschuld zu bewirken.
- **§ 814 BGB** ist eine Spielart von § 242 BGB und **erfordert positive Kenntnis der Nichtschuld**, dh sowohl der Tatsachen als **auch der Rechtslage**, dass man nichts schuldet. Grob fahrlässige Unkenntnis schadet nicht. § 814 BGB greift nicht bei Zahlung auf fremde Schulden oder wenn die Leistung in Erwartung der Heilung des fehlenden Rechtsgrundes oder unter dem Druck der Zwangsvollstreckung oder unter ausdrücklichem Vorbehalt der Rückforderung erfolgt ist (Argument: Leistender handelt dann nicht treuwidrig iSv §§ 814, 242 BGB, wenn er das Erlangte zurückfordert). Auch umgekehrt spielen die Wertungen von § 242 BGB bei § 814 BGB eine Rolle: Wenn der **Empfänger nicht auf darauf vertrauen darf, das Empfangene behalten zu dürfen**, ist **§ 814 BGB** selbst bei Kenntnis des Leistenden von der Nichtschuld wg. § 242 BGB **nicht anwendbar** (*»§ 242 schlägt § 814«*).[249]
- § 814 BGB kann **analog** auch für andere Kondiktionen angewendet werden.[250]
- **§ 817 S. 2 BGB** gilt nicht nur für § 817 S. 1 BGB, sondern **für alle anderen Leistungskondiktionen** (nicht aber außerhalb von §§ 812 ff. BGB). Argument ist, dass in § 817 S. 2 BGB ein allgemeines Wertungsprinzip zum Ausdruck kommt. § 817 S. 2 BGB gilt über seinen Wortlaut hinaus **auch, wenn nur der Leistende verwerflich handelt.** Hintergrund ist, dass der Empfänger bei rechtlich einwandfreiem Verhalten nicht schlechter stehen darf als bei verwerflichem.
- **Leistung iSd § 817 S. 2 BGB** ist – anders als bei § 812 I 1 Alt. 1 BGB – nur das, was endgültig in das Vermögen des Empfängers wechseln soll. Beim sittenwidrigen Darlehen ist die Valuta daher keine Leistung, da sie irgendwann zurückgezahlt werden soll. § 817 S. 2 BGB sperrt hier also nicht die Kondiktion des Darlehensgebers. Aufgrund des Schutzzwecks von § 817 S. 2 BGB muss das Darlehen dennoch nur gemäß dem vereinbarten Tilgungsplan zurückgezahlt werden (→ Rn. 71).
- Auch § 817 S. 2 BGB wird – wie praktisch jede Norm im BGB! – **durch § 242 BGB eingeschränkt** (*»§ 242 schlägt § 817 S. 2«*): So soll § 817 S. 2 BGB wegen § 242 BGB dann nicht gelten, wenn die zugrunde liegende Unwirksamkeitsnorm dies gebietet oder ein Anspruchsausschluss unbillig wäre (Wertungsfrage!), so zB in den Schenkkreisfällen[251] und früher (jetzt nicht mehr) auch in den Schwarzarbeiterfällen (→ Rn. 10).

Problem: Besondere Klausurfälle zur Eingriffskondiktion nach § 812 I 1 Alt. 2 BGB

- Die Eingriffskondiktion ist einschlägig, wenn jemand zB mit einer **Kontovollmacht** unberechtigte **Abhebung von einem Fremdkonto** vornimmt.[252] Möglicher Rechtsgrund ist eine Schenkung des Geldes (→ Rn. 90). Daneben kommen Ansprüche aus § 687 II BGB und aus dem Innenverhältnis zwischen Kontoinhaber und Kontobevollmächtigtem in Betracht (vor allem § 667 BGB → Rn. 4).
- Wichtig ist die Eingriffskondiktion auch, wenn eine **Sache im Rahmen der Zwangsversteigerung zu Unrecht versteigert** wird (sog. verlängerte Drittwiderspruchsklage, verlängerte Vollstreckungsgegenklage).[253]

249 Vgl. Nachweise bei *Forschner* JA 2011, 579 ff.

250 Vgl. zB OLG Koblenz NJW 2008, 1679 ff. (die Entscheidung kam schon als Vortrag in beiden Examina!).

251 BGH NJW-RR 2009, 345 f. Ein Anspruchsausschluss nach § 814 BGB würde – wie bei § 817 S. 2 BGB – wegen § 242 BGB ebenfalls nicht greifen. Ein in der Schenkkreisurkunde vereinbarter Rückforderungsausschluss ist nach § 138 I BGB unwirksam.

252 BGH NJW-RR 2007, 488 ff.; OLG Brandenburg BeckRS 2013, 06305; OLG Frankfurt a.M. BeckRS 2010, 28151; Palandt/*Sprau* BGB § 812 Rn. 79; aA für LK OLG Bamberg OLGR 2002, 164 ff.; OLG Köln NJW 1993, 939. Vgl. auch *Horn/Schnabel* NJW 2012, 3473 ff.

253 Vgl. dazu unbedingt *Kaiser/Kaiser/Kaiser* **Zwangsvollstreckungsklausur Rn. 102 ff. Sehr klausurrelevantes Thema!**

- Ein weiteres Klausurproblem stellt die **Hinterlegung durch den Gerichtsvollzieher** (Versteigerungserlös) oder durch den Drittschuldner in der Zwangsvollstreckung dar. Die Eingriffskondiktion ist hier für den von der Zwangsvollstreckung betroffenen Dritten durch § 771 ZPO gesperrt.[254] Anders ist dies bei der **Hinterlegung außerhalb der Zwangsvollstreckung**, so zB beim Prätendentenstreit (s. oben).

F. Mehrpersonenverhältnisse und §§ 812 ff. BGB

Vor allem in **Drei-Personen-Verhältnissen** (zB Zahlung einer Bank an einen Dritten auf Anweisung des Kunden, fremdfinanzierter Kaufvertrag, Zahlung durch klägerischen Prozessfinanzierer an obsiegenden Beklagten) müssen Sie auf den Vorrang der Leistungskondiktion achten. Vorrang »der Leistungskondiktion« ist eigentlich ungenau, denn die Nichtleistungskondiktion ist auch dann subsidiär, wenn der Bereicherungsgegenstand von einem anderen mit Rechtsgrund geleistet wurde. Besser müsste es also *»Vorrang der Leistungsbeziehung«* heißen. Von diesem Vorrang gibt es natürlich Ausnahmen und Gegenausnahmen und so weiter. Der BGH will sich selbst nicht festlegen und lieber von Fall zu Fall entscheiden. Er betont daher immer wieder, dass sich wegen der Vielschichtigkeit der betroffenen Interessen *»jede schematische Lösung verbiete«*. Dennoch kann man sich an eine bestimmte Grundstruktur halten und bekommt so Bereicherungsrechtsklausuren gut in den Griff. Der maßgebliche Gedanke ist, dass grundsätzlich in den jeweiligen Leistungsbeziehungen rückabgewickelt wird, wenn dort ein Defekt ist. So soll gewährleistet werden, dass sich jeder nur mit dem auseinandersetzen muss, den er sich als Vertragspartner ausgesucht hat.

Vorgehensweise in der Klausur bei Mehrpersonenverhältnissen

1. Feststellung, in welchem Personenverhältnis eine Leistungsbeziehung vorliegt
2. Feststellung, in welcher (Leistungs-)Beziehung der Rechtsgrund fehlt
   - Dort wird dann auch jeweils rückabgewickelt.
   - In der Regel also »über's Eck«.
3. **Ausnahmen** von der Abwicklung über's Eck kommen insbesondere **aus Wertungsgesichtspunkten** in Betracht. Typisches Beispiel ist die Zahlung an den Dritten durch jemanden (sog. Angewiesener), der dies auf Weisung des Schuldners (sog. Anweisender) tut. Hier ist gegebenenfalls eine direkte Rückforderung (sog. Durchgriff) des Geldes durch den Zahlenden/Angewiesenen über die dann ausnahmsweise nicht gesperrte Eingriffskondiktion möglich. Beim Durchgriff trägt der Anspruchsteller die **Beweislast** dafür, dass der Durchgriff gegenüber dem Dritten ausnahmsweise zulässig ist.[255] Die wichtigsten Fälle, bei denen ein Durchgriff möglich ist, sind:
   - Anweisender ist **minderjährig**
   - Anweisender hat Zahlung nicht veranlasst (sog. **Veranlasserprinzip**)
     - zB Anweisung fehlt, Überweisung an falschen Adressaten wg. Irrtums des Angewiesenen
     - zB Dritter veranlasst Überweisung an sich durch »Phishing« von TANs
   - **Fehlende Schutzwürdigkeit des Empfängers**/Dritten
     - zB Dritte fälscht Überweisungsauftrag, Dritter kennt den Widerruf der Anweisung
     - zB Dritter veranlasst Überweisung an sich durch »Phishing« von TANs
   - **Fehlerhafte/Unwirksame Anweisung** an Angewiesenen[256]
     - zB Anweisung durch falsus procurator oder Geschäftsunfähigen
     - zusätzlich erforderlich: keine sonstige Zurechnung der Anweisung zum Anweisenden, da ansonsten wieder das Veranlasserprinzip – diesmal zu seinen Lasten – greift

Merke: Das alles steht relativ gut bei Palandt/*Sprau* BGB § 812 Rn. 54 ff.!

---

254 Vgl. dazu unbedingt *Kaiser/Kaiser/Kaiser* **Zwangsvollstreckungsklausur Rn. 107. Sehr klausurrelevantes Thema!**

255 Palandt/*Sprau* BGB § 812 Rn. 79.

256 In allen diesen Durchgriffsfällen kann man den Direktanspruch des Zahlenden zusätzlich auch damit begründen, dass die Zahlung dem Anweisenden nicht zugerechnet werden kann. Eine vorrangige Leistung, die sperren könnte, läge dann schon gar nicht vor.

Klausurproblem Dreiecksverhältnis bei §§ 812 ff. BGB

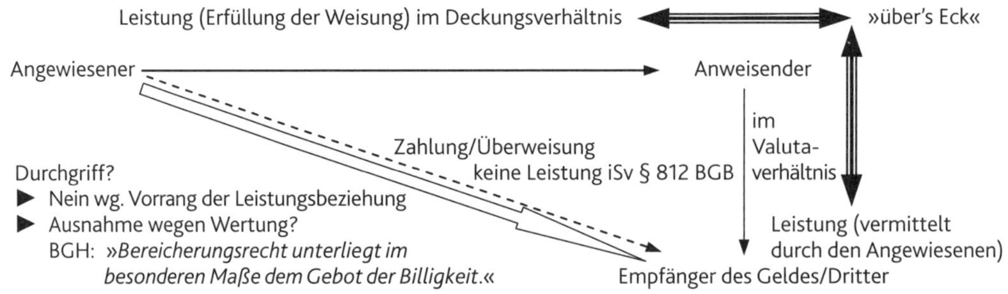

Bei Zahlungen der Bank iRv §§ 675f ff. BGB werden diese Grundsätze nach hM modifiziert!

Der **Anweisungsfall** ist die »Mutter aller bereicherungsrechtlichen Dreiecksverhältnisse« und auch der wichtigste Fall im Assessorexamen, sodass auf diese Situation im Folgenden näher eingegangen werden muss. Weitere problematische Fälle von Mehrpersonenverhältnissen können schnell mit dem Kommentar gelöst werden (zB Kondiktion bei Vertrag zugunsten Dritter oder die **Zessionsfälle**, vgl. Palandt/*Sprau* BGB § 812 Rn. 62 ff.!), sofern sie denn drankämen. Klausuren zu diesen Sonderfällen sind sehr selten. Nichts lernen, was im Assessorexamen so selten vorkommt!

Problem: Dreiecksverhältnis in den Anweisungsfällen

- Wegen der zweifachen Zweckbestimmung des Angewiesenen liegt **keine eigene Leistung an den Dritten** vor: Er leistet vielmehr an den Anweisenden (Deckungsverhältnis: Erfüllung der vertraglichen Vereinbarung) und der Anweisende leistet – ausgeführt durch den Angewiesenen als »Leistungsmittler« – an den Dritten (Valutaverhältnis). Im Verhältnis zum Empfänger (Zuwendungsverhältnis) besteht keine eigene Leistung, sondern nur eine reine Zahlung = Realakt. Es entsteht also das klassische Dreiecksverhältnis, in dem **»über's Eck« abgewickelt wird** (Ausnahmen wegen Wertung s. oben), wenn insoweit der Rechtsgrund fehlt.
- Nach Einführung der **§§ 675f ff. BGB** ist nach hM bei 3-Personen-Verhältnissen, bei denen die Bank als Angewiesene Zahlungsdienste für den Bankkunden im Rahmen eines **Zahlungsdiensterahmenvertrages** (früher Girovertrag) im Deckungsverhältnis erbringt, wegen der vorrangigen Regelungen von §§ 675f ff. BGB die **oben geschilderte Rspr. zu den Rückabwicklungsketten zu modifizieren.** Nach § 675u S. 2 BGB hat der Bankkunde einen **Wiedergutschriftsanspruch** gegen die Bank, wenn die Zahlung nicht iSv § 675j BGB autorisiert war. Die Bank kann dem nach § 675u S. 1 BGB keinen Erstattungsanspruch (zB aus §§ 675f, 675c, 670 BGB oder § 812 BGB) entgegenhalten. Die von der Bank zu beweisende **Autorisierung fehlt**, wenn der Bankkunde keine Zustimmung erteilt (zB **Phishing** von TANs, Kreditkartendiebstahl, Fälschung eines Überweisungsträgers, Anweisung durch einen *falsus procurator*), er den Auftrag nach § 675p BGB widerrufen, mit der Bank die Nichtausführung des Auftrages vereinbart, die Autorisierung nach §§ 119 f. BGB angefochten[257] oder die Bank irrtümlich zuviel überwiesen hat. Auf das Veranlasserprinzip oder sonstige typisch bereicherungsrechtliche Wertungskriterien kommt es hier grundsätzlich nicht an. In den Fällen fehlender Autorisierung muss die Bank gegen den Zahlungsempfänger vorgehen können, damit die ursprüngliche Vermögenssituation wieder hergestellt ist. Dies kann sie mit der Eingriffskondiktion, und zwar stets dann, wenn sie selbst den Betrag nach § 675u S. 2 BGB dem Bankkunden wiedergutschreiben muss.[258] Ist die Zahlung dagegen wirksam autorisiert, darf die Bank das Geld vom Konto abheben und an den Drit-

257 OLG Frankfurt a.M. NJW-RR 2017, 1329 = MDR 2017, 957; Palandt/*Sprau* BGB § 675j Rn. 3. Die wohl hM bejaht eine Anfechtbarkeit auch nach Unwiderruflichkeit.

258 BGH NJW 2015, 3093 ff.; Palandt/*Sprau* BGB § 812 Rn. 107a mwN. Oft würde man auch nach den alten Kriterien zum gleichen Ergebnis kommen.

ten zahlen. Der Bankkunde muss zB nach § 812 BGB gegen den Dritten vorgehen, wenn diesem der Betrag nicht zusteht (zB auch bei einer Fehlüberweisung, die auf einem Versehen des Bankkunden beruht – dann *condictio indebiti*[259]).

- Hat der Bankkunde in Fällen des Wiedergutschriftsanspruchs gegen die Bank **alternativ einen Zahlungsanspruch gegen den Dritten/Empfänger** (Eingriffskondiktion)? Nein. Wegen des Anspruchs auf Wiedergutschrift liegt kein Vermögensverlust und daher kein Erwerb »auf Kosten« des Bankkunden vor.[260]
- Wendet die Bank gegenüber dem Wiedergutschriftsanspruch ein, der Bankkunde habe durch eine **Sorgfaltspflichtverletzung** die von der Bank durchgeführte Auszahlung an einen unberechtigten Dritten mitverantwortet, so trägt sie dafür die Beweislast (wobei zulasten des Kunden Anscheinsbeweisgrundsätze greifen können).[261] Schafft sie diesen Beweis, muss sie den Betrag nicht wiedergutschreiben, wobei die rechtliche Konstruktion dieser Einwendung problematisch ist. Bei mitverschuldeter missbräuchlicher Verwendung von Kreditkarten ist für diese Fälle in **§ 675v BGB** ein spezieller Schadensersatzanspruch der Bank geregelt, den sie dem Wiedergutschriftsanspruch des Kunden nach § 242 BGB (*dolo agit*) entgegensetzen kann, ohne dass es einer Aufrechnung bedarf.[262] Handelt es sich um das vom Kunden verschuldete **Phishing von TANs**, so kann die Bank den Einwand der Sorgfaltspflichtverletzung nicht über § 242 BGB geltend machen, sondern gleich mit ihrem Anspruch aus § 675v BGB aufrechnen.[263] Gleiches gilt bei einer Aufsichtspflichtverletzung bezüglich der sicheren Verwahrung der Online-Banking-Datenlisten.[264] Der Bankkunde muss dann – weil er von der Bank nichts bekommt – nach § 812 BGB und gegebenenfalls § 823 II BGB iVm § 263a StGB gegen den Dritten vorgehen. **Das ist alles schon zigfach in Assessorklausuren im Ringtausch der LJPAs und in Bayern vorgekommen und ist nicht kompakt im Palandt kommentiert. Das haben Sie daher schlicht und einfach auswendig zu lernen!**

Merke: Zahlt die Bank im Rahmen eines Zahlungsdiensterahmenvertrages, gelten die oben genannten durch §§ 675u, 675v BGB geprägten Besonderheiten. Außerhalb dieser Fallgruppe gelten die Grundsätze »zum Dreieck« bei § 812 BGB fort.

259 BGH NJW-RR 2015, 677 f.; NJW 2006, 503; OLG Koblenz BeckRS 2016, 16479; OLG Dresden ZIP 2007, 1654 f.

260 BGH NJW 1994, 2357 ff.; OLG Zweibrücken MMR 2010, 346 f.; OLG Hamburg ZIP 2006, 1981 ff.

261 Palandt/*Sprau* BGB § 675w Rn. 4 f. mwN; BGH NJW 2016, 2024 ff.

262 OLG Düsseldorf NJW 2012, 3381 f.; LG Düsseldorf BeckRS 2011, 23927; LG Würzburg BeckRS 9998, 42189; AG Köln NJW-RR 2015, 888; Logischer wäre es allerdings – wie in den Phishing-Fällen – direkt über die Konstruktion einer Aufrechnung durch die Bank zu argumentieren. Die Praxis macht es (noch) anders, weil der Weg über § 242 BGB ein Relikt aus alten Zeiten ist.

263 BGH NJW 2012, 2422 ff.; OLG München BeckRS 9998, 63602; LG Berlin NJW-RR 2012, 570 f.; LG Köln NJW 2014, 3735 f.; AG Köln BeckRS 2014, 14930; AG Krefeld BeckRS 2012, 23932.

264 Der Bankkunde darf die Online-Banking-Daten auch nicht an Dritte weitergeben! Tut er es dennoch, kann die Bank ebenfalls über § 675v BGB gehen, nach aA kann die Bank ggü. dem Wiedergutschriftsanspruch einwenden, es liege nach Anscheinsvollmachtgesichtspunkten oder über Handeln unter fremden Namen eine Autorisierung der Zahlung vor (vgl. BGH NJW 2016, 2024 ff.).

§ 8 Sonstige Ansprüche

A. Der Vertrag zugunsten Dritter

65 Der echte Vertrag zugunsten Dritter ist in **§§ 328 ff. BGB** geregelt (lesen!). Hier erwirbt der Dritte ein eigenes Forderungsrecht gegen den Schuldner kraft Vereinbarung der beiden Vertragspartner. Anspruchsgrundlage ist dann nicht »der Vertrag zugunsten Dritter« sondern der jeweilige Vertrag *»iVm § 328 BGB«*. Da der Dritte aber nicht Vertragspartner wird, stehen ihm in der Regel keine eigenen Mängelrechte zu (aber über Konstruktion eines Vertrages mit Schutzwirkung zugunsten Dritter möglich – dh, auf Primäranspruch-Ebene sind die Voraussetzungen des Vertrages zugunsten Dritter zu prüfen, auf Sekundäranspruch-Ebene die Voraussetzungen eines Vertrages mit Schutzwirkung zugunsten Dritter). Verträge zulasten Dritter sind mit dem Grundsatz der Privatautonomie nicht vereinbar und daher unwirksam. Auch dingliche Verträge zugunsten Dritter sind unzulässig (Ausnahme: Erlass nach § 423 BGB mit Gesamtwirkung).

Was waren die häufigsten Beispiele für Verträge zugunsten Dritter in den bisherigen Assessorklausuren?

- **Sparbuch**, welches zugunsten eines Dritten angelegt wird, → Rn. 43
- **Mäklerklausel** in einem Grundstückskaufvertrag, → Rn. 74
- **Beherbergungs- oder Reiseverträge,** vor allem zugunsten von mitreisenden Angehörigen des Reisenden, → Rn. 77
- **Lebensversicherungsvertrag** mit Bezugsberechtigung zugunsten eines Dritten (s. unten)

Der **Lebensversicherungsvertrag mit Bezugsberechtigung zugunsten eines Dritten** soll jetzt im Fokus stehen. In der Regel liegt ein Vertrag zugunsten Dritter iSv §§ 328, 331 BGB iVm § 159 VVG zwischen dem Versicherungsnehmer und der Versicherung vor. Diese Summe ist dann nicht Bestandteil des Nachlasses. Problematisch ist oft, ob die Bezugsberechtigung geändert wurde. Grundsätzlich kann diese bis zum Eintritt des Versicherungsfalles (= Tod des Versicherungsnehmers) geändert werden, wenn das Widerrufsrecht nicht ausgeschlossen wurde, § 159 VVG. Die Kommentierung im Palandt zu § 331 und § 332 BGB ist hier hilfreich. Nun zu einigen Details, die man kennen sollte.

Beim Lebensversicherungsvertrag gibt es vier Standardsituationen im Examen (keine davon ist richtig gut und kompakt im Palandt kommentiert!):

- **Typ 1**: Es klagt der Bezugsberechtigte **gegen die Lebensversicherung** auf Auszahlung. Anspruchsgrundlage ist der Lebensversicherungsvertrag iVm §§ 328, 331 BGB, § 159 VVG. In der Regel geht es dann um Probleme der wirksamen Änderung der Bezugsberechtigung. Ist diese nicht wirksam geändert worden, ist zu fragen, ob die Versicherung die Zahlung verweigern kann, wenn der Bezugsberechtigte die Summe sofort an die Erbin (zB Ehefrau des Versicherungsnehmers) weiterreichen müsste (s. unten). Der Versicherung stünde dann die Dolo-agit-Einrede zu.[265]
- **Typ 2**: Versicherung zahlt Kapital **an die erbende Ehefrau** des Versicherungsnehmers aus. Der Bezugsberechtigte verklagt Ehefrau auf Zahlung dieser Summe an ihn. Anspruchsgrundlage? Erst nachdenken, dann Fußnote lesen![266]

265 *Langheid/Müller-Frank* NJW 2009, 337; OLG Saarbrücken NJW-RR 2018, 35; aA OLG Nürnberg MDR 2016, 160 f.

266 Lösung: § 816 II BGB. Die Eingriffskondiktion dürfte daneben idR nicht greifen, weil die Versicherungssumme von der Versicherung oder zumindest vom Erblasser geleistet sein dürfte und daher der Vorrang der Leistungsbeziehung gilt. Wenn eine Leistung verneint würde (wohl vertretbar bei entsprechender Argumentation), so wäre die Eingriffskondiktion nach wohl hM durch § 816 II BGB als *lex specialis* gesperrt. Die Ehefrau wird sich hinsichtlich der »Berechtigung« iSv § 816 II BGB auf § 1922 BGB berufen, die Einsetzung des Klägers als Bezugsberechtigten würde aber vorgehen, weil der Anspruch aus der Lebensversicherung bei wirksamer Bezugsberechtigung eines Dritten nicht in den Nachlass fällt. Hier wird die Erbin zumindest konkludent die Dolo-agit-Einrede geltend machen. Diese Einrede greift durch, wenn der Bezugsberechtigte die Summe sofort wieder an die Erbin – zB aus LK – herausgeben müsste, was dann inzident zu prüfen ist.

- **Typ 3**: Versicherung zahlt **an Bezugsberechtigten**. Die Erbin verklagt ihn auf Zahlung an sich. Hat sie Erfolg?[267]
- Bei **Typ 4 hinterlegt die Versicherung** den Betrag nach § 372 BGB. Dann streiten sich die beiden Forderungsprätendenten (Erbin und Bezugsberechtigter) um dessen Freigabe (in der Regel mit Klage und spiegelbildlicher Widerklage). Anspruchsgrundlage ist Eingriffskondiktion (→ Rn. 64: Blockierstellung). Der Bezugsberechtigte ist formal nach §§ 328, 331 BGB Auszahlungsberechtigter, ihm steht der Betrag aber nur dann endgültig zu, wenn der Einsetzung eine wirksame Schenkung mit dem Erblasser zugrunde liegt (Inzidentprüfung).[268]

Sie sehen, dass es praktisch in allen Klausuren auf die Frage ankommt, ob der Bezugsberechtigte im Verhältnis zum Versicherungsnehmer bzw. seinem Erben einen **Rechtsgrund** für die Einsetzung als Bezugsberechtigter bzw. das Behaltendürfen des Kapitals hat. Die Einsetzung als Bezugsberechtigter stellt eine **Schenkung** im Valutaverhältnis Erblasser/Versicherungsnehmer – Bezugsberechtigter dar, die als Rechtsgrund infrage kommt. Dieser Schenkungsvertrag kann entweder zu Lebzeiten des Erblassers oder erst nach dem Tod des Erblassers (dann überbringt die Versicherung als Erklärungsbotin das Schenkungsangebot des Erblassers, und zwar in der Regel nur konkludent durch Auszahlung der Versicherungssumme; der Bezugsberechtigte kann dieses konkludent nach § 153 BGB auch nach dem Tod des Erblassers annehmen, wobei der Zugang der Annahme nach § 151 BGB entbehrlich ist) geschlossen worden sein. Die Erbin kann die wirksame Schenkung dadurch verhindern, dass sie entweder unter den Voraussetzungen von § 130 I 2 BGB gegenüber dem Bezugsberechtigten das Schenkungsangebot oder nach §§ 671, 168 S. 1 BGB gegenüber der Versicherung vor Übermittlung des Schenkungsangebotes den Auftrag zur Übermittlung – und damit die Botenmacht – widerruft, wenn das Widerrufsrecht nicht ausgeschlossen wurde.[269] Dann würde die Versicherung als Botin ohne Botenmacht auftreten, es gelten §§ 177 ff. BGB analog. Schafft die Erbin das nicht, kommt es darauf an, ob die Schenkung im Valutaverhältnis wirksam ist. Diese könnte sowohl eine Schenkung nach §§ 516 ff. BGB (dann notarielle Form nach § 518 I BGB nötig) als auch eine nach § 2301 I BGB sein (§ 2301 I BGB wird von der Rspr. als Verweis vor allem auf § 2276 BGB verstanden, ergo: auch notarielle Form erforderlich). Da in der Regel die **notarielle Form nicht eingehalten wurde**, kommt es darauf an, ob sich die Heilung des Formmangels nach § 518 II BGB oder nach der strengeren Norm § 2301 II BGB (danach ist nach der Rspr. ein sog. lebzeitiges Vermögensopfer des Erblassers nötig; Argument: Wortlaut von § 2301 II BGB »*Vollzieht der Schenker …*« – vgl. Palandt bei § 2301 BGB mit vielen Beispielen zum lebzeitigen Vermögensopfer!) bemisst. **Zu fragen ist daher, welche Art der Schenkung vorliegt: Eine nach §§ 516 ff. oder § 2301 BGB (Knackpunkt der Klausur)?** Der BGH lässt § 2301 BGB im Valutaverhältnis nicht zur Anwendung kommen, wenn zwischen Versicherungsnehmer und Versicherung (wie hier) im Deckungsverhältnis ein Vertrag zugunsten Dritter auf den Todesfall nach § 331 BGB vorliegt (vgl. → Rn. 90). **Es gilt also § 518 BGB**, sodass der Formmangel durch Vollzug der Schenkung nach § 518 II BGB geheilt ist. Der Vollzug ist der Eintritt des Versicherungsfalls (= Tod des Versicherungsnehmers), da dann der Anspruch aus dem Lebensversicherungsvertrag (plus das Eigentum am Schein) auf den Bezugsberechtigten übergeht. Dies bedeutet, dass der Vollzug nach § 518 II BGB auch zeitlich vor der Annahme des Schenkungsangebotes stattfinden kann.[270] Eine Rückforderung vom

267 Möglich wäre §§ 1922, 812 I 1 Alt. 1 BGB. Das erlangte »Etwas« ist die Bezugsberechtigung für den Anspruch aus dem Lebensversicherungsvertrag iVm §§ 328, 331 BGB. Mit Auszahlung der Summe surrogiert der Geldbetrag den Auszahlungsanspruch, § 818 I BGB. Geleistet hat der Erblasser mittels der Versicherung, in dessen Rechtsposition die Erbin eingetreten ist. Rechtsgrund ist idR eine Schenkung, deren Wirksamkeit dann inzident zu untersuchen ist. § 816 II BGB scheidet als Anspruchsgrundlage aus, weil der Bezugsberechtigte wegen seiner Auszahlungsbefugnis nicht »Nichtberechtigter« iSv § 816 II BGB ist. Eine Abwandlung wäre, dass die Erbin den **Versicherungsschein** vom Bezugsberechtigten herausverlangt. Die Lösung dieser Abwandlung ist identisch mit dem Sparbuchfall unter → Rn. 90.

268 BGH NJW 2013, 3448 ff.; OLG Köln BeckRS 2012, 18439; *Vollersen* JURA 2009, 923 ff. Dogmatisch würde es sich hier wieder um die Dolo-agit-Einrede der Erbin handeln, die ihm ggü. dem Bezugsberechtigten zusteht, wenn Letzterem der Rechtsgrund fehlt.

269 Palandt/*Grüneberg* BGB § 331 Rn. 4 f. mwN. Vgl. BGH NJW 2013, 2588 f. zu den Ansprüchen des Bezugsberechtigten ggü. der Versicherung.

270 BGH NJW 1975, 382 und 1965, 1913 f.

Bezugsberechtigten kommt schließlich auch bei entsprechenden Anhaltspunkten nach §§ 528, 530 BGB oder § 2287 BGB (→ Rn. 97) in Betracht, wobei allerdings die Vererblichkeit der §§ 528, 530 BGB problematisch ist (vgl. dortige Kommentierung im Palandt!). Zudem stellt § 528 BGB darauf ab, dass die Verarmung nach der Vollziehung der Schenkung eingetreten sein muss. In den Klausurfällen ist jedoch der Schenkungsvertrag in der Regel erst nach dem Tod des Schenkers zustande gekommen. Lesen Sie zu dem gesamten Komplex unsere **Musterklausur:** ***Kaiser*** **JA 2011, 49 ff.** Es gab schon zig Klausuren dazu!

B. Der Vertrag mit Schutzwirkung zugunsten Dritter

66 Im Unterschied zum Vertrag zugunsten Dritter erlangt der Dritte beim Vertrag mit Schutzwirkung zugunsten Dritter keinen eigenen Primäranspruch. Er wird hier lediglich im Wege der ergänzenden Vertragsauslegung (so die Rspr.) in den Schutz eines fremden Schuldverhältnisses einbezogen und erhält bei einer Pflichtverletzung des Schuldners einen eigenen Schadensersatzanspruch. »Vertrag« mit Schutzwirkung ist eigentlich ungenau, da auch die c.i.c. Schutzwirkung zugunsten Dritter haben kann. **Der Vertrag mit Schutzwirkung zugunsten Dritter ist inklusive aller Fallgruppen im Palandt bei § 328 BGB kommentiert.**

Merke: Schreiben Sie nie *»Dem Kläger steht ein Anspruch aus einem Vertrag mit Schutzwirkung zugunsten Dritter zu«*. Der Vertrag mit Schutzwirkung zugunsten Dritter ist keine eigene Anspruchsgrundlage! Es muss zB heißen: »... *aus § 536a I BGB iVm den Grundsätzen des Vertrags mit Schutzwirkung zugunsten Dritter*« oder »... *aus §§ 280, 241 II BGB iVm den Grundsätzen des Vertrags mit Schutzwirkung zugunsten Dritter*«. Als Anspruchsgrundlage dient also immer ein bestimmter Anspruch eines Primärgläubigers, der über die Grundsätze des Vertrags mit Schutzwirkung zugunsten Dritter auch für Dritte Schutz bewirkt.

Prüfungsreihenfolge Vertrag mit Schutzwirkung zugunsten Dritter für die Klausur

1. Ist aus einem drittschutztauglichen Rechtsverhältnis ein **Sekundäranspruch** entstanden? ZB §§ 536a, 280 ff. BGB, pVV, c.i.c. Ein Schaden beim Primärgläubiger ist irrelevant!
2. Entfaltet der Vertrag/das Rechtsverhältnis **Drittschutz?** (+), wenn folgende Voraussetzungen erfüllt sind:
   a) **Leistungsnähe**: Der Dritte kommt mit den Leistungen des Schuldners bestimmungsgemäß ebenfalls in Berührung, daher vergleichbare Gefahr einer Rechtsgutsverletzung wie beim Primärgläubiger.
   b) **Gläubigernähe:** Wenn Primärgläubiger *»für das Wohl und Wehe des Dritten«* verantwortlich ist (Ehegatte, Kinder, Arbeitnehmer) oder er sonstwie ein schutzwürdiges Interesse daran hat, dass der Dritte in den Vertragsschutz einbezogen wird (per Auslegung zu klären). Allerdings beschränkt der BGH neuerdings seit dem »Außenlampen-Fall« jenseits der Wohl-und-Wehe-Fälle den Kreis der Einbezogenen wohl auf solche Dritte, die zumindest auch ein Interesse an der Leistung des Schuldners haben oder denen gegenüber der Gläubiger *»aufgrund einer Sonderverbindung Schutzpflichten treffen«*. Der Primärgläubiger kann mit dem Schuldner (auch in AGB und auch konkludent) vereinbaren, dass Dritte vom Schutz ausgeklammert sind.[271]
   c) (Objektive) **Erkennbarkeit** von a) und b) für Schuldner bei Vertragsschluss.
   d) **Schutzbedürftigkeit** des Dritten: (–), wenn der Dritte aus dem Schadensfall bereits einen **gleichwertigen vertraglichen** Anspruch egal gegen wen hat. Es ist irrelevant, ob dieser Anspruch realisierbar ist oder nicht.

Der Schuldner kann dem Dritten nach hM alle Einreden aus dem Hauptvertrag und ein etwaiges Mitverschulden des Gläubigers entgegenhalten (**Rechtsgedanke § 334 BGB**). Auch ein eigenes Mitverschulden des Dritten selbst ist nach § 254 BGB zu berücksichtigen.

Klausurbeispiele: **Mietvertrag** (zB für Kinder des Mieters → Rn. 84), **Beherbergungs- und Reisevertrag** (für Mitreisende → Rn. 77) und **Werkvertrag** (zB für Arbeitnehmer des Unter-

271 So die hM; vgl. Palandt/*Grüneberg* BGB § 328 Rn. 17a; OLG Karlsruhe Urt. v. 14.8.2013 – 1 O 63/13; OLG Frankfurt a.M. BeckRS 2014, 07818.

nehmers oder für Familie des Bestellers oder für Nachbarn des Bestellers von Dachdeckerarbeiten). Auch **Verträge der Eltern** mit Dritten im Rahmen der Freizeitgestaltung ihrer minderjährigen Kinder (Reitunterricht/Freizeitpark etc.) und die **c.i.c. der Mutter** (Mutter nimmt Kind zum Einkaufen mit, Kind wird im Laden von Linoleumrolle überrollt) entfalten Drittschutz für das Kind. In den letzteren beiden Konstellationen ist dann die Problematik der gestörten Gesamtschuld und die Zurechnung des Mitverschuldens der Eltern zu problematisieren (→ Rn. 62). Der aus dem ersten Examen bekannte **Gutachtervertrag** mit einem Experten (§ 311 III BGB wird von der Rspr. bei der Expertenhaftung in der Regel abgelehnt) wäre auch ein Beispiel. Kein Vertrag mit Schutzwirkung zugunsten Dritter ist der Interbankenvertrag bezüglich der Überweisung und Verrechnung (Märztermin 2017!).

Klausurtipp: Ein **aktueller Fall aus vielen Mündlichen:** Ein Zuschauer wird bei einem **Fußballspiel** von einem bengalischen Feuer eines anderen Fans verletzt. Ansprüche des Verletzten gegen den Verein? Ansprüche gegen den zündelnden Fan? Ansprüche des Vereins gegen den zündelnden Fan wg. der DFB-Strafe? Denken Sie zuerst nach und lesen erst danach die Fußnote.[272]

Tolle Übungsfälle sind (Examensklausuren bestehen fast immer aus Entscheidungen!):

- BGH NJW 2011, 139: »Reitturnier« als c.i.c. und Vertrag mit Schutzwirkung zugunsten Dritter (Originalklausur)
- OLG Hamm NJW-RR 2013, 1038: »Reitunterricht« (Originalklausur)
- OLG Karlsruhe BeckRS 2013, 14476: »Pferde-AKU im Verkäuferauftrag« (Originalklausur)[273]
- BGH NJW-RR 2017, 888 = MDR 2017, 73 ff.: »Außenlampe« (Examenstipp!)
- BGH BeckRS 2017, 136461 = MDR 2018, 275 f.: »Abrissarbeiten« (Examenstipp!)

C. Die Drittschadensliquidation

Stellen Sie sich vor, jemand hat wegen einer vertraglichen Pflichtverletzung einen Anspruch gegen den Schädiger, jedoch wegen eines besonderen Rechtsverhältnisses zu einem Dritten zufällig keinen Schaden, weil dieser sich auf den Dritten verlagert hat. Wenn nun der Dritte wiederum keinen Anspruch gegen den Schädiger hat (zB aus Delikt oder über Vertrag mit Schutzwirkung zugunsten Dritter – was zuerst zu prüfen wäre!), um den bei ihm gelandeten Schaden zu liquidieren, wer lacht zuletzt? Der Schädiger, da er an keinen zahlen müsste. Das kann nicht sein! Wenn diese **Schadensverlagerung für den Schädiger zufällig ist**[274], wird auf die nicht kodifizierte Drittschadensliquidation zurückgegriffen, wenn nicht Sonderregeln (wie zB § 421 HGB) greifen. Die **Rechtsfolge der Drittschadensliquidation** ist, dass der vertragliche Gläubiger mit seinem Anspruch den Fremdschaden liquidieren kann (»Schaden wandert zum Anspruch«), wenn nicht der Wille des Geschädigten entgegensteht. Der Geschädigte kann nach § 285 BGB analog iVm den Grundsätzen der Drittschadensliquidation vom Gläubiger Abtretung dieses Anspruchs oder – wenn der Schädiger schon an diesen gezahlt hat – Herausgabe des Betrages an sich verlangen. Die anerkannten Fallgruppen der Drittschadensliquidation stehen bei **Palandt/*Grüneberg* BGB Vorb v § 249 Rn. 105 ff.!** 67

Die bislang im Assessorexamen relevanteste Fallgruppe sind die **Obhutsfälle:** Der berechtigter Besitzer einer fremden Sache schließt mit einer weiteren Person einen Vertrag ab, der – in

272 Ansprüche des Verletzten gegen den Verein kommen aus pVV des Zuschauervertrages und §§ 823, 831 BGB bei nicht ausreichender Kontrolle der Zuschauer wg. Verletzung einer VSP in Betracht. Gegen den Randalier kommen Ansprüche aus Delikt und aus pVV iVm VSD infrage (Zuschauervertrag des Vereins mit Randalierer kann ein VSD zugunsten anderer Zuschauer sein, jedoch Schutzbedürftigkeit zu verneinen). Wird der Verein vom DFB zur Strafe verdonnert, kann er beim Randalierer vor allem aus pVV Regress nehmen. Woran ist hier zu denken? An die Zurechnungsproblematik des Schutzzwecks der Norm: vgl. → Rn. 56. Vgl. bei Interesse *Hein* JA 2017, 582 ff.

273 Umstr., zu Recht gegen VSD für Käufer mangels Schutzbedürftigkeit die wohl herrschende Rspr., vgl. OLG Karlsruhe BeckRS 2013, 14476; OLG Hamm NJW-RR 2013 1522 f. mwN; OLG Celle BeckRS 2010, 16895; OLG Schleswig VersR 1987, 624; LG Bochum BeckRS 2013, 11698; LG Verden BeckRS 2011, 13234; *Jarling* JA 2015, 536 ff. Auch ein Fall von § 311 III BGB liegt idR nicht vor.

274 Vgl. zuletzt wieder BGH NJW 2016, 1089 ff.

der Regel neben anderen Hauptpflichten – bezüglich der Sache eine Obhutspflicht dieser Person begründet (zB Werkvertrag, Dienstvertrag, Miete, Beherbergung), welche verletzt wird. Der BGH lässt hier die Drittschadensliquidation sogar auch dann zu, wenn der letztlich geschädigte Eigentümer einen deliktischen Anspruch gegen den Schädiger hat (Drittschadensliquidation tritt dann neben Delikt).

Klausurtipp: Im Falle der Drittschadensliquidation kann der Geschädigte im Wege der **gewillkürten Prozessstandschaft** den Anspruch des Gläubigers gegen den Schädiger einklagen. Das schutzwürdige Eigeninteresse des Prozessstandschafters liegt in der Gefahr, sonst auf dem Schaden sitzen zu bleiben.[275]

D. Die wichtigsten Regressvorschriften

68 Die für die Klausuren wichtigsten Rückgriffsvorschriften sind **Gesamtschuld, GoA** (→ Rn. 34) und – subsidiär – **Rückgriffskondiktion** (→ Rn. 64). Als gesetzlicher Regressanspruch kann **§ 86 VVG** relevant sein, wenn eine Versicherung gezahlt hat. § 426 BGB ist gegenüber GoA und Rückgriffskondiktion vorrangig (→ Rn. 34, 64).

Da GoA und § 812 BGB schon besprochen wurden, bleibt jetzt die **Gesamtschuld** nach §§ 421 ff. BGB übrig. Sie kommt – vereinfacht gesagt – bei gleichstufiger Haftung mehrerer Schuldner gegenüber einem Gläubiger in Betracht. Gesamtschuld ist Flickwerk der Rspr., daher sollten Sie bei der Frage, ob eine Gesamtschuld vorliegt, stets mit dem Palandt bei § 421 BGB arbeiten (tendenziell ist die Rspr. nicht so restriktiv hier). Wichtig ist § 840 BGB (lesen!). Einstieg in die Klausur ist immer § 426 BGB. **Was ist eigentlich der Unterschied zwischen § 426 I und II BGB?**[276] Hinzukommen können Schadensersatzansprüche unter den Gesamtschuldnern zB aus § 280 BGB, da das Gesamtschuldverhältnis ein gesetzliches Schuldverhältnis ist. Besteht zwischen zwei Schädigern keine Gesamtschuld, kann über §§ 273, 255 BGB ein ähnliches Ergebnis wie bei § 426 II BGB erreicht werden.

Klausurtipp: Sehr klausurrelevant sind Regressansprüche in der **Anwaltsklausur**, und zwar insbesondere dann, wenn Sie den Beklagten vertreten und Regressansprüche des Mandanten infrage kommen. Warum?[277]

---

275 Vgl. zur gewillkürten Prozessstandschaft *Kaiser/Kaiser/Kaiser* Zivilgerichtsklausur I Rn. 353 ff. und *Kaiser/Kaiser/Kaiser* Anwaltsklausur Rn. 18.

276 Es handelt sich um zwei verschiedene Anspruchsgrundlagen: § 426 I BGB ist ein eigener Anspruch gegen den anderen Gesamtschuldner, der ab Entstehung der Gesamtschuld entsteht. Vor der Zahlung kann vom anderen Gesamtschuldner Freistellung verlangt werden, wenn die ernsthafte Möglichkeit der eigenen Inanspruchnahme besteht. Dem Anspruch aus § 426 I BGB können keine Einwendungen aus dem Verhältnis zum Gläubiger entgegengehalten werden. § 426 II BGB dagegen normiert den Übergang der fremden Gläubigerforderung auf den zahlenden Gesamtschuldner (hier Schuldnerschutz durch §§ 412, 404 ff. BGB) mit den dafür gegebenen akzessorischen Sicherheiten, §§ 412, 401 BGB. Das ist das Prickelnde an § 426 II BGB! Die Verjährung bei § 426 II BGB richtet sich nach dem jeweils übergegangenen Anspruch.

277 Weil dann an eine **Streitverkündung** zu denken ist. Lesen Sie dazu unbedingt *Kaiser/Kaiser/Kaiser* Anwaltsklausur Rn. 69.

2. Teil. Die wichtigsten Vertragstypen

§ 1 Der Bürgschaftsvertrag, §§ 765 ff. BGB

A. Einstieg

Da in der Praxis eher Sicherheiten wie Grundschuld oder Hypothek bevorzugt werden, spielt die Bürgschaft dort keine große Rolle. Im Examen taucht sie ab und zu auf. Die relevanten Probleme sind überschaubar. 69

B. Der Anspruch des Gläubigers gegen den Bürgen, § 765 BGB

Durch den Bürgschaftsvertrag verpflichtet sich der Bürge gegenüber dem Gläubiger eines Dritten, für die Erfüllung der Verbindlichkeit des Dritten/Hauptschuldners **akzessorisch einzustehen.**

Voraussetzungen für Anspruch gegen Bürgen aus § 765 BGB

1. Einigung iSd § 765 BGB
2. In der Form des § 766 BGB
3. Bestehen der zu sichernden Forderung (wegen Akzessorietät!)
4. Keine Gegenrechte des Bürgen

I. Die Einigung über eine Bürgschaft gem. § 765 BGB

Ein bekanntes Problem sollte die **Abgrenzung** der Bürgschaft zu anderen Formen der Haftung sein. Hier stellt die Rspr. vor allem auf die Interessenlage der Parteien ab. Der Wortlaut der Vereinbarung ist Anhaltspunkt, bindet aber nicht:

- **Mitdarlehensnehmer** ist nur derjenige, der ein eigenes sachliches und/oder persönliches Interesse an der Kreditaufnahme hat sowie gleichberechtigt neben dem anderen Darlehensnehmer einen Anspruch auf Auszahlung der Darlehensvaluta haben und im Gegenzug gleichgründig zur Zurückzahlung des Darlehens verpflichtet sein soll.
- Ein **Schuldbeitritt** (zum Teil »Mithaft« genannt) liegt vor, wenn der neue Schuldner aus Sicherungszwecken gleichrangig und selbstständig mithaften soll. Dann entsteht eine Gesamtschuld, §§ 421 ff. BGB. Für Einwendungen des Beitretenden gilt § 417 BGB analog. Der Schuldbeitritt ist im BGB nicht geregelt, sodass als Anspruchsgrundlage gegen den Beitretenden die allgemeine Vorschrift § 311 I BGB zu zitieren ist.
- Eine **Schuldübernahme** nach §§ 414 ff. BGB liegt vor, wenn die vollständige Übernahme der Schuld des Hauptschuldners, dh eine Haftung anstelle des Schuldners gewollt ist.
- Eine **Bürgschaft** liegt vor, wenn eine akzessorische Haftung für eine fremde Schuld gewollt ist.

Was vorliegt, müssen Sie dann gegebenenfalls diskutieren und ist eine **Frage des konkreten Klausursachverhaltes**! Im Palandt ist die Abgrenzung im Überbl v § 414 BGB (dh bei der Schuldübernahme!) kommentiert.

Beachte: Es gibt Sonderfälle der Bürgschaft wie zB Rückbürgschaft, Gewährleistungsbürgschaft oder **Bürgschaft auf erstes Anfordern**, die auch mal in Klausuren eingebaut werden. Hier lesen Sie sich im Notfall im Palandt in der Einf v § 765 BGB schlau, bitte nichts vorher lernen. Die Klausurprobleme standen alle dort!

II. Die Formvorschrift des § 766 BGB

Es ist nur die **schriftliche** (kein Fax!) **Erteilung der Bürgschaftserklärung** nötig, nicht erforderlich ist dagegen ein kompletter schriftlicher Bürgschaftsvertrag mit zwei Unterschriften.

Die Parteien und die Hauptschuld müssen als *essentialia negotii* enthalten sein. Die Heilung ist in § 766 S. 3 BGB geregelt. Zum Formerfordernis noch Folgendes:

- **»Erteilung«** heißt: Der Gläubiger muss die Verfügungsmacht über die Bürgschaftsurkunde erlangt haben.
- **Nebenabreden** sind grundsätzlich formfrei, es sei denn sie belasten den Bürgen (dann an § 139 BGB denken!).
- **§ 350 HGB** (Formfreiheit) ist zu beachten, wenn ein Handelsgeschäft iSd § 343 HGB vorliegt (→ Rn. 105).
- Die **Vollmachtserteilung** für den Abschluss einer Bürgschaft bedarf ebenfalls der Form des § 766 BGB.
- **Blankobürgschaften** (Bürge unterschreibt Bürgschaft und ermächtigt Vertreter mündlich, die Bürgschaft um den Betrag zu ergänzen) sind nach dem Sinn und Zweck von § 766 BGB unwirksam. § 766 BGB wird nur gewahrt, wenn neben der Blanketturkunde auch die Ausfüllungsvollmacht die Voraussetzungen von § 766 BGB erfüllt. Wird diese Form nicht eingehalten, muss sich der Blankobürge allerdings analog § 172 II BGB an dem Rechtsschein festhalten lassen, wenn später die Urkunde (auch abredewidrig) ausgefüllt wird, dies jedoch nur, wenn der Geschäftsgegner nicht erkennen kann, dass eine formwidrige Blankobürgschaft vorliegt.

Beachte: Die Formvorschrift des § 766 BGB ist **nicht auf den Schuldbeitritt anwendbar**. Beachten Sie aber, dass gegebenenfalls §§ 491 ff. BGB einschlägig sind, wenn zu einem Darlehensvertrag beigetreten wird (→ Rn. 71).

III. Bestehen der Hauptschuld zum Zeitpunkt der Eingehung der Bürgschaft

Diese Voraussetzung ergibt sich aus der Akzessorietät der Bürgschaft, § 767 BGB. Hier ist dann eine **Inzidentprüfung** des Anspruchs gegen den Hauptschuldner erforderlich. Die Sicherung künftiger Forderungen durch eine Bürgschaft ist möglich, wenn die künftige Forderung bestimmbar ist, vgl. § 765 II BGB.

IV. Gegenrechte des Bürgen

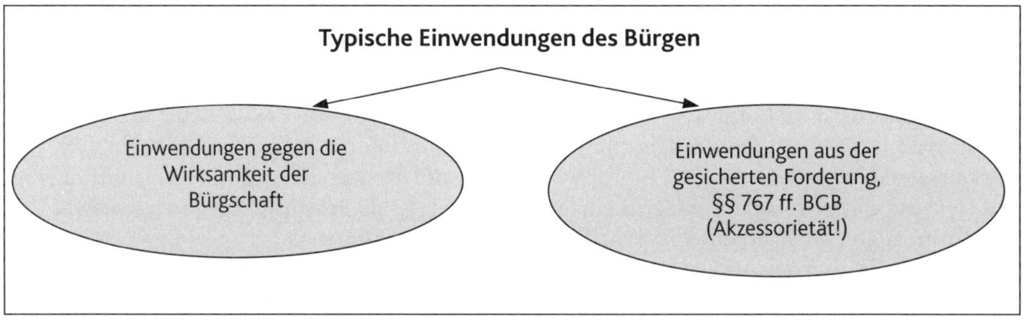

1. Einwendungen gegen die Bürgschaft selbst

Der Bürge kann vortragen, dass die Bürgschaftsschuld zB durch **Aufrechnung mit eigenen Ansprüchen** (passiert praktisch in jeder Bürgschaftsklausur, in der Regel als letztes Verteidigungsmittel!), Erfüllung oder Erlass erloschen oder **verjährt** ist. Der **Fälligkeitsbeginn** der Bürgschaft fällt mit dem der Hauptforderung grundsätzlich zusammen. Nach Erlöschen der Bürgschaftsschuld muss der Gläubiger die Bürgschaftsurkunde zurückgeben (§ 371 BGB).

Problem: Mögliche weitere Einwendungen des Bürgen

- Einwand aus **§ 418 I BGB** (lesen!).
- **Rechtskraft** des Urteils im Prozess Gläubiger – Hauptschuldner: (+), wenn dort Bestehen der **Hauptschuld verneint** wurde, Bürge haftet dann auch nicht.[278] **Anders aber in umge-**

278 Palandt/*Sprau* BGB § 767 Rn. 4; Argument: Rechtskrafterstreckung auf Bürgschaft wg. materiell-rechtlicher Abhängigkeit. Merken Sie sich das!

kehrter Richtung, dh wenn Gläubiger gewonnen hat: keine Erstreckung zulasten des Bürgen (Schutz des Bürgen, Rechtskraft nur *inter partes*). Letzteres hat der BGH aber 2016 (prompt eingebaut im Junitermin 2017!) für die von § 768 BGB erfasste Verjährungseinrede eingeschränkt. Das Urteil im Bürgschaftsprozess hat dagegen nie Rechtskraftwirkung für den Hauptschuldner![279]

- **§§ 119 ff. BGB:** Möglich, aber § 119 II BGB wegen Irrtums über Vermögensverhältnisse des Schuldners scheidet nach § 242 BGB grundsätzlich aus, da dieser Irrtum typisches Risiko des Bürgen ist. Im Übrigen dürfte die Zahlungsfähigkeit keine Eigenschaft der Person iSv § 119 II BGB sein, da diese ihr nicht auf Dauer anhaftet.
- **Kündigung** möglich nach § 314 BGB aus wichtigem Grund oder über § 242 BGB nach Ablauf eines bestimmten Zeitraumes mit angemessener Frist, wenn Bürgschaft auf unbestimmte Zeit eingegangen.[280] Die Bürgschaft beschränkt sich dann auf die bis zur Kündigung begründeten Verbindlichkeiten des Hauptschuldners.
- **§§ 312b, 312g, 355 ff. BGB:** (+), wenn die Bürgschaft ein Geschäft iSv § 312b BGB ist.
- **§ 313 BGB:** (–) bei Zahlungsunfähigkeit des Schuldners, da typisches Risiko des Bürgen; § 313 BGB aber möglich bei Scheidung der Ehe oder Auflösung der nichtehelichen Lebensgemeinschaft, wenn der Sicherungszweck der Bürgschaft allein der Schutz vor Vermögensverschiebungen war (ohne Scheidung/Auflösung kann vor der Vermögensverschiebung der Inanspruchnahme zumindest § 242 BGB entgegengehalten werden). Denn mit der Scheidung besteht diese Gefahr nicht mehr (gegen § 313 BGB zum Teil die Literatur mit dem Wahnsinns-Argument: *»keine Flucht in die Scheidung«*).
- **§§ 491 ff. BGB:** (–), auch nicht analog, da keine unbewusste Regelungslücke.
- **§ 771 BGB (Einrede der Vorausklage):** Diese Einrede greift in der Regel nicht, weil der Bürge (§ 773 I Nr. 1 BGB) im Bürgschaftsvertrag in der Regel *in praxi* darauf verzichtet, oder wegen § 349 HGB bei Kaufleuten. Dann spricht man von einer sog. **selbstschuldnerischen Bürgschaft.**
- **§ 242 BGB:** Bürge hat Missbrauchseinwand, wenn der Gläubiger den wirtschaftlichen Zusammenbruch des Hauptschuldners schuldhaft verursacht und damit den Rückgriff des Bürgen vereitelt. Ebenso wenn der Gläubiger den Bürgschaftsfall treuwidrig herbeiführt. Die Inanspruchnahme eines Bürgen vor der Verwertung von für den gleichen Zweck bestellten Immobiliarsicherheiten stellt dagegen keine unzulässige Rechtsausübung dar.
- **§ 138 I BGB:** (+), zB wenn Gläubiger verwerflich auf Entscheidungsfreiheit des Bürgen einwirkt, indem er das Risiko der Bürgschaft **verharmlost**. Zudem sind sog. **Angehörigenbürgschaften** sittenwidrig bei **»krasser finanzieller Überforderung«** und Übernahme der Bürgschaft aus emotionaler Verbundenheit, wenn zusätzlich der Gläubiger die Lage des Bürgen bewusst ausgenutzt hat.[281] Bei krasser finanzieller Überforderung werden die beiden letzten Voraussetzungen vermutet. Das kennen Sie noch aus dem Ersten. Diese Angehörigen-Rspr. gilt
  - **auch für den Schuldbeitritt** eines Angehörigen,
  - **auch für Arbeitnehmerbürgschaften** für die Firma (zuletzt Junitermin 2017!),
  - **nicht** für Bürgschaften/Schuldbeitritte von Nichtangehörigen,
  - **nicht** für Mitdarlehensnehmer oder Hypotheken-/Grundschuldbestellungen (diese Rechtsgeschäfte sind also auch bei krasser finanzieller Überforderung nicht ohne Weiteres sittenwidrig – Prinzip der Selbstverantwortung),
  - **nicht** für Bürgschaften eines Gesellschafters oder Geschäftsführers für die Gesellschaft, da diese ein wirtschaftliches Interesse an der Bürgschaft haben (Ausnahme: bloße Bagatellbeteiligung) bzw. beim Geschäftsführer dieser kraft seiner Stellung die Entstehung von Gesellschaftsschulden beeinflussen kann.

Klausurtipp: Der Überforderungsgedanke spielt auch bei sog. **Globalbürgschaften** eine Rolle. Hier ist in der Bürgschaftsurkunde eine – in der Regel unwirksame – globale Zweckerklärung enthalten, dass sich die Bürgschaft auch auf alle zukünftigen Verbindlichkeiten des Hauptschuldners (deshalb

279 Palandt/*Sprau* BGB § 768 Rn. 6. Dort ist auch die Entscheidung des BGH aus 2016 aufgeführt!
280 Palandt/*Sprau* BGB § 765 Rn. 16.
281 Palandt/*Ellenberger* BGB § 138 Rn. 37 ff. auch zur Frage, wann die Sittenwidrigkeit (**Gesamtwürdigung**) ausnahmsweise entfällt. Nichts lernen!

»global«) beziehen soll. Die (sog. Anlass-)Rspr. dazu steht im Palandt unter § 765 BGB. Die dort kommentierte Rspr. gilt auch für (Global-)Schuldbeitritte und Sicherungsabreden zu Grundschulden.[282]

2. Einwendungen aus der gesicherten Forderung/Hauptschuld

Die sich auf die Hauptforderung beziehenden Einwendungen des Bürgen lassen sich wie folgt systematisieren:

- **§ 767 I 1 BGB (lesen!):** Einwendung, dass die Hauptschuld (teilweise) erloschen ist oder sich umgewandelt hat (zB durch Rücktritt oder Anfechtung); Ausnahme: Hauptschuldner – und damit auch die Forderung – ist wegen Vermögenslosigkeit und Löschung im Handelsregister ganz fortgefallen – dann **»Vorrang des Sicherungszwecks vor dem Akzessorietätsgrundsatz«:** Die Bürgschaft bleibt als nunmehr selbstständige Schuld bestehen.[283]
- **§ 768 BGB (lesen!):** Der Bürge kann die dem Hauptschuldner zustehenden Einreden gegen die Hauptschuld geltend machen (zB Verjährung der Hauptschuld, unwirksame Sicherungsabrede). »Einreden« ist hier nicht wörtlich zu verstehen, die Rspr. lässt auch sonstige Einwendungen des Schuldners darunter fallen.
- **§ 770 BGB:** Einrede, dass der Schuldner anfechten oder der Gläubiger gegen eine fällige Forderung des Hauptschuldners aufrechnen könnte. § 770 BGB gilt analog für alle anderen Gestaltungsrechte des Schuldners (zB Kündigung, Rücktritt), nicht jedoch für den Fall, dass der Schuldner aufrechnen kann (umstr.).[284]
- § 776 BGB: Aufgabe einer weiteren Sicherheit durch den Bürgschaftsgläubiger.

In Examensklausuren werden viele der möglichen **Einwendungen des Bürgen** im Bürgschaftsvertrag (oft per AGB) **ausgeschlossen.** Dann ist die Wirksamkeit jeder Klausel sauber **mit dem Palandt abzuarbeiten.** Hier geht es nicht um die Abprüfung von Präsenzwissen durch die LJPAs, sondern um Arbeit mit dem Kommentar!

Hat der Bürge trotz **fehlender Einstandspflicht** an den Bürgschaftsgläubiger gezahlt, kann er aus Leistungskondiktion/§ 813 BGB die Summe von diesem zurückverlangen (keine vorrangige Leistungsbeziehung Bürge – Hauptschuldner). Auch der Hauptschuldner kann in den Fällen der ungerechtfertigten Inanspruchnahme des Bürgen gegen den Bürgschaftsgläubiger vorgehen, lesen Sie dazu im Ernstfall Palandt/*Sprau* BGB Einf v § 765 Rn. 4 f. Dort steht alles!

C. Die Übertragung der Hauptforderung und Bürgschaft auf einen Dritten

Wird die Forderung abgetreten, geht die Bürgschaft nach **§ 401 BGB** mit über. Nach **§ 404 BGB** behält der Bürge gegenüber dem neuen Gläubiger seine Rechte. Lesen Sie auch einmal den **§ 405 BGB.**

D. Der Rückgriff des Bürgen nach der Inanspruchnahme durch den Gläubiger

Wenn der Bürge den Gläubiger befriedigt (Zahlung, Aufrechnung), geht die Forderung des Gläubigers gegen den Hauptschuldner nach § 774 I 1 BGB auf den Bürgen über (*cessio legis*). Gemäß § 774 I 3 BGB verbleiben dem Hauptschuldner aber die Einwendungen aus dem Innenverhältnis zum Bürgen und Einwendungen iSv §§ 412, 404 ff. BGB. Daneben können dem Bürgen für den Fall seiner Zahlung auch aus dem Innenverhältnis zum Schuldner Rückgriffsansprüche zustehen (Geschäftsbesorgung, Auftrag oder zumindest GoA – je nach Klausur!).

---

282 Palandt/*Herrler* BGB § 1191 Rn. 42.
283 Palandt/*Sprau* BGB § 765 Rn. 29 f.
284 Palandt/*Sprau* BGB § 770 Rn. 3 mwN; Argument: Wortlaut § 770 II BGB. Für die aA spricht sicherlich der Bürgenschutz.

Klausurtipp: Wie ist es, wenn der Hauptschuldner gegenüber dem Regress einwendet, die Eingehung der Bürgschaft sei **»eine Schenkung«** des Bürgen gewesen? Erst selbst nachdenken, dann Fußnote lesen![285]

Neben diese Ansprüche treten aber gegebenenfalls noch **andere Sicherheiten:** Wegen §§ 774 I 1, 412, 401 BGB gehen mit der Hauptforderung auch die dafür gegebenen akzessorischen Sicherheiten Dritter wie zB ein Schuldbeitritt, andere Bürgschaften/Hypotheken auf den zahlenden Bürgen über. Wenn nicht-akzessorische Sicherheiten wie Sicherungsgrundschulden/Sicherungseigentum bestellt sind, hat der Bürge analog §§ 774 I, 401 BGB einen schuldrechtlichen Anspruch gegen den Gläubiger auf Übertragung dieser Sicherungen.

Klausurproblem Wettlauf der Sicherungsgeber

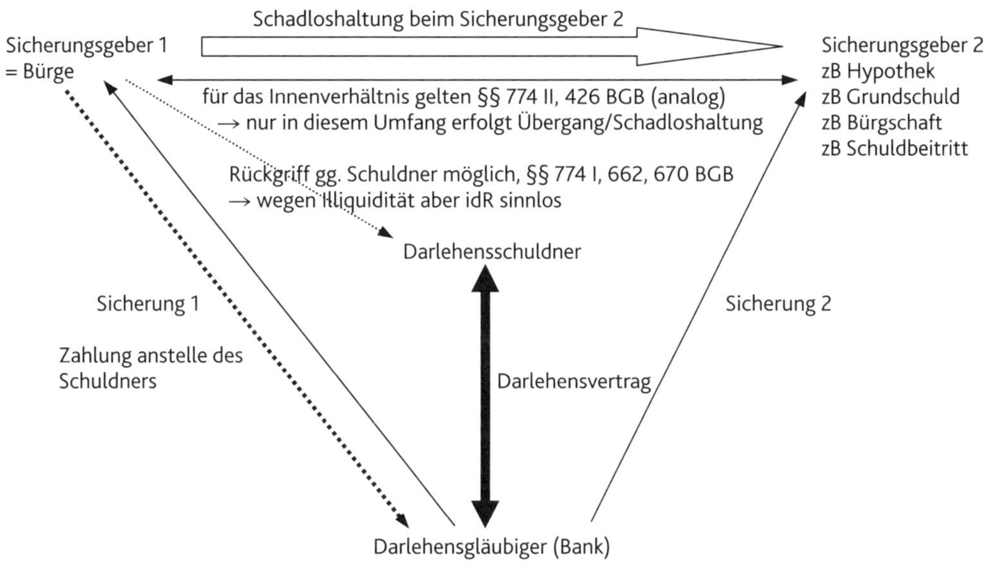

Klausurtipp: Die Thematik ist bei Palandt/*Sprau* BGB § 774 Rn. 13 f. kommentiert!

Dann kann es zum Problem des **Wettlaufs der Sicherungsgeber** (= Problem des Innenregresses bei mehreren Sicherungsgebern) kommen: Auch bei anderen Sicherheiten sieht das Gesetz eine *cessio legis* und daher einen Übergang von Sicherheiten vor (zB §§ 1143, 1125 bei der Hypothek und Pfandrecht). Beließe man es bei dem oben geschilderten Übergang der Sicherheiten auf den zuerst zahlenden Sicherungsgeber, würde das ungerechte Ergebnis eintreten, dass bei Zusammentreffen mehrerer Sicherungsgeber derjenige, der zuerst zahlt, alle anderen Sicherheiten voll erwirbt (bzw. bei nicht-akzessorischen Sicherheiten einen schuldrechtlichen Anspruch auf deren Übertragung hätte). Das wird als unbillig empfunden. **§§ 774 II, 426 I BGB (lesen!)** beschränken daher bei Mitbürgen den Übergang der anderen Bürgschaftsforderung auf den Umfang des gleichzeitig bestehenden internen Gesamtschuldner-Regressanspruches (vgl. § 769 BGB). Bei anderen Sicherungsrechten werden §§ 774 II, 426 I BGB analog angewendet, weil dort wertungsmäßig nichts anderes gelten kann, sodass auch dort die jeweils anderen Sicherheiten nur anteilig übergehen bzw. bei nicht akzessorischen Sicherheiten nur in anteiliger Höhe ein Anspruch auf Übertragung besteht. In Höhe des Restes geht die Sicherheit unter bzw. entsteht bei Grundschulden/Hypotheken in dieser Höhe eine Eigentümergrundschuld (Folge: Grundbuch wird falsch).

285 Der Schenkungseinwand würde den Regress ausschließen. Dies wäre aber nur dann zu bejahen, wenn der Bürge auch tatsächlich auf den Rückgriff verzichtet hat (prüfen!). Der Formmangel der Schenkung wird durch die Eingehung der Bürgschaftsschuld geheilt, vgl. § 518 II BGB.

Merke: Der Übergang der anderen Sicherheit bestimmt sich also in der Regel nach dem sich aus §§ 774 II, 426 I BGB (analog) ergebenden im Innenverhältnis bestehenden Anteilsverhältnis (»Ausgleichsgemeinschaft«).

Klausurtipp: Der andere Sicherungsgeber, der vom zahlenden Sicherungsgeber in Anspruch genommen wird, kann seiner Inanspruchnahme nach §§ (412), 404 ff. BGB alle Einwendungen entgegenhalten, die er vor der *cessio legis* gegenüber seinem ehemaligen Gläubiger hatte.

§ 2 Der Darlehensvertrag

A. Einstieg

Das Darlehensrecht gliedert sich wie folgt: 70

- §§ 488 ff. BGB: Gelddarlehen
- §§ 491 ff. BGB: Gelddarlehen für Verbraucher
- §§ 506 ff. BGB: Zahlungsaufschub (zB Mobilfunkvertrag mit gekoppeltem Handy-Kaufvertrag)
- §§ 607 ff. BGB: Sachdarlehen (zB Flaschenpfand)[286]

Am klausurrelevantesten ist das Gelddarlehen, sodass wir uns bzw. Sie sich hierauf beschränken können.

B. Das Wichtigste zum Gelddarlehensvertrag in Kürze

Der Darlehensvertrag kommt durch Angebot und Annahme zustande, Schriftform ist nicht erforderlich (Ausnahme: § 492 I BGB). Möglich ist auch ein sog. **Vereinbarungsdarlehen:** Hier vereinbart der Schuldner von Geld (zB der Käufer aus einem Kaufvertrag) mit seinem Gläubiger (hier: Verkäufer), dass der Betrag künftig als Darlehen geschuldet werden soll. Der Gläubiger muss diesen Betrag dann nicht mehr zur Verfügung stellen, da er schon beim Schuldner ist. Das heißt, kurz gesagt behält der Käufer einfach den Kaufpreis als Darlehen vom Verkäufer. Das alles passiert in Klausuren oft konkludent und Sie müssen das dann entsprechend auslegen bzw. untersuchen. 71

Einstieg in der Klausur ist in der Regel das **Rückzahlungsverlangen des Darlehensgebers nach § 488 I 2, III 1 BGB.** Letzterer ist für das Bestehen des Darlehensvertrags, die Auszahlung der Valuta (§ 362 II BGB bei Auszahlung an Dritte beachten!) und die Fälligkeit beweispflichtig. Die **Fälligkeit der Rückzahlung** ist entweder zeitlich bestimmt (zB konkludente Laufzeitabrede durch eine »**Besserungsklausel**«) oder von der (gegebenenfalls in der Klage liegenden konkludenten) Kündigung des Darlehens abhängig, vgl. § 488 III BGB. Die Parteien können **Kündigungsgründe** vereinbaren, gesetzliche Kündigungsmöglichkeiten ergeben sich aus §§ 488 III, 489 ff. BGB.

Klausurtipp: Oft wird in Klausuren mit Darlehen **gleichzeitig** vom Darlehensnehmer (und zudem oft von einem Dritten) eine **zusätzliche Haftungserklärung** unterzeichnet. Diese ist dann auszulegen (→ Rn. 88). Die Prüfung dieses Anspruches ist dann oft ein weiterer Schwerpunkt in Klausuren und Aktenvorträgen. Die gleichzeitig abgegebene persönliche Unterwerfungserklärung des Darlehensnehmers in einer notariellen Urkunde nach **§ 794 I Nr. 5 ZPO** beseitigt übrigens das Rechtsschutzbedürfnis für eine auf das Darlehen gestützte Rückzahlungsklage des Darlehensgebers nicht, weil die Unterwerfungserklärung in der Regel lediglich den in der notariellen Urkunde gleichzeitig vereinbarten Anspruch aus §§ 780, 781 BGB (zusätzliche Sicherheit des Darlehensgebers), nicht aber die Darlehensforderung tituliert.[287]

Klausurtipp: Beruft sich beim Darlehen der Geldempfänger auf eine Schenkung, muss nach allgemeinen Beweisgrundsätzen der Anspruchsteller beweisen, dass das Geld nicht schenkweise, sondern als Darlehen gegeben wurde. Aus den Umständen des Einzelfalls können sich Beweisanzeichen oder sogar eine tatsächliche Vermutung für ein konkludentes Darlehen ergeben.[288] Gegebenenfalls gibt es auch Darlehensschuldscheine, die ein deklaratorisches Schuldanerkenntnis sein können. Gelingt dem **Anspruchsteller** der Beweis eines Darlehens nicht, kann er sich **hilfsweise auf die Leistungskondiktion berufen** (§ 985 BGB greift nicht, denn es geht nicht um das Eigentum an bestimmten Geldscheinen, sondern um eine Geldsumme!). Doch auch bei der Leistungskondiktion trägt er die Beweislast dafür, dass kein Rechtsgrund – dh keine Schenkung – vorliegt

286 Vgl. dazu bei Interesse BGH JA 2007, 737 ff. und Palandt/*Wicke* BGB Überbl v § 1204 Rn. 7.
287 Vgl. → Rn. 88 und BGH WM 2007, 588 ff.; ein leicht in jede Darlehensklausur einbaubares Problem!
288 KG NJW 2018, 239 f.; OLG Hamm NJOZ 2012, 1980 ff.; *Kaiser* JA 2016, 215 ff. mwN.

(→ Rn. 64). Ist letztlich doch von einer Schenkung auszugehen (der Kläger kann sich das Vorbringen des Beklagten hilfsweise zu eigen machen), kommen für eine Rückforderung aber §§ 527 ff. BGB in Betracht; daher der Volksmund: bei Geld hört die Freundschaft auf – Darlehen immer lecker schriftlich! die Thematik lieft zuletzt im Februartermin 2018).

Beruft sich der Geldempfänger darauf, dass statt eines Darlehens eine **Leihe** vereinbart wurde, so ist das Quatsch. Die Überlassung von Geld auf Zeit ohne Zins ist auch ein Darlehen, ein unverzinsliches Darlehen eben (vgl. § 488 I 2 BGB). Bei Geld scheidet eine Leihe in der Regel aus, weil bei ihr die bestimmte entliehene Sache wieder zurückzugeben ist.

Bezüglich der **Verzinsung des Darlehens** trägt nach der Rspr. der Darlehensgeber die Beweislast für eine entsprechende Zinsvereinbarung.[289] Verlangt der Darlehensgeber die Valuta zurück und ist der **Kreditvertrag wegen Sittenwidrigkeit** (*»zu hohe Zinsen«*)[290] **nach § 138 I BGB unwirksam**, ergibt sich sein Rückforderungsanspruch aus Leistungskondiktion. § 817 S. 2 BGB sperrt dann nur die vorzeitige Rückforderung (→ Rn. 64), im Übrigen bleibt es nach der Rspr. bei dem vertraglich vereinbarten Tilgungsplan bzw. bei den (dann analog anwendbaren) gesetzlichen Kündigungsgründen. Die vereinbarten Zinsen können bei Sittenwidrigkeit nicht gefordert werden, auch nicht aus § 818 II BGB, da hier die Wertungen von § 817 S. 2 BGB entgegenstehen.[291] Ein Anspruch auf gesetzliche Zinsen ergibt sich nur ab Fälligkeit der Rückzahlung aus §§ 812 I 1 Alt. 1, 819 I, 818 IV, 291 BGB bzw. beim Verbraucherdarlehen aus § 497 BGB analog. Etwaig gezahlte aber nicht geschuldete Zinsen bekommt der Darlehensnehmer aus Leistungskondiktion und aus § 817 S. 1 BGB zurück, ohne dass § 817 S. 2 BGB sperrt.

Beachte: § 817 S. 2 BGB steht nur dann der kompletten Rückforderung des Darlehens durch den Darlehensgeber entgegen, wenn es nicht um die Sittenwidrigkeit wegen zu hoher Zinsen, sondern wegen anderer »verbotener Absichten« geht (zB Darlehen für verbotenes Glücksspiel, Darlehen für Schenkkreisteilnahme).[292]

§§ 491 ff. BGB enthalten Sonderregelungen für den entgeltlichen Verbraucherkredit. Hier könnte der Verweis des § 495 BGB auf das Verbraucherwiderrufsrecht aus § 355 BGB relevant werden, beachten Sie auch die 2016 neu geschaffenen §§ 514 II, 515 BGB für unentgeltliche Darlehen/Finanzierungshilfen. §§ 491 ff. BGB sind analog auf den **Schuldbeitritt** zu einem Darlehensvertrag anwendbar, wenn der Beitretende selbst Verbraucher ist.

C. Das verbundene Geschäft, §§ 358 ff. BGB

72 Wird ein verzinster (!) Darlehensvertrag zur Finanzierung eines anderen Vertrages (in der Regel Kaufvertrag) geschlossen, so regeln §§ 358 ff. BGB (**verbundenes Geschäft**) den Schutz des Verbrauchers. § 358 I, II BGB enthalten den **Widerrufsdurchgriff** zwischen beiden Verträgen, § 359 BGB den **Einwendungsdurchgriff** auf den Darlehensvertrag. Warum steht das hier so kurz? Ganz einfach: weil das in den Assessorklausuren ein totes Thema ist. §§ 358 ff. BGB regeln nichts zur Frage der Rückabwicklung, wenn der verbundene Kaufvertrag außerhalb des Widerrufs unwirksam ist oder wenn dort Mängelrechte geltend gemacht werden (**»Rückforderungsdurchgriff«**). Im Assessorexamen haben wir dazu in den ganzen letzten 17 Jahren nur eine Klausur im Ringtausch und eine in Bayern gesehen, sodass Sie hier getrost mit **Palandt/*Grüneberg* BGB § 359 Rn. 5 ff.** arbeiten können. Sie müssen das also nicht lernen, sondern nur wissen, wo man das im Notfall nachschlagen kann.

289 Palandt/*Weidenkaff* BGB § 488 Rn. 28 mwN.
290 Vgl. zu den Grenzwerten Palandt/*Ellenberger* BGB § 138 Rn. 24 ff.
291 Sonst würde »durch die Hintertür« das sittenwidrige Darlehen doch anerkannt werden, vgl. *Medicus/Petersen* BürgerlR Rn. 700.
292 Palandt/*Sprau* BGB § 817 Rn. 21.

§ 3 Das Factoring

Factoring-Probleme sind im Assessorexamen bislang nicht anzutreffen. Beim **echten Factoring** kauft der Factor Forderungen (Rechtskauf, § 453 BGB), er trägt dabei das Delkredererisiko, also das Risiko, dass der Schuldner der übertragenen Forderungen diese nicht begleichen kann. Beim **unechten Factoring** dagegen ist bei dessen Nichtzahlung gegebenenfalls ein Rückgriff beim Zedenten möglich. Der unechte Factoringvertrag wird von der hM als Darlehen angesehen. Der einzig denkbare Klausurfall wäre die Kollision des Factorings mit anderen Sicherungsmitteln. In diesen Fällen verlangt der andere Sicherungsnehmer vom Factor Auskehr des eingezogenen Betrages. Der Factor ist dann Nichtberechtigter iSd **§ 816 II BGB**, wenn die Factoring-Abtretung an ihn unwirksam war. Inzident ist dann zu prüfen, wie sich die beiden kollidierenden Abtretungen zueinander verhalten. Blättern Sie einmal bei Gelegenheit zu Palandt/*Grüneberg* BGB § 398 Rn. 38 ff., dort steht alles. Mehr müssen Sie dazu nicht wissen. 73

§ 4 Der Mäklervertrag, §§ 652 ff. BGB

A. Einstieg

74 Das Mäklerrecht nach §§ 652 ff. BGB[293] war in den Assessorklausuren lange ein Dauerbrenner, **wird seit 2012 allerdings kaum noch eingebaut**. Klausureinstieg war in der Regel die Provisionsklage des Mäklers gegen seinen Auftraggeber (Verkäufer oder Käufer einer Immobilie) aus § 652 BGB. Bisweilen begehrt der Mäkler per Stufenklage iSv § 254 ZPO **Auskunft** von seinem Auftraggeber, ob der vermittelte Vertrag mit einem Dritten zustande gekommen ist und wie hoch der Kaufpreis war. Der Auskunftsanspruch ergibt sich in diesen Fällen aus § 242 BGB (→ Rn. 19). Lesen Sie zur Stufenklage ***Kaiser/Kaiser/Kaiser* Anwaltsklausur Rn. 32.** In Klausuren stand immer die **Vermittlung von Immobilien** zum Kauf im Vordergrund, sodass wir uns darauf beschränken. Für die Vermittlung von Wohnungsmietverträgen gilt vorrangig das **WoVermG** (im Palandt bei § 652 BGB kommentiert; dort gibt es einige Besonderheiten wie zB Textform, Bestellerprinzip), ergänzend auch §§ 652 ff. BGB.

Merke: Die Ausführungen hier im Skript gelten daher nur, wenn kein Wohnungsmietvertrag vermittelt wird!

Klausurtipp: Eine Mängelhaftung des Verkäufers aufgrund **falscher Angaben des von ihm eingeschalteten Mäklers** kommt nach **§ 434 I 3 BGB** in Betracht, weil der Mäkler als Gehilfe des Verkäufers angesehen wird. Auch dessen **arglistige Täuschung** kann nach §§ 278, 166 BGB (analog) **dem Verkäufer zugerechnet** werden, wenn er dem Mäkler die Führung der wesentlichen Vertragsverhandlungen überlassen hat.[294] Letzteres wird relevant, um über § 444 BGB einen vereinbarten Gewährleistungsausschluss zu überwinden. Diese Zurechnungsproblematik kann leicht in jede Kaufrechtsklausur eingebaut werden. Umgekehrt ist das anders: Der Makler haftet grundsätzlich nicht für die Richtigkeit der vom Verkäufer gemachten Angaben. Nur wenn ihm entweder die Unrichtigkeit der Angaben positiv bekannt ist oder ihn ausnahmsweise eine Erkundigungs- oder Nachprüfungspflicht trifft, ist eine Haftung aus §§ 280, 241 II BGB möglich.

B. Der Provisionsanspruch des Mäklers, § 652 I 1 BGB

Voraussetzungen für einen Zahlungsanspruch aus § 652 I 1 BGB

1. Zustandekommen eines Mäklervertrags
2. Erbringung der Mäklerleistung
3. Rechtsgültiges Zustandekommen des Vertrags mit einem Dritten
4. Kausalzusammenhang zwischen Mäklerleistung und Vertrag
5. Kein Ausschluss nach § 654 BGB
6. Höhe des Anspruches (je nach Vereinbarung, sonst nach § 653 I BGB die übliche Vergütung)

I. Zustandekommen eines Mäklervertrags

Oft läuft es in Klausuren auf einen **konkludenten Vertragsschluss** hinaus, der dann von Ihnen **sauber darzustellen** ist. Die Rspr. stellt in der Regel **strenge Anforderungen**. Die bloße Entgegennahme von Informationen (Telefongespräch, Besichtigungstermin) wird oft nicht als ausreichend angesehen. Anders aber, wenn der Kunde in Kenntnis eines **eindeutigen Provisionsverlangens** des Mäklers dessen Dienste in Anspruch nimmt. Eine Mithaftung des Ehegatten über § 1357 BGB scheidet grundsätzlich aus. Gegebenenfalls ist ein **Verbraucherwiderruf** nach §§ 312b, 312c, 312g BGB möglich/zu prüfen.

Der Mäklervertrag bedarf grundsätzlich keiner Form. **§ 311b I 1 BGB** gilt aber bei Mäklerverträgen über Grundstücke dann, wenn durch die Vertragsgestaltung die Entschließungsfreiheit des Auftraggebers unangemessen beeinträchtigt wird, zB durch eine Aufwandsentschädigung,

293 Die §§ 652 ff. BGB gelten nur für den Zivilmäkler, auf den Handelsmakler nach §§ 93 ff. HGB finden sie nur subsidiär Anwendung.

294 OLG Stuttgart NJW-RR 2011, 918 ff.; AG Hannover Urt. v. 28.5.2014 – 418 C 8155/13.

die sich der Mäkler für den Fall des Scheiterns seiner Vermittlung versprechen lässt. Je nach dessen Höhe ist der Druck dann »unangemessen« und § 311b I 1 BGB greift ein.[295] Ein etwaiger Formmangel wird analog § 311b I 2 BGB mit dem formwirksamen Abschluss des vermittelten Grundstückkaufvertrags geheilt, nicht erst mit der Eintragung ins Grundbuch.

Eine nach hM beim Mäklervertrag für den Auftraggeber analog § 671 BGB jederzeit mögliche **Kündigung** wirkt sich jedenfalls nach Erbringung der Mäklerleistung nicht auf den Zahlungsanspruch des Mäklers aus. Der Auftraggeber könnte sich sonst durch eine Kündigung der Pflicht zur Zahlung der Provision entziehen. Der Mäkler dagegen kann nur unter den Voraussetzungen von § 314 BGB kündigen (umstritten).

Mögliche Lohnansprüche des Mäklers, wenn kein Mäklervertrag zustande gekommen ist:

- Anspruch aus § 354 HGB in der Regel (–), da § 354 HGB voraussetzt, dass zwischen Mäkler und Kaufinteressent »ein Verhältnis besteht, das die Tätigkeit des Maklers rechtfertigt«[296]; bei fehlendem Vertrag ist dies in der Regel zu verneinen.
- Anspruch aus GoA (–) aus denselben Gründen wie in den Erbensucher-Fällen (vgl. → Rn. 34).
- Leistungskondiktion (–), da keine Leistung aus Sicht des Kunden vorliegt; zudem würde sonst § 652 BGB unterlaufen.
- Anspruch aus § 652 iVm § 242 BGB (–), nur bei schwerem Treuebruch des Gegners

II. Erbringen der Mäklerleistung (Nachweis oder Vermittlung)

Bei einem **Nachweis** weist der Mäkler eine bisher unbekannte, jedoch bereits bestehende konkrete Möglichkeit eines Vertragsabschlusses nach. Die **Vermittlung** ist die hingegen bewusste Herbeiführung der Abschlussbereitschaft des Dritten durch ein Einwirken auf diesen durch den Mäkler. Fehlt eine ausdrückliche Konkretisierung der von dem Mäkler zu erbringenden Leistungen, handelt es sich im Zweifel um einen Nachweis- und Vermittlungsvertrag.

Nach dem Leitbild des § 652 BGB ist der Mäkler grundsätzlich nicht verpflichtet, tätig zu werden. Wenn die Parteien allerdings eine Tätigkeitspflicht vereinbaren (anzunehmen beim sog. **Alleinauftrag** an den Mäkler), liegt ein sog. **Mäklerdienstvertrag** vor, auf den aber ebenfalls die Vorschriften des Mäklerrechts Anwendung finden, weil er »im Kern« ein Mäklervertrag bleibt (kommentiert bei Palandt/*Sprau* BGB § 652 Rn. 73 ff.).

III. Rechtsgültiges Zustandekommen des Vertrags mit einem Dritten

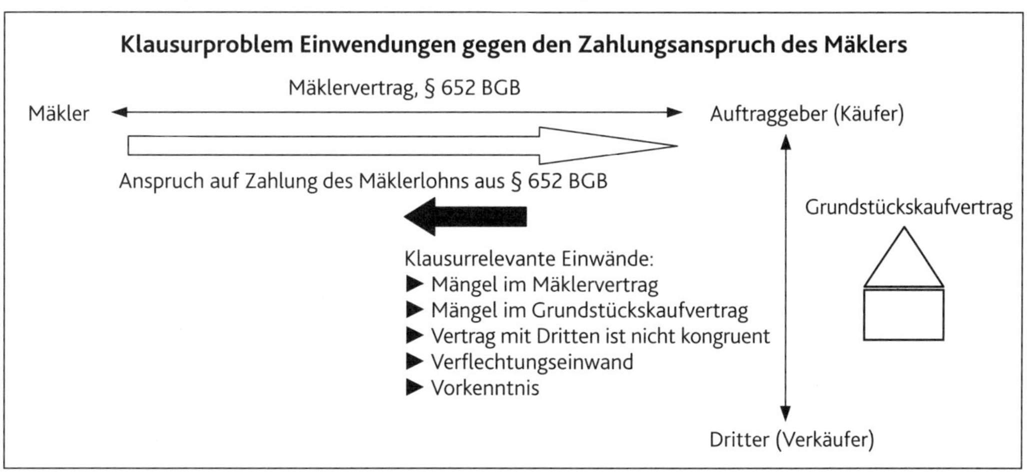

Es ist ein **wirksamer schuldrechtlicher Vertrag** des Auftraggebers mit dem Dritten nötig, in der Regel also ein Grundstückskaufvertrag (Erwerb durch Zwangsversteigerung reicht nicht).

295 Palandt/*Grüneberg* BGB § 311b Rn. 13; vgl. Palandt/*Sprau* BGB Einf v § 652 Rn. 17 zur Vereinbarkeit mit §§ 307 ff. BGB.
296 BGHZ 95, 393 ff. = NJW 1986, 177.

Dazu haben sich in den letzten Jahren drei typische Klausurprobleme herauskristallisiert, die komplett **im Palandt bei § 652 BGB kommentiert** sind:

Problem: (Mangelnde) Kongruenz des Vertrages mit dem Dritten

- Inhaltliche Abweichungen sind unschädlich, wenn sie unwesentlich sind (Erwerb nicht zu Allein-, sondern zu Miteigentum; Abschluss nur über Teil des Kaufobjekts; Kaufpreisdifferenz in »erwartbarem Rahmen«).
- Persönliche Abweichungen sind unschädlich, wenn zwischen dem Vertragsschließenden und dem eigentlich als Vertragspartner vorgesehenen Auftraggeber enge persönliche oder wirtschaftliche Beziehungen bestehen.
- Argument in beiden Fällen: Durch den vermittelten Vertrag wird derselbe wirtschaftliche Erfolg erzielt.

Problem: Mängel des Vertrags mit dem Dritten

- Der Mäkler trägt das Risiko für das Zustandekommen des Vertrags, nicht aber für dessen ordnungsgemäße Durchführung. Bei **Abschlussmängeln** (zB Anfechtung, anfängliche Unwirksamkeit) besteht daher kein Provisionsanspruch, bei **Durchführungsmängeln** (zB Ausübung von Gewährleistungsrechten, Kündigung, nachträgliche Aufhebung des Vertrages) bleibt der Provisionsanspruch erhalten. Die Rechtsfolgen der Ausübung eines vertraglichen Rücktrittsrechts sind Auslegungsfrage.[297] **Die gesamte Problematik gehört zu den am häufigsten abgeprüften Problemen im gesamten Mäklerrecht (zuletzt Novembertermin 2017)!**
- Liegt bei einem Durchführungsmangel gleichzeitig anfängliche Unvollkommenheit vor, die alternativ eine Auflösung *ex tunc* ermöglicht hätte (zB Rücktritt oder Aufhebungsvereinbarung – gleichzeitig Anfechtung möglich), ist in der Regel insgesamt von einer anfänglichen Unvollkommenheit auszugehen (»Makel der Anfechtbarkeit«). Geht der Käufer allerdings im Wege des Schadensersatzes statt der ganzen Leistung vor, bleibt der Lohnanspruch erhalten, weil Schadensersatz und Anfechtung nicht vergleichbar sind.
- Zahlung des Lohns trotz Abschlussmangel: Rückforderung über Leistungskondiktion (so OLG Hamm NJW-RR 2014, 1393).

Problem: Vertrag mit (k)einem Dritten, sog. »Verflechtungseinwand«

Der Mäkler darf nicht mit dem Dritten/Vertragspartner des Auftraggebers derart verflochten sein, dass er einem Interessenkonflikt unterliegt (Ausnahme: Kenntnis des Auftraggebers). Die Rspr. ist hier wie folgt:

- Provisionsanspruch (–), wenn der Mäkler und der Dritte derart wirtschaftlich identisch sind, dass es dem Mäkler oder dem Dritten von vorneherein an einer eigenen Entscheidungsbefugnis fehlt (sog. **echte Verflechtung**).
- Ebenso, wenn über Dienst- oder Arbeitsverträge oder persönliche Beziehungen (Ehegatten) ein »institutionalisierter Interessenkonflikt« besteht, sodass sich der Mäkler im Falle eines Streits bei regelmäßigem Verlauf auf die Seite des Vertragsgegners stellen würde (sog. **unechte Verflechtung**).
- Rückforderung des Lohns bei dennoch erfolgter Zahlung wieder über Leistungskondiktion möglich.

Beachte: Der Mäkler trägt bei der Lohnklage die **Beweislast** für alle anspruchsbegründenden Tatsachen, so zB für den Abschluss des Mäklervertrages, für seine Tätigkeit und für den Abschluss des wirksamen Hauptvertrages mit einem Dritten. Dazu dürfte auch gehören, dass keine Verflechtung und kein Abschlussmangel bestehen.[298]

297 Ist Rücktrittsklausel Ausdruck der anfänglichen Unvollkommenheit oder soll Vertrag anfänglich wirksam sein? Ersteres wird anzunehmen sein, wenn eine Unsicherheit vorliegt, deren Behebung außerhalb der Macht der Parteien liegt.

298 OLG Schleswig NZM 2010, 873

IV. Kausalzusammenhang zwischen Mäklerleistung und Vertrag

Die Kausalität wird grundsätzlich vermutet, wenn der Vertrag mit dem Dritten in engem zeitlichem Zusammenhang geschlossen wird. Beliebt ist hier der sog. **»Einwand der Vorkenntnis«** durch den Auftraggeber, der einer Kausalität entgegenstehen würde. Nach hM muss der Auftraggeber seine Vorkenntnis gegenüber dem Mäkler grundsätzlich nicht offenbaren. Verschweigt er diese jedoch, sind die Konsequenzen aus dieser Nichtoffenbarung umstritten.[299] Eine Entscheidung des Meinungsstreits können Sie in der Regel allerdings dahinstehen lassen, da selbst bei (vom Auftraggeber zu beweisender) Vorkenntnis die Kausalität zu bejahen ist, wenn der Mäkler dem Kunden zusätzliche wesentliche Informationen geliefert hat (was in der Klausur in der Regel der Fall ist). Es **reicht also die sog. Mitursächlichkeit.**

V. Kein Ausschluss nach § 654 BGB (treuwidrige Doppeltätigkeit)

Treuwidrig ist die Tätigkeit dann, wenn sie dem Mäkler vertraglich verboten ist oder wenn die Doppeltätigkeit zu einer Pflichtverletzung des Mäklers wegen Interessenkollision führt.

C. Sonstige Ansprüche (häufiges Klausurthema!)

Ein Provisionsanspruch für den Mäkler kann sich auch aus dem Kaufvertrag zwischen dem Verkäufer und dem Käufer ergeben, wenn dieser eine sog. **Mäklerklausel** (Vertrag zugunsten Dritter) enthält. Die Anfechtung des Kaufvertrages führt grundsätzlich dazu, dass der Anspruch aus der Mäklerklausel untergeht, ebenso bei Aufhebung des Kaufvertrages.[300] Bislang ging die Rspr. davon aus, dass für den Fall des Rücktritts der Anspruch ebenfalls untergeht, sofern jedenfalls eine Auslegung der Mäklerklausel nichts anderes ergibt. Allerdings hat der BGH in NJW 2005, 3778 f. die Tendenz erkennen lassen, auch bei der Mäklerklausel die oben zu § 652 BGB dargestellten Grundsätze – also die Differenzierung zwischen Abschluss- und Durchführungsmängeln – anzuwenden. Ob der Verstoß gegen das Verflechtungsverbot Einfluss auf den Anspruch hat, ist Auslegungsfrage.[301]

Zum Teil war in Klausuren ein Schadensersatzanspruch des Auftraggebers gegen den Mäkler aus **§§ 280 I, 241 II BGB/pVV** zu prüfen, wenn Letzterer Aufklärungspflichten (zB hinsichtlich eines Mangels am Objekt) verletzt hat. Zudem verwirkt der Mäkler **analog § 654 BGB** bei einer vorsätzlichen/grob fahrlässigen **besonders schweren Treuepflichtverletzung** seinen Provisionsanspruch (Rückforderung des gezahlten Lohns wieder über Leistungskondiktion).

Klausurtipp: Auch im Falle der **Mäklerklausel** hat der Mäkler Rücksichtnahmepflichten gegenüber seinem Zahlungsschuldner (zB Aufklärung darüber, dass der Verkäufer falsche Angaben macht). Bei Verstoß greift für den Auftraggeber mangels Schuldverhältnis mit dem Mäkler nicht pVV/§§ 280, 241 II BGB, sondern c.i.c.

D. Besondere Arten des Mäklervertrags

I. Ehemäkler- und Ehemäklerdienstvertrag, § 656 BGB

Aus **§ 656 I 1 BGB** ergibt sich, dass der Ehemäklervertrag keine Verbindlichkeit begründet (= Naturalobligation). Eine Rückforderung des dennoch Geleisteten ist durch § 656 I 2 BGB ausgeschlossen. Ein Ehemäklerdienstvertrag liegt vor, wenn der Ehemäkler zur Tätigkeit verpflichtet ist und der Auftraggeber eine Provision zahlen muss. Dann liegt ein Dienstvertrag vor, auf den § 656 BGB aber analog angewendet wird. **75–76**

299 Palandt/*Sprau* BGB § 652 Rn. 49 mwN; *Fischer* NJW 2007, 183 ff. mwN. Wie Sie sich entscheiden ist egal, solange Sie das Problem ansprechen. Vgl. Palandt/*Sprau* BGB § 652 Rn. 67 zu nach der Rspr. wirksamen **»Vorkenntnisklauseln«** in Maklerverträgen.

300 Palandt/*Grüneberg* BGB § 328 Rn. 4; Argument: § 328 II BGB.

301 BGH NJW 1998, 1552 f.: kein Anspruch bei Kenntniserlangung von Verflechtung durch Auftraggeber erst nach Vertragsschluss.

Merke: Ehemäkler- und Ehemäklerdienstverträge kommen in der Assessorklausur nicht mehr vor, da sie auch in der Praxis vom Partnervermittlungsvertrag abgelöst wurden.

II. Partnervermittlungsvertrag

76a Der Partnervermittlungsvertrag wird als nicht per se sittenwidriger **Dienstvertrag** angesehen, sodass die Kündigungsvorschriften der §§ 620 ff. BGB und nach hM vor allem **§ 627 BGB Anwendung finden**, §§ 323 ff. BGB sind gesperrt. §§ 626, 627 f. BGB können beim Partnervermittlungsvertrag durch AGB nicht ausgeschlossen werden (bei Individualvereinbarung umstritten). Ist der Vertrag ein Haustürgeschäft (oder sonstwie außerhalb von Geschäftsräumen iSv § 312b BGB geschlossen worden) oder ein Online-Geschäft, so steht dem Verbraucher ein **Widerrufsrecht unter den Voraussetzungen von §§ 312b, 312c, 312g, 355 BGB** zu.

Merke: Partnervermittlungs- und »normale« Maklerverträge zwischen Unternehmen und Verbrauchern unterfallen den Regelungen der Verbraucherverträge nach §§ 312 ff. BGB.

Klausurtipp: Die auf eine Schlechtleistung gestützte **Rückforderung** des an den Vermittler gezahlten Lohnes außerhalb von § 355 BGB kann nach einer (gegebenenfalls konkludenten) Kündigung in der Regel über **§ 628 I 3 BGB** erfolgreich sein. Wegen § 628 I 1 BGB kann aber grundsätzlich nur die Rückzahlung der Vorauszahlung für die noch nicht erbrachten Partnervorschläge verlangt werden (»*pro rata temporis*«). Auch § 628 I 2 BGB greift nach seinem Wortlaut nicht, weil bei einer Schlechtleistung die bisherigen Leistungen nicht »infolge der Kündigung«, sondern von vorneherein untauglich waren. Trotzdem wird von der hM im Falle der Schlechtleistung eine komplette Rückforderung des Lohns mit unterschiedlichen Ansätzen zugelassen: Nach eA[302] soll über § 280 BGB eine Rückforderung für den bereits »verbrauchten« mangelhaften Lohnanteil möglich sein. Nach aA[303] soll erst recht ein Interessenfortfall von § 628 I 2 BGB vorliegen, sodass der komplette Lohn nach § 628 I 3 BGB zurückgefordert werden kann. Bei besonders dreisten Vermittlern geht die Rspr. zuweilen auch den Weg über Sittenwidrigkeit und Leistungskondiktion.[304]

Auch für den Partnervermittlungsvertrag gilt **§ 656 BGB analog**, und zwar sowohl für den Vergütungsanspruch (Mäkler fordern daher in der Regel die Vergütung im Voraus, was auch in AGB zulässig ist) als auch für das Rückzahlungsverlangen. § 656 I 2 BGB schließt aber nur solche Rückforderungsansprüche aus, die darauf gestützt werden, dass der Partnervermittlungsvertrag eine Naturalobligation ist. Wird die Rückzahlung auf andere Gründe wie etwa Sittenwidrigkeit, Widerruf, Nicht-/Schlechtleistung oder Kündigung gestützt, sperrt § 656 BGB nicht.[305]

Zur (gegebenenfalls unbilligen) Aufteilung der Vergütung auf bestimmte Leistungen des Partnervermittlers lesen Sie **BGH NJW 2010, 150 ff.** Die Entscheidung ist so oft abgeprüft worden!

302 OLG München NJW-RR 1986, 796 f.; LG Hamburg BeckRS 1996, 12851; wohl auch OLG Koblenz NJW-RR 1989, 1074 f.; so auch die hM generell zu Schlechtleistung bei Dienstverträgen (vgl. → Rn. 89).

303 LG Hamburg NJW-RR 1991, 884; OLG Hamm NJW-RR 1987, 243; LG Bremen Urt. v. 27.3.2013 – 4 O 240/12; AG Bochum NJW-RR 1991, 1207; AG Daun Urt. v. 12.3.2003 – 3 C 13/02; MüKoBGB/*Roth* § 656 Rn. 21; so auch OLG Hamm BeckRS 2014, 19893 und Palandt/*Weidenkaff* BGB § 628 Rn. 4 bei »Wertlosigkeit« der Leistung. Es führen viele Wege nach Rom, das Ergebnis ist nach hM immer gleich: Der Lohn muss komplett zurückgezahlt werden, dies gebietet schon die Wertung. Der BGH hat sich mit dieser Problematik in NJW-RR 2010, 410 f. leider nicht auseinandergesetzt.

304 BGH NJW-RR 2017, 1261; LG Düsseldorf BeckRS 2015, 19501. Über LK kann man auch im Falle der Nichtleistung gehen.

305 Palandt/*Sprau* BGB § 656 Rn. 3; BGH NJW 2005, 2543 f.; 1989, 1479 f.; 1984, 2407 f.; 1983, 2817 ff.; stramm immer gegen die hM OLG Koblenz.

§ 5 Der Reisevertrag, §§ 651a ff. BGB

A. Einstieg

Reiserechtsklausuren kommen selten vor. Die einschlägigen Normen und die Probleme sind auch überschaubar. Da das Reiserecht **zum 1.7.2018 umgestaltet** wurde, muss nun jedoch ab und zu mit einer Klausur dazu gerechnet werden, sodass die klausurgeeigneten Aspekte bekannt sein sollten. 77

B. Das Zustandekommen des Reisevertrags

Ein Reisevertrag liegt vor, wenn sich ein Unternehmer gegen Reisepreiszahlung verpflichtet, dem Reisenden eine »Pauschalreise« – also mindestens zwei Einzelleistungen – zu verschaffen. Dies wird nun in **§ 651a BGB nF** so normiert und dort der Reisevertrag in »Pauschalreisevertrag« umbenannt. Die bisherige Praxis, auf veranstalterähnlich erbrachte Einzelleistungen **§§ 651a ff. BGB aF analog** anzuwenden, ist vom Gesetzgeber nicht übernommen worden (und dürfte daher **nunmehr ausscheiden**). Eine reiserechtliche Haftung für sonstige Verträge sehen nur §§ 651c, 651w IV BGB nF für die dortigen Situationen vor. § 651u BGB nF regelt den Gastschulaufenthalt.

Klausurtipp: Das **Reisebüro** ist in der Regel Handelsvertreter (§ 84 HGB) und vermittelt lediglich den Vertrag (in der Regel für den Reiseveranstalter). Es kann auch Erklärungsbote für den Reisenden sein. Der Vertrag zwischen dem Reisenden und dem Reisebüro wird als **Reisevermittlungsvertrag** bezeichnet. Er fällt grundsätzlich nicht unter § 651a BGB nF (vgl. **§ 651b BGB nF** auch zu den Ausnahmen), sondern ist als Geschäftsbesorgungsvertrag nach § 675 BGB mit werkvertraglichem Charakter zu qualifizieren, der in §§ 651v, 651x BGB nF eine Teilregelung erfahren hat. Das Reisebüro muss für eigene Pflichtverletzungen (vor allem Aufklärungs- und Beratungsfehler) in der Regel nach §§ 675, 280 BGB einstehen, wenn die Spezialfälle der Haftung nach §§ 651w IV, 651x BGB nF nicht vorliegen. **Mitreisende** können bezüglich Pflichtverletzungen aus dem Reisevermittlungsvertrag über die Grundsätze des Vertrages mit Schutzwirkung zugunsten Dritter geschützt werden (→ Rn. 66). **Leistungsträger vor Ort** (Hotel, Tennislehrer, Animateur) sind Erfüllungsgehilfen des Veranstalters iSv § 278 BGB (nicht § 831 BGB). Der vom Reiseveranstalter mit dem Leistungsträger geschlossene Vertrag fällt nach bisheriger Rspr. zudem unter **§ 328 BGB (Vertrag zugunsten Dritter**; § 334 BGB soll aber konkludent abbedungen sein).

Reisevertragspartner ist nur, wer den Vertrag selbst schließt. Bei **Mitreisenden** werden in der Regel die Voraussetzungen von §§ 164 ff. und vor allem bei größeren Reisen § 1357 I BGB nicht vorliegen, sodass diese nicht Vertragspartner werden. Allerdings wird bei der Buchung für Mitreisende, die erkennbar Familienangehörige oder Partner einer nichtehelichen Lebensgemeinschaft sind, nach bisheriger Rspr. ein **Vertrag zugunsten Dritter nach § 328 I BGB** angenommen (→ Rn. 65). Dadurch stehen den Mitreisenden über § 328 I BGB eigene Erfüllungsansprüche zu, jedoch keine Gewährleistungsrechte. Eigene Schadensansprüche kommen aber aus § 651n BGB nF iVm den Grundsätzen des **Vertrages mit Schutzwirkung zugunsten Dritter** und aus § 823 BGB in Betracht (→ Rn. 66 zum Vertrag mit Schutzwirkung zugunsten Dritter).[306] **Der Pauschalreisevertrag ist dann gleichzeitig sowohl ein Vertrag zugunsten Dritter als auch ein Vertrag mit Schutzwirkung zugunsten Dritter! Gleiches gilt für den Beherbergungsvertrag bei mitreisender Familie (→ Rn. 2). Ist das nicht sagenhaft?**

Beachte: Oft macht der **Vertragspartner die Schadensersatzansprüche des Mitreisenden mit geltend**. Dies ist zum einen unter den Voraussetzungen der gewillkürten Prozessstandschaft möglich.[307] Neben dieser Möglichkeit billigt die bisherige Rspr. dem Reisevertragspartner als Versprechensempfänger des Vertrages zugunsten Dritter nach § 335 BGB eine eigene Klagemöglichkeit auch für Sekundäransprüche des Mitreisenden zu.[308] Wurden die Fremdansprüche an den

306 BGH NJW 1980, 1947 ff. Diese Rspr. dürfte auch nach den Änderungen im Reiserecht weiter gelten.
307 *Kaiser/Kaiser/Kaiser* Zivilgerichtsklausur I Rn. 353 ff.
308 Palandt/*Grüneberg* BGB § 335 Rn. 2. Diese Rspr. dürfte fortgelten.

Kläger abgetreten, stellt sich das Problem nicht, da es nunmehr eigene Ansprüche sind. Abtretungsverbote in den Reise-AGB stehen hier auch nicht entgegen, da diese in der Regel unwirksam sind.[309]

C. Die mangelhafte Reise

I. Das Vorliegen eines Reisemangels, § 651i BGB nF

Der Reisemangel wird nun neu in § 651i BGB nF geregelt. Es bleibt nach der Gesetzesbegründung dabei, dass wie nach alter Rechtslage Situationen, die zum »allgemeinen Lebensrisiko« oder als »bloße hinzunehmende Unannehmlichkeiten« zählen, keinen Reisemangel darstellen. In der Klausur ist es dann Ihre Aufgabe, **sauber mit dem Klausursachverhalt und diesen Schlagwörtern zu argumentieren**. Auch ein Unfall des Reisenden kann ein Mangel sein, wenn die Ursache im Risikobereich des Veranstalters liegt (zB Hoteltransfer). Ein Reisemangel liegt auch bei Fehlen einer zugesicherten Eigenschaft vor, wobei eine Zusicherung **auch durch das Reisebüro** erfolgen kann, da der Veranstalter nach §§ 84 ff. bzw. § 54 HGB für dessen Erklärungen einzustehen hat.[310]

Klausurtipp: Für vom Kunden vor Ort separat gebuchte Leistungen (Wasserrutsche, Wüstenausflug, Rail & Fly Ticket, Jeep-Safari) haftet nur der jeweilige Vertragspartner vor Ort. Nur wenn sich die **Fremdleistung** durch das Auftreten des Reiseveranstalters aus Sicht des Reisenden als Teil des Leistungsangebots des Reiseveranstalters darstellt, soll auch der Veranstalter nach bisheriger Rspr. dafür haften.[311]

II. Die Rechte des Reisenden bei Mängeln

§§ 651i III, 651k ff. BGB nF sind für den Reisenden **ab Vertragsschluss vorrangig**, §§ 280 ff., 323 ff., 119 II BGB, c.i.c. sind ausgeschlossen, soweit die Pflichtverletzung einen Reisemangel darstellt (**»BT schlägt AT«**; wie immer!).

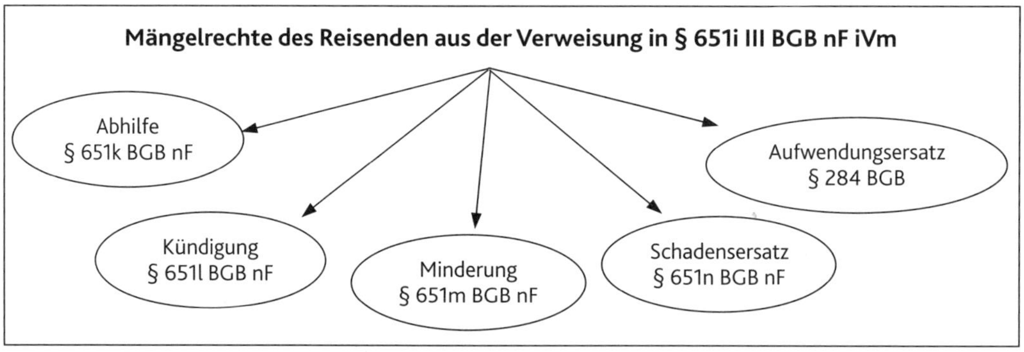

In den Klausuren geht es vor allem darum, die in Betracht kommenden Rechte sauber durchzuprüfen. Der Reisende kann zunächst kostenlose **Abhilfe** verlangen, welche nun inklusive eines Aufwendungsersatzanspruches bei Selbstabhilfe umfassend in § 651k BGB nF geregelt ist. Das Abhilfeverlangen dürfte wie nach alter Rechtslage an den Reiseveranstalter, dessen örtliche Reiseleitung oder ersatzweise an den jeweiligen Leistungsträger gerichtet werden. Nach § 651v IV BGB nF dürfte nunmehr auch eine Erklärung gegenüber dem Reisevermittler ausreichen.

Die im Falle eines Reisemangels außerdem bestehende **Kündigungsmöglichkeit** ist in § 651l BGB nF geregelt.

---

309 Palandt/*Grüneberg* BGB § 399 Rn. 10 mwN.

310 BGHZ 82, 219 ff. = NJW 1982, 377. Auch das dürfte weiter fortgelten.

311 BGH MDR 2016, 639 f.; NJW-RR 2007, 1501 ff. Dies dürfte aus Schutzwürdigkeitsgesichtspunkten fortgelten.

Klausurtipp: Als Loslösungsrechte des Reisenden vor Reisebeginn kommen aus dem Reiserecht §§ 651g II, III, 651h BGB nF in Betracht. Dort sind auch jeweils die Storno-Gebühren geregelt. Das Verbraucherwiderrufsrecht wird durch § 312g VII BGB nF praktisch auf Kaffeefahrten beschränkt.

Außerdem kann der Reisende nach § 651m BGB nF den Reisepreis **mindern** (Eintritt kraft Gesetzes; anteiliger Rückzahlungsanspruch aus §§ 651m II nF, 346 BGB), wenn er gegenüber dem Reiseveranstalter/dessen örtlicher Reiseleitung/dem Reiservermittler (§ 651v IV BGB nF) den **Mangel angezeigt** hat, vgl. § 651o BGB nF. Die Mängelanzeige fällt in der Regel mit dem Abhilfeverlangen zusammen. Hinsichtlich der Berechnung der **Minderungshöhe** ist § 287 ZPO anwendbar (Schätzung). In der Praxis wird in der Regel die ADAC-Tabelle zur Reisepreisminderung benutzt.

Klausurtipp: In welchen gesetzlich nicht geregelten Fällen eine **Mängelanzeige ausnahmsweise entbehrlich** ist, war nach bisheriger Rechtslage umstritten. So wurde dies zB angenommen, wenn eine Abhilfe nicht möglich ist (zB Großbaustelle, Fehlen einer für die Entgegennahme der Mängelanzeige zuständigen Person) oder wenn eine Anzeige am eingetretenen Schaden nichts geändert hätte (anders, wenn Reiseveranstalter wie zB bei bewusster Überbuchung den Mangel kennt, dann trotzdem Anzeige nötig; Apriltermin 2018!). Die Rspr. muss jetzt klären, ob diese Fallgruppen auch nach Einführung des § 651o BGB nF weiter fortgelten.

Zuletzt kann der Reisende gem. § 651n BGB nF **Schadensersatz** verlangen. Das Verschulden des Reiseveranstalters wird vermutet, er kann sich nur in den in § 651n I BGB nF genannten Fällen entlasten. Der Anspruch setzt auch eine **Mängelanzeige** voraus, vgl. § 651o BGB nF (war vorher umstritten). § 651n BGB nF deckt alle durch den Reisemangel entstandenen Schäden einschließlich der Mangelfolgeschäden. In der Regel werden diejenigen Schäden erfasst, die nicht schon durch die Minderung abgegolten sind (zB Kosten eines Deckungsgeschäftes, Körper- und Sachschäden, iVm § 253 II BGB auch Schmerzensgeld). Gegebenenfalls muss die Herausforderungsproblematik angesprochen werden, wenn die letzte Schädigungshandlung vom Reisenden selbst stammt (→ Rn. 56). Beachten Sie auch den Anspruch aus **§ 651n II BGB nF** bezüglich der **nutzlos aufgewendeten Urlaubstage**, der nach § 287 ZPO im Prozess als unbezifferter Antrag gestellt werden kann und **unglaublich praxisrelevant** ist. Gegebenenfalls ist der Anspruch **wegen § 254 BGB zu kürzen**.

Klausurtipp: Wenn Kinder zu Schaden kommen, sollten Sie neben der Prüfung des eigenen Mitverschuldens (§ 828 BGB!) daran denken, dass das **Mitverschulden der Eltern** (Aufsichtsverletzung) nach §§ 254 II, 278 BGB dem Kind zugerechnet werden kann. Zudem taucht in diesen Fällen wegen § 1664 BGB auch das Problem der **gestörten Gesamtschuld** auf (→ Rn. 62). Dazu **OLG Karlsruhe MDR 2017, 384 f.** lesen!
Und: An welche Norm müssen Sie noch denken, wenn Sie Schadensersatzansprüche des Reisenden gegen den Veranstalter prüfen? Erst nachdenken, dann Fußnote lesen![312]

Für freiwillige Vermögensopfer ist nunmehr ein **Aufwendungsersatzanspruch** in §§ 651i III Nr. 7 nF, 284 BGB normiert. Problem: Gilt auch hier die **Anzeigepflicht** nach § 651o BGB nF? Nach der Gesetzesbegründung ja.

Die **Verjährung** der Gewährleistungsansprüche (in 2 Jahren) ist neu in **§ 651j BGB nF** geregelt, wobei diese kurze Verjährung – wie bisher – nicht auch für konkurrierende Ansprüche aus Delikt gelten dürfte.

312 An § 823 BGB wg. Verletzung von VSP! Die VSP gebietet, dass der Reiseveranstalter die von ihm eingesetzten Leistungsträger sorgfältig aussucht und diese sowie deren Leistungen regelmäßig (mindestens einmal zu Beginn jeder Saison, bei begründeten Zweifeln/Beschwerden auch häufiger) überwacht, vgl. BGHZ 103, 298 ff. = NJW 1988, 1380. § 831 BGB scheidet dagegen aus, da die Leistungsträger nicht Verrichtungsgehilfen sind.

§ 6 Der Mietvertrag, §§ 535 ff. BGB

A. Einstieg und Abgrenzungsfragen

78 Mietrecht ist sehr praxisrelevant und hat eine **Riesenbedeutung in Assessorklausuren.**

Die Struktur des Mietrechts ist wie folgt:

- §§ 535 ff. BGB = Allgemeine Vorschriften für alle Mietverträge
- §§ 549 ff. BGB = Sonderregelungen für die Wohnraummiete
- §§ 578 ff. BGB = Mietvertrag über andere Sachen, zB Grundstücke, Geschäftsräume
- §§ 581 ff. BGB = Pacht und Landpacht

Der Mietvertrag ist ein Vertrag über die entgeltliche Gebrauchsüberlassung. Kurz einige Abgrenzungsfragen:

- Im Unterschied dazu ist bei der **Pacht** zusätzlich eine Fruchtziehung möglich (Gaststätte, Tankstelle). Gemäß **§ 581 II BGB** sind die Vorschriften über die Miete entsprechend anwendbar, sofern sich aus den §§ 582 ff. BGB nichts Abweichendes ergibt. Dies kann auch der Einstieg in eine Mietrechtsklausur sein (so wie im Märztermin 2018: Gaststätte). Ein toller Übungsfall zur Pacht ist BGH NJW-RR 2017, 1046 (Pferdezucht)!
- Im Unterschied zum Mietvertrag schuldet der Verwahrer beim **Verwahrungsvertrag iSd §§ 688 ff. BGB** zusätzlich die Obhut (zB bewachter Parkplatz, Tiereinstell- bzw. Pensionsvertrag, → Rn. 2: vgl. dazu die gute **Originalklausur *Theissen* JA 2009, 366 ff.**). Bei Unentgeltlichkeit ist die Abgrenzung zur reinen Gefälligkeit nötig (→ Rn. 4). Als sog. **unregelmäßige Verwahrung nach § 700 BGB** wird nach hM das **Giroguthaben** angesehen, sodass sich aus §§ 700 I 1, 488 I 2 BGB ein Auszahlungsanspruch gegen die Bank ergibt. Da die Gutschrift ein abstraktes Schuldanerkenntnis iSv §§ 780 f. BGB ist,[313] wird in der Praxis oft alternativ auf §§ 780 f. BGB als Anspruchsgrundlage abgestellt. Beides ist in der Klausur vertretbar.
- Die **Leihe iSv §§ 598 ff. BGB** ist sozusagen die »unentgeltliche Miete« einer Sache und **wird in Klausuren fast immer konkludent geschlossen**, sodass der »Clou« in der Regel darin lag, eine Leihe überhaupt zu erkennen (Stellung eines Ersatzfahrzeugs durch Werkstatt, geduldete Benutzung von Regenrohren/eines Weges durch Nachbarn, unentgeltliche Überlassung einer Wohnung, Überlassung eines Gemäldes zu Ausstellungszwecken, Überlassung eines Kfz durch Verkäufer zur Probe – in allen Beispielen stets **Rechtsbindungswille nötig, sonst nur reine Gefälligkeit!**). Perfekte Klausurvorlagen sind **BGH NJW 2016, 2652 und NJW-RR 2017, 1479 ff.**

Klausurtipp: Sie sollten wissen, dass derjenige, der sich im Rahmen der Rückforderung nach § 604 BGB auf einen mittlerweile beendeten **Leihvertrag** beruft, gegenüber dem Einwand des Gegners, es liege Schenkung vor, das Vorliegen einer Leihe nach den allgemeinen **Beweisregeln** beweisen muss. Für den dinglichen Anspruch aus § 985 BGB ist § 1006 BGB zu beachten (→ Rn. 47).

B. Das Zustandekommen und der Inhalt des Mietvertrags

Der Mietvertrag ist grundsätzlich formfrei, es sei denn bei Mietverträgen, die für länger als ein Jahr geschlossen werden, vgl. **Schriftformerfordernis in § 550 BGB.** Zu den strengen Anforderungen von § 550 BGB auch hinsichtlich Nebenabreden und Nachträgen etc. hat sich eine sehr unübersichtliche Kasuistik gebildet, bei der Sie ausschließlich mit dem Palandt arbeiten sollten (so wie jeder Praktiker!). Wichtig ist, dass Sie überhaupt an die Norm denken. Für § 550 S. 1 BGB gilt auch § 126 II 2 BGB (lesen!). Bei Nichteinhaltung des § 550 BGB ist der Mietvertrag nicht nach § 125 S. 1 BGB unwirksam, da § 550 S. 1 BGB eine Sonderregelung trifft: Der Vertrag ist **als unbefristeter Mietvertrag wirksam** mit der sich daran anschließenden Möglichkeit der ordentlichen Kündigung. Ob eine ordentliche Kündigung unter Berufung auf den Formmangel nach **§ 242 BGB treuwidrig** ist oder nicht, muss in der Klausur **fast**

313 Palandt/*Sprau* BGB § 781 Rn. 10, § 675f Rn. 28.

immer problematisiert werden (Details dazu bei Palandt/*Weidenkaff* BGB § 550 Rn. 12). § 550 BGB greift nicht, wenn der Mietvertrag für unbestimmte Zeit geschlossen wurde, was wegen des Befristungsverbotes in § 575 BGB in der Regel bei der Wohnungsmiete der Fall ist. Befristete Verträge sind dagegen vor allem **bei der Gewerberaummiete** zulässig und üblich, sodass **vor allem hier § 550 über § 578 I BGB relevant wird** (zuletzt wieder Märztermin 2017). Wenn Sie ein Übungs-Urteil dazu lesen möchten: **BGH MDR 2017, 1351 f.** (Schriftformheilungsklauseln unwirksam). Liegen die Voraussetzungen von §§ 575, 549 II, III BGB nicht vor, ist die Befristung eines Wohnungsmietvertrages unwirksam, der Vertrag gilt auf unbestimmte Zeit geschlossen. Für die Dauer der unwirksamen Befristung ist aber im Wege ergänzender Vertragsauslegung ein beiderseitiger Kündigungsverzicht anzunehmen (Novembertermin 2016, stand vorher schon hier im Skript!).[314]

Beachte: Die rechtliche Einordnung eines **Mischmietvertrages** richtet sich nach dem überwiegenden Vertragszweck bei Vertragsschluss. Lässt sich ein Überwiegen der gewerblichen Nutzung nicht feststellen, sind vorrangig die für die Wohnraummiete geltenden Vorschriften anzuwenden. Im letzteren Fall braucht sich der Eigenbedarf des Vermieters iSv § 573 II BGB nach BGH nur auf die Wohnräume zu beziehen.

C. Die Hauptpflichten des Vermieters und Mieters

Die Hauptpflichten des Vermieters ergeben sich aus § 535 I BGB: zum ersten die vertragsgemäße Gebrauchsüberlassung der Mietsache. Dazu gehört auch der Schutz gegen Störung des Gebrauchs. Zum zweiten schuldet er die Instandhaltung der Mietsache während der Mietzeit (Pendant zur Nacherfüllung im Kauf- und Werkrecht). Die für den Vermieter lästigen **Schönheitsreparaturen** werden häufig per AGB auf Mieter abgewälzt. Dies verstößt grundsätzlich nicht per se gegen § 307 BGB, allerdings darf die Überwälzung nicht unbillig oder unklar sein. 79

Merke: Arbeiten Sie zur Frage, wann bestimmte AGB (zB Schönheitsreparaturen, Quotenabgeltungsklausel, Fachhandwerkerklausel, Farbwahl, Haustierhaltung) unwirksam sind, immer mit dem Palandt vor allem bei § 535 BGB. Fangen Sie bloß nicht an, hier Details auswendig zu lernen! Das ist ja das Schöne am zweiten Examen: Sie haben einen Palandt und müssen nicht irgendwelche Rep-Übersichten auswendig können.

Klausurtipp: Ständig führt der Mieter **in Klausuren** in Unkenntnis der **Unwirksamkeit der Klausel** nach Beendigung des Vertrages Schönheitsreparaturen aus und verlangt dann **Aufwendungsersatz**. Kann er das?[315]

Die Hauptpflichten des Mieters sind die Zahlung der Miete (§ 535 II BGB, in §§ 556d ff. BGB ist die Mietpreisbremse und in §§ 558 ff. BGB die Mieterhöhung geregelt) inklusive Betriebskosten und die Ausführung der ihm in der Regel übertragenen Schönheitsreparaturen. § 537 BGB regelt die Mietentrichtungspflicht bei persönlicher Verhinderung des Mieters. Die Miete wird wegen § 320 BGB grundsätzlich erst ab Gebrauchsüberlassung durch den Vermieter geschuldet.[316] In **§ 556 BGB** sind **Betriebskosten** geregelt (der Kommentierung Palandt/*Weidenkaff* BGB § 556 und § 535 Rn. 90 ff. können Sie bei Bedarf spezielle Fragen der Be-

314 BGH NJW 2013, 2820 f. Dies gilt nur, wenn ein Individualvertrag vorliegt, denn bei AGB würde wohl das Verbot der geltungserhaltenden Reduktion einer ergänzenden Vertragsauslegung mit diesem Ergebnis entgegenstehen.

315 Ja natürlich. Der Anspruch folgt aus LK und bemisst sich nach dem, was der Mieter billigerweise neben einem Einsatz an freier Zeit als Kosten für Material sowie Vergütung für die Arbeitsleistung seiner Helfer aufgewendet hat oder hätte aufwenden müssen. § 539 BGB iVm GoA greift nicht, da zumindest der FGW fehlt. **Bei schuldhafter Verwendung unwirksamer AGB ist auch ein Anspruch aus c.i.c. möglich.** Für den Ersatzanspruch des Mieters gilt die kurze Frist von § 548 II BGB, so zuletzt wieder BGH NJW 2012, 3031 ff. mwN.

316 Unterbleibt die Überlassung zum vereinbartem Termin, wird dem Vermieter seine Leistung nach hM nachträglich wg. Zeitablaufs unmöglich, § 275 I BGB. Dann: Rückforderung ggf. zuvor gezahlter Miete durch den Mieter nach §§ 275 I, 326 I, IV, 346 BGB möglich (früher § 812 BGB).

triebskosten entnehmen). § 556 III 2 BGB gilt analog bei der Geschäftsraummiete, nicht allerdings die Ausschlussfrist von § 556 III 3 BGB.[317]

Bei **vorzeitigem Einzug** des Mieters in die Mietsache ist umstritten, ob für diesen Zeitraum eine vertragliche Verbindung besteht (eA: vorzeitiger Beginn des Hauptmietvertrages gegebenenfalls unter Mietzahlungsverzicht; aA: konkludenter separater Mietvertrag ggf. unter Mietzahlungsverzicht, MM: Vertrag sui generis, MM: nur c.i.c.; unstreitig nur c.i.c, wenn die Parteien noch keinen Mietvertrag wollen). Das lief als Z IV-Klausur im Juli 2017!

D. Die Rechte der Parteien bei Nichterfüllung der Hauptpflichten aus dem Mietvertrag

I. Die Rechte des Mieters

80 Erfüllt der Vermieter die Hauptpflichten nicht – insbesondere wenn ein Mangel vorliegt oder während der Mietzeit auftritt –, hat der Mieter folgende Rechte: den Mängelbeseitigungsanspruch aus § 535 I BGB, Gewährleistungsrechte aus §§ 536 ff. BGB (ab Übergabe) und die Kündigung nach § 543 I, II 1 Nr. 1 BGB.

Ein **Mietmangel** liegt vor, wenn die Ist- von der Soll-Beschaffenheit negativ abweicht und dies den vertragsgemäßen Gebrauch unmittelbar **erheblich beeinträchtigt, § 536 I 3 BGB.** Ganz viele Beispiele stehen im Palandt bei § 536 BGB! Beispiele: exzessiver Lärm, Schimmel, Wohnfläche liegt mehr als 10% unter der im Mietvertrag angegebenen (auch »Ca.-«)Wohnfläche, Verletzung des jedem Gewerbemietvertrag immanenten Konkurrenzschutzgebotes, äußere Gefahrenquellen mit unmittelbarem Einfluss auf die Mietsache (»Umfeldmangel«), öffentlich-rechtliche Beschränkungen, wenn sie ihre Ursache in der konkreten Beschaffenheit der Mietsache und nicht in den persönlichen oder betrieblichen Umständen des Mieters haben. **§ 536 III BGB** regelt den **Rechtsmangel** (das beliebteste Beispiel ist sonst nur Stoff von Fernsehkomödien: die **Doppelvermietung** durch den Vermieter[318]). Kein Mangel liegt nach dem BGH vor, wenn eine eigentlich **mitvermietete Einbauküche** gestohlen wird, nachdem sie vereinbarungsgemäß im Keller eingelagert wurde, da die Gebrauchsgewährungspflicht »wegvereinbart« wurde (total beliebter Prüfungsfall!).

Den **Mängelbeseitigungsanspruch** kann der Mieter dem Anspruch des Vermieters auf Zahlung der Miete dabei **als Zurückbehaltungsrecht nach § 320 BGB** entgegenhalten. Dies jedoch erst, nachdem er dem Vermieter den Mangel angezeigt hat (Argument: sonst kann Zurückbehaltungsrecht »Druckfunktion« nicht erfüllen). Die Höhe dessen, was der Mieter unabhängig von einer Minderung über § 320 BGB von der Miete zurückhalten darf, ist von einer Abwägung/Gesamtbetrachtung abhängig.[319] Fazit: **Minderung und Zurückbehaltungsrecht sind nebeneinander möglich.**

317 BGH NJW 2010, 1065 ff.

318 In Klausuren ist die Problematik häufig mit verbotener Eigenmacht ggü. dem ersten Mieter gekoppelt. Hierzu müssen Sie wissen, dass nach der Rspr. ein Mieter selbst im Falle der Doppelvermietung seinen Besitzüberlassungsanspruch als erster Mieter gegenüber dem Vermieter nicht durch eine einstweilige Verfügung sichern lassen kann, vgl. Palandt/*Weidenkaff* BGB § 536 Rn. 30; KG NJW-RR 2018, 139 ff. mwN.

319 Palandt/*Weidenkaff* BGB § 536 Rn. 6. Auf § 320 BGB kommt es vor allem dann an, wenn die Minderung an § 536b BGB scheitert.

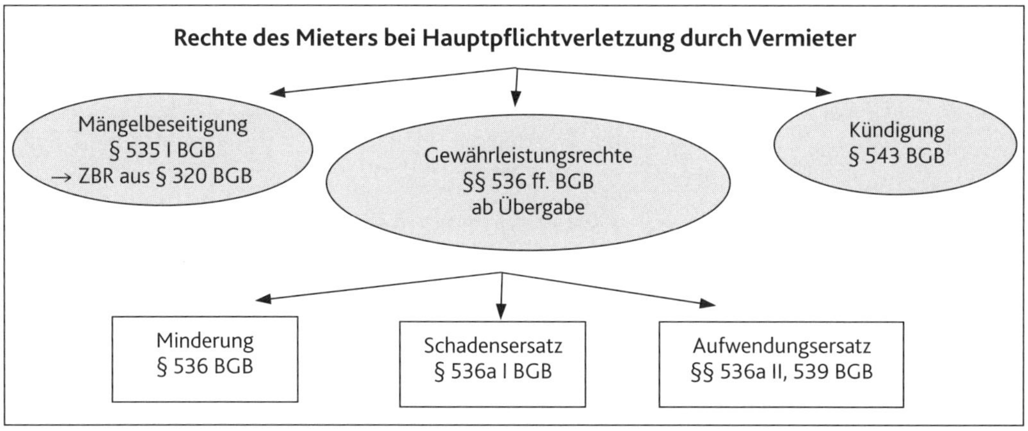

Nach Übergabe verdrängen §§ 536 ff. BGB in ihrem Anwendungsbereich – dh wenn die Pflichtverletzung ein Mangel betrifft – für den Mieter **das Leistungsstörungsrecht AT** (auch § 119 II BGB verdrängt, nicht aber § 123 BGB – »ganz normal« anwendbar inklusive Ex-tunc-Wirkung!) und die c.i.c. (Ausnahme: c.i.c. möglich bei Verletzung einer vorvertraglichen Aufklärungspflicht bezüglich eines Umstandes, der keinen Mietmangel begründet oder bei Arglist/Vorsatz des Vermieters). Nach hM wird allerdings § 536 III BGB so verstanden, dass bei Rechtsmängeln eine Übergabe der Sache für §§ 536 ff. BGB nicht erforderlich ist.[320]

Wann sind Mängelrechte aus §§ 536 ff. BGB ausgeschlossen? Gesetzlich nach **§§ 536b, 536c, 536d BGB** oder nach **§ 326 II 1 Alt. 1 BGB analog** (Mieter hat Mangel zu vertreten; anders in den **Küchenbrand-Fällen**, wenn der Vermieter eine Gebäudeversicherung abgeschlossen hat, dessen Kosten der Mieter trägt – dann muss der Vermieter den vom Mieter leicht fahrlässig verursachten Brandschaden beseitigen und hat die mietvertragliche Pflicht, die Versicherung in Anspruch zu nehmen, sog. **»versicherungsrechtliche Lösung«** des BGH; der Mieter haftet weder dem Vermieter noch kann die Versicherung über § 86 VVG gegen ihn vorgehen, da nach der Rspr. in diesen Fällen ein Regressverzicht aus einer ergänzenden Auslegung des Gebäudeversicherungsvertrags abgeleitet wird). Auch § 242 BGB kann der Geltendmachung von Mängelrechten entgegenstehen (zB wenn Mieter entgegen § 555a BGB die Mängelbeseitigung durch den Vermieter verweigert – Februartermin 2018!). Oft werden **Mängelrechte im Mietvertrag ausgeschlossen**, hier können Sie die Rspr. dazu im Palandt bei § 536 und 536a BGB nachschlagen.

Zu den Gewährleistungsrechten im Einzelnen:

Die **Minderung** nach § 536 I 1 BGB tritt für die Zeit, in der sich der Mangel auf die Gebrauchstauglichkeit auswirkt, kraft Gesetzes (*ipso iure*) ein (keine Minderungserklärung nötig!). Zuviel gezahlte Miete kann **aus Leistungskondiktion** zurückgefordert werden. Gegebenenfalls ist die Erklärung des Mieters, er »mindere« die Miete und zahle daher weniger, als Aufrechnungserklärung mit dem Anspruch aus Leistungskondiktion auszulegen. Oft war zu prüfen, ob der Rückforderung § 814 BGB entgegensteht, weil in der Rspr. bei einem bekannten Mangel in der Regel auch von einer Kenntnis des Mieters iSv § 814 BGB ausgegangen wird. Zur Bestimmung der Minderungshöhe wird in der Praxis die Tabelle von *Börstinghaus* benutzt (Mündliche!). Die (etwas komplizierte) Beweislast ist bei Palandt/*Weidenkaff* BGB § 536 Rn. 5 kommentiert.

Klausurtipp: Wenn der Vermieter nach **§ 543 II Nr. 3 BGB** wegen Zahlungsverzug kündigt, müssen Sie prüfen, ob überhaupt Verzug vorliegt. Oft wird sich der Mieter auf Mängel berufen, sodass inzident Minderung und Zurückbehaltungsrecht (s. oben) zu untersuchen sind **(Schachtelprüfung)**. Die Kommentierung bei Palandt/*Weidenkaff* BGB § 543 Rn. 26 ist gut dazu! Beachten Sie, dass bei

320 BGH NJW 1996, 714 ff.; 1991, 3277 f.; zuletzt wieder LG Berlin NJW-RR 2014, 14 ff. zur Doppelvermietung.

Geldschulden wirtschaftliche Schwierigkeiten oder die Nichtzahlung durch das Jobcenter das Verschulden grundsätzlich nicht ausschließen (»*Geld hat man zu haben*«).[321] Die **neue Rspr. des BGH** zum Verzug mit der Miete kann hier gut abgeprüft werden (so zB Januartermin 2017 in Niedersachsen): Im Verbrauchermietrecht reicht wegen § 556b I BGB und Verbraucherschutz aus, dass der Mieter den Zahlungsauftrag bis zum dritten Werktag des Monats erteilt (kommentiert bei § 556b BGB!).

Der **Schadensersatzanspruch** nach § 536a I Alt. 1 BGB gilt für Mängel bei Vertragsschluss (Vorliegen der Gefahrquelle reicht). Der Anspruch nach § 536a I Alt. 2 BGB gilt für Mängel nach Vertragsschluss und setzt anders als Alt. 1 Verschulden voraus. Es ist daher die entscheidende Weichenstellung, ob der Mietmangel bereits anfänglich schon vorlag oder eben nicht. § 536a I BGB erfasst alle Schäden aufgrund des Mangels (zB Kosten der einstweiligen Unterbringung, Verdienstausfall, Sachschäden) und iVm § 284 BGB auch nutzlose Aufwendungen. Daneben ist auch § 823 BGB möglich. Für das Bestehen eines Schadensersatzanspruches ist eine spätere Kündigung unerheblich.

Der **Aufwendungsersatzanspruch** für die Mängelbeseitigung ergibt sich aus § 536a II Nr. 1, 2 BGB (lesen!). Nach der Rspr. hat der Mieter nach § 242 BGB sogar einen Anspruch auf entsprechenden zweckgebundenen Kostenvorschuss. Zuviel oder nicht in angemessener Frist verwendeter Kostenvorschuss ist nach § 812 BGB zurückzugewähren.[322] Denken Sie in diesem Zusammenhang an den versteckten **§ 556b II BGB** (lesen!).

Klausurtipp: § 536a II BGB ist **abschließend für Aufwendungen des Mieters zur Mängelbeseitigung**. Fehlt es an den Voraussetzungen von § 536a II BGB (zB nicht dringende Mängelbeseitigung ohne Verzug), so kann der Mieter seine Aufwendungen zur Mängelbeseitigung **nicht über §§ 536a I, 539, 812 BGB oder GoA** geltend machen, da sonst die strengen Voraussetzungen von § 536a II BGB leerliefen.[323] Für **sonstige Aufwendungen** auf die Mietsache außerhalb der Mängelbeseitigung (zB Renovierung, Verschönerungen) ist **§ 539 I BGB** (Rechtsgrundverweisung auf die GoA) **abschließend**. Stets ist dann genau zu prüfen, ob die Voraussetzungen der GoA – also insbesondere der Fremdgeschäftsführungswille (die Rspr. stellt hier grundsätzlich strenge Anforderungen; oft dienen die Aufwendungen in erster Linie dem eigenen Interesse am schönen Wohnen, daher Fremdgeschäftsführungswille in der Regel zu verneinen! gegebenenfalls steht auch § 685 I BGB dem Anspruch entgegen) – vorliegen. Neben § 539 I BGB kann der Mieter für seine Aufwendungen grundsätzlich nicht über §§ 536a, 951, 812 BGB gehen. Allerdings werden aus Wertungsgesichtspunkten hier Ausnahmen zugelassen, welche im Palandt bei § 539 BGB kommentiert sind. Prägen Sie sich das alles gut ein. Die Parallelvorschrift zu §§ 536a II, 539 I BGB ist bei der **Leihe** übrigens **§ 601 II BGB**. Hier stellen sich die gleichen Fragen wie zu §§ 536a II, 539 I BGB. **Klausuren, bei denen man bezüglich Aufwendungen des Mieters auf die Mietsache die obigen Abgrenzungsfragen beherrschen musste, gab es in den letzten Jahren fast in jedem zweiten Durchgang!**
Ein **Wegnahmerecht** für eingebaute Einrichtungen (zB Wandschrank, WC-Deckel, Waschbecken; umstritten für Einbauküche) regeln §§ 539 II, 552, 578 II BGB (abweichende Vereinbarung möglich!).

Das **Kündigungsrecht** ergibt sich aus § 543 BGB (→ Rn. 86). Dieses greift schon vor Übergabe der Mietsache.

II. Die Rechte des Vermieters

81 Bei Nichtzahlung der Miete kann der Vermieter neben dem Erfüllungsanspruch aus § 535 II BGB einen Verzugsschaden nach §§ 280 II, 286 BGB geltend machen und nach §§ 543 I, II 1 Nr. 3, 569 III BGB kündigen. Ob der Vermieter wegen seines Zurückbehaltungsrechts nach § 320 BGB den Strom oder den Wasseranschluss sperren darf (sog. Versorgungssperre), ist wegen der darin liegenden »Selbstvollstreckung« umstritten. Die wohl hM bejaht das.

321 Vgl. nur BGH NJW 2015, 1296 ff. mwN.
322 OLG Celle BeckRS 2010, 04941.
323 Palandt/*Weidenkaff* BGB § 536a Rn. 6; **BGH NJW 2008, 1216 ff. (ein Lieblingsurteil der LJPAs!)**; *Klein* JuS 2015, 156 ff.

Zieht der Mieter ohne Durchführung der ihm wirksam (Inzidentprüfung!) auferlegten **Schönheitsreparaturen** aus, muss der Vermieter ihm unter konkreter Nennung, in welchen Räumen welche Arbeiten erforderlich sind, **eine Frist setzen** (angemessen: 14 Tage, bei einer zu kurzen Frist wird automatisch eine angemessene in Gang gesetzt). Erst nach fruchtlosem Ablauf kann er nach **§ 281 I BGB** Schadensersatz statt der Leistung verlangen (GoA und § 812 BGB daneben gesperrt, damit Fristsetzung nicht unterlaufen wird). Will der Vermieter nach dem Auszug umbauen, wandelt sich nach dem Umbau die Renovierungspflicht des Mieters in einen Ausgleichsanspruch des Vermieters aus ergänzender Vertragsauslegung um. Führt der **Nachmieter** nach Ablauf der dem Vormieter gesetzten Frist die Schönheitsreparaturen aus, wird der Vormieter nur nach § 267 BGB befreit, wenn der Nachmieter Fremdtilgungswillen hat, was in der Regel zu verneinen ist. Daher bleibt es in der Regel beim Anspruch des Vermieters aus § 281 BGB, die Arbeit des Nachmieters wird dem Vormieter nicht »gutgeschrieben«.[324] Der Nachmieter dürfte aber analog § 255 BGB einen Anspruch gegen den Vermieter auf Abtretung dieses Anspruchs zustehen, weil er letztlich der Geschädigte ist und der Vermieter einen Anspruch gegen den Vormieter hat, ohne einen echten Schaden zu haben.[325]

E. Die Nebenpflichten und deren Verletzung

I. Die Nebenpflichten des Vermieters

Den Vermieter treffen Schutzpflichten aus § 241 II BGB für Rechtsgüter des Mieters, Folge bei Verletzung: Anspruch aus **pVV und § 823 BGB**. Zudem muss er die **Mietkaution iSv § 551 BGB** nach Beendigung des Mietverhältnisses nach Ablauf einer angemessenen Prüfungsfrist (ca. drei bis sechs Monate) zurückzahlen (Anspruchsgrundlage: ergänzende Auslegung der Kautionsabrede).[326] Ob sich der Vermieter auch wegen verjährter Ansprüche gegen den Mieter aus der Kaution befriedigen darf, bestimmt sich nach § 216 BGB (lesen!). **82**

II. Die Nebenpflichten des Mieters

Auch den Mieter treffen Schutzpflichten iSv § 241 II BGB, vor allem die **Einhaltung des vertragsgemäßen Gebrauchs**. Beispiele für Verletzung: **Beschädigung** oder wesentlicher Umbau der Mietsache, Überwachung des Hausflurs mit einem Video-Türspion (wegen allgemeinen Persönlichkeitsrechts der Mitmieter), Begehung von Straftaten in der Wohnung (**Lammbock-Fall vom BGH NJW-RR 2017, 329 ff.!**), Nichtgewährung einer anlassbezogenen Besichtigung, unerlaubte Tierhaltung, exzessives Rauchen, wesentliche Geschäftstätigkeit in Mietwohnung, Rückgabe der neutral dekoriert übernommenen Wohnung mit »kunterbuntem« Anstrich, nicht vom Vermieter genehmigte und auch nicht nach § 242 BGB iVm Art. 5, 4 GG – Stichwort: mittelbare horizontale Drittwirkung von Grundrechten (objektiver Wertgehalt der Grundrechte wird zur Ausfüllung von Generalklauseln im BGB herangezogen) – zu duldende (Abwägung!) Anbringung einer Antenne, Verlust eines zu einer Schließanlage gehörenden **Hausschlüssels**.[327] Bei Schäden an der Mietsache ist zu **§ 538 BGB** abzugrenzen. »Normale« Abnutzungen iSv § 538 BGB hat der Mieter nicht zu vertreten. Weitere Nebenpflichten sind die Duldung von Reparaturen und Modernisierungen nach **§§ 555a ff. BGB** und die Zahlung der vereinbarten Kaution als zusätzliche Sicherheit für den Vermieter.

Folgende **Ansprüche des Vermieters** bestehen bei Verletzung der Nebenpflichten durch den Mieter: Unterlassungsanspruch aus **§ 541 BGB** (*lex specialis* zu § 1004 BGB) und Schadenser-

---

324 Keine Vorteilsanrechnung, AG Münster WuM 2004, 562; BGHZ 49, 56 ff. = NJW 1968, 491; *Tempel/Graßnack/Kosziol/Seyderhelm* Materielles Recht 106.

325 Andere Lösungsvariante: DSL, allerdings dürfte hier keine zufällige Schadensverlagerung vorliegen. Direkte Ansprüche des Nachmieters gg. den Vormieter zB aus GoA, §§ 812, 426 BGB scheiden idR aus, vgl. OLG Hamburg ZMR 1984, 342 ff. mwN; Palandt/*Weidenkaff* BGB § 535 Rn. 52.

326 **Weitere Einzelheiten zur Kaution/Sicherheitsleistung des Mieters bei Palandt/*Weidenkaff* BGB Einf v § 535 Rn. 120 ff. und bei § 551 BGB!**

327 Palandt/*Weidenkaff* BGB § 535 Rn. 85 f. Nimmt der Mieter bei Auszug zu Unrecht Inventar mit, geht die hM über § 280 BGB und nicht über pVV.

satzanspruch aus **pVV/§§ 280, 241 II BGB**[328] **und § 823 BGB** (mit kurzer Verjährung nach § 548 I BGB!). Die Schädigung durch Erfüllungsgehilfen wird dem Mieter nach § 278 BGB zugerechnet (zB Gäste, Mitmieter,[329] vom Mieter beauftragte Handwerker; bei Beauftragung durch den Vermieter sind Handwerker dessen Erfüllungsgehilfen gegenüber dem Mieter, zuletzt Januartermin 2016!). Gegebenenfalls ist sogar die fristlose **Kündigung** nach § 543 I BGB möglich

Klausurtipp: Der Umfang des zulässigen Gebrauchs kann sich auch durch eine **Hausordnung** (in der Regel AGB!) ergeben, die einer Einbeziehung in den Vertrag bedarf. Die Hausordnung kann dann auch Schutzwirkungen zugunsten der anderen Bewohner des Hauses nach entfalten (Vertrag mit Schutzwirkung zugunsten Dritter!). Auch gut zu wissen, oder?

F. Die Verjährung der mietrechtlichen Ansprüche

83 **§ 548 BGB** (lesen!) regelt die kurze Verjährung bestimmter Ansprüche des Vermieters. »Zurückerhalten« meint, dass zum einen der Vermieter in die Lage versetzt werden muss, sich durch Ausübung der unmittelbaren Sachherrschaft ein Bild vom Zustand der Mietsache zu machen und zum anderen, dass der Mieter den Besitz vollständig und eindeutig aufgibt, wobei der Vermieter hiervon Kenntnis erlangen muss (lief zuletzt rauf und runter im Dezember 2016 und Mai 2017!). Dies ist oft genau herauszuarbeiten! § 548 I BGB ist durch AGB zulasten des Mieters nicht abdingbar (Maitermin 2018!). Die Beendigung des Mietvertrags ist für den Verjährungsbeginn keine Voraussetzung. § 548 I BGB wird grundsätzlich weit ausgelegt und **gilt für alle Ansprüche des Vermieters wegen Verschlechterung oder Veränderung der** Mietsache, zB auch für §§ 280 ff. BGB, Delikt (außer § 826 BGB), GoA, § 812 BGB, Ansprüche gegen im Schutzbereich des Mietvertrages befindliche Dritte und c.i.c. (Argument: Telos des § 548 BGB ist schnelle Abwicklung). Verweigert der Vermieter das Zurückerhalten, ist anhand von § 242 BGB zu bestimmen, ob er sich auf die fehlende Rückgabe berufen kann. Alle übrigen Ansprüche des Vermieters verjähren nach §§ 195 ff. BGB.

§ 548 II BGB regelt spiegelbildlich auch für Mieter (und gegebenenfalls für Dritte!) eine kurze Verjährung bestimmter Ansprüche (lesen!). Auch diese Norm wird weit ausgelegt (viele Beispiele im Palandt). Sonst gelten für ihn nur §§ 195 ff. BGB. Der Mängelbeseitigungsanspruch aus § 535 I 2 BGB verjährt als Dauerverpflichtung des Vermieters nie.

G. Dritte im Mietverhältnis

I. Der Schutz des Mieters gegenüber Dritten

84 Gegenüber Dritten hat der Mieter die Rechte aus §§ 858 ff., 1004, 1007, 823 BGB. Gegenüber dem neuen Eigentümer bei Veräußerung der Mietsache besteht ein Recht zum Besitz aus § 986 II BGB bzw. § 566 BGB (→ Rn. 86).

II. Der Mietvertrag als Vertrag mit Schutzwirkung zugunsten Dritter

Der Mietvertrag kann ein Vertrag mit Schutzwirkung zugunsten Dritter sein, zB für **Angestellte** des Mieters (bei Gewerberaummiete) und die **zur Hausgemeinschaft gehörenden Personen** bei Wohnraum, nicht aber für Gäste, andere Mieter oder Untermieter.

III. Die Untermiete/Aufnahme von Dritten in die Mietwohnung

Die Untermiete/Aufnahme von Dritten in die Mietwohnung sind in **§§ 540, 553 BGB** (lesen!) geregelt. § 540 BGB gilt für alle Formen der Gebrauchsüberlassung bei allen Mietverhältnissen, der in § 553 BGB ausdrücklich geregelte Anspruch des Mieters auf Erlaubniserteilung durch den Vermieter nur für die Teilüberlassung einer Wohnung. Wenn der Vermieter die Erlaubnis zur Untervermietung zu Unrecht verweigert, verletzt er eine mietvertragliche Pflicht

328 Beschädigung der Mietsache: kein § 281 BGB, sondern pVV! Palandt/*Weidenkaff* BGB § 535 Rn. 85; BGH BeckRS 2018, 4060.

329 OLG Hamm NJW-RR 2013, 974 ff.; AG Gießen NJW-RR 2008, 392; zur aA Palandt/*Grüneberg* BGB § 425 Rn. 16.

(in Fällen von § 540 BGB: Obliegenheit) und ist zum Ersatz des daraus entstandenen Schadens (Mietausfalls) nach § 280 BGB (bei § 540 BGB: pVV) verpflichtet. Nach ständiger Rspr. werden wegen Art. 6 GG Familienangehörige nicht als »Dritte« angesehen, sodass deren Aufnahme nie unbefugt ist. Gleiches gilt für den Lebenspartner nach LPartG, nicht aber für den Lebensgefährten einer nichtehelichen Lebensgemeinschaft. Das alles kam zuletzt im August 2017 und Januar 2018 im Examen!

Merke: Der Untermietvertrag zwischen Hauptmieter und Untermieter ist ein »ganz normaler« Mietvertrag nach §§ 535 ff. BGB. Fast alle Klausurprobleme hierzu sind mit dem Palandt zu § 540 und § 553 BGB lösbar.

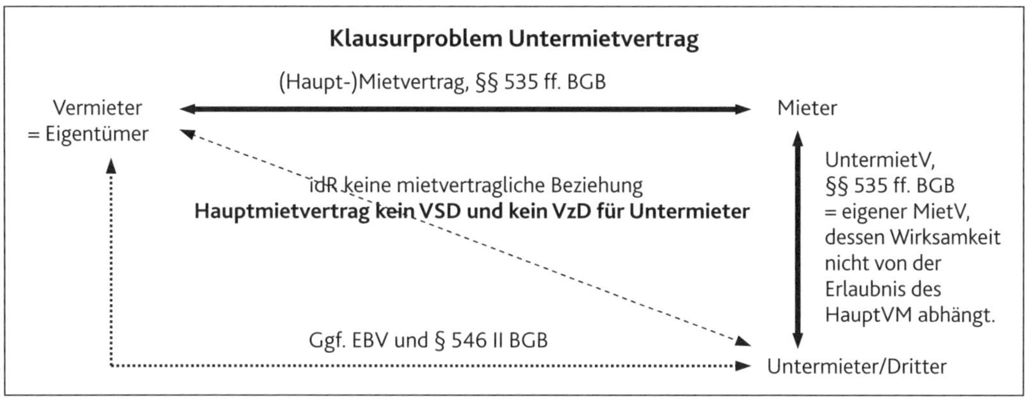

Zwei Probleme treten in diesem Zusammenhang häufiger in Examensklausuren auf:

Problem: Anspruch des Eigentümer-Vermieters gegen den Mieter auf Herausgabe der gezahlten Untermiete bei unbefugter Untermiete während bestehendem Hauptmietverhältnis?

- §§ 280 I, 241 II BGB/pVV (–), da kein Schaden des Vermieters vorliegt: Der Vermieter hätte mangels eigener Möglichkeit zur Untervermietung den Untermietzins nie erzielen können; ein (entgangener) Mietzuschlag nach § 553 II BGB als Schaden scheitert an der fehlenden Einwilligung zur Mieterhöhung durch den Mieter.
- EBV (–), da Mietvertrag = Recht zum Besitz; »nicht-so-berechtigter Besitzer« wird von Rspr. abgelehnt, → Rn. 46.
- § 823 I BGB (–), keine Rechtsgutsverletzung.
- GoA (–), kein fremdes Geschäft, da das Gebrauchsrecht an der Mietsache dem Mieter zusteht.
- § 816 I 1 BGB direkt und analog (–), da Untervermietung keine Verfügung iSd § 816 BGB.
- § 812 I 1 Alt. 2 BGB (–), kein Eingriff in den Zuweisungsgehalt eines Rechts des Vermieters, da Gebrauchs- und Verwertungsmöglichkeit durch Mietvertrag auf Mieter übergegangen sind.
- Anspruch daher (–)[330], aber Unterlassungsanspruch gegen Mieter aus § 541 BGB und Kündigung nach §§ 543 II 1 Nr. 2, 573 II Nr. 1 BGB wegen unbefugter Gebrauchsüberlassung möglich (stets Interessenabwägung nötig!). Hat der Mieter zur Zeit der Kündigung einen Anspruch auf Erlaubniserteilung und diese auch erbeten, kann dem Unterlassungsanspruch/der Kündigung des Vermieters aber § 242 BGB entgegenstehen.
- **Anders nach wirksam beendetem Hauptmietvertrag**: Dann liegt gegenüber Mieter und Untermieter unser allseits geschätztes EBV vor, sodass §§ 987 ff. BGB greifen. Ab Rechtshängigkeit einer Räumungsklage greift § 987 BGB auch über §§ 546 I, II, 292 BGB.[331]

330 Ein direkter Anspruch gegen den Untermieter scheidet dann auch aus, da es keinen Unterschied machen kann, ob der Untermieter bereits an den (Haupt-)Mieter gezahlt hat oder nicht. Insbesondere Ansprüche aus dem EBV gg. den Untermieter scheitern an § 991 BGB.

331 Palandt/*Weidenkaff* BGB § 540 Rn. 14; BGH MDR 2014, 644; NJW-RR 2009, 1522 ff.; OLG Düsseldorf NJOZ 2011, 2004.

Problem: Wie bekommt der Eigentümer-Vermieter den Untermieter aus dem Haus?

- Antwort: Wenn er den Hauptmietvertrag gekündigt hat, über § 546 II BGB. Zusätzlich greift dann auch § 985 BGB. Ein Räumungstitel des Vermieters gegen den Hauptmieter entfaltet keine Bindungswirkung/materielle Rechtskraft gegenüber dem Untermieter (nur nach **§ 325 ZPO** möglich). Ohne Kündigung des Hauptmietvertrages bekommt er den Untermieter nur raus, wenn die Untermiete unbefugt ist (Untermieter ist kein Familienangehöriger und keine Erlaubnis), da dann kein abgeleitetes Recht zum Besitz besteht und § 985 BGB greift.
- Gegebenenfalls Gegenansprüche des Untermieters bei Verwendungen auf Mietsache zB nach GoA, EBV, § 812 BGB zu prüfen, nicht jedoch aus §§ 536a, 539 I BGB, da diese nicht im Verhältnis Hauptvermieter – Untermieter gelten.
- Beachte: Ein etwaiger eigener separater Vertrag des Untermieters mit dem Eigentümer-Vermieter ist gegenüber dem Hauptmieter, der den Untermietvertrag mit dem Untermieter geschlossen hat, diesem gegenüber kein Recht zum Besitz.

Beachte: In §§ 563 ff. BGB ist geregelt, ob und wann bestimmte Personen bei Tod des Mieters im Wege der **Sonderrechtsnachfolge** in den Mietvertrag eintreten. Die Vorschriften blättern Sie bitte einmal durch.

H. Das Vermieterpfandrecht, §§ 562 ff. BGB

85 Lesen Sie § 562 I, II BGB. Das Vermieterpfandrecht dient der Sicherung von Forderungen des Vermieters gegen seinen Mieter aus dem Mietverhältnis (auch künftige Forderungen und auch bei der Gewerberaummiete, § 578 II BGB!). Kein Vermieterpfandrecht entsteht danach an den Sachen, die nach § 811 ZPO nicht pfändbar sind (Achillesverse von § 562 BGB – dann Inzidentprüfung von § 811 ZPO) oder an denen der **Mieter schon bei Einbringung kein Eigentum** hat. Ein **gutgläubiger Erwerb** des Vermieterpfandrechts ist wegen des Wortlauts von § 1257 BGB – wie beim Werkunternehmerpfandrecht – **ausgeschlossen.** Der Vermieter hat die Rechte aus §§ 562a, 562b, 1257 BGB. Gemäß § 1257 iVm §§ 1228 ff. BGB stehen ihm zudem die Rechte des Gläubigers eines vertraglichen Pfandrechts zu, zB das Recht zur öffentlichen Versteigerung (nicht aber die Fruchtziehung, sonst Herausgabe der Früchte/Nutzungen an Mieter nach BGH in der Regel aus GoA oder § 687 II BGB; Ausnahme: Nutzungspfand nach §§ 1213 f. BGB vereinbart). Bei Veräußerung der Mietsache iSv § 566 BGB entsteht neben dem Vermieterpfandrecht des Veräußerers ein neues, gleichrangiges Vermieterpfandrecht des Erwerbers, welches sich auf die gleichen Sachen des Mieters erstreckt.

Wie kommt das Vermieterpfandrecht in der Regel in Klausuren vor?

Oft als Kollisionsproblem mit dem Sicherungseigentum eines Dritten:

1. **Bei § 805 ZPO**
   Dritter (behaupteter Sicherungseigentümer) vollstreckt in die Sache des Mieters, der Vermieter macht sein Vermieterpfandrecht geltend.[332]
2. **Bei § 771 ZPO**
   Vermieter vollstreckt aufgrund seines Vermieterpfandrechts in die Sache des Mieters, der Dritte (behaupteter Sicherungseigentümer) macht mit einem Zwangsvollstreckungs-Rechtsbehelf sein Sicherungseigentum geltend.[333]
3. **Selten: Hinterlegung**
   Vermieter lässt die Gegenstände des Mieters unter Berufung auf sein Vermieterpfandrecht versteigern und hinterlegt den Erlös. Der Dritte (behauptete Sicherungseigentümer) und der Vermieter streiten sich über die Freigabe (vgl. → Rn. 64 und bei ausreichend Zeit den tollen Übungsfall vom BGH NJW 1992, 1156 ff.). Ohne Hinterlegung wäre zB das EBV der Einstieg in die Prüfung (wem gehören die Gegenstände?).

332 *Kaiser/Kaiser/Kaiser* Zwangvollstreckungsklausur Rn. 89 ff.
333 *Kaiser/Kaiser/Kaiser* Zwangvollstreckungsklausur Rn. 43 f.

4. Selten: Vermieter macht Rechte aus §§ 562b, 1257 BGB geltend
Zur Bezifferung dieser Rechte hat der Vermieter aus § 260 BGB einen Auskunftsanspruch. Einstieg wäre in der Regel eine einstweilige Verfügung, die Dringlichkeit ergibt sich aus § 562b II 2 BGB.

Häufig geht es wie gezeigt um den **Konflikt Vermieterpfandrecht – Sicherungsübereignung.**[334] Steht die Sache bereits bei Einbringung durch den Mieter im Sicherungseigentum eines Dritten, so kann kein Vermieterpfandrecht entstehen (s. oben). Eine Besonderheit liegt vor, wenn der Mieter die Sache erst im Zeitpunkt der Einbringung zB im Wege der vorweggenommenen Sicherungsübereignung an einen Dritten übereignet und daher die Entstehung des Vermieterpfandrechts und die Sicherungsübereignung zeitgleich kollidieren. Hier hat zur Vermeidung von dessen Aushöhlung das Vermieterpfandrecht Vorrang. Das Sicherungseigentum ist daher in diesen Fällen mit einem Vermieterpfandrecht belastet. Gleiches gilt, wenn der Mieter seine Sache zuerst in die Mieträume einbringt und diese dann später an einen Dritten sicherungsübereignet. Das Sicherungseigentum ist dann mit einem Vermieterpfandrecht belastet, welches nur unter den Voraussetzungen des § 936 BGB gutgläubig wegerworben werden kann (→ Rn. 39).

Klausurtipp: Hat der Mieter an einer eingebrachten Sache wegen eines Eigentumsvorbehalts nur ein Anwartschaftsrecht, **entsteht am Anwartschaftsrecht des Mieters das Vermieterpfandrecht** (Anwartschaftsrecht als »wesensgleiches Minus« zum Eigentum, → Rn. 40) und setzt sich mit Eigentumserwerb des Mieters analog § 1247 S. 2 BGB am Vollrecht fort (dingliche Surrogation). Veräußert der Mieter sein Anwartschaftsrecht an einen Dritten, bleibt das Vermieterpfandrecht sozusagen am Anwartschaftsrecht »kleben« und setzt sich nachher ebenfalls am entstehenden Vollrecht fort. Der Dritte kann das Pfandrecht nur unter den Voraussetzungen von § 936 BGB gutgläubig wegerwerben (→ Rn. 39).

Beachten Sie die **Erlöschensgründe** in §§ 936, 562a, 562b II 2 BGB. Klausurträchtig ist neben **§ 936 BGB** (→ Rn. 39) vor allem **§ 562a BGB**, der in jeder Klausur zum Vermieterpfandrecht zu prüfen ist. Zu § 562a BGB ist problematisch, ob unter diese Norm auch das kurzzeitige **nur vorübergehende Entfernen** (vor allem bei Kfz aus Garage) fällt, wenn dies den gewöhnlichen Lebensverhältnissen entspricht. Nach eA liegt wegen des systematischen Zusammenhangs mit § 1253 I BGB kein Fall von § 562a BGB vor (das Vermieterpfandrecht bleibt also bestehen), nach der Rspr. erlischt das Pfandrecht und **entsteht mit Wiedereinbringung neu** – sog. revolvierendes Vermieterpfandrecht (Argumente: es fehlen brauchbare Kriterien zur Abgrenzung von vorübergehender und dauerhafter Entfernung, daher Rechtsunsicherheit; Wortlaut der Norm).[335]

J. Die Beendigung des Mietverhältnisses

Der Vermieter hat, wenn er Eigentümer der Mietsache ist, nach Beendigung des Mietvertrages **86**
Herausgabeansprüche aus **§§ 546, 985, 812 BGB.** In der Praxis und in der Klausur steht **§ 546 BGB in der Regel im Vordergrund,** da er weiter reicht (umfasst neben Herausgabe auch Räumung, dh die Wegnahme von eingebrachten Sachen, Rückbau von baulichen Veränderungen, Beseitigung von Schäden und die Rückgabe frei vom Untermieter). § 546 BGB setzt aber voraus, dass ursprünglich überhaupt ein Mietvertrag bestand. Ist dieser rückwirkend zB durch Anfechtung erloschen, so kommen nur §§ 985, 812 BGB in Betracht. Beachten Sie auch § 570 und § 547 BGB.

Merke: Kündigungsprobleme werden in Examensklausuren in der Regel über den Räumungsrechtsstreit als Einstieg gestellt. Lesen Sie bitte unbedingt BGH NJW 2014, 2199 ff. (keine Erledigung der Hauptsache nach Herausgabe in der Zwangsvollstreckung eines vorläufig vollstreckbaren Titels).[336] Die Problematik des Urteils kam im Julitermin 2017 und Februartermin 2018, nachdem dieses vorher hier schon im Skript stand.

---

334 Vgl. dazu Palandt/*Weidenkaff* BGB § 562 Rn. 10.
335 BGH NJW 2018, 1083 = MDR 2018, 266 f.
336 Grund: Es liegt keine Erfüllung iSv § 362 BGB vor, vgl. → Rn. 14. Anders aber, wenn ein einstweiliges Verfügungsverfahren deswegen für erledigt erklärt wird, da es dort nur um die vorläufige Sicherung geht (so **OLG Celle BeckRS 2017, 118146 – lesen!**).

Die **Kündigungserklärung** (auch die Räumungsklage des Vermieters kann eine konkludente gegebenenfalls nochmalige Kündigung sein, wenn für Mieter erkennbar!) ist als Gestaltungsrecht **bedingungsfeindlich.** Eine Kündigung kann aber hilfsweise für den Fall erklärt werden, dass eine vorherige Kündigung unwirksam ist (zulässige Rechtsbedingung). Oft wird die außerordentliche Kündigung erklärt und hilfsweise die ordentliche. Ein Mietverhältnis, an dem auf Vermieter- oder Mieterseite **mehrere Personen** beteiligt sind, kann wirksam nur von bzw. gegenüber allen gekündigt werden (hier auf konkludente Bevollmächtigung achten!).[337] Beachten Sie, dass die Kündigungserklärung nach **§ 174 BGB** zurückgewiesen werden kann. Das Kündigungsrecht ist nach hM abtretbar.

Beendigt werden kann der Mietvertrag zB durch einen formlos möglichen Aufhebungsvertrag, durch Zeitablauf (vgl. § 542 II BGB, auf **§ 545 BGB** achten) und durch Kündigung, § 542 I BGB.

- **Ordentliche Kündigung** = ohne Grund (Ausnahme: § 573 BGB für Vermieter bei Wohnraum Grund nötig), jedoch mit Frist. Eine ordentliche Kündigung ist nur bei unbefristetem Mietvertrag möglich, nicht aber bei Mietverträgen mit einer festen Laufzeit. Die Wirksamkeit von die Kündigung betreffenden Klauseln ist im Palandt bei § 573c, § 557a und § 580a II BGB kommentiert. Nichts lernen!
- **Außerordentliche Kündigung** = nur mit Grund, in der Regel ohne Frist. Die Kündigungsgründe stehen in §§ 543, 569 BGB. Eine unwirksame außerordentliche Kündigung kann nach § 140 BGB in eine ordentliche Kündigung **umgedeutet** werden (nicht aber umgekehrt, da außerordentliche Kündigung ein »Plus« ist zur ordentlichen).

Klausurproblem Kündigung des Wohnungsmietvertrages

Ordentliche Kündigung, § 542 I BGB	**Außerordentliche Kündigung**, § 543 BGB
= ohne Grund mit Frist → nur bei unbefristetem Mietvertrag möglich • § 573 BGB: Ausnahmsw. Grund nötig für Vermieter • §§ 573c f. BGB: Fristen • §§ 574 f. BGB: Widerspruchsrecht des Mieters	= mit Grund ohne Frist → immer möglich • § 543 BGB: Gründe für Kündigung • § 569 BGB: Gründe für Kündigung Leges speciales zu § 314 BGB § 123 BGB ist aber nicht gesperrt!

Form und Inhalt der Kündigungserklärung: §§ 568, 569 IV, 573 III BGB

Handelt es sich nicht um eine Wohnraummiete (zB **Geschäftsraummiete**), so müssen Sie in **§ 578 BGB** schauen, welche Normen aus den §§ 549 ff. BGB anwendbar sind. Zudem gilt **§ 580a BGB (lesen!)**. Grob gesagt ist dort eine Kündigung einfacher möglich, vor allem weil §§ 568, 569 IV, 573 ff. BGB nicht gelten.

Die saubere Abarbeitung der Kündigungen (in der Regel mehrere in den Klausuren) und die pingelig genaue Subsumtion unter **§§ 573 ff., 543, 563 IV, 569, 580a BGB** sind ganz oft die **Schwerpunkte von Mietrechtsklausuren, die Normen müssen Sie einmal in Ruhe durchlesen.** Hier konnte man sich auch viel Inspiration aus dem Palandt holen. Wichtig ist eine ausführliche Argumentation unter Aufgreifen des konkreten Klausursachverhalts. In Klausuren wird gerne mit diversen Argumenten vorgetragen, der **Kündigung stehe § 242 BGB entgegen.** Eine gute Hilfestellung für die Prüfung ist dann die Kommentierung bei Palandt/*Weidenkaff* BGB § 543 und § 573 (dort insbesondere Rn. 24, 29 f.). Zu Eigenbedarf/GbR-Bedarf/Betriebsbedarf gab es **in letzter Zeit viele Urteile**, die bei § 573 BGB kommentiert sind und sicher Eingang in die Prüfungspraxis finden werden.

337 Palandt/*Weidenkaff* BGB § 542 Rn. 18 zu den Einzelheiten. §§ 1361b, 1568a BGB enthalten zusätzliche Regelungen für Ehegatten.

§ 57a ZVG ist ein Sonderkündigungsrecht des neuen Eigentümers (lesen Sie dazu ***Kaiser* JA 2015, 208 ff.**!) nach der **Zwangsversteigerung** des Grundstücks, das neben die Kündigungsvorschriften aus dem BGB-Mietrecht tritt und in den letzten Jahren in einigen Klausuren eingebaut wurde. Der Vorteil von § 57a ZVG ist, dass dort etwaige vertragliche Kündigungsfristen auf die gesetzlichen Fristen abgekürzt werden (§§ 573d II, 580a I, II BGB). In einer kürzlich gestellten Klausur ging es zudem um die Frage, ob der Ersteigerer an einen Mietvertrag gebunden ist, den der ehemalige Eigentümer mit dem Mieter nach der Beschlagnahme des Grundstücks, aber vor dem Zuschlag noch schnell über eine lächerlich kleine Miete geschlossen hatte. Erst nachdenken, dann Fußnote lesen![338]

Beachte: Nach Maßgabe der § 543 II 2, 3 BGB und § 569 III Nr. 2 BGB kann die auf den Zahlungsverzug des Mieters gestützte außerordentliche Kündigung **durch Zahlung sämtlicher Rückstände** oder unverzügliche Aufrechnung **geheilt werden** (»Nachholungsrecht des Mieters«; Rechtsfolge bei Heilung im Prozess: Erledigungsproblematik[339] bzw. bei Heilung nach Titelerlass: Vollstreckungsgegenklage[340]). Die Heilungsmöglichkeiten gelten nach hM nicht für die ordentliche Kündigung nach § 573 BGB und nicht für die auf § 543 I BGB gestützte außerordentliche Kündigung. Das Nachholungsrecht ist sehr praxisrelevant!

Klausurtipp: Wenn eine Pflichtverletzung einer Partei dazu führt, dass die andere den Mietvertrag berechtigt außerordentlich kündigt, hat sie dem Kündigenden (zB aus pVV oder § 536a BGB) dessen sog. **Kündigungsfolgeschaden** (zB Umzugskosten etc.) zu ersetzen. Wird dagegen materiell unberechtigt gekündigt (Klassiker: vorgetäuschter Eigenbedarf durch Vermieter), haftet natürlich der Kündigende für den Folgeschaden des anderen aus pVV, zuletzt Apriltermin 2017.[341] Die Thematik ist im **Palandt/*Weidenkaff* BGB § 543 Rn. 61 ff.** kommentiert! Die Kündigungsschadenproblematik gilt auch bei Kündigung anderer Verträge (zB Reiserecht, Dienstrecht, Darlehensrecht, Leasing). Das alles dürfte für Sie nicht schwer zu verinnerlichen sein: Wer eine Vertragspflicht verletzt, der haftet. So einfach ist das!

Der Mieter hat, ohne kündigen zu müssen, einen Anspruch aus § 242 BGB auf vorzeitige Vertragsaufhebung, wenn er dem Vermieter einen **akzeptablen Nachmieter** stellt und er ein **berechtigtes Interesse** am vorzeitigen Auszug hat, welches das Interesse des Vermieters am Bestand des Mietvertrags ganz erheblich überwiegt.[342]

Bei **Nichterfüllung der Rückgabepflicht** durch Nichtauszug (oder Auszug unter Zurücklassen erheblicher Mengen Gerümpels – Zurücklassen von wenigem Gerümpel/Bagatellen steht Rückgabe nicht entgegen!) hat der Vermieter gegen den Mieter neben dem Rückgabeanspruch ein Anspruch auf Zahlung einer **Nutzungsausfallentschädigung aus § 546a I BGB und aus EBV und aus § 812 I 2 Alt. 1 BGB**[343] für die Dauer der Vorenthaltung nach Beendigung des Vertrages, die er oft nach §§ 260, 259 ZPO zusammen mit der Räumungsklage geltend macht. Gibt der Mieter die Sache nicht zurück, so kann der Vermieter auch Schadensersatz statt der ganzen Leistung nach § 281 BGB verlangen. Wenn in diesen Fällen die Mietsache noch vorhanden ist, dürfte der Mieter analog § 255 BGB vom Eigentümer deren Übereignung verlangen können (umstritten bei Mietwohnungen, vgl. Palandt/*Grüneberg* BGB § 281 Rn. 4).

338 Nein, ist er nicht. Mietverträge, die nicht mehr zur ordnungsgemäßen Bewirtschaftung des Grundstückes gehören, sind nach den §§ 23, 24 ZVG iVm § 135 I BGB ggü. dem Ersteigerer relativ unwirksam. Die Lösung ergibt sich aus dem Gesetz. Der Klausur lag übrigens OLG Frankfurt a.M. BeckRS 2013, 22828 zugrunde.

339 *Kaiser/Kaiser/Kaiser* Zivilgerichtsklausur I Rn. 416 ff.

340 *Kaiser/Kaiser/Kaiser* Zwangsvollstreckungsklausur Rn. 6 ff.

341 Der Einwand rechtmäßigen Alternativverhaltens gegenüber dem auf Erstattung von Umzugskosten als Kündigungsfolgeschaden gerichteten Schadenersatzanspruch des Mieters verfängt wg. Wertung nicht (BGH NJW 2017, 1104 ff.). Auch der etwaige Abschluss eines Räumungsvergleichs unterbricht idR den Zurechnungszusammenhang nicht (BGH NJW 2015, 2324 ff.).

342 Palandt/*Weidenkaff* BGB § 537 Rn. 8 ff. Bei der Gewerberaummiete gelten dabei noch strengere Maßstäbe als bei Wohnraum.

343 § 546a BGB sperrt EBV nicht, auch Ansprüche aus § 812 BGB sind hier aus Schutzwürdigkeitsgesichtspunkten ausnahmsweise neben EBV anwendbar, BGH NJW 2017, 2997 ff.; 1989, 2133 ff.; 1968, 197 ff. und Palandt/*Weidenkaff* BGB § 546a Rn. 19 f.

Klausurtipp: Die Nutzungsausfallentschädigung gegen **unbefugte Untermieter/Dritte** kann sich nicht aus § 546a I BGB ergeben, da zwischen Hauptvermieter und Untermieter kein Mietvertrag bestand. Gegen diesen hat der Vermieter nur Ansprüche aus EBV und/oder § 812 BGB. Hauptmieter und Untermieter haften dann nach der Rspr. analog §§ 421 ff. BGB.

Zusätzlich macht er in den Klausuren oft noch einen Anspruch auf nicht gezahlte Miete aus der Zeit vor Beendigung des Mietvertrages nach § 535 II BGB geltend, den Sie dann unter genauer Zitierung der Norm auch noch zu prüfen haben. Daneben sind nach **§ 546a II BGB** weitergehende Schadensersatzansprüche möglich. Damit sind vor allem Vorenthaltungsschäden des Vermieters gemeint (zB Schadensersatzleistungen an den vertrösteten Nachfolgemieter, entgangene höhere Miete durch einen Nachfolgemieter), die er nach § 280 BGB und § 286 BGB/Verzug ersetzt verlangen kann, allerdings ist bei Wohnraum § 571 BGB zu beachten.

Hat der Mieter **eingebrachte Sachen nicht entfernt** und/oder Einbauten nicht zurückgebaut, so hat der Vermieter diesbezüglich einen Schadensersatzanspruch aus § 281 BGB.[344] Bei **sonstigen Schäden** an der Mietsache geht die Rspr. über pVV und § 823 BGB (→ Rn. 82) und nicht über § 281 BGB. Das kommt ganz häufig in Klausuren vor!

Beachte: Achten Sie auch auf die **prozessualen Aspekte** der besonders klausurrelevanten Räumungsklage. Für die sachliche Zuständigkeit der Amtsgerichte bei Wohnraummiete ist **§ 23 Nr. 2a GVG** (lesen!) eine abschließende Regelung, sonst gelten die allgemeinen Vorschriften, so vor allem § 8 ZPO für den Zuständigkeitsstreitwert. **§ 29a ZPO** ist eine abschließende Regelung für die örtliche Zuständigkeit, wobei § 29a ZPO auch bei der Gewerberaummiete gilt. Beide Vorschriften werden eher weit ausgelegt. Wussten Sie, dass das GVG im Thomas/Putzo hinten kommentiert ist?

> Der Tenor des Räumungsurteils bei Erfolg lautet zB:
> Der Beklagte wird verurteilt, die Wohnung … (genaue Bezeichnung) zu räumen und an den Kläger herauszugeben.

Die Gewährung einer Räumungsfrist nach§ 721 ZPO ist stets von Amts wegen zu prüfen. Denken Sie an § 708 Nr. 7 ZPO bezüglich der vorläufigen Vollstreckbarkeit.
Mehrere Vermieter sind zwar grundsätzlich materiell notwendige Streitgenossen, allerdings gilt § 432 BGB. Mehrere Mieter schulden die Rückgabe iSv § 546 BGB als Gesamtschuldner, jedoch mit der Besonderheit, dass die Haftung beider Mitmieter solange bestehen bleibt, bis beide Mieter ausgezogen sind. Häufig wird der Vermieter auch nicht im Mietvertrag aufgenommene Ehegatten oder Partner einer nichtehelichen Gemeinschaft mitverklagen, damit eine Vollstreckung nicht an § 750 ZPO scheitert.[345] Einer Räumungsklage auch gegen die Kinder des Mieters fehlt das Rechtsschutzbedürfnis, weil die Kinder nur Besitzdiener sind und daher ein Titel gegen sie zur Vollstreckung nicht erforderlich ist.
Am Ende noch ein **Hinweis auf einen Prüfungsliebling aller LJPAs**: Es wird auf Feststellung geklagt, dass eine bestimmte Kündigung unwirksam sei. Geht das? Erst nachdenken, dann Fußnote lesen![346]

Beachten Sie schließlich die **gesetzliche Vertragsneubegründung in § 566 BGB** (*»Kauf bricht nicht Miete«*). Nach § 566 I BGB entsteht mit Beendigung des Erwerbstatbestandes (auch Erwerb nach ZVG) zwischen dem Erwerber und dem Mieter ein mit dem alten inhaltsgleiches neues Mietverhältnis (Novation, keine Rechtsnachfolge!). Von § 566 BGB erfasst werden allerdings nur solche Rechte und Pflichten, die als mietrechtlich zu qualifizieren sind oder die in untrennbarem Zusammenhang mit dem Mietvertrag stehen. Lesen Sie bitte auch §§ 566a ff. BGB. **Welche Rechte beim alten Vermieter bleiben und welche auf den neuen übergehen**, hat die Rspr. geklärt. In der Klausur schauen Sie das im Palandt nach, wenn es

344 BGH NZM 2010, 403; NJW-RR 2006, 989; OLG Düsseldorf NJOZ 2012, 961; MDR 2009, 977; OLG Brandenburg BeckRS 2013, 13588; KG MDR 2010, 1446; NJW-RR 2007, 1602; LG Berlin BeckRS 2010, 24120; AG Homburg WuM 2012, 674.

345 *Kaiser/Kaiser/Kaiser* Zwangsvollstreckungsklausur Rn. 80.

346 Nein. Die Wirksamkeit einer Kündigung ist nach der Rspr. kein Rechtsverhältnis iSv § 256 I ZPO, sondern nur eine Vorfrage. Daher Auslegung/Umdeutung nötig auf Feststellung des Fortbestandes/Nichtfortbestandes des Mietverhältnisses (**missverständlich hier Thomas/Putzo/*Reichold*** ZPO § 256 Rn. 7). Das wird regelmäßig in Klausuren eingebaut!

vom LJPA eingebaut wurde. Dort ist auch die Problematik der **analogen Anwendung von § 566 BGB** kommentiert. Was dort leider nicht kommentiert ist, aber bereits mehrfach als Klausur lief, sind folgende zwei Aspekte:

1. Was ist mit Kündigungsgründen, die bereits im Zeitpunkt des Erwerbs bestehen, ohne dass bereits vom alten Vermieter eine Kündigung ausgesprochen wurde? Antwort: In die rutscht der Erwerber nach wohl hM rein, er kann kündigen, bzw. gegen ihn kann gekündigt werden, sofern der Kündigungsgrund nicht durch den Übergang entfällt.
2. Wie sind schwebende Anfechtungslagen zB nach § 123 BGB zu behandeln? Lösung: Nach hM kann der Erwerber nur gemeinsam mit dem Veräußerer die Anfechtung des Mietvertrages erklären (Rechtsgedanke § 351 BGB). Oha!

Beachte: Wenn das Grundstück im Rahmen der Zwangsvollstreckung eines Gläubigers des Vermieters unter **Zwangsverwaltung** gestellt wird, rückt der Zwangsverwalter in die Pflichtenstellung des Vermieters ein, vgl. § 152 I, II ZVG. Im Prozess ist er Partei kraft Amtes.

§ 7 Der Leasingvertrag

A. Einstieg

87 Der Leasingvertrag ist **im Palandt in der Vorbemerkung zum Mietrecht kommentiert.** Klausurrelevant ist nur der sog. **Finanzierungsleasingvertrag,** er wird daher hier im Fokus stehen. Bei diesem besteht in der Regel eine längere Überlassungszeit, das Leasingentgelt wird in Raten gezahlt und dient in der Regel zur vollen Amortisation der Kosten des Leasinggebers (plus Gewinnzuschlag, der Leasinggeber ist ja nicht dumm). Es entsteht das **»leasingtypische Dreiecksverhältnis«:** Ein Kaufvertrag zwischen Leasinggeber und Lieferant und ein Leasingvertrag zwischen Leasinggeber und Leasingnehmer. Der Finanzierungsleasingvertrag wird als **atypischer Mietvertrag** qualifiziert, auf den die Vorschriften des Mietrechts analog und nach Maßgabe von § 506 BGB (»sonstige entgeltliche Finanzierungshilfe«) die **Vorschriften des Verbraucherdarlehensrechts** anwendbar sind. Von den Examenskorrektoren wird hier immer bemängelt, dass die Bearbeiter den § 506 BGB (fast) *»durchweg nicht gesehen haben«*. Also schauen Sie sich mal in Ruhe vor allem §§ 506, 498, 495 BGB an. **§§ 358 ff. BGB** sind **nicht** anwendbar, weil hier der Leasingnehmer gerade nicht zwei Verträge abschließt und daher §§ 358 ff. BGB nicht passen.[347]

B. Das Wichtigste zum Finanzierungsleasing

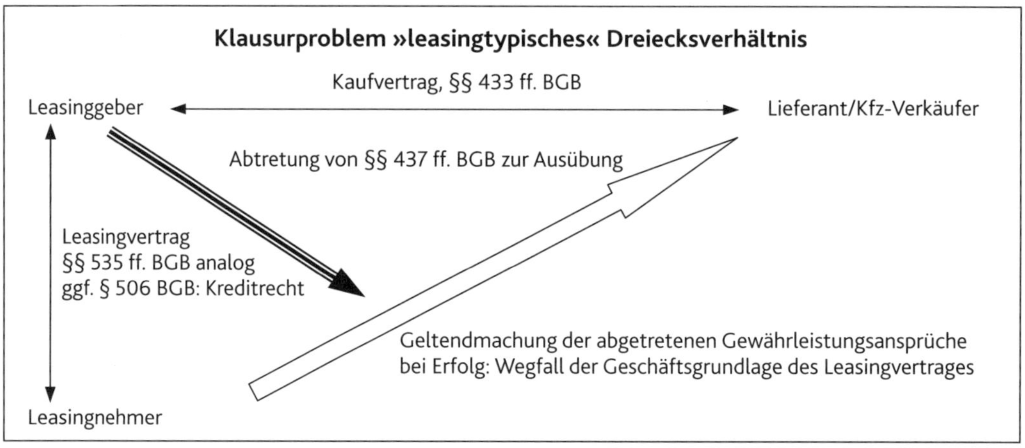

I. Das Verhältnis Leasinggeber – Lieferant

Die kaufrechtlichen Gewährleistungsrechte werden in der Regel vom Leasinggeber an den Leasingnehmer abgetreten (s. unten).

II. Das Verhältnis Leasinggeber – Leasingnehmer

Hier gelten §§ 535 ff. BGB analog und gegebenenfalls §§ 506, 491a ff. BGB, bei Nebenpflichtverletzungen §§ 280, 241 II BGB. Gegebenenfalls schaltet der Leasinggeber den Lieferanten aktiv mit ein, sodass Letzterer dessen Stellevertreter oder Bote und auch Erfüllungsgehilfe sein kann.[348] Hinsichtlich § 123 II BGB ist der Lieferant Dritter, es sei denn, er tritt als Vertrauensperson/Repräsentant des Leasinggebers auf (→ Rn. 13). Bei **Mangelhaftigkeit** der Leasingsache kann sich der Leasingnehmer aus Mietrecht nicht an den Leasinggeber halten, da die §§ 535 I 2, 536 ff. BGB in der Regel gegen Abtretung der Gewährleistungsrechte gegen

347 BGH NJW 2014, 1519 ff. mwN; *Omlor* NJW 2010, 2694 ff.; Palandt/*Grüneberg* BGB § 358 Rn. 10; *Bayerle* JA 2013, 659 ff.

348 BGH BeckRS 2013, 18173 = MDR 2013, 1332 f.; NJW 2011, 2877; *Meyer* MDR 2012, 688 ff.; zB Zurechnung einer vorvertraglichen Aufklärungspflichtverletzung des Lieferanten an den Leasinggeber (Lieferant verspricht, das Geschäft sei »kostenneutral« – stimmt nicht!), Folge: c.i.c. iVm § 278 BGB gegen den Leasinggeber. Vom BGH aber abgelehnt, da Versprechen nur »bei Gelegenheit« der übertragenen Aufgabe erfolgt ist.

den Lieferanten abbedungen werden, was zulässig ist (s. unten). Der Leasingnehmer muss sich bei Mängeln daher zuerst aus Kaufrecht an den Lieferanten halten.

Problem: Ansprüche wg. Beschädigung der Leasingsache durch Dritte (in der Regel durch Verkehrsunfall)

- Ansprüche des Leasinggebers und Leasingnehmers gegen den Dritten aus §§ 7, 18 StVG, § 823 BGB: Der **Leasinggeber** kann grundsätzlich den **Substanzschaden** ersetzt verlangen (wegen des Vollamortisationsanspruches gegenüber dem Leasingnehmer aber nicht die entgangenen Raten) – hier aber in den Klausuren oft Geltendmachung durch den Leasingnehmer in gewillkürter Prozessstandschaft. Der **Leasingnehmer** kann in der Regel nur seinen **sog. Nutzungsausfallschaden** wie zB Mietwagenkosten geltend machen. Den Substanzschaden kann der Leasingnehmer als eigenen Schaden nur unter dem Gesichtspunkt des Haftungsschadens geltend machen, nämlich wenn er im Leasingvertrag die Verpflichtung übernommen hat, den durch einen Dritten verursachten Schaden auf eigene Kosten zu beseitigen.[349] Die Belastung mit den Leasingraten ist kein Schaden des Leasingnehmers (sog. Sowieso-Kosten).
- Bei Beschädigung durch einen Verkehrsunfall muss sich der Leasinggeber das Mitverschulden des Halters oder Fahrers des Leasingwagens im Rahmen des Anspruches aus § 823 BGB gegenüber dem Dritten nicht nach §§ 17, 9 StVG anrechnen lassen (→ Rn. 55). Auch § 254 BGB greift in der Regel wegen § 254 II 2, 278 BGB nicht (→ Rn. 62).

Problem: Die Sache ist mangelhaft, der Leasingnehmer verlangt vom Leasinggeber die Rückzahlung der bisher geleisteten Raten und verweigert die Zahlung der noch ausstehenden Raten

- Anspruch auf Rückerstattung nach §§ 536a I 1, 812 I 1 Alt. 1 BGB (–)
  - Im Leasingvertrag sind §§ 536 ff. BGB in der Regel vertraglich ausgeschlossen. Dies ist zulässig (auch in AGB), wenn der Leasinggeber dem Leasingnehmer dafür die ihm zustehenden Gewährleistungsansprüche gegen den Lieferanten abtritt und diese Ansprüche durchsetzbar sind (sog. **leasingtypische Abtretungskonstruktion**).
- Anspruch über Verbraucherwiderruf nach §§ 506, 495, 355 BGB möglich, aber in der Regel Frist abgelaufen.
- Anspruch aus §§ 313 III 1, 346 I BGB nach wirksam ausgeübtem Rücktritt grundsätzlich (+).
  - **Der Kaufvertrag ist Geschäftsgrundlage des Leasingvertrages.** Diese Geschäftsgrundlage fällt nachträglich weg, wenn der Leasingnehmer das ihm abgetretene Rücktrittsrecht bezüglich des Kaufvertrages wirksam ausübt. Da eine Anpassung des Leasingvertrags jetzt sinnlos ist, erfolgt eine Rückabwicklung des Leasingvertrages im Verhältnis Leasinggeber – Leasingnehmer nach **§§ 313 III 1, 346 ff. BGB (hM).**[350]
  - Die Ansprüche im Verhältnis Leasinggeber – Lieferant folgen nach wirksamem Rücktritt aus §§ 346 ff. BGB (Lieferant bekommt Sache samt Wertersatz für die gezogenen Nutzungen, Leasinggeber den Kaufpreis).

Klausurtipp: Liegt ein Handelskauf iSd **§ 377 HGB** vor und wird der Leasingnehmer auf die Geltendmachung von kaufrechtlichen Gewährleistungsansprüchen gegen den Lieferanten verwiesen, hat der Leasinggeber entweder dafür Sorge zu tragen, dass der Lieferant auf die Rügeobliegenheit im Vertrag verzichtet oder er muss den Leasingnehmer über die Rügeobliegenheit unterrichten, da-

349 Können beide den Substanzschaden verlangen, dann besteht Anspruchskonkurrenz, wobei der Schädiger natürlich nur einmal zahlen muss. Probleme bei der Abwicklung lassen sich dann über die Anwendung von § 428 BGB lösen (hier aber umstr.), wobei idR in den Leasingverträgen geregelt ist, wer den Schaden ggü. dem Schädiger geltend machen soll.

350 Dh, obwohl der Leasingvertrag ein Dauerschuldverhältnis ist, finden hier auf dessen Rückabwicklung die Rücktrittsvorschriften Anwendung, vgl. KG NJOZ 2014, 658; OLG Frankfurt a.M. MDR 2009, 497; *Medicus/Petersen* BürgerlR Rn. 323; wohl auch BGH NJW 2014, 1583 ff.; **aA Palandt/*Weidenkaff* BGB Einf v § 535 Rn. 58** für § 812 BGB.

mit dieser rechtzeitig rügen kann. Andernfalls macht er sich gegenüber dem Leasingnehmer schadensersatzpflichtig.[351]

Akzeptiert der Lieferant den vom Leasingnehmer erklärten Rücktritt nicht, so fällt die Geschäftsgrundlage des Leasingvertrages erst weg, wenn im Verhältnis Lieferant – Leasingnehmer **gerichtlich geklärt** wurde, dass der **Rücktritt wirksam ist**. Um den Leasinggeber daran zu binden, muss ihm der Leasingnehmer im Prozess gegen den Lieferanten nicht den Streit verkünden, da die Bindungswirkung automatisch eintritt.[352] Der Leasingnehmer tritt dann in der Regel als **gewillkürter Prozessstandschafter** des Leasinggebers auf und muss grundsätzlich auf Rückzahlung des Kaufpreises an den Leasinggeber Zug um Zug gegen Rückgabe des Leasinggegenstandes klagen.[353] Lesen Sie zur gewillkürten Prozessstandschaft das Formulierungsbeispiel bei *Kaiser/Kaiser/Kaiser* Zivilgerichtsklausur I Rn. 353 ff. Der Leasingnehmer kann dann auch **erst ab Erhebung dieser Klage die Zahlung der Leasingraten** gegenüber dem Leasinggeber **einstellen**, ohne in Verzug zu kommen. Während dieses Prozesses gegen den Lieferanten sind nach § 205 BGB die Zahlungsansprüche des Leasinggebers gegen den Leasingnehmer gehemmt.

Merke: Die oben dargestellte Problematik der mangelhaften Leasingsache kann ebenso in der umgekehrten Situation abgeprüft werden. Dann ist der Leasinggeber Anspruchsteller und verlangt Zahlung der Leasingraten, der Leasingnehmer verteidigt sich gegen seine Inanspruchnahme mit § 313 BGB und erhebt zB eine Widerklage bezüglich der trotz des Mangels gezahlten Leasingraten.

Lesen Sie **BGH NJW 2017, 1301** aus dem Maitermin 2017 zu Fragen rund um die Abwicklung eines Leasingvertrages nach dessen Beendigung (Klauselüberprüfung, Rückgabeort, Annahmeverzug, Kaution).

351 KG NJOZ 2014, 658 ff. mwN.

352 Es wäre widersinnig, wenn der Rechtsinhaber über die Abtretungskonstruktion einem anderen die Prozessführungsbefugnis erteilt, sich aber am Ergebnis nicht festhalten lassen müsste. Vgl. dazu Thomas/Putzo/*Reichold* ZPO § 325 Rn. 4; BGH NJW 1985, 1535 f.

353 Die Ansprüche **aus dem** Rücktritt nach §§ 346 ff. BGB werden in der Regel nicht an den Leasingnehmer abgetreten, vgl. BGH NJW 2014, 1970 f.

§ 8 Das Schuldversprechen/Schuldanerkenntnis, §§ 780, 781 BGB

A. Einstieg

Probleme aus dem Bereich der §§ 780, 781 BGB kommen häufig in Klausuren vor, zum Teil 88
sehr versteckt zB bei vorprozessualen Äußerungen einer Partei. Hier müssen Sie genau darstellen, ob tatsächlich ein Schuldanerkenntnis (oder etwas anderes) vorliegt und wenn ja, welches und ob dieses wirksam und einredefrei ist.

B. Das Wichtigste in Kürze

§§ 780, 781 BGB regeln nur das **abstrakte/konstitutive Schuldanerkenntnis** bzw. Schuldversprechen und dessen **Schriftformerfordernis** (§ 782 BGB und § 350 HGB beachten!). Darunter versteht man einen einseitig verpflichtenden **Vertrag**, der unabhängig von einem Schuldgrund eine Leistung verspricht/eine Schuld anerkennt.[354] Vorteil für Gläubiger: eigener Anspruch, zudem Urkundenprozess möglich. Wird das abstrakte Schuldanerkenntnis schenkweise erteilt, so gilt nach **§ 518 I 2 BGB** auch für das Schuldanerkenntnis die notarielle Form. Erst mit Erfüllung der Schuld würde eine Heilung durch Vollzug nach § 518 II BGB vorliegen (Februartermin 2018!). Dagegen bestätigt das formfrei mögliche und nicht in §§ 780 f. BGB geregelte **deklaratorische Schuldanerkenntnis** lediglich einen schon bestehenden Schuldgrund, über den Streit oder Ungewissheit besteht (Schuldbestätigungsvertrag). Es soll die Möglichkeit der Erhebung von Einwendungen ausschließen (gleichsam Einwendungsverzicht) und betrifft daher nur solche Einwendungen, die der Schuldner bei Abgabe der Erklärung kannte/mit denen er rechnete (Reichweite ist Frage der Auslegung!). Nicht unter diese Thematik fällt das negative Schuldanerkenntnis, vgl. hierzu § 397 II BGB.

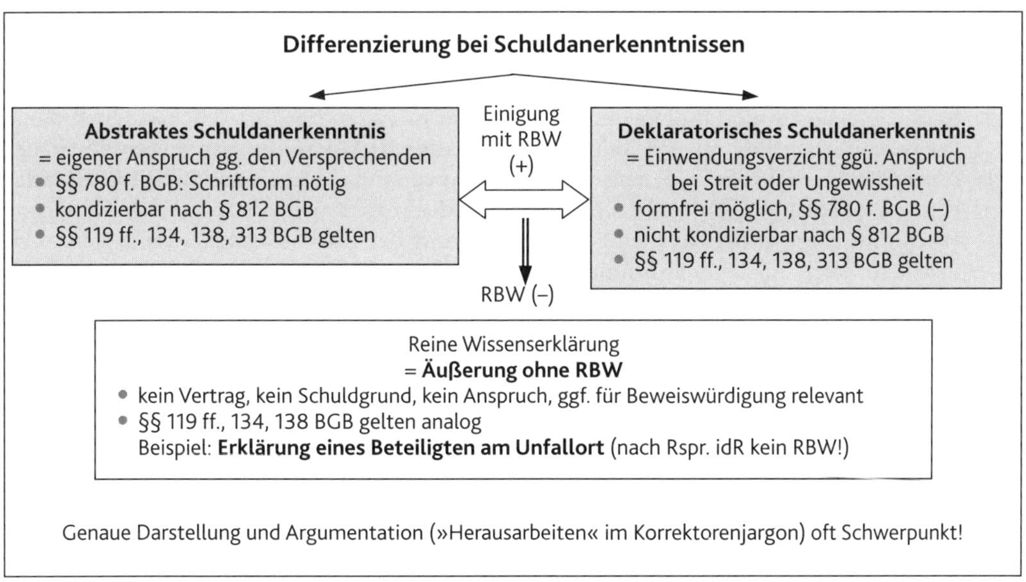

Die **Abgrenzung abstraktes – deklaratorisches Schuldanerkenntnis** erfolgt durch Auslegung des Parteiwillens und des Wortlauts des Gesagten: Soll mit Rechtsbindungswillen eine streitige Schuld bestätigt oder ein neuer Anspruch geschaffen werden? Oder liegt eine Erklärung ganz ohne Rechtsbindungswillen vor? So spricht zB die Angabe des Schuldgrundes für das Vorliegen eines deklaratorischen Schuldanerkenntnisses. Es stehen viele Beispiele im Palandt bei §§ 780, 781 BGB. Wichtig war, dass Sie überhaupt an §§ 780 f. BGB denken, wenn eine Partei in der Klausur eine entsprechende Haftungserklärung abgibt! Häufiger Fall eines

354 Eigentlich müsste § 311 I BGB mitzitiert werden, da §§ 780 f. BGB nur Formvorschriften sind. In der Praxis werden übrigens §§ 780, 781 BGB immer zusammen zitiert, ohne dass zwischen beiden Normen unterschieden wird. Sie machen das bitte auch so!

abstrakten Schuldanerkenntnisses ist die zusätzliche Übernahme der **persönlichen Haftung bei Grundschuldbestellungen** (in der Regel mit Vollstreckungsunterwerfung iSv § 794 I Nr. 5 ZPO, der »UWE« aus dem Crash-Kurs). Kein Schuldanerkenntnis ist in der Regel die (Teil-) Zahlung auf eine Rechnung oder auf eine Betriebskostenabrechnung.

Problem: Einwendungen gegen das Schuldanerkenntnis

- Einwand, dass das Schuldanerkenntnis ohne Rechtsgrund abgegeben wurde, §§ 821, 812 I, II BGB: Nur beim abstrakten und nicht beim deklaratorischen Schuldanerkenntnis möglich. Das heißt, das **abstrakte Schuldanerkenntnis kann bei Fehlen oder Wegfallen seines Rechtsgrundes kondiziert werden** (bzw. gegen die Inanspruchnahme kann die Einrede des §§ 821, 812 I, II BGB erhoben bzw. gezahlte Beträge aus Leistungskondiktion zurückgefordert werden). Als Rechtsgrund kommt in der Regel die durch das Schuldanerkenntnis gesicherte Forderung in Betracht. Dies ist eine große Besonderheit, denn normalerweise sind Schuldverträge die *causa* für eine Leistung. Hier braucht der Vertrag (= §§ 780, 781 BGB) selbst eine *causa*, um kondiktionsfest zu sein. Eine Kondiktion des abstrakten Schuldanerkenntnisses kann aber nach § 814 BGB (Leistung in Kenntnis des fehlenden Grundgeschäftes) oder dann ausgeschlossen sein, wenn durch das Schuldanerkenntnis gerade Streit/Ungewissheit über die Gültigkeit des Kausalgeschäfts ausgeräumt werden sollte.
- Unwirksamkeit nach den allg. Vorschriften §§ 104 ff., **119 ff.**, 134, 138, 307 ff., 313 BGB: möglich beim abstrakten und deklaratorischen Schuldanerkenntnis, wobei §§ 119 ff. BGB auch bei der reinen Wissenserklärung als rechtsgeschäftsähnliche Handlung über einen »Erst-recht-Schluss« analog gelten.
- **Einwendungen aus zugrunde liegendem Rechtsverhältnis gegen das Schuldanerkenntnis?**
  - Beim **deklaratorischen Schuldanerkenntnis grundsätzlich möglich**, jedoch dann (–), wenn Streit/Ungewissheit über Einwendung durch das Schuldanerkenntnis gerade beseitigt werden sollte (Auslegung!).
  - Beim **abstrakten Schuldanerkenntnis grundsätzlich (–)** wegen Abstraktheit, Ausnahme: Rechtsgrund fehlt oder ist weggefallen (zB durch Aufrechnung) – dann ungerechtfertigte Bereicherung (s. oben). Zudem können in Fällen der zusätzlichen Übernahme der persönlichen Haftung im Rahmen von **Grundschuldbestellungen** wegen des Sicherungscharakters des Schuldanerkenntnisses Einwendungen aus dem gesicherten Darlehen und der Sicherungsabrede auch gegenüber der Inanspruchnahme aus dem Schuldanerkenntnis eingewendet werden.[355] Auf Verjährung der Darlehensforderungen kann sich der Schuldner hinsichtlich des abstrakten Schuldanerkenntnisses **analog § 216 II BGB** allerdings nicht berufen.[356] **Das heißt, die Verjährung des gesicherten Anspruches hindert ein Vorgehen aus dem abstrakten Schuldanerkenntnis nicht!** Das alles kommt ständig in Klausuren vor, zuletzt Dezember 2016 und April 2017!

355 Palandt/*Herrler* BGB § 1191 Rn. 2: Das abstrakte Schuldanerkenntnis teilt den Sicherungszweck der Grundschuld. Das gilt natürlich nicht nur in den Grundschuldfällen, sondern stets dann, wenn ein abstraktes Schuldanerkenntnis zur Sicherheit für eine andere Forderung abgegeben wird.

356 Palandt/*Sprau* BGB § 812 Rn. 81 mwN; *Körner* JuS 2016, 638 ff.

§ 9 Der Dienstvertrag, §§ 611 ff. BGB

A. Einstieg

Durch die stark gestiegene **Beliebtheit der atypischen Verträge in den Examensdurchgängen** der letzten Jahre ist auch die Bedeutung der §§ 611 ff. BGB gewachsen. Bei vielen atypischen Verträgen landet man nämlich über kurz oder lang im Dienstrecht (wiederholen Sie dazu die Ausführungen unter → Rn. 2). 89

B. Das Wichtigste in Kürze

Inhalt des Dienstvertrags ist die Dienstleistung gegen Entgelt oder eine andere Vergütung. Der Arbeitsvertrag ist ein Dienstvertrag, bei dem der Dienstverpflichtete in einem persönlichen Abhängigkeitsverhältnis zum Dienstherrn steht und weisungsgebunden ist (§ 611a BGB). Beim Werkvertrag wird ein Erfolg geschuldet, beim Dienstvertrag bloß die Tätigkeit als solche. Eigentlich ist das ungenau (aber die Prüfer wollen das so hören), denn beim Dienstvertrag wird ja nicht gar kein Erfolg geschuldet. Jeder Anwalt/Arzt muss *de lege artis* arbeiten. Es wird nur kein zusätzlicher gegenständlich »fassbarer« Erfolg in Form eines abnahmefähigen Resultates geschuldet. Die Abgrenzung kann mitunter schwierig sein. So ist manche Einordnung in der Rspr. nur zu verstehen, wenn man bedenkt, dass man oft »von hinten« an die Sache rangeht: Wenn Werkrecht gewollt ist, wird ein geschuldeter Erfolg konstruiert und gut ist. Wenn kein Werkrecht gewollt ist, dann wird postuliert, dass eben nur eine Tätigkeit ohne Erfolg geschuldet ist. So läuft es in der Praxis.

Werkvertrag: Reinigungsvertrag, Architektenvertrag, Autowäsche, Ankaufuntersuchung durch Tierarzt (große Ausnahme, da in der Regel Arztvertrag = Dienstvertrag), Winterdienstvertrag (Schneeräumung), Internet-System-Vertrag.

Dienstvertrag: Behandlungsvertrag mit Arzt (iVm §§ 630a ff. BGB, wenn ein Mensch behandelt wird; §§ 630a ff. gelten grundsätzlich nicht bei der Tierbehandlung – BGH hat das aber zu § 630h BGB aufgeweicht!), Hausmeistertätigkeit, Unterrichtsvertrag, Anstellungsvertrag mit Geschäftsführer, Partnervermittlung.

Besteht der Dienst/die Werkleistung in einer entgeltlichen **Geschäftsbesorgung** (= Wahrnehmung fremder Vermögensinteressen, zB Anwalt), **gilt § 675 BGB** (lesen!). Das unentgeltliche Pendant zu §§ 611, 631, 675 BGB ist der **Auftrag** nach §§ 662 ff. BGB. Aus dem Auftragsrecht sind vor allem **§§ 666, 667 und § 670 BGB** relevant, die über den Schlenker des § 675 BGB auch bei Klausuren mit Geschäftsbesorgungsverträgen dann oft zu prüfen sind.

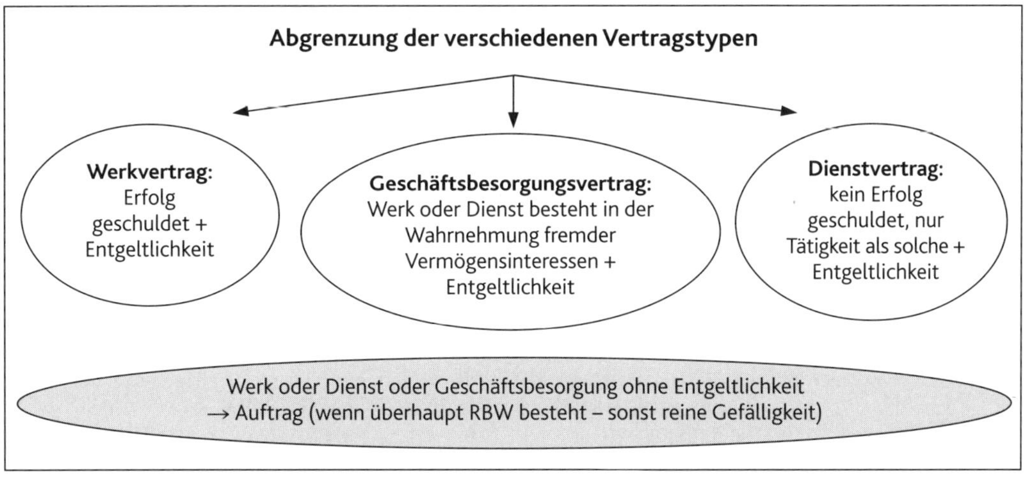

Bei einer **Schlechtleistung** des Dienstverpflichteten, die zu einem Schaden beim Dienstberechtigten führt, hat dieser einen Schadensersatzanspruch aus **§§ 611, 280 I BGB** (aA §§ 280,

241 II BGB).[357] Daneben kommt § 823 BGB infrage, wenn zugleich eines der dortigen Rechtsgüter verletzt wird. Ein Recht zur Nachbesserung wird dem Dienstverpflichteten nur ausnahmsweise als Ausfluss der Schadensminderungspflicht gewährt (zB Zahnarzt), sodass nur in diesen Fällen § 281 statt § 280 BGB einschlägig ist. Eine Kündigung nach § 626 BGB (und bei »Vertrauens-«Dienstverträgen zusätzlich nach § 627 BGB) kommt bei einer Schlechtleistung natürlich auch in Betracht.

Problem: Examensprobleme beim Anwaltsvertrag (besonders klausurrelevant!)

- Der Anwalt schuldet eine erschöpfende und umfassende Beratung/Aufklärung. Er muss im Prozess auch zugunsten des Mandanten existierende Rspr. vortragen (*»iura novit advocatus«*). Das heißt **Schachtelprüfung bei Regress gegen den eigenen (jetzt ehemaligen) Anwalt wegen Falschberatung nach §§ 675, 611, 280 I BGB:** Was wäre die juristisch korrekte Beratung/Vorgehensweise gewesen? Hier sind dann alle in Betracht kommenden Pflichtverletzungen nacheinander abzuarbeiten. Im **Palandt** ist bei **§ 280 BGB** ein eigener Abschnitt zur Anwaltshaftung! Hierzu sollten sie das Schlagwort *»Vermutung aufklärungsrichtigen Verhaltens«* kennen.
- Der Schaden des Mandanten, der durch die versehentliche Übermittlung einer Selbstanzeige an das Finanzamt durch den Anwalt entsteht, ist nicht im Schutzzweck der Norm (keine Haftung des Anwalts), so der BGH.
- Bei **unterlassenem Hinweis des Anwalts** auf die Abrechnung des Mandats nach dem Gegenstandswert (§ 49b V BRAO) oder auf ein krasses Missverhältnis zwischen den Gebühren und dem vom Mandanten verfolgten Ziel: Anspruch des Mandanten aus **c.i.c. auf Freihaltung von der Gebührenforderung** möglich.[358]
- Dem **Rechtsschutzbedürfnis** einer Honorarklage des Anwalts steht **§ 11 RVG** (Gebührenfestsetzung durch das Gericht auf Antrag des Anwalts – gilt nur für wegen gerichtlicher Vertretung entstandene Gebühren) nur dann entgegen, wenn der Mandant gebührenrechtliche Einwendungen erhebt. Diese sind grundsätzlich im vorrangigen Verfahren nach § 11 RVG zu klären. Erhebt der Mandant sonstige Einwendungen (vor allem Schlechtleistung, Aufrechnung), ist ein Vorgehen über § 11 RVG nicht der einfachere Weg, sodass das normale Klageverfahren greifen kann.
- Eine Vergütungsvereinbarung, die gegen die **Formvorschriften** §§ 3a, 4a RVG verstößt, ist nach neuer Rspr. dennoch wirksam. Aus ihr kann die vereinbarte Vergütung bis zur Höhe der gesetzlichen Gebühr gefordert werden.
- Ein Anwaltsvertrag, mit dessen Abschluss der Rechtsanwalt gegen das Verbot verstößt, widerstreitende Interessen zu vertreten, ist nach neuer Rspr. gem. **§ 134 BGB iVm § 43a IV BRAO** nichtig.

Klausurtipp: Wenn der Klausureinstieg das Fordern von **Dienstlohn** ist und der Dienstberechtigte unter Hinweis auf die **mangelhafte Dienstleistung** nicht zahlen will, ist die Lösung nicht ganz einfach (daher alles streitig!), da es im Dienstrecht keine Gewährleistungsrechte und keine Minderung gibt und – um dies nicht zu umgehen – auch ein Zurückbehaltungsrecht nach §§ 273, 320 BGB ausscheiden muss. Die wohl hM gibt dem Dienstberechtigten in diesen Fällen einen Schadensersatzanspruch aus **§ 280 I BGB**, der bei noch nicht gezahltem Lohn (Lohn = Mindestschaden) im Wege der **Freistellung** dem Dienstlohnanspruch entgegengehalten werden kann, ohne dass es einer Aufrechnung bedarf.[359] Im Falle einer Kündigung nach §§ 626, 627 BGB kann **§ 628 I 1, 2 BGB** zum Untergang des Dienstlohnanspruchs führen. Gleiches kann über §§ 312c, 312g, 355 BGB gelten, sofern der Anwaltsvertrag überhaupt ein Fernabsatzvertrag sein kann (was der BGH bejaht). Im umgekehr-

357 Vgl. für Interessierte ausführlich *Kaiser* JA 2012, 279 ff. mwN.

358 Palandt/*Grüneberg* BGB § 280 Rn. 73; *Mayer* NJW 2016, 3570 ff. mwN; dasselbe gilt für Architekten bei offensichtlich falschen Kostenvorstellungen des Auftraggebers, BGH NJW 2013, 1593 ff. Ähnlich BGH MDR 2017, 1298 ff. bei Werkunternehmern.

359 Palandt/*Weidenkaff* BGB § 611 Rn. 16; § 630a Rn. 41 mwN; BeckOK BGB/*Fuchs* § 611 Rn. 54 mwN; LG Krefeld BeckRS 2006, 05194 u. *Kaiser* JA 2012, 279 ff. mwN aus der Rspr. Zuletzt wieder OLG Düsseldorf JurBüro 2013, 42 ff. Nach aA hat der Dienstverpflichtete auch im Falle einer Schlechtleistung grds. den vollen Dienstlohnanspruch. Doch der dann gebetsmühlenartige Verweis darauf, dass »das Dienstvertragsrecht keine Gewährleistung kenne«, vermag zwar dogmatisch richtig zu sein, geht aber wertungsmäßig fehl.

ten Fall, wenn also der unzufriedene Dienstberechtigte den **Lohn zurückfordern** will, so kommt dafür ein Anspruch aus § 280 I BGB in Betracht (Lohn als Mindestschaden).[360] Im Fall einer Kündigung ist an § 628 I 3 BGB zu denken (vgl. → Rn. 76a zum identischen Problem bei der Partnervermittlung). Dies alles lief zuletzt im Maitermin 2018!
Wehrt sich der Dienstberechtigte damit, dass der Dienstverpflichtete **überhaupt keine Dienstleistung** erbracht hat, so gilt Folgendes: Der Dienstlohnanspruch wird gem. § 614 BGB erst nach Leistung der Diensttätigkeit fällig (*»kein Lohn ohne Arbeit«*). Ausnahmen sind in §§ 615 S. 1 (Annahmeverzug des Dienstberechtigten: hier spielt die Abgrenzung zwischen Annahmeverzug und Unmöglichkeit eine Rolle, vgl. Palandt bei § 293 Rn. 3 ff.), 616 (vorübergehende Verhinderung an der Arbeit) und 615 S. 3 BGB (Konstellationen des Betriebsrisikos) geregelt. Hier besteht der Lohnanspruch, ohne dass der Dienstverpflichtete gearbeitet hat. Wenn andersherum der Arzt seinen Lohn geltend macht, obwohl der **Patient zum Behandlungstermin nicht erschienen** ist (sog. **Verweilgebühr – ein Klassiker!**), so kann der Arzt nach wohl überwiegender Rspr. nicht über Annahmeverzug iSv §§ 630b, 615 S. 1, 296 BGB seinen Lohn verlangen, da die Vereinbarung eines Termins nur der Sicherung eines geordneten Behandlungsablaufs dient und daher keine kalendermäßige Bestimmung der Leistungszeit iSv § 296 BGB beinhaltet. Auch ein Anspruch aus pVV wird in der Regel verneint (*in praxi* scheitert es entweder an der Darlegung der Schadenshöhe oder es wird wegen der jederzeitigen Kündbarkeit des Vertrages nach § 627 BGB schon die Nebenpflichtverletzung des Patienten verneint oder das Erscheinen wird als bloße Obliegenheit angesehen).[361]
Dieselbe Problematik stellt sich bei anderen Dienstverträgen, bei denen ein Termin verschwitzt wird (zB im Februartermin 2017: Kunde erscheint nicht zur Spa-Behandlung).

Die wichtigste (Neben-)Pflichtverletzung des Dienstberechtigten ist die Verletzung der ihm obliegenden **Fürsorgepflicht**, §§ 617 ff., 241 II BGB (zB Gefahrvermeidung im Betrieb). Der geschädigte Dienstverpflichtete hat einen Anspruch aus pVV iVm § 618 III BGB und Delikt. Bei Besorgung einzelner Geschäfte im Rahmen des Dienstvertrages kann der Dienstverpflichtete vom Dienstberechtigten zudem gegebenenfalls nach **§ 670 BGB analog Aufwendungsersatz** sowie Ersatz der mit der Betätigung typischerweise verbundenen Sachschäden verlangen, wenn das Geschäft vor allem im Interesse des Dienstberechtigten übernommen wurde. Das Schulbeispiel ist hier der Unfall mit einem Privatfahrzeug im Zusammenhang mit einer betrieblichen Tätigkeit (→ Rn. 116). Auch andersherum kann Auftragsrecht analog anwendbar sein. **Der Prüfungshit dazu ist BAG NZA 2015, 94 ff. (Krematorium-Zahngold-Fall). Lesen!**

Kündigungsnormen im Dienstrecht finden Sie in **§§ 621 ff. BGB** (Rücktritt im Dienstrecht nicht möglich!). Die Schriftform ist in § 623 BGB geregelt. Eine unwirksame außerordentliche Kündigung kann nach § 140 BGB in eine ordentliche Kündigung umgedeutet werden (nicht aber umgekehrt, da außerordentliche Kündigung ein »Plus« ist).

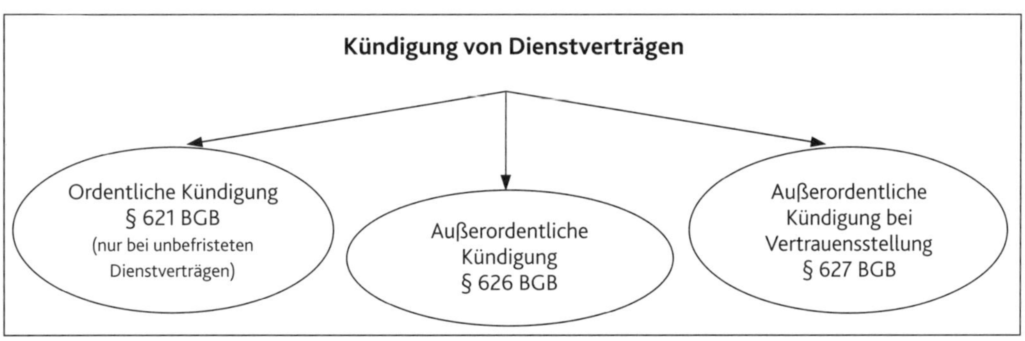

Die wichtigste Vorschrift ist **§ 626 BGB** als *lex specialis* zu § 314 BGB (der häufigste Anwendungsfall von § 314 BGB in Klausuren sind atypische Verträge wie der Bierlieferungsvertrag

360 OLG Zweibrücken NJOZ 2017, 275 ff.; OLG Köln NJOZ 2015, 810 ff.; OLG Hamm BeckRS 2016, 11770; KG NJOZ 2011, 905 mwN; OLG Celle NJW 2003, 3638 f.
361 Vgl. Nachweise bei Palandt/*Grüneberg* BGB § 296 Rn. 1; MüKoBGB/*Ernst* § 296 Rn. 3 mwN; *Schrader* JuS 2010, 326 ff.

oder der Strom-/Gas-/Wasserbezugsvertrag, weil für diese die BT-Sondervorschriften §§ 626, 543, 549 BGB nicht gelten). Ist die Frist nach § 626 II BGB gewahrt, untersuchen Sie das Vorliegen eines **wichtigen Grundes** iSd § 626 BGB (umfassende Abwägung der beteiligten Interessengesichtspunkte, »Ultima-ratio-Prinzip«). Die Überprüfung einer Kündigung nach KSchG ist außerhalb von Bayern, Hessen und Baden-Württemberg extrem selten geprüft worden.

§ 627 BGB regelt die Kündigung von besonderen Vertrauensverhältnissen (Partnervermittlung, Anwalt, Arzt, Steuerberater, Kinderkrippe). Wenn der Dienstvertrag nach den Vorschriften der §§ 626, 627 BGB gekündigt wurde, denken Sie an die spezielle **Rückforderungsnorm des § 628 BGB** (→ Rn. 76a zur Partnervermittlung). Ein toller Übungsfall dazu ist BGH NJW 2016, 1578 ff. (Kinderkrippe).

§ 10 Der Schenkungsvertrag, §§ 516 ff. BGB

A. Einstieg

Rechtsfolge einer Schenkung nach §§ 516, 518 BGB ist ein schuldrechtlicher Anspruch auf Vollzug der versprochenen Leistung. Ein wirksamer Schenkungsvertrag stellt dann den Rechtsgrund für das Behaltendürfen iSv § 812 BGB dar. Bei unentgeltlichen Zuwendungen unter Ehegatten um der Ehe willen (»**unbenannte Zuwendungen**«) wird die Anwendung der §§ 516 ff. BGB in der Regel abgelehnt (→ Rn. 95; gilt auch für nichteheliche Lebensgemeinschaft). Auch Zuwendungen wegen einer Mitgliedschaft (*causa societatis*) zB bei Gesellschaften oder Vereinen sind in der Regel keine Schenkung (so OLG Hamm NJW-RR 2017, 274 ff.: Fördermittel-Fall). Schenkungsgegenstand kann auch der Erlass einer Forderung sein. 90

Beachte: Die **Auslobung** iSv §§ 657 ff. BGB stellt im Gegensatz zur Schenkung ein einseitiges öffentlich abgegebenes Angebot hinsichtlich einer Belohnung dar, welches keiner Annahme bedarf (zB »Wer wird Millionär« bei RTL). Ansprüche aus §§ 657 ff. BGB sind einklagbar. Die Auslobung selbst begründet in der Regel ein Schuldverhältnis im Sinne der c.i.c. (dazu wäre **OLG Koblenz NJW 2017, 3310** die perfekte Klausurvorlage!). **Spiel und Wette** nach §§ 762 ff. BGB (dienen Unterhaltungszweck) sind dagegen unverbindliche Verträge.

B. Das Zustandekommen der Schenkung

Der Schenkungsvertrag kommt wie üblich nach §§ 145 ff. BGB zustande. Die Zuwendung muss **unentgeltlich**, dh ohne echte Gegenleistung sein. Wird eine Gegenleistung vereinbart, kann keine (reine) Schenkung vorliegen.

Beachte: Seit Jahren läuft dazu **als Aktenvortrag** und im Prüfungsgespräch sowohl im ersten als auch im zweiten Examen ein alter Klassiker, nämlich das Geldversprechen des Sponsors an den Fußballpräsidenten für den **Gewinn der Meisterschaft.** Was ist das denn rechtlich? Erst nachdenken, dann Fußnote lesen![362]

Nur das Schenkungsversprechen des Schenkers bedarf nach **§ 518 I BGB** der notariellen Beurkundung (anders bei Grundstücksschenkungen: § 311b I 1 BGB). Nach **§ 518 II BGB** ist eine Heilung des Formmangels durch Vollzug möglich. Für den **Vollzug** ist stets zu beachten, was überhaupt geschenkt wurde. Wird zB das Eigentum an einer beweglichen Sache geschenkt, so ist für einen Vollzug grundsätzlich erforderlich, dass eine Übereignung nach §§ 929 ff. BGB vorliegt. Wird ein Recht geschenkt, so ist Vollzug mit Übertragung des Rechts gegeben. Wird die Zuwendung dem Beschenkten sofort verschafft, fallen also die Vornahme des schuldrechtlichen Rechtsgeschäftes und der Vollzug zeitlich zusammen, liegt eine sog. **Handschenkung** vor, die nicht unter § 518 I BGB fällt. Wiederholen Sie zu den äußerst relevanten **Beweislastregeln** die Ausführungen unter → Rn. 47 und 71 zum Schenkungseinwand im Zusammenhang mit Klagen des (angeblichen) Eigentümers bzw. Darlehensgebers.

C. Das Wichtigste in Kürze

Tja, was ist hier wichtig? Zum einen kann es gegebenenfalls um **§ 521 BGB (lesen!)** und um die saubere Prüfung der Rückforderungsmöglichkeiten nach **§§ 527 ff. BGB** gehen. Hier gilt: kein Geheimwissen nötig, sondern bei Spezialfragen den Palandt konsultieren und sauber die in der Klausur aufgeworfenen Fragen abarbeiten!

---

362 Keine belohnende Schenkung, sondern gegenseitiger Vertrag *sui generis*, da echte Gegenleistung vereinbart, vgl. BGH NJW 2009, 2737 ff.

Klausurtipp: Insbesondere bei Grundstücksschenkungen ist das **Rückübereignungsverlangen** des Schenkers immer mal wieder Gegenstand von Examensklausuren. Mögliche Anspruchsgrundlagen sind eine ausdrückliche Parteivereinbarung im Schenkungsvertrag (»Widerrufsklauseln«) oder §§ 323 ff. BGB (bei Grundstücksübertragung gegen Gegenleistung), §§ 527 ff. BGB, § 812 BGB (bei Zweckschenkung; die Zweckvereinbarung bedarf dabei nicht der Form von § 311b BGB, da es sich nur um eine tatsächliche und nicht um eine rechtsgeschäftliche Einigung handelt) und/oder § 313 BGB. Erben des Schenkers haben gegebenenfalls Ansprüche aus § 2287 BGB (analog) oder § 2113 iVm §§ 894, 985 BGB (vgl. → Rn. 97, 99).

Der **Umfang der Rückforderungsrechte aus §§ 528, 530 BGB (lesen!)** wird problematisch, wenn es sich um eine **gemischte Schenkung** handelt und der Schenkungsgegenstand (zB Grundstück) unteilbar ist:[363] Überwiegt der entgeltliche Teil, so ist nur der die Gegenleistung übersteigende Mehrwert als Ausgleich zu zahlen. Wenn der unentgeltliche Teil überwiegt, geht der Anspruch auf Herausgabe des gesamten Zuwendungsgegenstandes Zug um Zug gegen Rückgewähr der Gegenleistung. Wenn dieser Anspruch durch den Sozialhilfeträger des Schenkers geltend gemacht wird, ist dies durch die Überleitung im Wege der schriftlichen Anzeige gegenüber dem Beschenkten gemäß § 93 SGB XII zulässig. Sie stellt einen Verwaltungsakt dar, der den Übergang des Anspruchs auf den Hilfeträger bewirkt (Aktivlegitimation im Prozess).

Klausurträchtig sind daneben Schenkungen, die nicht dem reinen Grundmuster der §§ 516 ff. BGB entsprechen.

Problem: »Komische Schenkungen«

- Eine Schenkung unter **Auflage nach §§ 525 ff. BGB** liegt vor, wenn der Beschenkte nach Erhalt des Gegenstandes zu einer bestimmten Leistung verpflichtet sein soll, wobei diese Leistung aus dem Wert des Zuwendungsgegenstandes zu entnehmen ist. Dieses Kriterium wird nicht immer streng durchgehalten, es genügt auch ein Tun/Unterlassen. Die Leistung kann dabei nicht echte Gegenleistung sein (sonst liegt keine Schenkung vor!), sondern nur ein Ausgleich, der erst auf Grundlage der Zuwendung erbracht wird. Bei Nichtvollziehung der Auflage gelten § 527 BGB und §§ 280 ff. BGB.
- Eine **Zweckschenkung** liegt vor, wenn mit der Schenkung ein bestimmter vereinbarter Zweck verfolgt wird, wobei sich die Parteien einig sind, dass kein Anspruch auf dessen Vollziehung bestehen soll (nicht einklagbar). Es reicht, wenn der Beschenkte den durch den Schenker verfolgten Zweck erkennt und die Leistung entgegennimmt, ohne zu widersprechen. Bei Zweckverfehlung greift die *condictio ob rem.* Ist der Zweck nicht vereinbart, sondern nur vorausgesetzt, kommt nur § 313 BGB in Betracht. Die Schenkung kann auch auflösend bedingt sein, sodass bei Nichteintritt der Bedingung ein Rückforderungsanspruch direkt aus dem Schenkungsvertrag besteht.
- Eine Schenkung unter einer **Überlebensbedingung** fällt unter **§ 2301 BGB** und nicht unter §§ 516 ff. BGB. § 2301 BGB wird bei der Lebensversicherung (→ Rn. 65) und in den Bonifatius-/Sparbuchfällen relevant (s. unten).

Problem: Abgrenzung §§ 516, 518 BGB – § 2301 BGB

Ein Klassiker sind Klausuren, die dem Bonifatius-Fall[364] nachgebildet sind: Nach dem Tod des Erblassers überbringt dessen Bote dem Beschenkten das Geschenk (und das Schenkungsangebot des Erblassers). Der Erblasser wollte den Gegenstand nur übereignen, wenn er vor dem Beschenkten stirbt. Die Erbin verlangt das Geschenk heraus.

363 BGH NJW 2012, 605 ff.; BGHZ 107, 156 ff. = NJW 1989, 2122; BGHZ 30, 120 ff. = NJW 1959, 1363; *Looschelders* SchuldR BT Rn. 331 ff.

364 RGZ 83, 223 ff.

Klausurproblem Abgrenzung §§ 516, 518 – § 2301 BGB (»Bonifatius-Fall«)

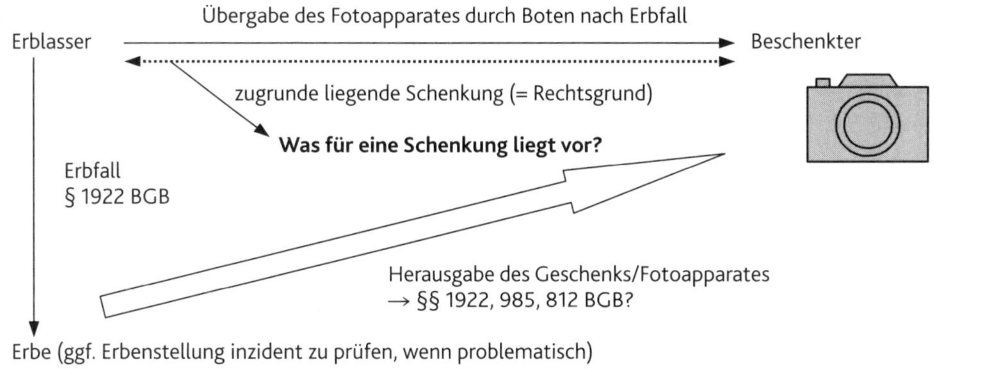

- Anspruch der Erbin aus **§§ 1922, 985 BGB?** (–), da Beschenkte nach § 929 BGB Eigentümerin geworden ist. Der Bote überbringt zumindest konkludent das Übereignungsangebot des Erblassers, der Zugang der Annahme ist dabei entbehrlich, §§ 130 II, 153, 151 BGB. Das Fortbestehen der Einigung bei Übergabe wird nach hM vermutet.[365] Mit Übergabe ist ein Widerruf der dinglichen Einigungserklärung des Erblassers durch den Erben ausgeschlossen.
- Anspruch aus **§§ 1922, 812 I 1 Alt. 1 BGB**? Ist das Eigentum kondiktionsfest? Hier könnte eine Schenkung Erblasser – Beschenkter als Rechtsgrund infrage kommen.
  - Die Schenkung kommt in der Regel konkludent zustande. Zu fragen ist, welche Formvorschriften für die Schenkung gelten: §§ 516, 518 BGB? Dann wäre Heilung nach § 518 II BGB zu bejahen (Heilung durch Bewirken der Leistung = Übergabe und Übereignung des Geschenks, dies ist auch nach dem Tod des Erblassers möglich). Oder liegt eine besondere Schenkung unter einer Überlebensbedingung nach §§ 2301 I 1, 2276 BGB vor? Dann wäre eine »Heilung« iSd § 2301 II BGB problematisch, da für die Anwendung von § 2301 II BGB grundsätzlich der Schenkende selbst zu Lebzeiten und nicht erst sein Erbe das Vermögensopfer erbracht haben muss (»lebzeitiges Vermögensopfer« des Erblassers nötig; Argument: Wortlaut von § 2301 II BGB: »*Vollzieht der Schenker …*« – vgl. Palandt bei § 2301 BGB mit vielen Beispielen zum lebzeitigen Vermögensopfer! hier kein lebzeitiges Vermögensopfer des Erblassers, weil er zu Lebzeiten lediglich »seine WE losschickt«). Liegt also eine »normale« Schenkung nach §§ 516, 518 BGB oder eine Schenkung auf den Todesfall nach § 2301 BGB vor?[366] **Beide Schenkungsformen schließen sich hier nicht gegenseitig aus, es kommt auf die Überlebensbedingung an. Mit Überlebensbedingung: § 2301 BGB, ohne Überlebensbedingung: § 516 BGB.** Im Beispiel: Weil hier die Schenkung in der sicheren Annahme gemacht wurde, dass der Schenker bald sterben werde und das Überleben des Bedachten damit (konkludent) Bedingung der Schenkung sein sollte, liegt eine Überlebensbedingung und damit Schenkung nach § 2301 I 1 BGB vor. § 2301 II BGB ist hier nicht genügt, also: Rechtsgrund (–) – Kondiktion durch die Erbin möglich. Eine Rückforderung des Geschenks kommt schließlich auch bei entsprechenden Anhaltspunkten nach § 2287 BGB (→ Rn. 97) oder im Falle einer Schenkung nach § 516 BGB über §§ 528, 530 BGB in Betracht, wobei allerdings die Vererblichkeit der §§ 528, 530 BGB problematisch ist (vgl. dortige Kommentierung im Palandt!). Zudem stellt § 528 BGB darauf ab, dass die

365 AA RG: Einigung muss auch noch bei Übergabe bestehen; hier (–), da Erbin Übereignung nicht will. Die hM macht das anders (→ Rn. 37).

366 Die in diesen Bonifatius-/Kontovollmachts-/Sparbuchfällen zT für möglich gehaltene Umdeutung einer formunwirksamen Schenkung nach § 2301 I BGB in ein Vermächtnis im Innenverhältnis nach § 2147 BGB wird in der Praxis idR ausscheiden. Entweder es wird schon an der Form des § 2247 BGB mangeln, es wird kein ausreichender Testierwille vorhanden oder die Zuwendung wird für ein Vermächtnis nicht ausreichend bestimmt sein (»*Du darfst dir mal was nehmen von meinem Konto, wenn ich sterbe*« ist zu unbestimmt!).

Verarmung nach der Vollziehung der Schenkung eingetreten sein muss. In den Klausurfällen ist jedoch der Schenkungsvertrag in der Regel erst nach dem Tod des Schenkers zustande gekommen.

Die möglichen **Abwandlungen des Bonifatius-Falles** liegen auf der Hand: Bereits zu Lebzeiten des Erblassers übergibt dieser seiner Lebensgefährtin ein Diamant-Collier. Nach dem Tod des Erblassers verlangt die Erbin das Collier heraus, die Lebensgefährtin beruft sich auf »Schenkung« (meint schenkweise Übereignung). Dasselbe in grün, wenn die Lebensgefährtin erst nach dem Tod des Erblassers das Collier an sich nimmt und eine vorherige »Schenkung« durch den Erblasser behauptet. Ansprüche der Erbin aus §§ 1922, 985 BGB scheiden aus, da in der Regel eine wirksame Übereignung des Erblassers nach § 929 BGB vorliegt (vgl. zur einseitigen Besitzergreifung als Übergabe → Rn. 38), sodass es für §§ 1922, 812 I 1 Alt. 1 BGB wieder auf die Schenkung im Innenverhältnis ankommt. Dies alles kam zuletzt nach langer Pause im Maitermin 2018 (dort mit einem Kfz).

Ähnliche Abgrenzungsprobleme zwischen §§ 516, 518 BGB und § 2301 BGB ergeben sich bei **Kontovollmachten des Erblassers** für Dritte (zB neue Lebensgefährtin des Erblassers). Der Dritte hebt nach dem Erbfall Geld für sich ab und behauptet eine Schenkung, die Erbin verlangt Herausgabe aus §§ 1922, 812 I 1 Alt. 2 BGB (→ Rn. 64). Auch dann muss im Valutaverhältnis geprüft werden, ob eine Schenkung nach §§ 516, 518 BGB oder nach § 2301 BGB vorliegt und ob diese geheilt wurde. Denken Sie daran, dass gegebenenfalls auch übergegangene vertragliche Ansprüche aus dem Innenverhältnis zwischen Erblasser und Kontobevollmächtigtem (vor allem § 667 BGB, → Rn. 4) in Betracht kommen können. Aus dieser bereits zigfach (!) in Aktenvorträgen und Examensklausuren gestellten Konstellation haben wir eine **Musterklausur** konzipiert: ***Kaiser* JA 2011, 49 ff.**

Problem: Abgrenzung §§ 516, 518 BGB – § 2301 BGB in den Fällen von § 331 BGB

Das Verhältnis von §§ 516 ff. zu § 2301 BGB verkompliziert sich, wenn die die Zuwendung übermittelnde Person einen Vertrag nach § 331 BGB mit dem Erblasser geschlossen hat: Der Erblasser legt bei der Bank ein **Sparbuch** für seinen Enkel an. Dieser soll Kontoinhaber und nach dem Tod des Erblassers Verfügungsberechtigter sein. Nach dem Todesfall übergibt die Bank – wie mit dem Erblasser vereinbart – dem Enkel das Sparbuch. Der Erbe des Erblassers verlangt nun vom Enkel die Herausgabe des Sparbuchs, weil dieses *»in die Erbschaft falle«*.

Klausurproblem Abgrenzung §§ 516, 518 – § 2301 BGB im Fall von § 331 BGB (»Sparbuch-Fälle«)

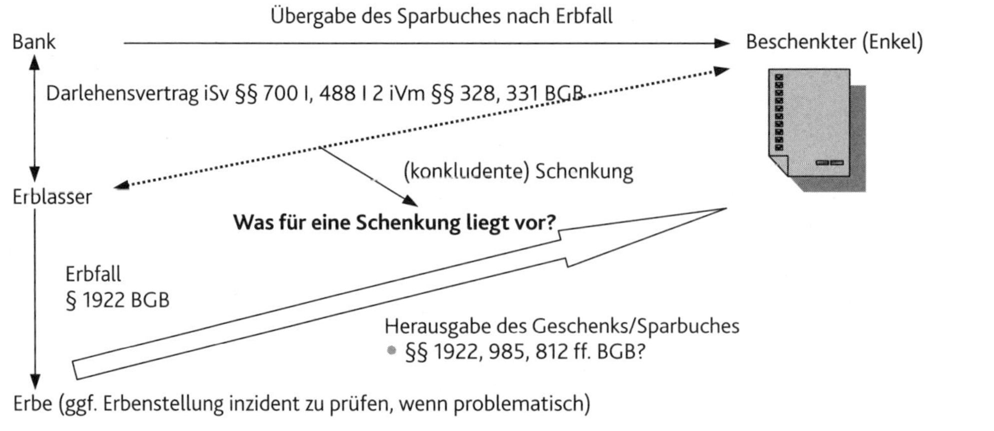

Der Vertrag zwischen Erblasser und Bank ist in der Regel ein sog. Darlehens(spar)vertrag zugunsten Dritter auf den Todesfall nach §§ 700 I, 488 I 2 iVm §§ 328, 331 BGB (vgl. → Rn. 65).

- Anspruch des Erben gegen den Enkel aus **§§ 1922, 985 BGB?** (–), Enkel ist Eigentümer des Sparbuchs, da ihm das »Recht aus dem Papier« iSv §§ 328, 331 BGB nach dem Tod des Erblassers zusteht, vgl. § 952 BGB.
- Anspruch des Erben gegen den Enkel aus **§§ 1922, 816 II BGB?** (–), Enkel nicht »Nichtberechtigter« wegen seiner Auszahlungsberechtigung gegenüber der Bank aus dem Darlehensvertrag iSv §§ 328, 331 BGB.
- Anspruch des Erben gegen den Enkel aus **§§ 1922, 812 BGB?**
  - Problematisch ist, ob dies eine Leistungs- oder Eingriffskondiktion ist. Vorzugswürdig ist die Annahme einer Leistungskondiktion, da aus Sicht des Enkels die Aushändigung des Sparbuches eine Leistung des Erblassers darstellt. In dessen Rechtsposition tritt der Erbe nach § 1922 BGB ein.
  - Erlangtes »Etwas« ist der Anspruch des Enkels gegen die Bank aus dem Darlehensvertrag iSv §§ 700 I, 488 I 2 iVm §§ 328, 331 BGB[367], verbrieft durch das Sparbuch. Das Sparbuch ist daher (mittelbar) ebenfalls erlangt iSv § 812 BGB. Ist das alles kondiktionsfest?
  - Rechtsgrund ist die (konkludente) Schenkung im Valutaverhältnis Erblasser – Enkel. Richtet sich die Form der Schenkung durch den Erblasser nach §§ 516, 518 BGB, dann wäre gem. § 518 II BGB Heilung durch Vollzug eingetreten, da mit dem Tod des Erblassers der Enkel den Anspruch gegen die Bank erworben hat. Liegt eine Schenkung nach §§ 2301 I 1, 2276 BGB vor, dann wäre die »Heilung« nach § 2301 II BGB problematisch, da ein lebzeitiges Vermögensopfer des Erblassers nötig wäre. Ob hierfür der Abschluss des Vertrages zugunsten Dritter reicht, ist problematisch, dürfte aber jedenfalls dann zu verneinen sein, wenn der Erblasser noch im Besitz des Sparbuches geblieben ist. Daher wieder die Frage aus dem Bonifatius-Fall: Liegt eine »normale« Schenkung nach §§ 516, 518 BGB oder eine Schenkung auf den Todesfall nach § 2301 BGB vor? Nach dem BGH **gelten hier für die Schenkung im Valutaverhältnis §§ 516, 518 BGB, da § 2301 BGB bei Schenkungen im Rahmen von Verträgen zugunsten Dritter auf den Todesfall nie anwendbar ist.** Warum? Dies ergibt sich aus einer Auslegung von § 331 BGB. Der Gesetzgeber hat mit § 331 BGB einen bestimmten Vertrag zugunsten Dritter geregelt. § 331 BGB erwähnt die erbrechtlichen Formvorschriften nicht und geht (also) davon aus, dass ein Leistungsversprechen zugunsten eines Dritten auch dann wirksam ist, wenn die Leistung erst nach dem Tod des Versprechensempfängers erfolgen soll.[368] Diese Regelung würde ins Leere laufen, wenn im Innenverhältnis zum Berechtigten/Enkel die strengere Form von § 2301 I BGB Anwendung fände. Liegt zwischen Bank und Erblasser daher ein schuldrechtliches Rechtsgeschäft iSv § 331 BGB vor, muss konsequenterweise auch das Valutaverhältnis zwischen Erblasser und Beschenktem nach Schuldrecht und nicht nach Erbrecht behandelt werden (→ Rn. 65 wiederholen **zum selben Problem bei Lebensversicherungsverträgen!**).[369]
  - Ergebnis: Der Formmangel ist geheilt, Rechtsgrund (+), der Enkel darf das Sparbuch behalten.[370] Lediglich im Falle eines Erbvertrages könnte dem Erben noch § 2287 BGB helfen (→ Rn. 97). Für eine Rückforderung vom Enkel sind bei entsprechenden Anhaltspunkten schließlich noch §§ 528, 530 BGB anzuprüfen (s. oben).

Klausurtipp: In der oben beschriebenen Konstellation kann es sein, dass der Erbe das **Guthaben** bei der Bank **sperren lässt**, damit der Enkel des Erblassers nicht an sein Geld gelangt. In dieser Variation tritt der Enkel als Kläger auf und verlangt vom Erben die Freigabeerklärung. Was ist die An-

367 Der Erbe könnte in der Klausur auch neben der Herausgabe des Sparbuches die Abtretung des Anspruches des Beschenkten gegen die Bank verlangen. Auch dann ist die LK zu prüfen, die Probleme sind in beiden Konstellationen identisch.

368 *Medicus/Petersen* BürgerlR Rn. 394.

369 Palandt/*Grüneberg* BGB § 331 Rn. 1 u. 4; Palandt/*Weidlich* BGB § 2301 Rn. 17 ff.

370 Gleiches würde für in der Zwischenzeit abgehobene Beträge gelten. Die im Ergebnis nicht durchgreifenden aber in der Klausur anzuprüfenden Anspruchsgrundlagen des Erben für eine Rückzahlung der Beträge wären dann §§ 1922, 812 I 1 BGB und §§ 1922, 816 II BGB. Ob hier ein Fall der Leistungs- o. Nichtleistungskondiktion vorliegt, ist problematisch, spielt aber im Ergebnis idR keine Rolle, wenn ein Rechtsgrund besteht.

spruchsgrundlage und wo bzw. wie prüft man die konkludente Schenkung des Erblassers? Erst nachdenken, dann die Fußnote lesen![371]
Möglich ist auch, dass der Erbe das **Sparbuch an sich nimmt** und der Enkel auf Herausgabe klagt. Anspruchsgrundlagen sind dann § 985 BGB (dann inzident § 952 BGB prüfen) und Eingriffskondiktion. Wenn der Erbe zusätzlich bereits Geld abgehoben hat, kommt ein Anspruch aus § 816 II BGB und aus Eingriffskondiktion in Betracht (§ 816 II BGB ist dann *lex specialis* gegenüber der allgemeinen Eingriffskondiktion). In allen Fällen wird der Erbe in der Regel ebenfalls die Dolo-agit-Einrede erheben.

Beachte: Der **Erbe** kann – wie in den Lebensversicherungsfällen (→ Rn. 65) – die wirksame Schenkung dadurch verhindern, indem er entweder unter den Voraussetzungen von § 130 I 2 BGB gegenüber dem Begünstigten das Schenkungsangebot (auch konkludent zB durch die Errichtung eines anders lautenden Testaments möglich) oder nach §§ 671, 168 S. 1 BGB gegenüber der Bank vor Übermittlung des Schenkungsangebotes den Auftrag zur Übermittlung (und damit auch die Botenmacht) **widerruft**, wenn das Widerrufsrecht nicht ausgeschlossen wurde. Dann würde die Bank als Botin ohne Botenmacht handeln, es gelten §§ 177 ff. BGB analog. Dies gilt selbstverständlich auch in den Bonifatius-Varianten von oben.
Dieselben Spielchen können die LJPAs mit Ihnen spielen, wenn statt eines Sparbuches ein **Sparbrief** für den Dritten angelegt wird.

Schließlich sollten Sie den Auskunftsanspruch aus **§ 2028 BGB** kennen, der leicht in Klausuren mit Geschenken an Lebensgefährtinnen, Kontovollmachten, Sparbüchern und Lebensversicherungsscheinen eingebaut werden kann. An was denken Sie bei Auskunftsansprüchen? Erst nachdenken, dann Fußnote lesen![372]

---

371 Das kennen Sie schon aus dem Bereicherungsrecht, → Rn. 64: Die Eingriffskondiktion! Das fremde Recht, in dessen Zuweisungsgehalt eingegriffen wurde, ist der Anspruch aus §§ 328, 331 BGB des Enkels gegen die Bank. Erlangt hat der Erbe die durch die Sperrung erreichte Blockierstellung. Die **Dolo-agit-Einrede nach § 242 BGB zugunsten des Erben** greift im vorliegenden Fall dann, wenn der Enkel das Guthaben sofort wieder – zB über § 812 BGB – an den Erben herausgeben müsste, was dann inzident zu prüfen ist. Ob ein Rückzahlungsanspruch besteht, hängt davon ab, ob eine wirksame Schenkung zwischen Erblasser und Enkel vorliegt (s. oben). Wie Sie sehen, geht es bei dieser Variation im Wesentlichen um dieselben Probleme wie im Ausgangsfall, nur mit vertauschten Rollen und einem anderen Aufbau.

372 An die Stufenklage nach § 254 ZPO! Vgl. *Kaiser/Kaiser/Kaiser* Anwaltsklausur Rn. 32.

§ 11 Exkurs: Die Anfechtung nach dem AnfG

A. Einstieg

Wenn sich ein Vermögensverfall oder die Zwangsvollstreckung abzeichnen, übertragen Schuldner zuweilen ihr Vermögen auf Dritte, um es dem Zugriff des Gläubigers zu entziehen. In diesen Fällen bewirkt die Anfechtung nach dem AnfG, dass der Dritte die ihm übertragene Vermögensposition **dem Gläubiger zur Verfügung stellen muss**. Die Anfechtbarkeit eines Rechtsgeschäftes nach dem AnfG hat dabei nur schuldrechtliche Wirkungen zwischen dem Anfechtungsberechtigten und dem Dritten/Anfechtungsgegner, die Wirksamkeit der Verfügung wird dann nicht berührt (AnfG hat keine dingliche, dh rechtsvernichtende Wirkung). 91

Beachte: Die Anfechtung von Rechtshandlungen des Schuldners durch den Insolvenzverwalter ist in **§§ 129 ff. InsO** geregelt. Klausuren aus diesem Bereich dürften (außerhalb Bayerns und Hessens) eher nicht zu erwarten sein.

B. Das Anfechtungsrecht nach dem AnfG in der Assessorklausur

Die Anfechtung nach dem AnfG kann entweder als **Anfechtungsklage nach § 13 AnfG** oder im Wege der **Anfechtungseinrede nach § 9 AnfG** vorkommen. Die Anfechtungseinrede spielt in Klausuren vor allem bei §§ 771, 805 ZPO als Einwand des Beklagten und bei der Einziehungsklage als Einwand des Klägers eine Rolle.[373] Hier soll der Blick auf die Anfechtungsklage gelenkt werden: Der Anfechtungsgegner ist der Empfänger der anfechtbaren Leistung. Im **Tenor** des stattgebenden Urteils nach § 11 I 1 AnfG wird der Beklagte verurteilt, *»wegen einer Forderung des Klägers iHv … in … die Zwangsvollstreckung zu dulden«* (Ausnahme: anfechtbare Rechtshandlung ist eine Geldübertragung – dann Zahlungstenor), auch wenn die angefochtene Rechtshandlung eine Forderungsabtretung ist. Ist die Zwangsvollstreckung in den erlangten Gegenstand aber nicht mehr möglich (zB Untergang, Verwertung der Sache, Einziehung der Forderung), wird nach Maßgabe von § 11 I 2, II AnfG Wertersatz geschuldet (dann auch Zahlungstenor). Der Anfechtungsgegner kann den Duldungsanspruch aus § 11 I 1 AnfG durch Zahlung eines entsprechenden Geldbetrages analog § 1147 BGB abwehren (sog. Einlösungsbefugnis).[374]

Die wichtigsten **Zulässigkeitsprobleme** der Anfechtungsklage nach dem AnfG sind:

Problem: Zuständigkeit des Gerichts

- Es gelten §§ 12 ff. ZPO. Die sachliche Zuständigkeit richtet sich nach §§ 23, 71 GVG iVm § 6 ZPO. Das heißt, es zählt der Betrag der Forderung, wegen deren Sicherstellung der Kläger nach dem AnfG vorgeht, alternativ der Wert des übertragenen Gegenstandes, wenn dieser niedriger ist. § 24 ZPO gilt nach herrschender Rspr. für Anfechtungsklagen nicht.

Problem: Voraussetzungen des § 2 AnfG (sog. Anfechtungsberechtigung)

- Vollstreckbarer Schuldtitel gegen den Schuldner: Der titulierte Anspruch muss auf Zahlung von Geld gerichtet sein (ergibt sich nicht aus Wortlaut von § 2 AnfG). Der Anfechtungsgegner kann sich dabei nicht auf materielle Einwendungen des Schuldners gegen den titulierten Anspruch berufen, es sei denn, diese sind analog § 767 II ZPO nach der letzten mündlichen Tatsachenverhandlung im Vorprozess entstanden.[375] Wenn der Titel ein Vergleich ist, können die Einwendungen ohne die Beschränkung von § 767 II ZPO geltend gemacht werden (Argument: Vergleichbarkeit mit Situation bei § 767 ZPO).[376] Eine Klausel braucht der Gläubiger nicht zu haben.

---

373 Lesen Sie dazu *Kaiser/Kaiser/Kaiser* Zwangsvollstreckungsklausur Rn. 45, 53 und Rn. 98.

374 BGH MDR 2011, 387 f. Vgl. BGH NJW 2017, 1035 ff. zur Anfechtung bei gemischten Schenkungen von Grundstücken.

375 BGH NJW 2000, 2022 ff.; ZIP 1999, 33 f.

376 BGH WM 1999, 33; *Kaiser/Kaiser/Kaiser* Zwangsvollstreckungsklausur Rn. 24.

- **Schuldnervermögen unzulänglich** (wird in Klausuren häufig übersehen!): Es ist eine fruchtlose Zwangsvollstreckung bei diesem erfolgt oder eine solche wäre vermutlich aussichtslos (keine Pflicht zur Verwertung von Sicherheiten).

Problem: Rechtsschutzbedürfnis

- Das Rechtsschutzbedürfnis fehlt nicht deshalb, weil der Kläger eine Drittwiderspruchsklage des Anfechtungsgegners nach § 771 ZPO abwarten müsste (Argument: Anfechtungsberechtigter muss selbst die Rechtslage klären können, ohne auf eine Klage des Gegners zu warten).
- Das Rechtsschutzbedürfnis fehlt aber dann, wenn das Insolvenzverfahren über das Schuldnervermögen eröffnet wurde (**Vorrang der InsO über AnfG**).

In der **Begründetheit** der Klage prüfen Sie die Anfechtungsrechte aus §§ 3, 4 AnfG mit den dort geregelten **Fristen**. Die Beweislast für das Vorliegen der §§ 2 ff. AnfG trägt der Kläger. Alle Anfechtungsgründe aus §§ 3 f. AnfG setzen eine Rechtshandlung des Schuldners voraus, die seine Gläubiger benachteiligt (**objektive Gläubigerbenachteiligung**). Dies liegt vor, wenn der Zugriff des Anfechtenden auf die Vermögenswerte des Schuldners vereitelt, erschwert, gefährdet oder verzögert wird. In der Regel wird es sich dabei um eine Verfügung an den Dritten/Anfechtungsgegner handeln. Eine Benachteiligung liegt dagegen nicht vor, wenn der Schuldner über Gegenstände verfügt, die ohnehin nicht der Zwangsvollstreckung unterliegen, die wertlos sind, die zugunsten anderer Gläubiger wertausschöpfend belastet sind oder wenn der Schuldner eine wertmäßig adäquate Gegenleistung erhält.[377]

Die **Anfechtungsgründe aus §§ 3, 4 AnfG** lesen Sie sich bitte erst einmal durch. Hierzu sind zwei Aspekte wichtig: Zum einen sollten Sie wissen, dass **§ 3 I AnfG** mit der sog. **vorsätzlichen Gläubigerbenachteiligungsabsicht** steht und fällt, die Sie dann sauber darzustellen haben. Wenn der Schuldner dem Anfechtungsgegner eine **inkongruente Sicherung analog § 131 InsO** gewährt hat, besteht in der Regel ein starkes Beweisanzeichen für die Benachteiligungsabsicht. Eine inkongruente Sicherung liegt dann vor, wenn der Anfechtungsgegner nach dem Grundgeschäft mit dem Schuldner keinen Anspruch auf die Übertragung der konkreten Sache hat. Wenn zB der Schuldner vom Anfechtungsgegner ein Darlehen vereinbarungsgemäß nur bekommt, wenn er ihm einen bestimmten Gegenstand zur Sicherheit übereignet, so ist die Sicherungsübereignung kongruent. Vereinbaren die Parteien erst später das Sicherungsgeschäft, ist die Übereignung inkongruent.[378] Bei Vorliegen einer inkongruenten Sicherung wird nach der Rspr. auch die Kenntnis des Anfechtungsgegners von der Benachteiligungsabsicht des Schuldners vermutet. Zum anderen sollte man zu **§ 4 AnfG** wissen, dass hier die **Unentgeltlichkeit das entscheidende Tatbestandsmerkmal** ist. Unentgeltlichkeit liegt dann vor, wenn die Leistung ohne Rechtspflicht erfolgt und keine Gegenleistung geflossen ist. Daher liegt bei der Erfüllung eigener Verbindlichkeiten oder bei der Sicherung eigener Schulden keine Unentgeltlichkeit vor. Zur Parallelvorschrift § 134 InsO hat der BGH 2016 entschieden, dass wenn ein persönlich haftender Gesellschafter die Forderung eines Gläubigers gegen die Gesellschaft befriedigt, dadurch die Haftung des Gesellschafters ja ebenfalls erlischt und deshalb seine Leistung nicht unentgeltlich ist. Das kann auf § 4 AnfG übertragen werden. Unbenannte Zuwendungen unter Ehegatten fallen dagegen unter § 4 AnfG, weil hier eine Rechtspflicht nicht besteht.[379] Eine teilweise unentgeltliche Leistung kann ebenfalls reichen, wenn deren Wert denjenigen der Gegenleistung maßgeblich übersteigt.

Klausurtipp: Der Anfechtungsberechtigte/Gläubiger kann zur Vorbereitung einer Anfechtung/eines Anfechtungsprozesses vom Anfechtungsgegner nach **§ 242 BGB** über Art und Umfang gegebenenfalls anfechtbarer Rechtshandlungen Auskunft verlangen, wenn der Anfechtungsanspruch bereits dem Grunde nach feststeht.[380] Prozessual kann es dann zu einer Stufenklage nach § 254 ZPO kommen.

377 BGH FamRZ 1993, 1307; WM 1995, 450 ff.
378 BGH MDR 1986, 316.
379 BGH NJW-RR 2016, 689 f.; MDR 2008, 1358.
380 BGH WM 1978, 872.

Etwaige **Wertverbesserungen** an dem zur Verfügung zu stellenden Gegenstand kann der Anfechtungsgegner nicht im Wege eines Zurückbehaltungsrecht geltend machen.[381]

Merke: Der Duldungsanspruch aus AnfG kann durch einstweilige Verfügung nach § 935 ZPO gesichert werden. Einer Glaubhaftmachung des Verfügungsgrundes bedarf es analog §§ 885 I 2, 899 II 2 BGB nicht.[382] Die einstweilige Verfügung geht in diesen Fällen in der Regel auf ein Verfügungsverbot. Bei Grundstücken ist eine Sicherung durch Eintragung einer Vormerkung nicht möglich.[383] Das lief zuletzt in Niedersachsen und Hessen im Julitermin 2017 als Z II-Klausur!

381 BGH NJW 1984, 2890 ff., Der Aufwendungsersatzanspruch (zB aus § 812 BGB) kann nämlich erst in der Zwangsvollstreckung bei der Verteilung des Erlöses berücksichtigt werden. Auch etwaige Gegenleistungen an den Schuldner bleiben unberücksichtigt.

382 OLG Koblenz ZIP 1992, 1754.

383 BGH NJW 2008, 376 ff.

§ 12 Der Prozessvergleich

A. Einstieg

92 Der Prozessvergleich ist ein Prozessvertrag der Parteien, der den Rechtsstreit durch Einigung beseitigen soll. Er hat eine **Doppelnatur**, weil er sowohl eine prozessuale als auch eine materielle Komponente besitzt. Prozessual beendet der Vergleich den Prozess und dient als Titel (§ 794 I Nr. 1 ZPO), materiell-rechtlich führt er dazu, dass die Rechtsbeziehungen der Parteien bezüglich der streitigen Punkte neu geregelt werden und dass noch nicht rechtskräftige Urteile, die im selben Rechtsstreit ergangen sind, automatisch wirkungslos werden. **§ 278 VI ZPO** regelt den Prozessvergleich im schriftlichen Verfahren. Auch Dritte können sich am Vergleich beteiligen.[384]

B. Wirksamkeitsvoraussetzungen des Prozessvergleichs

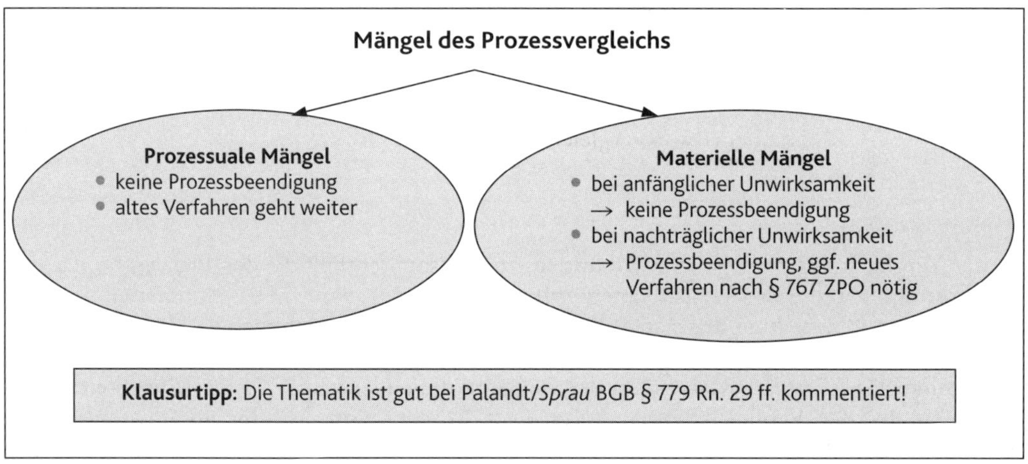

I. Prozessuale Voraussetzungen

Die wichtigsten Normen, die formell eingehalten werden müssen, sind § 78 ZPO (Anwaltszwang vor Landgericht), § 794 I Nr. 1 ZPO (Abschluss vor einem deutschen Gericht; auch Strafgericht), §§ 160 ff. ZPO (Protokollierung, Vorspielen und Genehmigung des den Prozessvergleich enthaltenden Protokolls und **»v.u.g.«-Vermerk im Protokoll**, Unterschreiben des Protokolls) und gegebenenfalls § 278 VI ZPO. Sofern materiell-rechtlich eine Beurkundung erforderlich wäre (zB § 311b I 1 BGB), wird diese durch die Protokollierung des Prozessvergleichs ersetzt, § 127a BGB, § 160 III ZPO (gilt auch bei § 278 VI ZPO-Vergleichen).

II. Materielle Voraussetzungen

Weil der Vergleich ein Vertrag ist, finden die allgemeinen Vorschriften Anwendung, insbesondere §§ 104 ff., 119 ff., 138[385], 145 ff., 280 ff., 313, 323 ff., 779 BGB.[386] **Die Abarbeitung der möglichen (Un-)Wirksamkeitsgründe ist in Klausuren und Aktenvorträgen oft Hauptthema!** Lesen Sie zur Anfechtung eines Prozessvergleiches nach § 123 BGB einmal zum Schmunzeln BAG NZA 2010, 1250 (das Urteil lief schon in so vielen Klausuren und mündlichen Prüfungen!). Zudem ist oft ein **Widerrufsvorbehalt** vereinbart worden, wobei der Widerruf nach hM dann gegenüber dem Gericht oder der anderen Partei erfolgen kann, wenn

384 Thomas/Putzo/*Seiler* ZPO § 794 Rn. 9. Anwaltliche Vertretung des Dritten ist dabei selbst beim LG nach hM nicht nötig.

385 Vgl. Palandt/*Sprau* BGB § 779 Rn. 22 zur Frage, ob die Nichtigkeit des Grundgeschäfts auf den Vergleich durchschlägt oder nicht.

386 Beachten Sie, dass § 779 BGB nur bei Vergleichen gilt, die durch ein gegenseitiges Nachgeben gekennzeichnet sind. Fehlt es an einem Streit oder einer Ungewissheit oder findet kein gegenseitiges Nachgeben statt, dann liegt schon begrifflich kein Fall von § 779 BGB vor, vgl. BeckOK BGB/*Fischer* § 779 Rn. 3.

nichts Abweichendes vereinbart ist. Wegen des vertraglichen Charakters auch der Widerrufsfrist können Parteien über die Frist frei verfügen, ohne dass das Gericht mitwirken müsste (hM). Eine Wiedereinsetzung in die Widerrufsfrist nach § 233 ZPO ist nicht möglich (keine Notfrist!).

Klausurtipp: Häufig will eine Partei den Vergleich wegen Irrtums **anfechten**. Bezieht sich der Irrtum auf den als feststehend zugrunde gelegten Sachverhalt (**Vergleichsgrundlage**), so kommt eine Unwirksamkeit nach § 779 BGB in Betracht. Greift § 779 BGB nicht, sind ergänzende Vertragsauslegung, § 123 BGB und § 313 BGB möglich. § 119 II BGB scheidet dagegen aus (unbeachtlicher Motivirrtum). Bezieht sich der Irrtum auf einen streitigen Punkt, der gerade Gegenstand des Vergleichs war (**Vergleichsgegenstand**), ist § 119 II BGB ebenfalls ausgeschlossen (anders § 123 BGB), denn die Unklarheiten sollten ja gerade durch den Vergleich endgültig erledigt werden! § 779 BGB scheidet schon nach seinem Wortlaut aus. Hier kommt § 313 BGB infrage, der allerdings an der fehlenden Unzumutbarkeit scheitert. Der Irrtum ist nämlich in der Regel einseitiges Risiko.

Auch **§ 242 BGB** kann eine Rolle spielen, vor allem wenn bei **Abfindungsvergleichen** spätere Schäden geltend gemacht werden und die Berufung auf die Regelungen des Vergleichs schlichtweg unbillig ist.[387]

Beachten Sie, dass nur die materiellen Voraussetzungen eine Rolle spielen, wenn es sich um einen außergerichtlichen »Privat-«Vergleich handelt.

C. Fehlerfolgen beim Prozessvergleich

Ist der Vergleich **aus prozessualen Gründen unwirksam**, entfällt die den Prozess beendigende Wirkung. Der alte Prozess ist weiterzuführen, wobei gegebenenfalls der materielle Teil des Vergleichs bei Beurteilung der materiellen Rechtslage zu berücksichtigen ist (dies ist per Auslegung zu klären – Gesamtunwirksamkeit auch des materiellen Teils ist dabei wohl eher die Ausnahme). Einer neuen Klage kann der Beklagte die anderweitige Rechtshängigkeit entgegenhalten. Ist der Vergleich wegen **materieller Mängel von Anfang an** unwirksam (zB §§ 119 ff., 138, 779 BGB, Widerruf), entfällt grundsätzlich auch die prozessuale Seite. Mangels wirksamer Prozessbeendigung ist dann ebenfalls der alte Prozess weiterzuführen. Dies gilt in der Regel auch für die auf die anfängliche Unwirksamkeit gestützte klagweise Rückforderung der auf den Vergleich gezahlten Summe (aus Leistungskondiktion). In allen diesen Fällen war der Wurm sozusagen schon im Apfel drin, als der Vergleich geschlossen wurde. Die Parteien können in diesen Fällen aber übereinstimmend festlegen, dass sie das alte Verfahren als beendet ansehen. Das Gericht der neuen Klage darf dann nicht die Klage mit dem Hinweis auf die anderweitige Rechtshängigkeit des alten Prozesses als unzulässig zurückweisen. Der Einwand, aufgrund der anfänglichen Unwirksamkeit des Vergleichs müsse das Ursprungsverfahren fortgesetzt werden, ist zudem eine verzichtbare prozessuale Rüge, die wegen Präklusion nach §§ 296 III, 282 III ZPO zurückgewiesen werden kann.

Beachte: Wie wird der alte Prozess fortgeführt? Indem auf Antrag der Partei, die die anfängliche Unwirksamkeit des Vergleiches behauptet, das alte Gericht einen neuen Termin zur mündlichen Verhandlung bestimmt. Wer von den Parteien den Vergleich für wirksam hält, beantragt die Feststellung, dass der Prozess durch Vergleich beendet wurde – § 256 II ZPO – und stellt nur hilfsweise seine alten Sachanträge. Wer sich auf die Unwirksamkeit beruft, beantragt die Fortsetzung und stellt seine alten Sachanträge (und kann zusätzlich noch die Feststellung iSv § 256 II ZPO beantragen, dass der Prozess durch den Vergleich nicht beendet wurde). Der Richter prüft dann, ob der Vergleich anfänglich unwirksam ist (Zwischenurteil möglich, aber nicht zwingend – der Richter kann die Unwirksamkeit des Vergleiches auch im Endurteil inzident abhandeln, wenn der Rechtsstreit entscheidungsreif ist[388]), und entscheidet – wenn dies zutrifft – nur über die ursprünglichen Anträge, die natürlich nachträglich auch noch geändert werden können. Sollte der Vergleich wirksam sein, so ergeht ein (Feststellungs-)Endurteil mit dem Inhalt, dass der Rechtsstreit durch den Vergleich beendet ist. Das lief zuletzt in NRW im Oktobertermin 2017!

387 Palandt/*Grüneberg* BGB § 313 Rn. 44.
388 Ist der Rechtsstreit entscheidungsreif, darf der Richter sogar kein Zwischenurteil nach § 303 ZPO machen!

Anders verhält es sich bei Mängeln mit **Ex-nunc**-Wirkung bzw. bei Einwendungen aus nachträglichen Tatsachen (zB § 313 BGB, Rücktritt, Aufhebungsvertrag). Hier ist bei Streit über die Einwendung eine neue Klage zu erheben, der § 261 III Nr. 1 ZPO nicht entgegensteht, da das alte Verfahren beendet ist. Gleiches gilt, wenn es um die Schlechterfüllung der Pflichten aus einem Vergleich geht. In diesen Fällen kommt der Wurm erst später in den Apfel. So kann man sich das gut merken.

Merke: Der Prozessvergleich spielt auch bei § 767 ZPO eine extrem wichtige Rolle. Lesen Sie *Kaiser/Kaiser/Kaiser* Zwangsvollstreckungsklausur Rn. 11, 24.

3. Teil. Die wichtigsten zivilrechtlichen Nebengebiete

§ 1 Das Familienrecht, §§ 1297 ff. BGB

A. Einstieg

Nur in **Bayern, Baden-Württemberg, Hessen und (selten) auch in Sachsen** spielt das Familienrecht im Assessorexamen eine echte Rolle. Diesen Referendaren empfehlen wir unseren **Crash-Kurs zur Familienrechtsklausur im Assessorexamen und das dazugehörige spezielle Kursskript**. Um den Rahmen dieses Skriptes nicht zu sprengen, werden im Folgenden nur die Themen des Familienrechts aufgezeigt, welche die Referendare der zuerst genannten Bundesländer ohnehin können müssen und welche die restlichen Referendare als »geschuldetes Minimum« kennen sollten. Es handelt sich vor allem um die Problematik der unbenannten Zuwendung und um §§ 1357, 1362, 1365, 1369 BGB. **93**

B. Das Wichtigste in Kürze

I. Probleme im Rahmen der allgemeinen Ehewirkungen

Aus diesem Bereich sollten folgende Themen nicht unbekannt sein:

Problem: Wirkungen des § 1357 BGB (Verpflichtungsermächtigung des handelnden Ehegatten)

- Der andere Ehegatte wird automatisch mitverpflichtet/mitberechtigt. Dies gilt nur für **»Haushaltsgeschäfte« iSd § 1357 I 1 BGB**, dh bei Geschäften, die nicht typischerweise nur von beiden Ehegatten zusammen getätigt werden (dies ist dann genau zu prüfen!). Es stehen ganz viele Beispiele für derartige Geschäfte im Palandt!
- Der Vertragspartner erhält faktisch einen weiteren Vertragspartner: Ehegatten werden passiv Gesamtschuldner iSd §§ 421 ff. BGB und aktiv Gesamtgläubiger nach § 428 BGB.[389]
- Bei einer Inanspruchnahme darf der nicht tätig gewordene Ehegatte gem. § 417 BGB analog alle seinem Partner zustehenden **Einwendungen** gegen den Anspruch geltend machen und **Gestaltungsrechte** ausüben.[390]
- **§ 1357 BGB wirkt nicht für das dingliche Rechtsgeschäft.** Ein gemeinsamer Rechtserwerb kommt nur nach allgemeinen Grundsätzen in Betracht (zB über eine Stellvertretung auf dinglicher Ebene, vgl. → Rn. 95).
- Die Verpflichtung aus § 1357 BGB endet nicht automatisch durch eine spätere Trennung.

> **Beachte:** Beachten Sie, dass § 1357 BGB wegen § 8 II LPartG auch für Lebenspartner gilt, nach hM aber nicht auch für die nichteheliche Lebensgemeinschaft. Generell sollten Sie bei Klausuren, in denen eine eingetragene Lebenspartnerschaft vorkommt, einen Blick in das **LPartG** werfen.
> Eine **nichteheliche Lebensgemeinschaft** liegt grundsätzlich bei der auf Dauer angelegten Verbindung zwischen Mann und Frau zwecks gemeinsamer Lebensführung ohne Trauschein vor. Zur nichtehelichen Lebensgemeinschaft können Sie sich merken, dass nach der Rspr. die Vorschriften des Eherechts und auch des Erbrechts grundsätzlich nicht gelten. Dies wird mit dem besonderen Schutzauftrag des Staates aus Art. 6 GG begründet.

Problem: Die Eigentumsvermutung des § 1362 BGB

- Diese Vorschrift wird oft in der Zwangsvollstreckungsklausur relevant (in der Regel bei §§ 771, 766 ZPO).[391]

389 Palandt/*Brudermüller* BGB § 1357 Rn. 21 ff.; BGH NZFam 2018, 327 zum Abschluss/Kündigung eines Vollkaskovertrages.
390 Palandt/*Brudermüller* BGB § 1357 Rn. 22; Argument: Schutzwürdigkeit des Ehegatten.
391 *Kaiser/Kaiser/Kaiser* Zwangsvollstreckungsklausur Rn. 35 und 77.

- § 1362 I BGB kann auch bei sachenrechtlichen Klausuren eine Rolle spielen: Wenn ein Ehegatte einen Gegenstand iSv § 1362 I BGB an einen Dritten übereignet, so wird wegen der Vermutung des § 1362 I BGB vom Alleineigentümer erworben. Der Dritte muss sich also nicht tatsächliches (oder wegen § 1006 I BGB vermutetes) Miteigentum des anderen Ehegatten entgegenhalten lassen, es sei denn es liegt eine der Ausnahmen nach § 1362 I 2, II BGB vor. Der andere Ehegatte kann sich aber auf § 1006 II BGB berufen.
- Eine analoge Anwendung von § 739 ZPO und § 1362 BGB auf die nichteheliche Lebensgemeinschaft wird von der Rspr. abgelehnt.[392]

Problem: Die allgemeinen Wirkungen des Verlöbnisses als Vorstufe der Ehe

- Sollte es in Ihrer Klausur tatsächlich um die Geltung der allgemeinen Vorschriften (zB §§ 116 ff. BGB) oder um Rücktritt, Aufwendungen, Schadensersatz und Rückforderung bei Scheitern des Verlöbnisses gehen, finden Sie **alle relevanten Probleme im Palandt/** *Brudermüller* BGB Einf v § 1297 und in der Kommentierung zu § 1301 BGB.

II. Probleme aus dem ehelichen Güterrecht

94 Wenn nichts Abweichendes vereinbart oder eine Vereinbarung (zB Ehevertrag, §§ 1408, 1410 BGB) wirksam angefochten worden ist, gelten die Regeln der **Zugewinngemeinschaft** nach §§ 1363 ff. BGB für die Ehegatten (sog. gesetzlicher Güterstand). Hierzu sollten §§ 1365, 1369 BGB bekannt sein.

Zu §§ 1365, 1369 BGB (erstmal bitte die Normen lesen!) sollten Sie Folgendes wissen:

- §§ 1365, 1369 BGB sind **absolute Verfügungsverbote**, die auch bei Gutgläubigkeit nicht überwunden werden können. Sie gelten auch bei Getrenntleben der Ehegatten und **erfassen sowohl das Verpflichtungs- als auch das Verfügungsgeschäft**. Die Zustimmung (und Genehmigung) kann auch konkludent erteilt werden.
- § 1369 BGB erstreckt sich nicht nur auf **Haushaltsgegenstände**, die im Eigentum des verfügenden Ehegatten liegen, sondern (erst recht) auch auf die dem anderen gehörenden Gegenstände. Derartige Verfügungen scheitern aber bei beweglichen Sachen in der Regel schon an § 935 BGB, wenn der andere Ehegatte Mitbesitzer war.
- § 1365 BGB greift auch, wenn nur einzelne Gegenstände veräußert (oder wertausschöpfend mit Grundpfandrechten belastet) werden, die so gut wie das ganze Vermögen ausmachen (ca. 85–90%), dies aber nur, wenn der Vertragspartner von dieser Tatsache im Zeitpunkt des Verpflichtungsgeschäftes Kenntnis hat (**subjektive Einzeltheorie**). Beweislast für die Kenntnis: derjenige, der sich auf die Wirkungen des § 1365 BGB beruft.
- Bei Verstoß gegen §§ 1365, 1369 BGB kann der andere Ehegatte das Geschäft genehmigen oder dies verweigern. Bis dahin ist es schwebend unwirksam, §§ 1366, 1369 III BGB. Eine Zustimmung nur zum Verpflichtungsgeschäft deckt auch die spätere Verfügung und umgekehrt. Verweigert er die Genehmigung, kann auch er gem. §§ 1368, 1369 III BGB aus den einschlägigen Anspruchsgrundlagen, insbesondere §§ 985, 894, 812 I 1 Alt. 1 BGB, das fremde Recht im eigenen Namen geltend machen und die Zuwendung zurückfordern. (**Revokationsrecht = gesetzliche Prozessstandschaft,** also in Zulässigkeit der Klage ansprechen!). Der Antrag muss in der Regel – wie grundsätzlich bei Prozessstandschaften – auf Leistung an den Eigentümer-Ehegatten lauten, ansonsten wäre die Klage unbegründet. Die Zustimmungsverweigerung begründet im Innenverhältnis der Ehegatten grundsätzlich keine Schadensersatzpflicht.[393]
- Wird die Unwirksamkeit nach §§ 1365, 1369 BGB geltend gemacht, kann der Beklagte **kein Zurückbehaltungsrecht** wegen Aufwendungen auf die fremde Sache oder wegen des gezahlten Kaufpreises nach §§ 273, 812 I 1 Alt. 1 BGB geltend machen (Argument: keine Umgehung der §§ 1365, 1369 BGB, Vorrang des Familienschutzes).[394]
- Gestützt auf § 812 I 1 Alt. 1 BGB kann der durch §§ 1365, 1369 BGB benachteiligte Vertragspartner natürlich den gezahlten Kaufpreis vom Empfänger zurückverlangen. Bei einer

---

392 *Kaiser/Kaiser/Kaiser* Zwangsvollstreckungsklausur Rn. 77 mwN.
393 OLG Hamm MDR 2011, 1477.
394 Palandt/*Brudermüller* BGB § 1368 Rn. 3.

Täuschung des handelnden Ehegatten über die familienrechtliche Situation steht ihm außerdem ein Schadensersatzanspruch aus § 823 II BGB iVm § 263 StGB, § 826 BGB und §§ 311 II, 241 II, 280 BGB/c.i.c. auf Ersatz des negativen Interesses zu.

Wenn der Güterstand der Ehegatten beendet wird, kann es zu einem Wirksamwerden des nach §§ 1366, 1369 BGB schwebend unwirksamen Geschäfts kommen (sog. **Konvaleszenz**), wenn der Zustimmungsberechtigte stirbt.

Beachte: Das Revokationsverfahren nach § 1368 BGB ist Familiensache, weil es zu den Streitigkeiten aus dem ehelichen Güterrecht zählt, vgl. § 111 Nr. 9 FamFG.

III. Probleme im Zusammenhang mit der Scheidung der Ehe

95

Die materiellen Voraussetzungen der Scheidung sind in §§ 1564 ff. BGB aufgeführt, die Verfahrensfragen sind in §§ 113, 124 ff. FamFG geregelt. Klausurrelevant ist vor allem eine Situation, in der die Ehe zwar gescheitert aber noch nicht geschieden wurde (bei Scheidung werden Zuwendungen im Rahmen des Zugewinnausgleichs mitgeregelt). Hier ergibt sich nämlich das Problem des **Ausgleichs von sog. unbenannten Zuwendungen**. Dies sind solche Vermögensübertragungen, die als Beitrag eines Ehegatten zur Verwirklichung und Ausgestaltung der ehelichen Lebensgemeinschaft (»um der Ehe willen«) getätigt werden, wobei der Zuwendende die Vorstellung hegt, dass die Ehe Bestand habe und er innerhalb dieser Gemeinschaft am Vermögenswert und dessen Früchten weiter teilhaben werde. Die Zuwendung eines Vermögenswerts, die der Absicherung des anderen Partners für den Fall dienen soll, dass der Zuwendende während des Bestands der Lebensgemeinschaft verstirbt, ist ebenfalls in der Regel eine unbenannte Zuwendung.[395] Nach dem Scheitern der Ehe möchte der »gebende« Ehegatte diese Zuwendung nun ausgeglichen haben. Hinter der unten geschilderten Rspr. steckt der Wille, dass derartige Zuwendungen **grundsätzlich nicht auszugleichen sind**. Beachten Sie, dass solche Streitigkeiten – außer bei der nichtehelichen Lebensgemeinschaft – bei Ehegatten, Verlobten, Lebenspartnerschaften und Schwiegereltern[396] grundsätzlich Familiensachen sind, §§ 266 ff., 111 ff. FamFG.

Merke: Wo steht das alles im Palandt? Für Ehegatten bei § 313 Rn. 50 ff. und § 1372 Rn. 2 ff. und für die nichteheliche Lebensgemeinschaft in der Einleitung zu § 1297 Rn. 29 ff. Ein jeweiliges super Mini-Skript im Palandt!

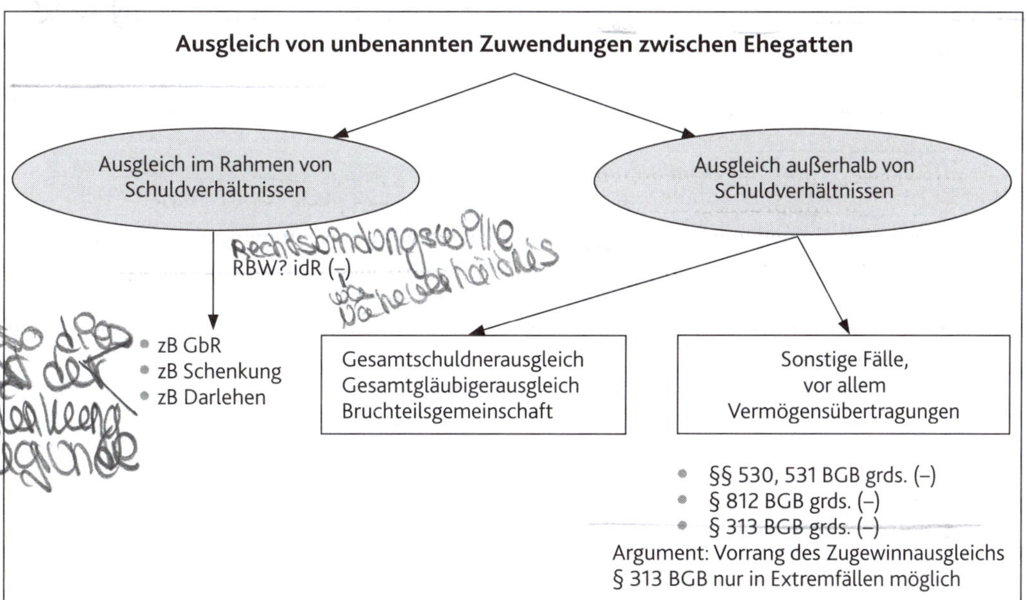

395 BGH NJW 2014, 2638 ff.
396 BGH NJW 2017, 2619 ff.: weite Auslegung der »sonstigen Familiensache« iSv § 266 I Nr. 3 FamFG!

Problem: Mögliche Ausgleichsansprüche nach Scheitern der Ehe bei Zugewinngemeinschaft

- Ein Anspruch aus **Vertrag** ist möglich, in der Regel fehlt aber aufgrund des Näheverhältnisses der Rechtsbindungswille.
- Ein **Anspruch aus GbR** (konkludente Ehegatteninnengesellschaft) nach §§ 723, 730 ff., 738 BGB analog[397] ist möglich, wenn mit der Zuwendung ein über die Ehe (»Tisch und Bett«) hinausgehender Zweck verfolgt wurde. Nach der restriktiven Rspr. entsprechender Rechtsbindungswille in der Regel nur bei Schaffung gemeinsamer erheblicher Vermögenswerte sowie gleichberechtigter Teilhabe beider Ehegatten daran. Daher: Anspruch in der Regel (–) mangels Rechtsbindungswillen.
- **GoA** in der Regel (–), Ehe = »sonstige Berechtigung« iSv § 677 BGB; außerdem eigenes Geschäft ohne Fremdgeschäftsführungswillen.
- Ein Ausgleichsanspruch aus **§ 426 I BGB** kommt in Betracht, wenn ein Ehegatte zB die gemeinsame Miete allein zahlt oder den gemeinsam aufgenommenen Kredit an die Bank allein zurückführt.
  - (–) bei Zahlungen während des Zusammenlebens, da durch Ehe in der Regel *»etwas anderes bestimmt«* ist.
  - Anders für Zahlungen auf nach dem Scheitern der Ehe fällig gewordene Ansprüche, da dann das Gegenseitigkeitsverhältnis der Ehegatten nicht mehr besteht und der Ausgleichsanspruch wieder auflebt. Aus Wertungsgesichtspunkten kann aber auch hier ein Ausgleich entfallen (zB Kredit wurde nur von demjenigen, der ihn zurückgezahlt hat, genutzt).[398]
  - Wenn keine Gesamtschuldnerschaft vorliegt (zB Kredit wurde nur von einem Ehepartner aufgenommen), dann sind Ausgleichsansprüche (GoA, sogar § 426 I BGB analog bei konkludenter Innen-Gesamtschuldnerabrede) für Zahlungen während des Zusammenlebens ebenfalls in der Regel ausgeschlossen, danach aber möglich.[399]
- Ein Ausgleichsanspruch aus **Gesamtgläubigerschaft nach §§ 428, 430 BGB** ist vor allem anerkannt, wenn bei sog. **Oder-Konten** ein Ehegatte nach dem Scheitern/der Trennung mehr abhebt als ihm eigentlich zusteht. Den Ausgleich beim Einzelkonto nur eines Ehegatten, auf welches beide Einzahlungen vornehmen, regelt der BGH über §§ 741, 742, 749 BGB, wenn nach dem Willen der Parteien die Ersparnisse beiden zugute kommen sollen.[400]
- Bei **Stellung von Sicherheiten** (zB Hypothek, Grundschuld, Schuldbeitritt) für Schulden des Ehepartners wird von der Rspr. im Innenverhältnis der Ehegatten in der Regel Auftragsrecht angewendet. Die Rückforderung stellt die Kündigung iSd § 671 II, III BGB dar, sodass der Ehegatte nach §§ 670, 257 BGB Freistellung verlangen kann.[401] Dieser Anspruch unterliegt jedoch Einschränkungen, die sich als Nachwirkung der Ehe sowie nach Treu und Glauben ergeben (zB statt sofortige Freistellung als »Minus« Tilgungsplan).
- §§ 530, 812 I 2 Alt. 1 BGB (–), **unbenannte Zuwendungen unter Ehegatten sind keine Schenkung,** da keine Unentgeltlichkeit vorliegt (Leistung erfolgt *»um der Ehe willen«*).
- § 812 I 1 Alt. 1 BGB ebenfalls (–), da »ehebezogene Geschäft eigener Art« bzw. ein konkludenter **»familienrechtlicher Kooperationsvertrag** *sui generis*« Rechtsgrund ist.[402] Zudem greift § 814 BGB.
- § 812 I 2 Alt. 1 BGB (–): Der familienrechtliche Vertrag *sui generis* ist nicht auflösend bedingt und fällt nach der Trennung nicht für die Vergangenheit weg.[403] Außerdem ist der Zugewinnausgleich vorrangig.
- § 812 I 2 Alt. 2 BGB (–): Fortbestand der Ehe nur einseitiges Motiv, zudem Zugewinnausgleich vorrangig.

---

397 Analog deshalb, da die reine Innengesellschaft idR kein eigenes Gesellschaftsvermögen hat, welches nach §§ 730 ff. BGB auseinandergesetzt werden könnte. In der Praxis werden die GbR-Normen hier oft auch direkt angewendet, was jedoch unsauber ist.

398 Palandt/*Grüneberg* BGB § 426 Rn. 10 ff.

399 BGH MDR 2015, 515 f.; NJW 1981, 1502 f.; OLG Hamm NJOZ 2013, 1962 ff.

400 BGH NJW 2002, 3702 f.

401 Palandt/*Brudermüller* BGB § 1372 Rn. 10; BGH MDR 2015, 466 ff.

402 Palandt/*Grüneberg* BGB § 313 Rn. 50 mwN; *Halfmeier* JA 2008, 97 ff.

403 MüKoBGB/*Schwab* § 812 Rn. 485 mwN; OLG Nürnberg JuS 2006, 849 ff.

- **§ 313 BGB** ist anwendbar, da durch das Scheitern die eheliche Gemeinschaft als Geschäftsgrundlage des familienrechtlichen Vertrags *sui generis* weggefallen ist. Trotzdem wird § 313 BGB in der Regel wegen des **Vorrangs des Zugewinnausgleichs (Ausschließlichkeitsprinzip)** verneint. Dies soll nach der Rspr. nur anders sein, wenn durch besondere Umstände die güterrechtliche Lösung nicht tragbar wäre (*»extremer Ausnahmefall«*?). Diese Voraussetzungen sollten Sie nur restriktiv bejahen. Wenn zwischen den Ehegatten **Gütertrennung** vereinbart wurde und ein Zugewinnausgleich daher gar nicht stattfindet, ist ein Ausgleich über § 313 BGB eher möglich. § 313 BGB greift aber auch hier nur dann, wenn die Beibehaltung der Zuwendung unzumutbar ist.[404] Ist § 313 BGB anwendbar, dann richtet sich die Höhe des Anspruches nach den Umständen des Einzelfalls (Umfang der Zuwendung, Dauer der Ehe, noch vorhandene Vermögensmehrung beim Schuldner, Vermögensverhältnisse der Parteien etc.).

Beachte: Eine Vermögensübertragung zwischen Eheleuten kann auch eine **Schenkung nach §§ 516 ff. BGB darstellen**, wenn gerade keine ehebezogene Zuwendung vorliegt.[405] Die Eheleute können auch einen Vertrag schließen, wenn sie Rechtsbindungswillen haben. Gleiches gilt natürlich für die Lebenspartnerschaft und die nichteheliche Lebensgemeinschaft.

Auch bei Vermögensverschiebungen zwischen Partnern einer **Lebenspartnerschaft** nach dem LPartG gelten die oben genannten Grundsätze zum Ausgleichsanspruch unter Ehegatten (Vorrang der Zugewinngemeinschaft, § 6 LPartG).

Klausurtipp: Eine unbenannte Zuwendung setzt stets die Übertragung von Vermögenssubstanz voraus. Bei erbrachten **Arbeitsleistungen für den anderen Ehegatten** (zB Arbeiten am Haus des Ehegatten oder für dessen Betrieb) handelt es sich also schon begrifflich nicht um unbenannte Zuwendungen. In einigen Klausuren möchte ein Ehegatte nun derartige Arbeitsleistungen vom anderen vergütet bekommen. Der Witz ist, dass die Rspr. diese Fälle **nach denselben Grundsätzen** wie beim Ausgleich unbenannter Zuwendungen (dh Vertrag, GbR, Schenkung, GoA, §§ 812, 313 BGB sind wie oben zu prüfen) löst, obwohl – und da müssen Sie in der Klausur auf Ihre Formulierungen achten! – gerade keine solche unbenannte Zuwendung vorliegt.[406] Gleiches gilt bei Arbeitsleistungen von Lebenspartnern oder bei einer nichtehelichen Lebensgemeinschaft (s. dazu unten).

Anders löst neuerdings die Rspr. die Fälle von **Zuwendungen durch Schwiegereltern**. Die Grundsätze zum Ausgleich unbenannter Zuwendungen gelten hier nicht. Es kann sich dann entweder zB um Darlehen oder echte Schenkungen handeln, für die die jeweiligen Vorschriften anzuwenden sind. Auch hier kann natürlich ein Fall von § 313 BGB vorliegen (super kommentiert bei Palandt/*Grüneberg* BGB § 313 Rn. 53).

Problem: Ausgleichsanspruch nach Scheitern der Verlobung

- Zunächst prüfen Sie §§ 1298 ff. BGB, von Belang sind insbesondere § 1298 und § 1301 BGB.
- Ansonsten gilt die zum Ausgleich nach Scheitern der Ehe dargestellte Prüfung der Anspruchsgrundlagen ebenfalls. Der Zuwendung während der Verlobungszeit liegt dann ein **stillschweigender Kooperationsvertrag** zwischen den Verlobten zugrunde (entspricht dem »familienrechtlichen Kooperationsvertrag« bei der Ehe).[407] Durch die Auflösung der Verlobung fällt die zukünftige Ehe als Geschäftsgrundlage dieses Kooperationsvertrags weg, sodass § 313 BGB eingreifen kann. Der Zugewinnausgleich sperrt nicht, da es bei Verlobten keinen gibt.

404 Palandt/*Grüneberg* BGB § 313 Rn. 52 mwN.

405 **Eine Schenkung liegt vor, wenn** die Zuwendung unentgeltlich im Sinne echter Freigiebigkeit erfolgt und nicht an die Erwartung des Fortbestehens der Ehe geknüpft, sondern zur freien Verfügung des Empfängers geleistet wird.

406 BGH NJW 1999, 2962; FamRZ 1994, 1167 ff.; *Jobst* JA 2014, 659 ff. mwN.

407 OLG Hamm FamRZ 1983, 494; BGHZ 115, 261 ff. = NJW 1992, 427.

Problem: Ausgleichsanspruch unbenannter Zuwendungen nach dem Scheitern einer nichtehelichen Lebensgemeinschaft

- Hier ist – soweit es um Beiträge zur Aufrechterhaltung der Gemeinschaft (unbenannte Zuwendungen) geht – grundsätzlich wie bei der Ehe davon auszugehen, dass derartige Leistungen nicht gegeneinander aufgerechnet bzw. vergütet werden. Daher werden von der Rspr. auch hier die **oben** zum Ausgleich von unbenannten Zuwendungen unter Ehegatten **dargestellten Anspruchsgrundlagen** mit praktisch identischen Erwägungen **geprüft und in der Regel abgelehnt**.
- Durch die Auflösung der nichtehelichen Lebensgemeinschaft fällt die gemeinsame Lebensgemeinschaft als Geschäftsgrundlage der nichtehelichen Lebensgemeinschaft weg, sodass jedoch **§ 313 BGB** eingreifen könnte. Nachdem der BGH bislang einen Ausgleich nach § 313 BGB strikt abgelehnt hatte (Argument: die persönlichen Beziehungen stehen derart im Vordergrund, dass sie auch das die Gemeinschaft betreffende vermögensmäßige Handeln der Partner bestimmen, daher keine Rechtsgemeinschaft), hat sich die **Rspr. zur nichtehelichen Lebensgemeinschaft mittlerweile geändert:** Ansprüche aus *condictio ob rem* und aus § 313 BGB kommen bei Zuwendungen in Betracht, die **deutlich über** *»das übliche Maß«*, **dh über das hinausgehen,** *»was das tägliche Zusammenleben erst ermöglicht«*. Für die *condictio ob rem* ist dann der Beweis einer konkreten Zweckvereinbarung über das bloße Zusammenleben hinaus erforderlich (in der Regel nicht zu beweisen!), für § 313 BGB die Unzumutbarkeit der Beibehaltung der Vermögenslage.[408] Dies gilt nach der Rspr. sowohl für unbenannte Zuwendungen als auch für die eigene Arbeitsleistung um der nichtehelichen Lebensgemeinschaft willen. Mit dem Tod des Zuwendenden können Ausgleichsansprüche (durch die Erben) aus § 313 BGB oder § 812 BGB allerdings nicht begründet werden, denn die Lebensgemeinschaft (gilt für nichteheliche Lebensgemeinschaft und Ehe!) ist dann nicht gescheitert, sondern hat mit dem Tod ihr natürliches Ende gefunden.[409] Der Zweck einer lebenslangen Teilhabe ist erfüllt. Ein toller kleiner Übungsfall dazu ist LG Köln FamRZ 2018, 194.

408 Wenn eine *condictio ob rem* bejaht wird, dürfte allerdings § 313 BGB ausscheiden. Denn wenn der weggefallene Zweck vereinbart ist, kann er nicht gleichzeitig Geschäftsgrundlage sein, so *Henke/Keßler* JuS 2011, 583 ff.

409 BGH NJW 2013, 2025 ff.; 2010, 998 ff. Schöne Übungsklausur dazu von *Jobst* JA 2014, 659 ff.

§ 2 Das Erbrecht, §§ 1922 ff. BGB

A. Einstieg

Auch hier gilt Ähnliches wie zum Familienrecht: **Reine Erbrechtsklausuren kommen praktisch nur in Bayern, ab und zu in Baden-Württemberg und vereinzelt in Sachsen vor.** In den übrigen Bundesländern gehört das Erbrecht zwar zum Prüfungsstoff, reine Erbrechtsklausuren sind – nimmt man die letzten Jahre Ringtausch der LJPAs als Maßstab – dennoch selten. Wie sorgfältig Sie die nachfolgenden Ausführungen zum Erbrecht durcharbeiten, hängt also davon ab, wo Sie Ihr Examen schreiben und wie groß Ihr Mut zur Lücke ist. Im Übrigen gilt hier: Für Erbrecht muss man kein Einstein sein! Es ist im BGB sehr umfangreich geregelt, und es lassen sich viele Klausurfragen durch einfache Subsumtion unter die korrekten Normen lösen, ohne auf irgendwelche Rspr.-Grundsätze zurückgreifen zu müssen, die man sich vorher umständlich eingeprägt hat. Das ist anders als im Schuldrecht! Für die Bayern, Baden-Württemberger und Sachsen **empfehlen wir unseren Crash-Kurs zur erbrechtlichen Klausur im Assessorexamen** und das **kursbegleitende umfangreichere Spezialskript**. 96

B. Das Wichtigste in Kürze

I. Gesetzliche Erbfolge, gewillkürte Erbfolge und »Basics« zum Testament

Die **gewillkürte Erbfolge** hat **Vorrang** vor der gesetzlichen, § 1937 BGB. Nur wenn der Erblasser seine erbrechtliche Nachfolge nicht, nicht vollständig oder nicht wirksam geregelt hat, greift die gesetzliche Erbfolge ein. Das ist juristisches Standardwissen. Falls es bei Ihnen nach hinten gerutscht ist, jetzt eine kleine Wiederholung: 97

Prüfungsschritte bezüglich der Erbfolge

1. **Wirksame gewillkürte Erbfolge**
   - Auslegung der letztwilligen Verfügung: Was hat Erblasser gemeint/verfügt?
   - Wirksamkeit der (gegebenenfalls ausgelegten) letztwilligen Verfügung prüfen
     - zB Testament: §§ 2229 ff., 2064 f., 2247 BGB
     - zB Gemeinschaftliches Testament: §§ 2265 ff. BGB
     - zB Erbvertrag: §§ 1941, 2274 ff. BGB
   - Kein Widerruf oder Anfechtung, §§ 2253 ff., 2078 ff., 2290 ff., 2281 ff. BGB
   - Keine Ausschlagung, §§ 1942 ff. BGB
2. **Gesetzliche Erbfolge**
   - §§ 1924 ff. BGB: Erbfolge nach Ordnungen, gegebenenfalls zusätzlich Ehegatte nach § 1931 BGB

Bei der **gesetzlichen Erbfolge** erben grundsätzlich die Verwandten des Erblasser, jeweils aber differenziert nach dem Grad der Verwandtschaft, §§ 1924 ff. BGB. Dabei schließen die Verwandten der vorhergehenden Ordnung (dh die näheren Verwandten) die Verwandten der späteren Ordnung (dh die entfernteren Verwandten) von der Erbfolge aus (1. Ordnung schlägt 2. Ordnung, 2. Ordnung schlägt 3. Ordnung etc.). Die Ordnungen sind in §§ 1924 ff. BGB geregelt (dann Blick ins Gesetz!). Ist der Erblasser verheiratet, tritt neben das gesetzliche Verwandtenerbrecht das **Erbrecht des Ehegatten**, § 1931 BGB. Dessen gesetzlicher Erbteil ist davon abhängig, neben wem er Erbe ist. Sein Erbteil kann sich je nach Güterstand der Ehegatten nochmals erhöhen, vgl. § 1931 IV, III iVm § 1371 BGB. Das gesetzliche Ehegattenerbrecht ist unter den Voraussetzungen des § 1933 BGB ausgeschlossen.[410] Beachten Sie dann auch die Regelung in § 2077 BGB bei letztwilligen Verfügungen.

410 Achtung: Hier könnte über § 1933 BGB eine Inzidentprüfung der Voraussetzungen einer Scheidung nach §§ 1565 ff. BGB erfolgen!

Klausurtipp: Ein von den LJPAs gern in Klausuren eingebauter Vortrag ist, dass die **Erbenstellung ja bereits durch den erteilten Erbschein feststehe**. Ist das so? Erst nachdenken, dann Fußnote lesen![411]

Beachte: Das Erbrecht des Lebenspartners ist über **§§ 6 ff. LPartG** im Wesentlichen dem Erbrecht des Ehegatten gleichgestellt worden. Dies gilt nach hM aber **nicht für den Partner einer nichtehelichen Lebensgemeinschaft**. Auf diesen ist nur § 1969 BGB anwendbar, sonst muss er letztwillig als Erbe eingesetzt werden.

Wie kann das alles in Klausuren vorkommen? Einstieg ist oft die **Feststellungsklage** hinsichtlich der Erbenstellung nach § 256 ZPO (Erbscheinsverfahren nicht vorrangig, weil dort über Erbrecht nicht rechtskräftig entschieden wird, s. oben), eine **Stufenklage** nach §§ 2018 ff. BGB iVm § 254 ZPO oder **Herausgabeklage** des Erben nach §§ 1922, 985 BGB bei einzelnen Gegenständen. Inzident geht es dann immer um die Frage, wer nun Erbe ist. Denken Sie in der Zulässigkeit der Klage an **§ 27 ZPO** (lesen!).

Bevor geprüft werden kann, ob ein Testament wirksam ist und wie es gegebenenfalls beseitigt werden kann, sollten die im Testament getroffenen letztwilligen Verfügungen inhaltlich ausgelegt werden (**Auslegung vor Angriff**).

Problem: Grundsätze zur Auslegung einer letztwilligen Verfügung

- Nach § 133 BGB ist grundsätzlich **nur der Erblasserwille** relevant und nicht der objektive Empfängerhorizont (Hintergrund: im Erbrecht zählt Erblasserwille, nicht Vertrauensschutz des Rechtsverkehrs).
- Nach dem BGH ist der wirkliche (oder subsidiär der mutmaßliche) Wille des Erblassers anhand der von ihm gewählten Worte und **auch anhand sämtlicher sonstiger Umstände** zu erforschen. Daher können auch sonstige Schreiben oder Äußerungen des Erblassers oder sein Sprachgebrauch wichtig werden (hilfreiche Beispiele im Palandt bei § 2084 BGB!). Das durch Auslegung Ermittelte muss dabei stets zumindest ansatzweise/zwischen den Zeilen in der Verfügung angedeutet sein (sog. **Andeutungstheorie** der Rspr. als Grenze der Auslegungsmöglichkeit).[412]
- Führt die individuelle Auslegung der letztwilligen Verfügung zu keinem Ergebnis, können die speziellen gesetzlichen Auslegungsregeln der §§ 2087, 2077, 2066 ff. BGB herangezogen werden. Beachten Sie hierbei insbesondere **§ 2087 I, II BGB**, der die Frage der Erbeinsetzung zum Gegenstand hat, wenn der Bedachte lediglich einzelne Gegenstände zugewendet bekommen hat. Gerade bei Testamenten juristischer Laien wird entgegen dem Wortlaut von § 2087 II BGB bei der Zuwendung von Einzelgegenständen aber aufgrund individueller Auslegung des Testaments nicht selten eine Erbeinsetzung zu sehen sein. Jedoch kommt es stets auf den Einzelfall an, insbesondere auf den Willen des Erblassers und das Werteverhältnis der zugewendeten Gegenstände.
- Ist der Wille nicht hinreichend bestimmt und per Auslegung zu ermitteln, ist die Verfügung unwirksam.

Problem: Welche Anordnung hat der Erblasser mit der letztwilligen Verfügung getroffen?

- Enterbung, **§ 1938 BGB** (dann nur Pflichtteil), oder Enterbung plus Pflichtteilsentzug, **§ 2333 BGB.**
- Bestimmung von Ersatzerben, §§ 2096 ff. BGB
- Anordnung von **Vor- und Nacherbenschaft**, §§ 2100 ff. BGB (beide sind Rechtsnachfolger des Erblassers und zwar hintereinander, hier sind vor allem die Verfügungsbeschränkungen des Vorerben nach §§ 2112 ff. BGB wichtig)

---

411 Natürlich nicht. Entscheidungen im Erbscheinsverfahren haben keine Rechtskraft bzgl. der Erbenfeststellung, was sich bereits aus § 2361 BGB ergibt (ein falscher Erbschein kann eingezogen werden). Auch die öff. Urkundsbeweisregeln nach §§ 415 ff. ZPO gelten hier nicht, da der Erbschein keine von einer Behörde abgegebene Erklärung enthält. **Vor allem in Bayern kommt diese Thematik in schöner Regelmäßigkeit!**

412 Palandt/*Weidlich* BGB § 2084 Rn. 4; BGH NJW 1985, 1555; OLG Düsseldorf MDR 2012, 231 f.

- Einsetzung als **Vollerbe und Schlusserbe** (hier werden die Kinder bezüglich des Vorversterbenden enterbt)
- **Vermächtnis,** §§ 1939, 2147 ff. BGB: Vermächtnisnehmer erhält in einem Testament gegen den Beschwerten/Erben einen schuldrechtlichen Anspruch aus §§ 2147, 2174 BGB
  - Die Kenntnis des **Abgrenzungsklassikers Vermächtnis – Erbeneinsetzung** ist ein »Muss«. Dieses Problem stellt sich vor allem, wenn der Bedachte nur bestimmte Gegenstände erhalten soll.
  - Die Abgrenzung erfolgt per Auslegung der letztwilligen Verfügung: Soll der Bedachte unmittelbar Rechte am Gesamtnachlass (Aktiva und Passiva?) haben oder nur einen schuldrechtlichen Anspruch gegen den beschwerten Erben? Wie ist das Wertverhältnis der Zuwendung im Verhältnis zum Gesamtnachlass? Welche sonstigen Umstände lassen auf einen entsprechenden aus der Urkunde hervorgehenden **Willen der Erbeinsetzung** schließen?
  - Hat die Auslegung ergeben, dass ein Vermächtnis vorliegt, so ergab sich die Lösung weiterer Klausurprobleme in aller Regel aus der Lektüre des Gesetzes. Kein Sonderwissen erforderlich!
- **Auflage,** §§ 1940, 2192 ff. BGB (Beschwerter/Erbe wird verpflichtet, an einen Dritten zu leisten, zB Erbe soll monatlich 10 EUR an das Tierheim zahlen; der Dritte hat kein eigenes Forderungsrecht)
- **Teilungsanordnung,** § 2048 BGB (Bestimmung, wie der Nachlass zwischen den Erben im Rahmen der Miterbenauseinandersetzung nach §§ 2042 ff. BGB aufgeteilt werden soll). Die zugewiesenen Gegenstände werden dabei auf die Erbquote angerechnet. Der Miterbe hat bei einer überquotalen Teilungsanordnung zu seinen Gunsten den Mehrwert durch Zahlung an die Miterben auszugleichen. In Klausuren ist dann fast immer eine **Abgrenzung zum Vorausvermächtnis** nach § 2150 BGB (einklagbarer schuldrechtlicher Individualanspruch des Erben) nötig: Hier findet keine Anrechnung statt, den Gegenstand des Vorausvermächtnis erhält der Empfänger vorab zusätzlich zur Erbquote, ohne dass eine Ausgleichspflicht besteht. Wie immer ist durch Auslegung der Wille des Verfügenden zu ermitteln (bei einseitigem Begünstigungswillen zugunsten des Erben: eher Vorausvermächtnis; bei Wille zur gleichmäßigen Behandlung der Erben: eher Teilungsanordnung).
- Anordnung der **Testamentsvollstreckung,** §§ 2197 ff. BGB
- Letztwillige Verfügungen können auch **bedingt** werden, vgl. §§ 2074 f. BGB.

Klausurtipp: Das Vermächtnis ist von der **Schenkung von Todes wegen** iSv § 2301 BGB abzugrenzen, da beide Rechtsinstitute sich ähneln: Der Bedachte erhält mit dem Erbfall einen schuldrechtlichen Übereignungsanspruch gegen den Erben. Dabei kommt es auf den Willen des Erblassers an: Will dieser sich nicht fest binden, liegt in der Regel ein Vermächtnis vor (dieses kann jederzeit nach §§ 2253 ff. BGB widerrufen werden). Bei § 2301 BGB tritt dagegen schon zu Lebzeiten des Erblassers eine Bindung ein. Zu beachten ist stets die für das Schenkungsversprechen erforderliche im Vergleich zum Vermächtnis (Schriftform, § 2247 BGB) noch strengere Form der §§ 2301 I, 2276 BGB (notarielle Beurkundung, zu § 2301 BGB → Rn. 90).

Problem: Examensprobleme zur Prüfung der Wirksamkeit des Testaments

- § 2229 BGB: Testierfähigkeit des Erblassers (gegebenenfalls per Beweisaufnahme zu klären!)
- § 2064 BGB: Höchstpersönlichkeit der letztwilligen Verfügung (dh keine Stellvertretung möglich!)
- § 2065 BGB: **Verbot der Fremdbestimmung** bezüglich Gültigkeit der letztwilligen Verfügung oder bezüglich des Bedachten (hiervon gibt es aber eng begrenzte Ausnahmen – in der Klausur mit Palandt arbeiten!)
- §§ 2231, **2247** BGB: **Eigenhändig geschrieben und unterschrieben.** Hier kommen gegebenenfalls Spezialfragen zur Einhaltung der Form des § 2247 BGB, die man stets im Palandt fand. Nix lernen, dafür gibt es den Palandt! Zu den weiteren Sonder-Testamenten in §§ 2232, 2249 ff. BGB (Notar, Nottestament etc.) gibt es kaum Klausuren.

- § 134 BGB iVm § 14 HeimG: Diese Vorschriften werden vor allem bei der Erbeinsetzung des Pflegeheims oder des Pflegepersonals durch Heiminsassen relevant (Einzelheiten im Palandt bei § 134 Rn. 19!).
- § 138 I BGB: Nur in Ausnahmefällen zu bejahen (Argument: Testierfreiheit). Bei **Geliebtentestamenten** soll die Sittenwidrigkeit nur bei einer »Hergabe ausschließlich für die sexuelle Hingabe« vorliegen.
- Keine Beseitigung des Testaments durch
  - **Widerruf, §§ 2253 ff. BGB** (Widerrufstestament, Vernichtung; Einschränkung durch § 2271 I BGB beachten!). Beachten Sie, dass der Widerruf eines Testaments durch einen Dritten iSv § 2255 BGB (zB Dritter zerreißt das Testament) zulässig ist, wenn dieser im Auftrag und mit Willen des Erblassers handelt.
  - **Anfechtung, §§ 2078 ff. BGB und §§ 2281 ff. BGB.** Der Erblasser kann das Testament nicht anfechten, da er nach §§ 2253 ff. BGB widerrufen kann. Anders ist dies nach §§ 2281 ff. BGB bei Erbverträgen. Zu § 2285 BGB lesen die vom Erbrecht betroffenen Referendare bei ausreichend Zeit BGH NJW 2016, 2566 ff.

Eine Sonderform des Testaments stellt das sog. **gemeinschaftliche Testament** zwischen Ehegatten dar, das in §§ 2265 ff. BGB geregelt ist. Die klassische Form des gemeinschaftlichen Testaments ist das sog. **Berliner Testament**, bei dem sich die Ehegatten gegenseitig als Erben des Vorverstorbenen einsetzen (**§ 2269 BGB**). In Berlin war um 1900 diese Form bei wohlhabenden Familien üblich, daher der Name. Ein gemeinschaftliches Testament kann auch durch zwei getrennte Einzelverfügungen zustande kommen.[413] Zur **Umdeutung** eines unwirksamen gemeinschaftlichen Testaments in ein Einzeltestament hat es in letzter viel aktuelle Rspr. gegeben (kam prompt im Mai 2018!). Bitte arbeiten Sie hier im Klausurfall mit dem Palandt/*Weidlich* BGB § 2265 Rn. 3, dafür ist er da. Steht alles schön drin!

Im Wesentlichen haben die Ehegatten bei der Ausgestaltung des Berliner Testaments die Wahl zwischen der sog. **Einheitslösung** und der **Trennungslösung**. Bei der Einheitslösung wird der Längerlebende Vollerbe des Erblassers, die Kinder sind nur Schlusserben des Längerlebenden (also zwei Vollerbschaften hintereinander). Dies bedeutet, dass die Kinder hinsichtlich des Erbes des Vorversterbenden enterbt werden (Risiko: Pflichtteilsansprüche der Kinder!). Der Längerlebende kann dann frei über das Erbe verfügen, und die beiden Vermögensmassen verschmelzen. Dies allerdings nur in den Grenzen des beim gemeinschaftlichen Testament nach dem Tod des Vorversterbenden auf wechselbezügliche Verfügungen **analog** anzuwendenden **§ 2287 BGB.** Das heißt, dass Schenkungen des Längerlebenden nach dem ersten Erbfall, die im Widerspruch zu den bindend gewordenen wechselbezüglichen Verfügungen stehen,

413 Vgl. Palandt/*Weidlich* BGB Einf v § 2265 Rn. 7.

dem Schlusserben das Recht geben, vom Beschenkten unter den Voraussetzungen von § 2287 BGB analog die Herausgabe des Geschenks zu fordern. Die vom Erbrecht im Examen Betroffenen lesen dazu bitte **BGH JA 2017, 225 ff.** und **OLG Hamm BeckRS 2017, 128746.**

Nach dem Trennungsprinzip erfolgt eine Trennung der Vermögensmassen. Das Vermögen des Vorversterbenden geht (quasi »treuhänderisch«) auf den überlebenden Ehegatten als Vorerben über, der gem. §§ 2112 ff. BGB in seiner Verfügungsgewalt über das Erblasservermögen beschränkt ist (daneben gilt auch hier § 2287 BGB analog für Verfügungen über das eigene Vermögen). Die Kinder werden also gerade nicht enterbt, da diese als Nacherben des Vorversterbenden bedacht wurden, §§ 2100 ff. BGB (vor allem § 2111 und § 2134 BGB lesen!). Beim Tod des Längerlebenden geht das Vorerbe dann auf die Nacherben über. Diese sind insoweit Erben des Erstversterbenden, nur der Anfall hat sich zeitlich verzögert. Wenn der Längerlebende stirbt, geht gleichzeitig dessen (vom Erstversterbenden getrenntes) Vermögen auf die Kinder als Vollerben über. Es finden also zwei getrennte Erbgänge statt. Aufgrund dieser unterschiedlichen Rechtsfolgen wird es in der Klausur gegebenenfalls darauf ankommen, **im Wege der Auslegung zu ermitteln, welche der beiden oben genannten Lösungen die Erblasser angestrebt haben.** Hierbei ist in erster Linie darauf abzustellen, wie sie die Vermögensmassen behandelt wissen wollen (einheitlich oder getrennt?). Bei Unklarheit ist nach Maßgabe von § 2269 I BGB im Zweifel von der Einheitslösung auszugehen.

Merke: Beim gemeinschaftlichen Testament gilt § 2287 BGB analog für bindend gewordene wechselbezügliche Verfügungen (Hintergrund: sonst Regelungslücke für Missbrauch durch Überlebenden).

Zum Teil kommen in diesem Zusammenhang auch **Wiederverheiratungsklauseln** vor. Die hierbei möglichen Gestaltungskonstellationen ergeben sich aus der guten Kommentierung bei **Palandt/*Weidlich* BGB § 2269 Rn. 16 ff.**

Beachten Sie bei gemeinschaftlichen Testamenten die **Bindungswirkung von wechselseitigen Verfügungen gem. §§ 2270 ff. BGB (vor allem in Bayern gigantische Klausurrelevanz!).** Wechselbezüglich sind Verfügungen, von denen anzunehmen ist, dass die eine nicht ohne die andere getroffen worden wäre. Im **Palandt bei § 2270 BGB** sind viele Beispiele für wechselbezügliche Verfügungen enthalten. Die Prüfung und die genaue Begründung des Vorliegens wechselbezüglicher Verfügungen anhand der Klausurakte (keine Floskelbegründungen, sondern rein in die Klausur!) sind in der Regel ein **Schwerpunkt**, wenn ein gemeinschaftliches Testament vom LJPA in die Klausur eingebaut wurde. Arbeiten Sie also nicht vorschnell mit der Vermutung von § 2270 II BGB (Vermutung beim Berliner Testament, dass die gegenseitigen Erbeinsetzungen der Ehegatten im Sinne der Einheitslösung jeweils auch im Verhältnis zur Schlusserbeneinsetzung des anderen Ehegatten als wechselbezüglich anzusehen ist). Die Nichtigkeit oder der Widerruf der einen wechselbezüglichen Verfügung gelten stets für beide Verfügungen, § 2270 I BGB. Zu Lebzeiten beider Ehegatten können diese ihre eigene wechselseitige Verfügung nur nach Maßgabe von §§ 2271 I 1, 2296 BGB widerrufen. Nach dem Tod eines Ehegatten erlischt dieses Widerrufsrecht, **§ 2271 II 1 Hs. 1 BGB** (Ausnahme: Änderungsvorbehalt). Es besteht dann aber für den überlebenden Ehegatten, der sich von seiner Verfügung lösen will, die Möglichkeit, die Erbschaft auszuschlagen (§ 2271 II 1 Hs. 2 iVm §§ 1942 ff. BGB), wodurch sein Widerrufsrecht nach § 2271 I 1 iVm §§ 2253 ff. BGB wieder auflebt. Alternativ zur Ausschlagung kann er auch analog §§ 2281, 2078 BGB seine Verfügung anfechten.[414] Der Wegfall seiner eigenen Verfügung bewirkt in beiden Alternativen nach § 2270 I 1 BGB die Unwirksamkeit der Verfügung des Verstorbenen.

Merke: Die beiden **Zentralnormen** bei Klausuren rund um die Bindungswirkung sind **§§ 2270, 2271 BGB.**

414 Palandt/*Weidlich* BGB § 2271 Rn. 28.

Klausurtipp: In §§ 2289, 2299 BGB ist die Bindungswirkung der in einem **Erbvertrag** iSv § 1941 BGB getätigten letztwilligen Verfügung geregelt (vertragsgemäße Verfügung – einseitige Verfügung).[415] Loslösungsrechte ergeben sich aus §§ 2281 ff., 2290 ff. BGB. **§ 2287 BGB** (Rechtsfolgenverweisung auf Bereicherungsrecht) **regelt »bösliche Schenkungen«** des Erblassers an Dritte und stellt die **Königsnorm** dar. Hier ist oft das »beachtenswerte lebzeitige Eigeninteresse« des Schenkers an der Schenkung, der Gegenstand des Anspruches und der Anspruchsgegner genau herauszuarbeiten. Zur Durchsetzung des Anspruches steht ihm ein Auskunftsanspruch nach § 242 BGB gegen den Verfügungsempfänger zu. Der Übereignungsanspruch kann durch einstweilige Verfügung (zB Eintragung einer Vormerkung) gesichert werden.

II. Annahme und Ausschlagung der Erbschaft, §§ 1942 ff. BGB

98 Die Annahme und Ausschlagung der Erbschaft sind in §§ 1942 ff. BGB geregelt. Die Annahme kann auch konkludent erfolgen.[416] Sowohl die Annahme als auch die Ausschlagung sind nach §§ 1954 ff., 119 ff. BGB anfechtbar. Die Klassiker sind hier die (zulässige) **Anfechtung der konkludenten Annahme** nach § 119 I BGB wegen eines Irrtums darüber, dass die betreffende Handlung eine schlüssige Annahme darstellt und die Anfechtung der Ausschlagung oder der Annahme nach § 119 II BGB bei einem **Irrtum über die Überschuldung** des Nachlasses. Auch ein **Rechtsfolgenirrtum** kann gegebenenfalls zur Anfechtbarkeit führen. Super für die Klausur: Palandt/*Weidlich* BGB § 1954 Rn. 3 ff. – dort steht alles drin, was Sie dazu brauchen!

Vor erfolgter Ausschlagung (gleichbedeutend sind Handlungen vor erfolgter Anfechtung der Annahme) wird der Handelnde als **»vorläufiger Erbe«** bezeichnet.

Fall: Der vorläufige Erbe verfügt über einen Nachlassgegenstand an einen gutgläubigen Dritten, später ficht der vorläufige Erbe (wirksam) die Annahme an. Der wahre Erbe verklagt nun den Dritten auf Herausgabe des Gegenstandes. Der Dritte weiß nichts von der Anfechtungsmöglichkeit und ist daher gutgläubig.

Zu prüfen ist der Anspruch des wahren Erben aus §§ 1922, 985 BGB:

- Der verfügende vorläufige Erbe ist nach §§ 1954, 1957, 1953 BGB (Anfechtung) oder jedenfalls nach §§ 1943 ff., 1953 BGB (Ausschlagung) rückwirkend bei der Verfügung **Nichtberechtigter** gewesen.
- Wirksamer Erwerb des Dritten ist nach § 1959 II BGB, § 185 II BGB oder §§ 932 ff. BGB möglich. Nach hM soll § 935 BGB trotz der Anordnung von §§ 1953, 857 BGB dem Erwerb nicht entgegenstehen, da hier eine doppelte Besitz-Fiktion vorliegt (§ 1953 und § 857 BGB), die zu große Rechtsunsicherheit hervorruft. Der Schutz des Rechtsverkehrs geht also vor, Abhandenkommen zulasten des Erben über die Fiktionen scheidet aus.[417]
- Ergebnis: Anspruch in der Regel (–).

Fall: In der oben genannten Konstellation verklagt der wahre Erbe nun den vorläufigen Erben auf Herausgabe des Kaufpreises für den Gegenstand.

- Ein Anspruch aus §§ 2018, 2019 I, 433 II BGB greift nicht, da nach hM der vorläufige Erbe nicht Erbschaftsbesitzer iSd §§ 2018 ff. BGB ist.
- Ein Anspruch aus §§ 1959 I, 681 S. 2, 667 BGB, aus § 816 I BGB und aus pVV des Treuhandverhältnisses zwischen wahrem und vorläufigem Erben in der Regel (+).[418]

415 Palandt/*Weidlich* BGB § 2278 Rn. 2 ff.

416 ZB durch Veräußerung von wesentlichen Gegenständen des Nachlasses an Dritte oder Beantragung eines Erbscheins. Bloße sog. Fürsorge- u. Sicherungsmaßnahmen reichen allerdings nicht, was bereits durch § 1959 BGB deutlich wird.

417 Palandt/*Weidlich* BGB § 1953 Rn. 4.

418 Palandt/*Weidlich* BGB § 1959 Rn. 1 f.

III. Rechtsstellung des Erben

Nach dem **Grundsatz der Gesamtrechtsnachfolge** tritt der Erbe in alle Rechte und Pflichten des Erblassers ein, **§§ 1922, 1967 BGB**. Das Vermögen des Erblassers geht also als Ganzes auf den Erben über, ebenso Ansprüche des Erblassers gegen Dritte oder Ansprüche Dritter gegen den Erblasser. Auch der Besitz am Nachlass geht nach **§ 857 BGB** auf den Erben über, sodass er sich auf Besitzschutzansprüche aus §§ 861 ff., 812, 823, 1007 BGB und auf § 1006 BGB berufen kann. **Prozessual** sollten Sie § 239 ZPO kennen. Dabei reicht ein Testament als Nachweis der Rechtsnachfolge im Prozess aus. Der Erbe ist im von ihm übernommenen Prozess grundsätzlich nicht verpflichtet, sein Erbrecht durch einen Erbschein nachzuweisen, sondern kann diesen Nachweis auch in anderer Form führen. 99

Zu der Rechtsstellung des Erben ergeben sich vor allem dann examensträchtige Probleme, wenn zunächst ein Dritter unter der Berufung, er sei der Erbe, den Nachlass in Besitz nimmt und erst später der wahre Erbe von seiner Rechtsstellung Kenntnis erlangt und sich nun an den Dritten hält. Lesen Sie zunächst **§§ 2018 ff. BGB** durch. § 2018 BGB ist ein Anspruch des **Erben gegen den Erbschaftsbesitzer**, der auf Herausgabe des Nachlasses geht, egal ob die Sachen tatsächlich dem Erblasser gehörten oder nicht. Anspruchsgegner ist derjenige, der etwas aus dem Nachlass unter Berufung auf sein vermeintliches Erbrecht in Besitz genommen hat.[419] **Was kann dieser einwenden?** Er kann nach hM nicht nur die tatbestandlichen Voraussetzungen der §§ 2018 ff. BGB angreifen (gegebenenfalls inzident zu prüfen: wer ist Erbe?), sondern – in der Klausur oft hilfsweise – auch alle Einzeleinwendungen aus seinem Verhältnis zum Erblasser (Übereignung, Schenkung, Leihe, Miete bezüglich einzelner Gegenstände) oder zum Erben geltend machen.

Verstirbt der Erbschaftsbesitzer, rückt dessen Erbe nach §§ 1922, 1967 BGB in die Verpflichtungen der §§ 2018 ff. BGB ein. **§ 2030 BGB** regelt Fälle, in denen ein Dritter den Nachlass durch Rechtsgeschäft vom Erbschaftsbesitzer erworben hat. In **§§ 2022 ff. BGB** sind weitergehende Ansprüche des Erben und des Erbschaftsbesitzers normiert, die den EBV-Ansprüchen entsprechen und §§ 987 ff. BGB daher verdrängen. Vor allem § 2022 BGB kann eine Rolle spielen: Ein Fall des Verwendungsersatzanspruchs aus § 2022 II BGB ist auch die Begleichung von Nachlassschulden durch den Erbschaftsbesitzer mit eigenen Mitteln. Hier hat der Erbschaftsbesitzer statt einem Vorgehen gegen den Erben nach § 2022 BGB alternativ die Möglichkeit, mit der Leistungskondiktion gegen den Nachlassgläubiger vorzugehen.[420] Beachten Sie auch **§ 2021 BGB** (lesen!).

> **Fall:** Ein gutgläubiger Erbschaftsbesitzer (zB die Tochter des Erblassers, die irrtümlich denkt, sie selbst sei die Erbin) nimmt die Erbschaft in Besitz und veräußert einzelne Erbschaftsgegenstände an einen gutgläubigen Dritten. Nach zwölf Jahren erlangt der Sohn als wahrer Erbe von seiner Rechtsstellung Kenntnis und verklagt seine Schwester auf Herausgabe des Nachlasses.

Welche Ansprüche kann der wahre Erbe (Sohn) geltend machen?

- Anspruch gegen Scheinerben (Schwester) auf Herausgabe des Gesamtnachlasses, §§ 2018 ff. BGB (+).
  - Nach § 2026 BGB kann sich die Schwester als Scheinerbin nicht auf Ersitzung iSv § 937 BGB berufen.
  - Nach hM hat die Schwester **kein Zurückbehaltungsrecht wegen ihres Pflichtteilsanspruchs** aus § 2303 BGB, da der Erbe die Nachlassgegenstände regelmäßig benötigt, um damit Nachlassverbindlichkeiten (wie den Pflichtteilsanspruch) zu erfüllen.[421] Achtung: Dies gilt auch gegenüber sonstigen Ansprüchen des Erben betreffend den Nachlass (s. unten)!

---

419 §§ 2018 ff. BGB greifen daher nicht, wenn jemand Gegenstände nur aufgrund eines angeblichen Einzelrechtsgeschäfts – und nicht wegen seiner Erbenstellung – behalten zu dürfen meint (zB durch »Schenkung« des Erblassers oder Leihe/Miete etc.).

420 *Medicus/Petersen* BürgerlR Rn. 603j mwN.

421 Palandt/*Weidlich* BGB § 2018 Rn. 2 und § 273 Rn. 16.

- Eventuell bestehen aber Gegenansprüche der Schwester als Scheinerbin nach § 2022 BGB (zB Verwendungsersatzanspruch). Diese Ansprüche können ein Zurückbehaltungsrecht begründen oder zur Aufrechnung berechtigen.
- Gemäß **§ 2019 I BGB** umfasst der Anspruch des Sohnes als Erben aus § 2018 BGB auch den Erlös aus dem Verkauf von Erbschaftsgegenständen (sog. dingliche Surrogation; wenn der Kaufpreis noch nicht gezahlt wurde, steht dem Erben nach § 2019 I, II BGB die Kaufpreisforderung zu) und nach § 2020 BGB die Nutzungen.

- Daneben bestehen – wie sich aus **§ 2029 BGB** ergibt – die (allgemeinen) Ansprüche auf Herausgabe einzelner Nachlassgegenstände zB aus §§ 1922, 985, 812 ff. BGB oder §§ 1007, 861, 857 BGB. Auch hier kann sich der Erbschaftsbesitzer nicht auf § 937 BGB berufen, vgl. § 2029 iVm § 2026 BGB.

Beachte: Die Surrogation nach § 2019 I BGB erfasst auch den Fall, dass der Erbschaftsbesitzer **Forderungen des Erblassers einzieht**.

Gegen den Dritten/Erwerber einzelner Erbschaftsgegenstände kommen Ansprüche aus §§ 985, 858 ff., 1007, 812 ff. BGB in Betracht, sein gutgläubiger Erwerb scheitert in der Regel an §§ 935, 857 BGB (Abhandenkommen zulasten des wahren Erben). Da der Erbe nicht zugleich den vom Dritten an den Erbschaftsbesitzer gezahlten Kaufpreis und den veräußerten Nachlassgegenstand selbst verlangen kann, hat er ein Wahlrecht, gegen wen er vorgeht.[422] Wird der Erbschaftsbesitzer verklagt, liegt darin nach hM zugleich die Genehmigung der Verfügung an den Dritten, diese jedoch aufschiebend bedingt durch die Herausgabe des Surrogats.[423]

Um einen konkreten Antrag (wegen § 253 II Nr. 2 ZPO Bezeichnung der Nachlassgegenstände nötig!) stellen zu können, erfolgt die Durchsetzung der §§ 2018 ff. BGB in der Regel mithilfe der **Stufenklage nach § 254 ZPO**. Der Auskunftsanspruch ist in § 2027 BGB zu finden. In **§ 27 ZPO** ist wiederum ein besonderer Gerichtsstand geregelt, der vor allem dann vorteilhaft ist, wenn in die Erbschaft mehrere Grundstücke fallen und die jeweilige Anwendung von § 24 ZPO umständlich wäre. Das macht wegen der damit verbundenen Zweckmäßigkeitserwägungen die §§ 2018 ff. BGB auch zu einem **idealen Thema für die Anwaltsklausur. Lesen Sie *Kaiser/Kaiser/Kaiser* Anwaltsklausur Rn. 32.**

Eine ähnliche Konstellation besteht zwischen **Vorerben und Nacherben.** Wenn der Nacherbenfall eintritt, geht die Erbschaft sofort auf den Nacherben über. Der Vorerbe ist nach § 2130 I BGB zur Herausgabe der gesamten Vorerbschaft (samt Surrogate, § 2111 BGB) verpflichtet, nach §§ 2130 II, 259 BGB muss er zudem Rechenschaft über die Vorerbschaft ablegen. Sind die Gegenstände trotz der Herausgabepflicht nicht mehr vorhanden, kann sich aus §§ 2130, 280, 283 BGB eine Haftung ergeben. Zudem ist § 823 I BGB einschlägig, da nach hM der Nacherbe am Nachlass ein Anwartschaftsrecht erworben hat, das durch die Unmöglichkeit der Herausgabe verletzt wird. § 2134 BGB normiert einen speziellen Wertersatzanspruch des Nacherben. Die Gegenansprüche des Vorerben ergeben sich aus §§ 2124 f. BGB. Sind Verfügungen des Vorerben über Erbschaftsgegenstände nach §§ 2113 ff. BGB unwirksam und liegt kein gutgläubiger Erwerb des Dritten nach § 2113 III BGB vor, so kann der Nacherbe auch gegen den Dritten (zB nach § 894, 985 BGB) vorgehen.

Beachte: Die Rechtsstellung des Erben kann auch in den Fällen der Anordnung der **Testamentsvollstreckung** Klausurthema werden. In der Klausur geht es häufig nur um das Auffinden der relevanten Vorschrift aus den §§ 2197 ff. BGB, lernen Sie hier nichts auswendig. Gleiches gilt für Klausuren, die mit einem **Erbverzicht** nach §§ 2346 ff. BGB angedickt werden. Hier reicht oft das Finden der Norm, etwaige Spezialprobleme sollten Sie mit dem Palandt lösen. Aktuell: Das OLG Hamm hat gerade entschieden, dass ein Erbverzicht, den sich ein Vater bei seinem Sohn mit einem Nissan GTR X »erkauft«, sittenwidrig und damit unwirksam ist.

422 *Medicus/Petersen* BürgerlR Rn. 603b.
423 Palandt/*Weidlich* BGB § 2019 Rn. 2.

Die Stellung des Erben kann auch im Rahmen der **Miterbengemeinschaft** nach §§ 2032 ff. BGB Klausurthema sein. Eine solche entsteht, wenn der Erblasser mehrere Erben hinterlässt. Der Nachlass steht im Eigentum der Miterbengemeinschaft. Jedem Miterben steht ein quotenmäßiger Anteil am gesamten Nachlass zu, der von seinem sonstigen Vermögen getrennt ist. In diesem Punkt unterscheidet sich die Gesamthand von der Bruchteilsgemeinschaft iSd §§ 741 ff. BGB, bei der jedem Miteigentümer ein ideeller Bruchteil an dem jeweiligen Gegenstand zusteht. In der Folge kann der Miterbe auch nicht einzelne Nachlassgegenstände oder seinen (grundsätzlich gar nicht bestehenden) Anteil an diesen veräußern, sondern nach Maßgabe von § 2033 I BGB nur seinen gesamten Erbteil. Diese Erbengemeinschaft als sog. Gesamthandsgemeinschaft ist im Gegensatz zur GbR weder rechts- noch parteifähig ist (vgl. → Rn. 111). Klagen oder verklagt werden können also grundsätzlich nur die Miterben in ihrer Stellung als Miterben *»nach dem am … verstorbenen … (Name Erblasser)«*. **§ 2039 BGB** (lesen!) regelt aber eine Einzelklagemöglichkeit (gesetzliche Prozessstandschaft) eines Miterben. Bei Passivprozessen gegen eine Miterbengemeinschaft kann der Kläger entweder die sog. Gesamthandklage nach § 2059 II BGB (gegen die Erbengemeinschaft als solche durch Verklagung aller Miterben) oder die sog. Gesamtschuldklage nach § 2058 BGB (Klage nur gegen einzelne Miterben als Gesamtschuldner) erheben.[424]

Merke: Denken Sie bei Klagen von nur einem der Miterben an § 2039 BGB.

In der Regel geht es – wenn überhaupt Klausuren dazu gestellt werden – um die Wirksamkeit schuldrechtlicher oder dinglicher Geschäfte. Das Innenverhältnis der Miterbengemeinschaft wird von §§ 2038, 745 BGB geregelt. Maßnahmen der ordnungsgemäßen Verwaltung werden mit Stimmenmehrheit beschlossen, außerordentliche Verwaltungsmaßnahmen erfordern Einstimmigkeit, Maßnahmen der Notverwaltung kann jeder Miterbe alleine tätigen. Wichtiger ist das **Außenverhältnis: Hier ist zwischen Verpflichtungs- und Verfügungsgeschäften zu differenzieren:** Für Verpflichtungsgeschäfte (Abschluss von Werkverträgen, Mietverträgen etc.) gelten ebenfalls die **§§ 2038, 745 BGB**, da derartige Verträge zu den Maßnahmen iSd § 2038 BGB gehören. Der grundsätzlich ausreichende Mehrheitsbeschluss gewährt dann der Mehrheit (oder ihrem Beauftragten) Vertretungsmacht zur Vertretung auch der überstimmten Erben. Liegt eine Notverwaltungsmaßnahme nach § 2038 I 2 Hs. 2 BGB vor, hat jeder Miterbe eine gesetzliche Alleinvertretungsmacht für die Miterbengemeinschaft. Handelt er dann im Namen der Erbengemeinschaft, wird diese berechtigt und verpflichtet (Rechtsfolge: **§§ 2058, 426 BGB**, lesen!). Handelt er im eigenen Namen, wird er persönlich berechtigt und verpflichtet. Im letzteren Fall hat er aber einen Befreiungsanspruch gegen die Gemeinschaft aus § 670 BGB und einen Anspruch aus §§ 2038 II, 748 BGB.

Für Verfügungsgeschäfte (zB Übereignung, Einziehung einer Forderung, Kündigung eines Mietvertrages) enthält **§ 2040 BGB** hingegen eine Spezialvorschrift, die für die Wirksamkeit gemeinschaftliches Handeln aller Miterben vorschreibt. Dies wird aber vielfach als zu umständlich angesehen und je nach Bedarf § 2038 I 2 BGB analog auch auf Verfügungsebene angewendet: So soll analog § 2038 I 2 Hs. 2 BGB für Notverwaltungsmaßnahmen auch auf Verfügungsebene das Handeln eines Miterben ausreichen.[425] Liegt keine Notverwaltung, sondern lediglich eine Maßnahme der ordnungsgemäßen Verwaltung vor, kann in Einzelfällen analog § 2038 I 2 Hs. 1 BGB auch auf Verfügungsebene Stimmenmehrheit ausreichen, wenn der Schutzzweck von § 2040 BGB gemeinschaftliches Handeln nicht erfordert (zB Kündigung von Mietverträgen oder eines Girovertrages, Einziehung einer Forderung).[426] Liegen die Wirksamkeitsvoraussetzungen von § 2040 BGB (gegebenenfalls verdrängt durch die analoge Anwendung von § 2038 BGB) und auch eine nachträgliche (gegebenenfalls konkludente) Genehmigung der anderen Miterben bei einer Übereignung nicht vor, kommt ein gutgläubiger Erwerb des Dritten nach §§ 932 ff., 892 f., 2366 BGB infrage, wobei aber der Eigentumsüber-

424 Thomas/Putzo/*Hüßtege* ZPO § 62 Rn. 14. Eine materiell-rechtlich notwendige Streitgenossenschaft liegt nur dann vor, wenn die Leistung von den Gesamthändern (Miterben) nur gemeinsam erbracht werden kann (zB Grundbuchberichtigung).
425 Palandt/*Weidlich* BGB § 2038 Rn. 11 ff. Vgl. zum Ganzen *Stützel* NJW 2013, 3543 ff.
426 Palandt/*Weidlich* BGB § 2038 Rn. 6 ff.

gang bei beweglichen Sachen in der Regel an §§ 935, 857 BGB scheitert: Die Miterben sind wegen § 857 BGB Mitbesitzer, ihnen kommt die Sache abhanden.

Beachte: Verletzt ein Miterbe dergestalt seine Pflichten, dass er **ohne die erforderliche Zustimmung** der anderen Miterben einen Nachlassgegenstand an einen Dritten **veräußert**, so kommen gegen den Miterben Schadensersatzansprüche der Miterbengemeinschaft aus §§ 989, 990, 992, 823, 826 BGB infrage.[427] Herausgabe des Kaufpreises kann vor allem aus §§ 687 II, 816 BGB verlangt werden. Gegen den Dritten kommt ein Anspruch auf Herausgabe aus § 985 BGB in Betracht (Gegenansprüche aus §§ 994 ff. BGB möglich). Besteht wegen der unbefugten Veräußerung sowohl ein Anspruch gegen den Miterben auf Schadensersatz als auch gegen den Dritten auf Herausgabe, dürfte § 255 BGB zugunsten des Miterben gelten. Zieht der Miterbe unberechtigt eine Forderung der Miterbengemeinschaft ein, so ergeben sich Ansprüche der Miterbengemeinschaft gegen den Miterben aus §§ 816 II, 687 II, 826 BGB.

Schließlich wird die Stellung des Erben auch dann relevant, wenn es um **Pflichtteilsansprüche** geht. Pflichtteilsberechtigt sind die Abkömmlinge, die Eltern und der Ehegatte des Erblassers, wenn diese durch Verfügung von Todes wegen von der Erbfolge ausgeschlossen sind, § 2303 BGB. Sonderregelungen enthalten §§ 2305, 2326 BGB (lesen!). Die Höhe des Pflichtteils beträgt grundsätzlich die Hälfte des gesetzlichen Erbteilsanspruch, § 2303 I 2 BGB, wobei § 2315 BGB zu beachten ist. Der Entzug des Pflichtteils ist in §§ 2333 ff. BGB geregelt. Oft werden auch **Pflichtteilsergänzungsansprüche nach §§ 2325 ff. BGB** relevant, dies vor allem hinsichtlich Verfügungen des Erblassers vor Eintritt des Erbfalls. Der Pflichtteilsergänzungsanspruch nach § 2325 I BGB setzt nach der Rspr. nicht voraus, dass der Pflichtteilsberechtigte bereits im Zeitpunkt der Schenkung lebte. Zudem sollten Sie wissen, dass nach dem BGH unbenannte Zuwendungen unter Ehegatten – anders als sonst – jedenfalls im Rahmen des Pflichtteilsrechts in der Regel als Schenkungen angesehen werden. Gleiches gilt für Zuwendungen des Erblassers an Dritte auf den Todesfall nach §§ 330, 331 BGB (zB Sparbuch, Rückkaufswert bei Lebensversicherung). Umstritten ist, ob auch eine Leistung iSv § **2325 III BGB** vorliegt, wenn sich der Schenker an dem Grundstück bestimmte Rechte vorbehält.[428] Achten Sie auf die Abschmelzungs-Fristen von § 2325 III BGB. Klausuren aus diesem Bereich haben zumeist die **Stufenklage des Pflichtteilsberechtigten nach § 254 ZPO** als prozessualen Aufhänger (so zuletzt Baden-Württemberg Junitermin 2017!). Der Auskunftsanspruch ergibt sich hier aus § 2314 BGB.

Klausurtipp: Klagt der Pflichtteilsberechtigte gegen den beschwerten Erben, kann dieser im Gegenzug eine **Widerklage** erheben, um zB analog § 2057 BGB Auskunft über nach § 2315 BGB anzurechnende Zuwendungen zu erhalten. *Horn* NJW 2016, 2150 ff. ist dazu lesenswert.

§§ 2315 f. BGB regeln, wie sich **Vorempfänge auf den Pflichtteilsanspruch** auswirken.

IV. Erbschein, §§ 2353, 2366 BGB

100 Der Erbschein ist ein Zeugnis des Nachlassgerichts über die Erbfolge. **Er spielt im Assessorexamen im Rahmen des gutgläubigen Erwerbs eines Dritten eine Rolle.** Anders in **Baden-Württemberg** und vereinzelt **Sachsen**: Dort gab es Klausuren zum Erbscheinsverfahren und zur Beschwerde nach §§ 352, 58 ff. FamFG, wobei hier die **Kommentierung zu § 2353 und § 2359 BGB** hilfreich ist. Zudem sollten die Referendare dieser Bundesländer auch den schönen Überblicksbeitrag von ***Keller/von Schrenk* JA 2016, 51 ff.** lesen. In Bayern wurde das Erbscheinsverfahren vor kurzem aus der JAPO genommen.

---

427 Die Vindikationslage ergibt sich daraus, dass nur die Gesamthand Eigentümerin des Nachlassgegenstandes ist (und gerade nicht der einzelne Miterbe!) und der Miterbe durch die unbefugte Aussonderung des Nachlassgegenstandes zur Veräußerung unerlaubt Alleinbesitz begründet (Aufschwingen vom berechtigten Fremdbesitzer zum unberechtigten Eigenbesitzer, vgl. → Rn. 46). Dies dürfte beim Miteigentum anders sein, da der Miteigentümer nicht Fremdbesitzer ist.

428 Palandt/*Weidlich* BGB § 2325 Rn. 26 f. Es kommt darauf an, ob der Erblasser den »Genuss« des verschenkten Gegenstands nach der Schenkung auch tatsächlich entbehren muss oder nicht. Vgl. dazu aktuell BGH NJW 2016, 2957 ff.

Nach § 2366 BGB wird der Erwerb vom Scheinerben genauso behandelt, als wenn vom wahren Erben erworben wurde, wenn dem Scheinerben ein (falscher) Erbschein erteilt wurde.[429] **Man erwirbt also so, als ob der Erblasser vor einem stünde.** Für den guten Glauben ist nicht erforderlich, dass der Erbschein vorgelegt wird oder der Erwerber die Existenz des Erbscheins kennt **(abstrakter Vertrauensschutz des Erbscheins).** Es reicht, wenn der Veräußerer im Besitz eines Erbscheins ist und der Erwerber irrig annimmt, vom vermeintlichen Erben einen Erbschaftsgegenstand zu erwerben. Bösgläubigkeit iSd § 2366 BGB liegt nur bei positiver Kenntnis der Unrichtigkeit des Erbscheins vor. Der Rechtsschein entfällt allerdings, wenn mehrere einander widersprechende Erbscheine vorliegen oder wenn der Erbschein eine Fälschung ist. In der Klausur ist wie folgt zu differenzieren:

Gutgläubiger Erwerb vom Scheinerben mit Erbschein

Erbe wäre selbst verfügungsberechtigt = Gegenstand fällt in den Nachlass	**Erbe wäre selbst nicht verfügungsberechtigt = Gegenstand fällt nicht in den Nachlass**
Bewegliche Sachen: §§ 929 ff., 2366 BGB Forderungen: §§ 398 ff., 2366 BGB Immobilien: §§ 873, 925, 2366 BGB → einfache Gutgläubigkeit ausreichend	Bewegliche Sachen: §§ 929, 932 ff., 2366 BGB Forderungen: Kein gutgl. Erwerb möglich Immobilien: §§ 873, 925, 892, 2366 BGB → doppelte Gutgläubigkeit erforderlich

Im Palandt/*Weidlich* ist das kommentiert bei BGB § 2366 Rn. 2 ff.

- Wäre der wahre **Erbe selbst verfügungsberechtigt** (dies ist dann der Fall, wenn der Erblasser Eigentümer des Gegenstandes bzw. Inhaber der Forderung war), richtet sich der Erwerb des Dritten bei beweglichen Sachen nach §§ 929 ff., 2366 BGB (§ 935 I 1 BGB sperrt hier nicht, weil die Fiktion des **§ 857 BGB wegen § 2366 BGB nicht greift**!), bei Forderungen nach §§ 398 ff., 2366 BGB (§ 2366 BGB ermöglicht daher sogar einen gutgläubigen Forderungserwerb) und bei Grundstücken nach §§ 873, 925, 2366 BGB. § 2366 BGB überwindet dann die fehlende Berechtigung des verfügenden Scheinerben.
- Wäre der wahre **Erbe selbst nicht verfügungsberechtigt** (weil der Erblasser selbst nicht Eigentümer bzw. Inhaber war), gelten die §§ 929, 932 ff., 2366 BGB bzw. §§ 873, 925, 892, 2366 BGB bei beweglichen Sachen bzw. Grundstücken. Erforderlich ist dann eine **doppelte Gutgläubigkeit**: § 2366 BGB überwindet die fehlende Berechtigung des Scheinerben, §§ 932 ff. bei Mobilien und 892 BGB bei Immobilien überwinden die fehlende Berechtigung des wahren Erben (dh die fehlende Zugehörigkeit zum Nachlass).

Für den gutgläubigen Erwerb vom Scheinerben ist zu beachten, dass § 2366 BGB **Einfluss auf §§ 873, 925, 892 BGB** im Falle des Grundstückerwerbs hat. Denn nach hM **gilt § 892 II BGB nicht**, sodass für den Zeitpunkt des guten Glaubens grundsätzlich auf die Vollendung des Rechtserwerbs abzustellen ist (= Eintragung ins Grundbuch).[430] Dieser Zeitpunkt kann dennoch nach vorne verlagert werden: Denn wenn dem Erwerber nach §§ 883 ff., 2367, 2366 BGB (iVm §§ 893 Alt. 2, 892 BGB, wenn der wahre Erbe selbst nicht verfügungsberechtigt wäre) vom Scheinerben zudem eine **Vormerkung** bewilligt wurde, so hat dies Einfluss auf den maßgeblichen Zeitpunkt des guten Glaubens. Es reicht dann Gutgläubigkeit im Zeitpunkt der Eintragung der vom Scheinerben bewilligten Vormerkung.[431]

Sobald der **wahre Erbe oder der Scheinerbe als Eigentümer im Grundbuch** eingetragen ist, richtet sich der Erwerb des Dritten nur noch nach den allgemeinen Regeln der §§ 878, 925, 892 BGB. §§ 2366 ff. BGB finden dann keine Anwendung mehr.

429 Für die Mündliche: In Art. 62 ff. Rom IV-VO ist das sog. **Europäische Nachlasszeugnis** geregelt, hier ist ebenfalls ein gutgl. Erwerb möglich.

430 Palandt/*Weidlich* BGB § 2366 Rn. 2.

431 Umstritten, vgl. MüKoBGB/*Grziwotz* § 2366 Rn. 17; nach aA kann auch hier auf den Zeitpunkt der Antragstellung abgestellt werden.

§ 2367 BGB erweitert den Anwendungsbereich von § 2366 BGB auf bestimmte andere Geschäfte. Unter § 2367 BGB fallen zB die Bewilligung einer Vormerkung durch einen Scheinerben, die Erfüllung einer Nachlassschuld an den Scheinerben oder die Ausübung von Gestaltungsrechten (Kündigung).

§§ 2366, 2367 BGB gelten **nicht für schuldrechtliche Rechtsgeschäfte**. Das heißt, der Scheinerbe kann den wahren Erben nicht über §§ 2366 f. BGB schuldrechtlich verpflichten.

Gegenüber der Bank des Erblassers braucht der Erbe dagegen keinen Erbschein, um an sein ererbtes Geld zu kommen. Die **Bank darf keinen Erbschein als Legitimation verlangen**, ein Testament reicht, so der BGH. Verlangt sie trotzdem einen, so muss sie dem Erben nach § 280 BGB die Kosten erstatten.

§ 3 Das Handelsrecht

A. Einstieg

Examensklausuren zum Handelsrecht sind **selten,** sodass Sie hier sicherlich nicht Ihren 101
Schwerpunkt legen sollten. Nur in **Bayern** und **Hessen** gibt es Durchgänge, in denen vertiefte Handelsrechtsprobleme vorkommen. Daher gilt auch hier: Wie gut Sie die folgenden Ausführungen durcharbeiten hängt davon ab, wo Sie Ihr Examen schreiben und wie groß Ihr Mut zur Lücke ist. Die in den letzten Jahren in den »normalen« Zivilrechtsklausuren am häufigsten verwendete Probleme aus dem Handelsrecht betrafen die Normen §§ 15, 25 f., 350, 366, 377 HGB und das kaufmännische Bestätigungsschreiben. Prozessual kann die funktionelle Zuständigkeit der Kammer für Handelssachen relevant werden (vgl. *Kaiser/Kaiser/Kaiser* Zivilgerichtsklausur I Rn. 379 ff.). Diese Themen sollten jedem Examenskandidaten bekannt sein. Für die **Hessen** empfehlen wir in Anbetracht der Anwartschaftsrechts-Klausur den Besuch unseres **Crash-Kurses zur Arbeits- und Wirtschaftsrechtsklausur im Assessorexamen und die kursbegleitenden Spezialskripte.** Die Hessen müssen hier mehr wissen als alle anderen, da »Wirtschaftsrecht« nach unserer Klausuranalyse der letzten Jahre eben mehr umfasst als Handels- und Gesellschaftsrecht. Für die **Bayern** gilt das sowieso. Hier nun zu den »Basics«, los geht's:

B. Das Wichtigste in Kürze

I. Der Kaufmannsbegriff, §§ 1 ff. HGB

Die §§ 1 ff., 15 HGB regeln abschließend, wann eine Person als Kaufmann anzusehen ist. 102
Kein Kaufmann ist zB der selbstständige Freiberufler! Eine Partei wird nicht dadurch zum Kaufmann, dass sie im Prozess vom Gegner so bezeichnet wird. Die Kaufmannseigenschaft hängt von §§ 1 ff. HGB ab (bitte die Normen einmal lesen, auch § 3 HGB!) und muss im Einzelfall geprüft werden.

Zu unterscheiden sind folgende Kaufmannsbegriffe[432]:

- Kaufmann **kraft Gewerbes**
  - § 1 I, II HGB: Istkaufmann (Betreiben eines Handelsgewerbes iSd § 1 II HGB)
  - §§ 2, 3 HGB: Kannkaufmann (vor allem bei Kleingewerbetreibenden mit Eintragung)
  - § 5 HGB: Fiktivkaufmann/Kaufmann kraft Eintragung (wegen § 2 HGB unbedeutend)
- Kaufmann **kraft Rechtsform** (sog. Formkaufmann)
  - § 6 I HGB bei Handelsgesellschaften: OHG, KG und GmbH & Co. KG
  - § 6 II HGB iVm § 3 I AktG und § 13 III GmbHG (Aktiengesellschaft und GmbH)
- Kaufmann **kraft Rechtsscheins** (sog. Scheinkaufmann)
  - nach §§ 5, 15 HGB (bei falscher Eintragung im Handelsregister) oder
  - nach allgemeinen Grundsätzen der Rechtsscheinhaftung

432 In **Mündlichen Prüfung** wird zT nach den Kaufmannsbegriffen gefragt: »Istkaufmann«, »Kannkaufmann«, »Fiktivkaufmann«, »Formkaufmann«, »Scheinkaufmann«. Wahnsinnig witzige Prüfer fügen dann noch den »Diplomkaufmann« an … In der Prüfung sollten Sie dann mitlachen.

Kaufmannsbegriffe des HGB

Kaufmann kraft Gewerbe
§§ 1 ff. HGB
- vor allem Betreiben eines Handelsgewerbes

Kaufmann kraft Rechtsschein
§§ 5, 15 HGB und § 242 BGB
- vor allem durch Rechtsscheinsetzung

Kaufmann kraft Rechtsform
§ 6 HGB
- vor allem OHG, KG, GmbH & Co. KG, AG, GmbH

Beachten Sie, dass Kaufmann kraft Rechtsform nur die Gesellschaft selbst ist, nicht aber zB der Geschäftsführer der GmbH oder der Anteilseigner. Anders ist dies bei den Personengesellschaften, bei denen die persönlich haftenden Gesellschafter grundsätzlich als Kaufmann angesehen werden. Das wird ganz oft falsch gemacht in Klausuren!

Problem: Begriff des Gewerbes iSd § 1 I, II HGB

- Definition: Jede planmäßige, erlaubte, auf Dauer angelegte selbstständige Tätigkeit mit dauerhafter Gewinnerzielungsabsicht,[433] die nicht freiberuflich,[434] künstlerisch oder wissenschaftlich ist. Grundsätzlich wird marktorientiertes Tätigwerden gefordert, sodass die eigene Bedarfsdeckung nicht ausreicht.[435]

Problem: Begriff des Handelsgewerbes iSd § 1 I, II HGB

- Ein Handelsgewerbe liegt vor, wenn der Betrieb nach Art und Umfang eine kaufmännische Einrichtung erfordert (nicht unbedingt: … *hat*!). Kaufmännische Einrichtung bedeutet vor allem das Erfordernis kaufmännischer Bilanzierung und Buchführung. Maßgebend ist stets das Gesamtbild. Als Richtschnur sollten Sie wissen, dass bereits ab einem Umsatz von ca. 100.000 EUR ein Handelsgewerbe angenommen werden kann, wenn die Art des Betriebes dann auch eine kaufmännische Einrichtung erfordert.

Problem: Allgemeine Grundsätze der Rechtsscheinhaftung iSv § 242 BGB (wichtig!)

- Die Voraussetzungen sind:
  - Zurechenbarer Rechtsschein gesetzt (Gerieren als Kaufmann)
  - Redlichkeit/Schutzbedürftigkeit des Dritten, dh Vertrauen in Rechtsschein
  - Kausalität zwischen Rechtsschein und Handlung/Schaden
- Folge: Wahlrecht des Vertragspartners. Dieser kann sich entscheiden, ob er sich auf den Rechtsschein oder die Realität berufen will.

Merke: Die **Kaufmannseigenschaft ist in der Klausur in der Regel nicht der Schwerpunkt!** Oft werden die Voraussetzungen unstreitig oder sehr leicht festzustellen sein. Ausufernde (und theoretische) Ausführungen zum Kaufmannsbegriff langweilen den Korrektor und kosten Punkte, weil sie wie auswendig gelerntes Zeug aus dem Repetitorium klingen. Versuchen Sie sich deswegen in diesem Bereich möglichst kurz zu fassen, um zu zeigen, dass Sie eine problemorientierte Schwerpunktsetzung beherrschen.

---

433 Die Gewinnerzielungsabsicht ist für den handelsrechtlichen Kaufmannsbegriff nach der Rspr. unverzichtbar, vgl. BGHZ 155, 240 ff. = NJW 2003, 2742.

434 Für einige Berufe bestimmt das Gesetz ausdrücklich, dass sie freie Berufe sind (zB § 2 BRAO, § 1 II BundesärzteO). Sonst ist auf die Verkehrsanschauung abzustellen. Anhaltspunkte für eine freiberufliche Tätigkeit sind eine höchstpersönliche Leistungserbringung und die ausgeprägte Kreativität (sozusagen »Dienste höherer Art«).

435 *Hucke/Holfter* JuS 2011, 534 ff. mwN.

II. Die Vertretung des Kaufmanns, §§ 48 ff. HGB

Der Kaufmann kann anderen Personen ohne Weiteres eine Vollmacht iSd §§ 167 ff. BGB erteilen. In §§ 48 ff. HGB sind lediglich zwei Sonderformen rechtsgeschäftlicher Vertretungsmacht geregelt, nämlich die Prokura und die Handlungsvollmacht. **§ 56 HGB** (lesen!) wiederum regelt einen Sonderfall der Anscheinsvollmacht. Analog § 54 III HGB muss der Vertragspartner bei § 56 HGB allerdings redlich sein. 103

Die **Prokura** ist nach § 48 HGB grundsätzlich nur ausdrücklich und persönlich durch den Inhaber des Handelsgeschäfts zu erteilen. Die in § 53 HGB vorgeschriebene Eintragung in das Handelsregister ist für die Wirksamkeit (der Erteilung und des Widerrufs) nicht erforderlich, sie hat also nur deklaratorische Wirkung. Im Außenverhältnis ist der Umfang der Vertretungsmacht des Prokuristen nach §§ 49, 50 HGB unbeschränkt und unbeschränkbar, dh, der Prokurist ist grundsätzlich zu allen Geschäften ermächtigt, die der Betrieb **irgendeines** Handelsgewerbes mit sich bringt. Der Kaufmann ist natürlich nicht gehindert, im Innenverhältnis Richtlinien für den Gebrauch der Prokura aufzustellen. Überschreitet der Prokurist diese Vereinbarungen, ist das Geschäft nach außen dennoch wirksam. Dadurch ist das Auftreten eines Prokuristen im Examen ein häufiger Anwendungsfall des **Missbrauchs der Vertretungsmacht** (→ Rn. 6).

Die **Handlungsvollmacht** iSv § 54 I HGB erfasst im Gegensatz zur Prokura nur branchentypische Geschäfte »eines derartigen Handelsgewerbes«. Sie kann auch ohne ausdrückliche Erklärung erteilt werden. Beschränkungen der Handlungsvollmacht regelt § 54 III HGB.

III. Die Publizität des Handelsregisters, § 15 HGB

§ 15 HGB enthält Publizitätswirkungen, die **nur für eintragungspflichtige Tatsachen** gelten.[436] Merken Sie sich für § 15 HGB die folgende Systematik: 104

Negative Publizität, § 15 I HGB: ***»Schweigen darf man vertrauen«***
- Vertrauen auf die Nichtexistenz nicht eingetragener und/oder bekannt gemachter Tatsachen

Positive Publizität, § 15 III HGB: ***»Reden darf man vertrauen«***
- Vertrauen auf die Existenz bekannt gemachter Tatsachen

Der gutgläubige Dritte hat stets ein **Wahlrecht**, ob er sich auf den Rechtsschein des § 15 HGB beruft oder die wahre Sachlage gelten lässt, wobei er sich innerhalb desselben Sachverhalts bezüglich einer eintragungspflichtigen Tatsache sogar gleichzeitig auf die wahre Rechtslage und auf den Rechtsschein berufen kann (sog. **Rosinentheorie**). Zur Rosinentheorie ein Beispiel[437]: Der B ist neben K persönlich haftender Gesellschafter der B-KG. Nach dem Gesellschaftsvertrag und dem Inhalt des Handelsregisters sind beide Gesellschafter nur gemeinschaftlich zur Vertretung der Gesellschaft berechtigt (vgl. § 125 II HGB). Mit Wirkung vom 1.10.2018 scheidet B aus der Gesellschaft aus; dies wird jedoch erst im Dezember ins Handelsregister eingetragen und bekanntgemacht. In der Zwischenzeit bestellt K für die B-KG Waren beim Kläger. Da die B-KG nicht zahlt, nimmt der Kläger den B wegen seiner persönlichen Haftung aus §§ 161 II, 128 HGB iVm § 433 II BGB in Anspruch. Hier kann sich nach der Rspr. der Kläger hinsichtlich des Vertragsschlusses auf die wahre Rechtslage (B ist ausgeschieden, also ist K Alleinkomplementär und damit alleine vertretungsbefugt) berufen, sich aber auch andererseits hinsichtlich der persönlichen Haftung des B nach § 15 I HGB auf den Rechtsschein des Handelsregisters stützen (danach kann B sein Ausscheiden nicht geltend machen, weil es eine eintragungspflichtige Tatsache ist, vgl. § 143 II HGB). Denn weder Wortlaut noch Sinn und Zweck von § 15 HGB würden dieses Vorgehen des Klägers verbieten.

---

436 Ob eine Tatsache eintragungspflichtig ist, ergibt sich aus dem HGB: zB Eintragung der Firma (§ 29 HGB), der Prokura (§ 53 HGB), die Gründung einer GmbH/AG/OHG/KG, der Ausschluss eines Gesellschafters von der Vertretung (§ 125 HGB) oder der Austritt eines Gesellschafters (§ 143 HGB). § 15 HGB gilt nicht bei lediglich eintragungsfähigen Tatsachen wie zB den Haftungsausschlüssen nach §§ 25 II, 28 II HGB oder der Gestattung des Selbstkontrahierens des Geschäftsführers einer KG.

437 Vgl. dazu Baumbach/Hopt/*Hopt* HGB § 15 Rn. 6, 22; Beispiele nach BGH NJW 1976, 569 f.

§ 15 I HGB normiert die **negative Publizität** des Handelsregisters: Nicht eingetragene und/oder nicht bekannt gemachte Tatsachen gelten als nicht existent (*»Schweigen darf man vertrauen«*). Ein gutgläubiger Dritter braucht diese Tatsachen nicht gegen sich gelten zu lassen (zB Widerruf der Prokura, welche aber immer noch im Handelsregister steht). Nach hM ist noch nicht einmal die **Voreintragung** der Tatsache erforderlich (zB weder Erteilung noch Widerruf der Prokura sind eingetragen worden: hier kann sich der Dritte trotzdem auf die fehlende Eintragung des Widerrufs berufen). Letzteres nennt man die **»sekundäre Unrichtigkeit« des Handelsregisters**.

Klausurtipp: Prüfen Sie zunächst ganz normal die Rechtslage ohne § 15 I HGB. An der Stelle der Lösungsskizze, wo die nicht eingetragene Tatsache konkret relevant wird, ist dann zu fragen, ob die Tatsache gegenüber dem Vertragspartner wegen § 15 I HGB überhaupt geltend gemacht werden kann.

Beachten Sie, dass der Schutz des § 15 I HGB nur bei positiver Kenntnis von der nicht eingetragenen Tatsache entfällt (Beweislast hat jedoch die andere Partei, vgl. Wortlaut *»... es sei denn ...«*). Nicht erforderlich ist, dass der Dritte das Handelsregister tatsächlich eingesehen hat (**abstrakter Vertrauensschutz**). Ferner findet § 15 I HGB keine Anwendung bei Deliktshaftung, da dieser nur *»typisiertes Vertrauen«* im Geschäftsverkehr schützt.

§ 15 III HGB normiert die **positive Publizität**, er schützt den guten Glauben an die Richtigkeit von bekannt gemachten Tatsachen (*»Reden darf man vertrauen«*). Entscheidendes Merkmal bei § 15 III HGB ist die »unrichtige Bekanntmachung« der Tatsache. Ob die Eintragung selbst richtig oder falsch ist, ist nicht entscheidend. Nach hM[438] wird § 15 III HGB (aber nicht § 15 I HGB) durch das sog. **Veranlasserprinzip** eingeschränkt: Um unbillige und unerwartete Haftungsfolgen auszuschließen, muss der erzeugte Rechtsschein dem Betroffenen zuzurechnen sein (vor allem indem er einen Eintragungsantrag gestellt hat). Als Argument dient der Wortlaut *»... in dessen Angelegenheiten die Tatsache einzutragen war...«*. § 15 III HGB wird für den Fall der **unrichtigen Eintragung**, aber richtigen Bekanntmachung analog angewendet (wohl eher nur ein theoretischer Fall).[439]

IV. Allgemeine Vorschriften über Handelsgeschäfte, §§ 343 ff. HGB

105 Ein Handelsgeschäft ist ein Geschäft eines Kaufmanns, der zum Betriebe seines Handelsgewerbes gehört (vgl. die **Vermutung in § 344 I HGB**). Es reicht grundsätzlich für die Anwendung der §§ 343 ff. HGB aus, wenn das Geschäft zumindest für eine Partei ein Handelsgeschäft ist, vgl. § 345 HGB. Wenn ein beidseitiges Handelsgeschäft zwingend ist, ergibt sich dies aus der jeweiligen Norm, so zB bei § 377 HGB.

Relevant werden kann hier **§ 350 HGB**, der bei der Bürgschaft den Kaufmann von der Formvorschrift des § 766 BGB befreit. Bei der Bürgschaft eines GmbH-Gesellschafters oder des Geschäftsführers der GmbH gilt § 350 HGB nicht, da beide keine Kaufmänner sind (anders OHG-Gesellschafter und KG-Komplementäre!).

Beachten Sie **§ 366 I HGB**, der – anders als § 932 BGB – im Interesse des Verkehrsschutzes den guten Glauben an die Verfügungsermächtigung des Handelnden schützt. Hier weiß der Erwerber also, dass der veräußernde Kaufmann nicht Eigentümer der Sache ist, glaubt aber daran, dass ihn der wahre Eigentümer zur Veräußerung nach § 185 I BGB ermächtigt hat. Dieser gute Glaube wird dann geschützt. Ein häufiger Anwendungsfall ist die Veräußerung eines Gebrauchtwagens durch einen Händler, der nicht im Kfz-Brief als Halter eingetragen ist. Umstritten ist, ob § 366 I HGB auch den guten Glauben an die in Wirklichkeit nicht bestehende Vertretungsmacht des Kaufmanns schützt, wenn dieser als Vertreter für einen anderen auftritt.[440] § 366 HGB ist auf Scheinkaufleute nicht anwendbar. Kein gutgläubiger Erwerb nach § 366 HGB ist in Fällen von § 935 BGB (Abhandenkommen) möglich.

---

438 OLG Brandenburg MDR 2013, 105 f.; Baumbach/Hopt/*Hopt* HGB § 15 Rn. 19; *Müller* JA 2015, 740 ff.

439 Umstritten, vgl. Baumbach/Hopt/*Hopt* HGB § 15 Rn. 18 mwN. Nach aA keine analoge Anwendung, sondern Vertrauensschutz für den Dritten über die allgemeinen Rechtsscheingrundsätze (vgl. → Rn. 102).

440 *Medicus/Petersen* BürgerlR Rn. 567 mwN; Argument pro: Sicherheit des Handelsverkehrs; Argument contra: Vorrang der Rechtsscheinvollmachtsregelungen.

Der für die Klausur relevanteste Handelsbrauch iSd § 346 HGB ist das **kaufmännische Bestätigungsschreiben.**[441] Unter Kaufleuten ist es üblich, dass eine Partei der anderen kurz schriftlich den (vermeintlichen) Vertragsschluss und dessen Inhalt bestätigt. Das Schweigen auf ein solches kaufmännisches Bestätigungsschreiben gilt kraft Gewohnheitsrechts unter bestimmten Voraussetzungen als Zustimmung zu den geänderten Inhalten. Durch das kaufmännische Bestätigungsschreiben wird nach dessen Maßgabe der Vertrag geändert oder sogar geschlossen, wenn noch kein Vertrag geschlossen wurde. Dies gilt jedoch nicht im Fall von zwei sich kreuzenden kaufmännischen Bestätigungsschreiben für den sich jeweils widersprechenden Inhalt, da hier der jeweilige Absender bei Schweigen der anderen Partei nicht davon ausgehen darf, dass diese dem Inhalt des jeweils anderen kaufmännischen Bestätigungsschreiben zustimmt.[442] Eine **Anfechtung wegen Irrtums** über die Bedeutung des Schweigens scheidet als unbeachtlicher Rechtsfolgenirrtum aus. Alternativ wird die Anfechtung gern darauf gestützt, dass das kaufmännische Bestätigungsschreiben und die mündlichen Abreden voneinander abweichen und dies durch Nachlässigkeit nicht erkannt wurde. In diesen Fällen lässt die Rspr. eine Anfechtung ebenfalls nicht zu, da dies dem Sinn und Zweck des kaufmännischen Bestätigungsschreiben zuwider laufen würde.

Klausurtipp: Das kaufmännische Bestätigungsschreiben ist von der **Annahme eines Angebots** (Auftragsbestätigung) zu unterscheiden. Weicht nämlich die Annahme vom Angebot ab, kommt der Vertrag gerade nicht zustande, § 150 II BGB. Sie müssen dann durch Auslegung ermitteln, was vorliegt: Bestätigung der subjektiv schon geschlossenen Vereinbarung (dann kaufmännisches Bestätigungsschreiben) oder Annahme des noch im Raum stehenden Angebots (dann Annahme).

In einigen Klausuren kommt es auf **§ 354 HGB** an. Danach kann ein Kaufmann, der in Ausübung seines Handelsgewerbes einem anderen Geschäfte besorgt oder Dienste leistet, von diesem Provision oder/und Lagergeld verlangen. Relevant wird dies zB dann, wenn ein entsprechender ausdrücklicher Verwahrungsvertrag nicht geschlossen wurde. Klausurrelevant ist der Fall, dass der Verkäufer im Annahmeverzug des Käufers die Kaufsache bei sich einlagert. Ohne § 354 HGB hätte der Verkäufer nur § 304 BGB. § 354 HGB setzt grundsätzlich voraus, dass zwischen den Parteien »ein Rechtsverhältnis besteht, das die Tätigkeit für den anderen rechtfertigt«.[443]

Auch **§ 354a I HGB** kann relevant werden. Danach ist eine Abtretung trotz eines Abtretungsverbotes iSv § 399 Alt. 2 BGB zwischen den Vertragsparteien eines Handelskaufs gleichwohl wirksam (vgl. → Rn. 37 zum verlängerten Eigentumsvorbehalt). Nach § 354a I 2 HGB kann der Schuldner trotzdem an den Zedenten leisten.[444]

In **§§ 369 ff. HGB** ist das kaufmännische Zurückbehaltungsrecht geregelt. Im Gegensatz zu § 273 BGB ist insbesondere keine Konnexität erforderlich.

§§ 373, 374 HGB sind Sondervorschriften für den Annahmeverzug des Käufers. Wenn dieser im Annahmeverzug ist, kann der Verkäufer als Erfüllungssurrogat zB nach § 373 II HGB einen sog. **Selbsthilfeverkauf** für Rechnung des säumigen Käufers veranlassen (zB Versteigerung der Ware). Mit dem eigenen Anspruch auf Ersatz der Versteigerungskosten (§ 373 III HGB iVm § 670 BGB) und dem Kaufpreisanspruch kann er dann gegenüber dem Anspruch des Käufers auf Herausgabe des Erlöses aus § 667 BGB aufrechnen. Etwaige Lagerkosten kann er nach § 373 I HGB iVm § 670 BGB ersetzt verlangen.

In **§ 376 HGB** ist das relative Fixgeschäft unter Kaufleuten geregelt (Fixhandelskauf). Lesen die die Norm!

Die **Untersuchungs- und Rügeobliegenheit** des Kaufmanns (faktisch eine Wareneingangskontrolle) hinsichtlich eines Mangels der gelieferten Ware nach **§ 377 I, III HGB** (lesen!) ist das **häufigste Klausurthema aus dem HGB**, welches sich wegen dessen Rechtsfolgen gut in

441 **Vgl. zu den Voraussetzungen des kaufmännischen Bestätigungsschreiben Palandt/*Ellenberger* BGB § 147 Rn. 8 ff. Sie brauchen nichts auswendig zu lernen!**

442 *Lettl* JuS 2008, 849 ff.

443 OLG München NJOZ 2013, 254 ff.; Akquiseanstrengungen sind eigenes Risiko!

444 Dies gilt nach BGH WM 2005, 429 ff. auch für eine Aufrechnung.

jede Gewährleistungsklausur einbauen lässt. § 377 HGB gilt nur bei einem beidseitigen Handelskauf. Beide Parteien müssen daher Kaufleute sein und der Kaufvertrag oder Werklieferungsvertrag iSv § 381 II HGB zu dem Betrieb des jeweiligen Gewerbes gehören. In welchem Umfang der Käufer danach die Ware zu untersuchen hat, bemisst sich nach einer Interessenabwägung im Einzelfall, sodass in der Klausur hierzu längere Ausführungen verlangt werden. Die Abgrenzung zwischen einem »offenen« und einem »versteckten« Mangel erfolgt danach, ob bei einer verkehrsüblichen Untersuchung[445] der Mangel erkennbar wäre. Die Mängelrüge kann formfrei erfolgen. Sie muss stets **ausreichend substantiiert** sein, dh, die bloße Mitteilung, dass die Ware nicht in Ordnung ist, reicht nicht aus. Bei einem **Streckengeschäft** (Direktlieferung durch den Hersteller an Endabnehmer, sog. Durchlieferung) ist anerkannt, dass die Mängelrügen grundsätzlich entlang der Kaufvertragsverhältnisse zu erfolgen haben, dass also der Endabnehmer den Zwischenhändler und dieser seinerseits den Erstverkäufer von Mängeln unterrichten muss.[446] Die Zulässigkeit der **vertraglichen Vereinbarung einer Rügefrist** iSv § 377 HGB zulasten des nichtkaufmännischen Käufers richtet sich nach §§ 309 Nr. 8 b) ee), 476 I 2 BGB. Nach der Rspr. ist danach eine Rügeobliegenheit auch für offensichtliche Mängel unwirksam.[447]

Beachte: »Unverzügliche« Anzeige iSv § 377 HGB meint **in der Regel ein bis zwei Tage** nach Entdeckung des Mangels.

Bei Verletzung der Obliegenheit nach § 377 I, III HGB muss der Käufer den Kaufpreis zahlen, die Gewährleistung ist hinsichtlich des ungerügten Mangels ausgeschlossen (Ausnahme: § 377 V HGB). Dies erfasst auch vertragliche Ansprüche wegen Schäden an anderen Rechtsgütern, die aus dem Mangel resultieren. **Nicht erfasst sind Ansprüche aus §§ 823 ff. BGB** (hier auf § 254 BGB eingehen, wenn keine Untersuchung/Rüge erfolgt ist!). Ein Gegenbeweis zur Genehmigungsfiktion ist nicht möglich, ebenso wenig wie die Anfechtung der Fiktion.

V. Die Handelsfirma, §§ 17 ff. HGB

106 Die Firma ist der **Name des Kaufmanns**, unter dem er im Handelsverkehr seine Geschäfte betreibt, vgl. § 17 I HGB. Die Rechtsprechung hat rund um §§ 17 ff., 30 HGB einige Grundsätze entwickelt, an denen sich die Firma messen lassen muss (zB Firmenunterscheidbarkeit, Firmenwahrheit, Firmenöffentlichkeit), die jedoch für die Klausur in aller Regel keine Rolle spielen. Für das Examen können allerdings §§ 25 ff. HGB relevant werden:

Problem: Firmenfortführung und Haftung bei Inhaberwechsel

- Bei einem Inhaberwechsel haftet der neue Inhaber grundsätzlich nicht für die Altschulden seines Vorgängers. Anders ist dies nur, wenn er das **Handelsgeschäft und die Firma (dh die Firmenbezeichnung = den Namen) fortführt, vgl. § 25 I 1 HGB**. Die Nachhaftung des alten Firmeninhabers ist in § 26 HGB geregelt (dann Gesamtschuldner). Eine ähnliche Regelung wie § 25 I HGB findet sich in § 27 I HGB.
- § 25 I HGB greift schon bei einer tatsächlichen Fortführung des Betriebes, ein wirksames schuldrechtliches oder dingliches Rechtsgeschäft ist nicht erforderlich. § 25 I HGB erfasst auch die sukzessiv erfolgende Unternehmensübernahme oder einen Teilerwerb, wenn dieser den Kern des Unternehmens ausmacht.
- Eine Fortführung unter der bisherigen Firma liegt auch dann vor, wenn die alte Firmenbezeichnung nicht wortgetreu übernommen wird. Es wird nur darauf abgestellt, ob der Geschäftsverkehr die neue Firma noch mit der alten Firma identifiziert (**»Beibehaltung des prägenden Teils der Firma« – Firmenkontinuität**).[448] Das kam zuletzt im Dezember 2017

445 Bei größeren Warenmengen sind aussagekräftige Stichproben ausreichend aber auch erforderlich. Nach BGH MDR 2018, 160 f. aber keine »Rundumuntersuchung« auf alle irgendwie möglichen Mängel nötig (anderslautende AGB unwirksam!).

446 OLG Karlsruhe NJW-RR 2017, 177 ff. mwN.

447 So BGH NJW 2013, 1431 ff.; OLG Hamm BeckRS 2012, 13246; aA Palandt/*Grüneberg* BGB § 309 Rn. 78.

448 Baumbach/Hopt/*Hopt* HGB § 25 Rn. 7 ff. Es ist auch irrelevant, ob im Handelsregister eine völlig andere Firma eingetragen wurde, da es allein auf die tatsächliche Fortführung der Firma ankommt, vgl. BGH NJW 1987, 1633.

(dort in der Z III). Unabhängig von § 25 HGB kann eine Rechtsscheinhaftung des neuen Betriebsinhabers zu bejahen sein. Eine solche Haftung kann in Betracht kommen, wenn der Anschein erweckt wird, dass zwei voneinander unabhängige Rechtssubjekte eine Einheit bilden. Übungsfall dazu: BGH JA 2012, 948 ff.

- Dem neuen Inhaber stehen analog § 417 BGB alle Einwendungen des ehemaligen Firmeninhabers zu.
- § 25 HGB gilt nach hM seinem Sinn und Zweck nach nicht bei Erwerb des Handelsgeschäft vom Insolvenzverwalter (Argument: Effektivität der insolvenzrechtlichen Abwicklung).
- **§ 28 HGB** regelt den Beitritt einer Person in das Geschäft eines Einzelkaufmanns, wobei das Geschäft dadurch eine neu entstehende Personenhandelsgesellschaft (OHG oder KG) wird. Die OHG/KG haftet dann unabhängig von einer Firmenfortführung für die Altschulden des Einzelkaufmanns (nicht für die Altschulden des anderen Eintretenden! Geschützt sein sollen durch § 28 HGB nur die Gläubiger des »alten Ladens«), die Gesellschafter haften daneben persönlich nach §§ 128, 161 II HGB. Bei der neuen Gesellschaft muss es sich um eine OHG oder KG handeln, eine juristische Person oder GbR reichen nicht.[449] § 28 HGB gilt auch nicht analog, wenn ein Handelsgeschäft in eine bestehende Gesellschaft eingebracht wird.[450]

VI. Sonderfragen aus dem Handelsrecht

Handelsvertreter iSd § 84 I HGB sind Personen, die als selbstständige Gewerbetreibende 107 ständig damit betraut sind, für einen anderen Unternehmer Geschäfte zu vermitteln oder in dessen Namen abzuschließen. Der Handelsvertreter und der Unternehmer sind in der Regel über einen Dienstvertrag in Form eines Geschäftsbesorgungsvertrags verbunden. Zwischen dem Handelsvertreter und den Kunden des von ihm vertretenen Unternehmers kommt in der Regel kein eigener Vertrag zustande. Der wichtigste Anspruch des Handelsvertreters ist der auf **Provision aus §§ 87 ff. HGB**. Wenn der Unternehmer nach Beendigung des Vertrags mit dem Handelsvertreter noch Vorteile aus dessen Arbeit zieht, dann kommt – sofern § 87 III HGB nicht greift – ein (in der Praxis enorm wichtiger) Anspruch auf **Ausgleichszahlung aus § 89b HGB** in Betracht, der analog auch für den Vertragshändler gilt.[451] In derartigen Klausuren geht es oft um den Ausschluss des Ausgleichsanspruches nach **§ 89b III Nr. 1 und Nr. 2 HGB** (lesen!).

Eine Pflicht zum Ersatz von Aufwendungen besteht nach §§ 675, 670 BGB wegen des vorrangigen § 87d HGB nur in Ausnahmefällen, zB bei Aufwendungen außerhalb des regelmäßigen Geschäftsbetriebes. § 670 BGB kann analog bei Ersatz von Zufallsschäden herangezogen werden. Für das Verhältnis von Handelsvertreter und Unternehmer gelten daneben die allgemeinen Vorschriften, vor allem §§ 280 ff., 823 BGB.

Handelsmakler iSd § 93 HGB ist diejenige, der gewerbsmäßig für andere die Vermittlung von 108 Verträgen über Gegenstände des Handelsverkehrs übernimmt, **ohne** von dem Unternehmer **ständig damit betraut** zu sein. Im Gegensatz zum Zivilmäkler nach § 652 BGB muss der Handelsmakler stets gewerbsmäßig tätig werden und ist als »ehrlicher Makler« grundsätzlich den Interessen beider Parteien verpflichtet. Diese Neutralitätspflicht hat jedoch auch ihre Nachteile für den Handelsmakler: Bei einer Pflichtverletzung haftet er beiden Parteien, vgl. § 98 HGB. Auf den Handelsmakler sind primär die §§ 93 ff. HGB anwendbar, subsidiär auch die §§ 652 ff. BGB.

---

449 Umstr., vgl. Baumbach/Hopt/*Hopt* HGB § 28 Rn. 2 mwN; aA OLG Naumburg NZG 2006, 711: § 28 HGB analog, wenn eine GbR entsteht.

450 BGH NJW 2010, 3720 f.

451 Dies gilt auch für **§ 89a HGB (lesen!)**. Vgl. BGH NJW 2015, 945 f. zur analogen Anwendung auf Franchisenehmer. Für die analoge Anwendung von § 89b HGB muss der Vertragshändler (bzw. Franchisenehmer) in die Absatzorganisation des Herstellers (Franchisegebers) eingegliedert gewesen sein und zweitens eine (ggf. konkludente) vertragliche Verpflichtung des Vertragshändlers/Franchisenehmers zur Übertragung des Kundenstamms bei Vertragsende bestanden haben. Die bloß faktische Kontinuität des Kundenstamms nach Vertragsbeendigung reicht nach dem BGH nicht aus.

Beachte: Beim Handelsmakler müssen die **vermittelten Geschäfte** Gegenstände des Handelsverkehrs betreffen. Nicht erforderlich ist, dass die beteiligten Vertragsparteien Kaufleute sind! Lesen Sie sich einmal die Beispiele durch, die in § 93 HGB genannt sind, um ein Gespür für derartige Fälle zu bekommen.

§ 4 Das Gesellschaftsrecht

A. Einstieg

Gesellschaftsrechtsprobleme in Klausuren beschränken sich in der Regel auf Zusatzfragen zu »normalen« Zivilrechtsklausuren wie zB Rechts- und Parteifähigkeit, ordnungsgemäße Vertretung oder Haftungs- und Regressprobleme (vor allem im Rahmen der GbR). Reine Gesellschaftsrechtsklausuren sind außerhalb von **Bayern und Hessen** (zur **Anwartschaftsrechts-Klausur in Hessen** s. oben unser Hinweis am Anfang des Handelsrechts!) nur in Kautelarklausuren (lesen Sie dazu *Kaiser/Kaiser/Kaiser* Anwaltsklausur Rn. 135 ff.!) zu erwarten und dort auch nur in homöopathischen Dosen. **109**

B. Das Wichtigste in Kürze

I. Die Einteilung der Gesellschaften

Zu den **Personengesellschaften** werden die GbR, die OHG und die KG gezählt, wobei die OHG und KG auch als Personenhandelsgesellschaften bezeichnet werden, da ihr Zweck auf den Betrieb eines Handelsgewerbes gerichtet ist. Auf der anderen Seite stehen die **Körperschaften**/juristischen Personen, zu denen der Verein und vor allem die AG und die GmbH gehören. Es herrscht grundsätzlich ein sog. *numerus clausus* **der Gesellschaftsformen**, dh, die Gesellschafter müssen sich einer der gesetzlich normierten Gesellschaftsformen bedienen. **110**

Klausurtipp: Aus diesem Bereich kann in der Zulässigkeit der Klage das Problem der **irrtümlich falschen Parteibezeichnung** vorkommen. Lesen Sie dazu *Kaiser/Kaiser/Kaiser* Zivilgerichtsklausur I Rn. 314.

II. Rechtsfähigkeit und Vertretung

Wenn im Klausursachverhalt eine Gesellschaft gehandelt hat, kann in der Zulässigkeit der Klage unter Umständen das Problem der Rechtsfähigkeit (vgl. § 50 ZPO) und der Vertretung auftauchen. Hierzu folgende Übersicht: **111**

- **Eingetragener Verein (e.V.)**, §§ 21 ff. BGB
  - Rechtsfähigkeit (+)
  - Vertretung durch den Vorstand (§ 26 II BGB)
  - Mögliche **Klausurfalle**: Die Tatsache, dass die Mitgliederversammlung sich in einem Beschluss ausdrücklich gegen eine Rechtshandlung des Vorstands gestellt hat, dass die Satzung bestimmte Geschäfte verbietet oder dass ein die Rechtshandlung zugrunde liegender legitimierender Beschluss der Mitgliederversammlung unwirksam ist, hat nach hM für die wirksame Vertretung des Vereins durch den Vorstand nach außen in der Regel keinen Einfluss.[452] Allerdings sind die Grundsätze des Missbrauchs der Vertretungsmacht anwendbar (→ Rn. 6).

Klausurtipp: Es gab wirklich schon Examensklausuren, in denen es um **Vereinsrecht** ging (zB Haftung des Vereins gegenüber Mitglied nach §§ 280, 823 BGB wegen Pflichtverletzung bei Vereinsausflug – Vereinsmitgliedschaft als Schuldverhältnis, ordentliche Kündigung der Mitgliedschaft nach § 39 BGB oder außerordentliche Kündigung nach § 314 BGB, Feststellungsklage bezüglich der Unwirksamkeit eines Vereinsausschlusses, Feststellungsklage bezüglich der Unwirksamkeit eines Beschlusses der Mitgliederversammlung oder Geltendmachung eines Aufwandsersatzanspruchs durch den Vorstand). Hier nicht verzweifeln! Alle Probleme stehen im Palandt/*Ellenberger*, zB zur Haftung in BGB § 31 Rn. 12, zum Ausschluss unter BGB § 25 Rn. 13 ff., zu Beschlüssen bei BGB §§ 32 ff. und zum Aufwandsersatzanspruch unter BGB § 27 Rn. 4 ff. **Sie müssen nichts auswendig lernen, was Sie schnell im Palandt nachschlagen können!**

452 Palandt/*Ellenberger* BGB § 26 Rn. 6; BGH NJW 2008, 69 ff.

Der BGH[453] hat zudem zugunsten des Vereinsmitglieds die Grundsätze des innerbetrieblichen Schadensausgleichs (→ Rn. 116) auf das Verhältnis Verein – Mitglied übertragen.

Auch die **WEG** ist teilrechtsfähig, vgl. § 10 VI WEG. Vertreten wird die WEG durch den jeweiligen Verwalter. Bei Klagen gegen eine WEG sind § 17 ZPO und § 23 Nr. 2 c GVG zu beachten. Die WEG kann nach neuer Rspr. auch Grundstücke kaufen oder Verbraucher sein, wenn sie zB Gasversorgungsverträge schließt. Die **akzessorische Haftung** der einzelnen Eigentümer gegenüber Dritten ist in § 10 VIII WEG geregelt.

- **Nichtrechtsfähiger Verein,** § 54 BGB
  - Auch der nichtrechtsfähige Verein[454] ist zumindest teilrechtsfähig und damit parteifähig, vgl. § 50 II ZPO.
  - Nach der Rspr. haftet nur der Verein im Rechtsverkehr nach außen, dabei ist die Vertretungsmacht des Handelnden konkludent auf das Vereinsvermögen beschränkt. Die Handelndenhaftung ist in § 54 S. 2 BGB geregelt.
- **Stiftung,** §§ 80 ff. BGB
  - Rechtsfähigkeit (+)
  - Vertretung durch den Vorstand, §§ 86, 26 II BGB
- **Juristische Personen des öffentlichen Rechts**
  - Rechtsfähigkeit (+)
  - Vertretung bei der Gemeinde nach Kommunalrecht in der Regel durch den Bürgermeister
- **Die wichtigsten rechtsfähigen juristischen Personen des Privatrechts**
  - GmbH nach § 13 I GmbHG (Vertretung durch den Geschäftsführer, § 35 I GmbHG)
  - Aktiengesellschaft nach § 1 I 1 AktG (Vertretung durch den Vorstand, § 78 I AktG)
- **GmbH in der Entstehung: 1. Stufe vor notarieller Beurkundung: sog. Vorgründungsgesellschaft**
  - Rechtsfähigkeit (+) in der Regel als GbR (mangels Handelsgewerbes keine OHG, da die Geschäfte oft nur die eigene Bedarfsdeckung betreffen!). Die Schulden der Vorgründungsgesellschaft gehen nicht automatisch auf die nach notarieller Beurkundung entstehende Vor-GmbH über.[455]
  - Die Handelndenhaftung nach § 11 II GmbHG gilt nicht. Eine solche kann sich nur aus allgemeinen Regeln ergeben, zB aus § 179 BGB bei fehlender Vertretungsmacht.
  - Vertretung durch die Gesellschafter (nach GbR-Regeln oder nach OHG-Regeln)
- **2. Stufe nach notarieller Beurkundung: sog. Vorgesellschaft/Vor-GmbH**
  - Rechtsfähigkeit (+) als »selbstständige Gesellschaft eigener Art«, es können grundsätzlich die Vorschriften der GmbH angewendet werden, soweit diese nicht die Eintragung in das Handelsregister voraussetzen oder die Anwendung der Norm in sonstiger Weise mit der Rechtsnatur der Vor-GmbH unvereinbar ist.[456] Die Rechte und Pflichten der Vor-GmbH gehen auf die spätere GmbH über.[457]
  - **§ 11 II GmbHG: Handelndenhaftung** bei der Vor-GmbH. § 11 II GmbHG greift sowohl bei Handeln im Namen der späteren GmbH als auch bei Handeln für die Vor-GmbH (hM). Die Handelndenhaftung tritt neben die Haftung der Vor-GmbH und erlischt mit Entstehung der GmbH, weil diese dann in die Verpflichtungen eintritt.[458]
  - Vertretung durch den Geschäftsführer, wobei die unbeschränkte Vertretungsmacht iSv § 37 II GmbHG (analog) von der hM hier aber abgelehnt wird.[459] Die Vertretungsmacht erfasst daher in der Regel lediglich alle Handlungen, die mit den Aufgaben des Geschäftsführers im Gründungsstadium zusammen hängen. Fehlt dem für die Vor-GmbH

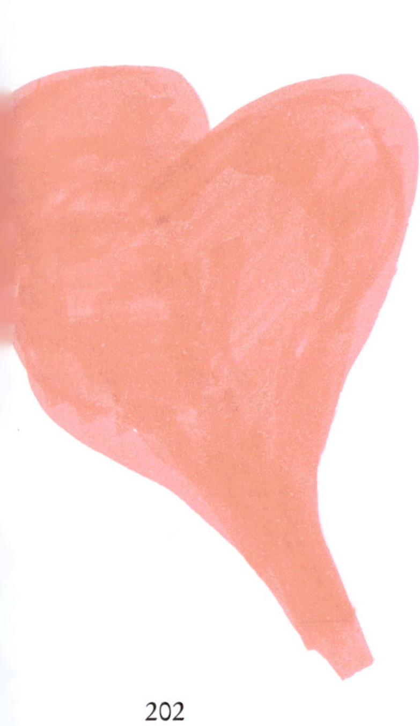

453 BGH NJW-RR 2012, 280 f.; NJW 2005, 981 f.

454 **Klausurbeispiele:** Kegelclub, Angelverein, auch einzelne Abteilung eines eingetragenen Spartenvereins wie zB Ruderabteilung oder die »Landesgruppe NRW« eines Hundezüchtervereins, wenn sie selbstständig strukturiert ist. Grundbuchfähig ist der nichtrechtsf. Verein aber nicht.

455 BGHZ 91, 148 ff. = NJW 1984, 2164; BGH ZIP 1998, 646 f.

456 BGHZ 117, 323 ff. = NJW 1992, 1824; *Rubner* NJW-Spezial 2008, 303 f.

457 BGHZ 80, 129 ff. = NJW 1981, 1373.

458 BGHZ 80, 129 ff. = NJW 1981, 1373.

459 *Rubner* NJW-Spezial 2008, 303 f.

Handelnden die Vertretungsmacht, so ist **§ 179 BGB nicht anwendbar**, da § 11 II GmbHG eine Sonderregelung ist.[460] Die Haftung des *falsus procurator* nach § 11 II GmbHG erlischt nicht bei späterer Entstehung der GmbH.[461]

- Die Gesellschafter haften für die Schulden der Vor-GmbH nicht persönlich im Außenverhältnis. Eine Haftung nach außen nimmt die Rspr. nur an, wenn es sich um eine Ein-Mann-Vor-GmbH handelt oder die Vor-GmbH vermögenslos ist. Auch wenn die Gründungsabsicht nur vorgetäuscht war (»unechte Vor-GmbH«) oder später aufgegeben und die Gesellschaft dennoch fortgeführt wird, besteht eine persönliche Außenhaftung.[462]

- **3. Stufe:** Nach Eintragung der GmbH im Handelsregister entsteht die GmbH, vgl. §§ 7, 13 GmbHG.
- **Gesellschaft bürgerlichen Rechts (GbR)**, §§ 705 ff. BGB

Klausurtipp: Die GbR kann nach der Erfahrung der letzten Jahre als das **Lieblingskind** der LJPAs aus dem Gesellschaftsrecht bezeichnet werden. Fragen der Haftung der Gesellschaft selbst, deren Gesellschafter und Regressansprüche standen, wenn tatsächlich mal eine von Gesellschaftsrecht geprägte Klausur gestellt wurde, dann in der Regel im Vordergrund. Bevor Sie in Zweifelsfällen vorschnell eine **konkludente GbR** bejahen: Eine solche setzt einen – zumindest konkludenten – Gesellschaftsvertrag, einen gemeinsamen Zweck und die gemeinsame Förderung dieses Zwecks und damit Willenserklärungen mit entsprechendem RBW voraus! Beim gemeinsamen *»Halten und Verwalten«* einer Sache kann statt einer GbR auch eine bloße **Gemeinschaft nach §§ 741 ff. BGB** vorliegen. Abgrenzung: Wird über bloße Nutzung ein darüber hinausgehender Gesellschaftszweck verfolgt (zB zusätzlich gewinnbringende Vermietung gewollt)? Dann GbR, sonst (zB Gemeinsamkeit erschöpft sich im Halten und Verwalten) nur §§ 741 ff. BGB. Hier kann man wunderbar mit dem Palandt bei § 705 und § 741 BGB arbeiten. Relevant zuletzt 2017 und 2018 in vielen Mündlichen durch den berühmten **»Kronkorken-Fall«** vom LG Arnsberg (JA 2017, 627 f.).
Wichtig: Bitte machen Sie nicht wie im ersten Examen lange Ausführungen zur Rechtsfähigkeit der GbR! Das macht man im Assessorexamen = in der Praxis nicht. *»Unnötig die Wissensausbreitung zur Rechtsfähigkeit der GbR, ein konkreter Fall- und Problembezug ist nicht erkennbar.«* Das ist eine Original-Anmerkung eines Korrektors aus einer Prüfungsanfechtung 2014. Der war richtig sauer, und das ist kein Einzelfall!

- Die Partei- und Rechtsfähigkeit der GbR ist zu bejahen, wenn sie am Rechtsverkehr teilnimmt (Außengesellschaft). Im Umfang der dadurch begründeten Rechte/Pflichten ist die GbR rechts- und parteifähig.[463]
- Die GbR ist grundbuchfähig, auch alle Gesellschafter der GbR sind aber einzutragen, vgl. § 47 II GBO.
- Für die Vertretung gilt § 714 BGB: im Zweifel Gesamtvertretung (→ Rn. 6).
- Eine Ausnahme ergibt sich aus **§ 744 II BGB analog**, wonach jeder Gesellschafter die GbR bei Notständen wirksam vertreten kann, egal ob er geschäftsführungs- oder vertretungsbefugt ist.[464]
- Gibt es bei der Gründung/beim Beitritt zu einer GbR Wirksamkeitsmängel, gelten für die Rechtsfolgen Besonderheiten, die sich wunderbar aus Palandt/*Sprau* BGB § 705 Rn. 17 ff. erschließen (**»fehlerhafte Gesellschaft«**).

- **Erbengemeinschaft**, §§ 2032 ff. BGB
  - Die Erbengemeinschaft ist nach hM eine nicht rechts- und parteifähige Gesamthandsgemeinschaft.

---

460 Palandt/*Ellenberger* BGB § 177 Rn. 3.

461 BGHZ 80, 182 ff. = NJW 1981, 1452.

462 BGH NJW 2008, 2441 f. Denn dann bleibt es dabei, dass die Gesellschaft entweder eine GbR oder eine OHG ist, bei der die Gesellschafter persönlich haften.

463 Seit Jahren ist dazu **LG Detmold JA 2017, 69 f.** (Abiturkomitee als konkludente GbR) ein Klassiker in vielen Mündlichen von Flensburg bis Garmisch-Patenkirchen, ein total beliebter Fall. Lesen! Eine feine Klausur dazu ist ***Hau/Lerp* JA 2017, 251 ff.**

464 Palandt/*Sprau* BGB § 744 Rn. 3.

  - Rechtsfähig sind nur die einzelnen Erben. § 2039 BGB gewährt aber eine Einzelklagemöglichkeit jedes Miterben (gesetzliche Prozessstandschaft). Wurde ein Testamentsvollstrecker bestellt, so ist allerdings allein er nach § 2212 BGB prozessführungsbefugt. Er kann aber im Wege der gewillkürten Prozessstandschaft einen der Miterben mit der Prozessführung beauftragen (**komischerweise relativ beliebtes Klausurthema!**).[465]
- **OHG und KG**
  - Rechtsfähigkeit (+), §§ 124 I, 161 II HGB. Die Eintragung im Handelsregister ist nur deklaratorisch, dh, vor Eintragung ist die OHG/KG bereits dann rechtsfähig, wenn sie ihre Geschäfte aufnimmt, vgl. §§ 123 II, 161 II HGB.
  - Vertretung: vgl. §§ 125 ff. HGB (Einzelvertretungsmacht der Gesellschafter bei der OHG), §§ 161 II, 170 HGB (nur die Komplementäre bei der KG, nicht auch die Kommanditisten)

Klausurtipp: In den letzten Jahren ist auch ab und zu eine **GmbH & Co. KG** in den Examensdurchgängen aufgetaucht. Diese wird als KG begriffen, deren einzige Komplementärin eine GmbH ist. Diese Rechtsform ist in der Rspr. anerkannt und wird als **Typenmischung** von KG und GmbH aufgefasst. Daraus ergibt sich auch ihre Rechts- und Parteifähigkeit für den Zivilprozess. In erster Linie ist das Recht der KG maßgebend, bezüglich der Komplementärs-GmbH ist GmbH-Recht anzuwenden. Fungiert eine Unternehmergesellschaft (vgl. § 5a GmbHG) als Komplementärin der KG, liegt eine zulässige sog. **UG & Co. KG** vor.[466]

Klausurtipp: In zwei Klausuren der letzten Jahre musste jeweils folgendes Problem geklärt werden. Eine GbR schließt einen Zeitmietvertrag über Gewerberäume ab. Dann wächst der Laden, aus der Raupe wird ein Schmetterling – aus der GbR wird eine OHG. Ist der Mietvertrag der GbR auf die spätere OHG übergegangen? Erst nachdenken, dann Fußnote lesen!

- **Liquidierte und gelöschte juristische Person/Gesellschaft**
  - Verlust der Rechtsfähigkeit erst mit vollständiger Abwicklung, dh, sie ist noch rechtsfähig, solange sie noch Vermögen oder Forderungen hat, und sei dies nur die im Prozess geltend gemachte Forderung (qualifizierte Prozessvoraussetzung).
  - Ist die liquidierte juristische Person/Gesellschaft Beklagte, gilt das oben Gesagte entsprechend. Zusätzlich muss der Kläger aber schlüssig darlegen, dass noch Vermögenswerte bei der Beklagten vorhanden sind.

III. Zurechnungsfragen

112 Problematisch ist, nach welchen Grundsätzen das Handeln, das Verschulden oder das Wissen der für die Gesellschaft handelnder Personen der Gesellschaft zugerechnet wird.

Zurechnungsmöglichkeiten

Handeln/Verschulden	Kenntnis/Wissen
• § 831 BGB bei Verrichtungsgehilfen • § 278 BGB bei Erfüllungsgehilfen • § 31 BGB (analog) bei Organen/Repräsentanten	• § 166 BGB bei Vertretern • § 166 BGB analog bei Repräsentanten • über Organisationspflichtverletzung
Relevant zB bei §§ 280 ff., 823 BGB	Relevant zB bei §§ 123, 138, 199, 444, 819 BGB

465 *Kaiser/Kaiser/Kaiser* Zivilgerichtsklausur I Rn. 353.
466 *Hucke/Holfter* JuS 2010, 861 ff.

Für die **Zurechnung von Handeln/Verschulden** gilt: Wenn Verrichtungs- oder Erfüllungsgehilfen handeln, dann gelten wie üblich § 831 BGB im Deliktsrecht und § 278 BGB im Schuldrecht. Problematisch ist, wie das Handeln eines Organs der Gesellschaft dieser zuzurechnen ist. § 831 BGB scheidet in der Regel aus, da das Organ mangels Weisungsgebundenheit kein Verrichtungsgehilfe ist. § 278 BGB findet in der Regel ebenfalls keine Anwendung, da das Organ nicht wie ein Erfüllungsgehilfe eine fremde Verbindlichkeit erfüllt, sondern eine eigene. Übrig bleibt **§ 31 BGB**, der über das Vereinsrecht hinaus für die Zurechnung von Fehlverhalten auf alle juristischen Personen (auch die des öffentlichen Rechts, § 89 BGB) und die OHG/KG und GbR analog angewendet wird. Der deliktisch Handelnde haftet dann gegebenenfalls persönlich nach c.i.c. und/oder §§ 823 ff. BGB neben der Gesellschaft.

Beachte: Sie sehen, dass **§ 31 BGB (analog) einen riesigen Anwendungsbereich hat!** Die Rspr. wendet § 31 BGB **auch** auf **Repräsentanten** an, denen bestimmte Funktionen der Gesellschaft zugewiesen wurden.[467] Auf das Bestehen von Vertretungsmacht kommt es nicht an.

Handelt bei dem Vorgang ein Vertreter, wird nach **§ 166 I BGB das Wissen des Vertreters dem Vertretenen zugerechnet.** Dies gilt analog § 166 I BGB auch für solche Personen, die ohne Vertretungsmacht eigenverantwortlich als **Repräsentant/Wissensvertreter** der Gesellschaft auftreten (gilt nicht nur im Gesellschaftsrecht!).[468] Die Zurechnung des Wissens von ausgeschiedenen oder solchen Personen, die nicht an dem Rechtsgeschäft beteiligt sind, erfolgt über die Rechtsfigur der sog. **Informationsorganisationspflichtverletzung:** Eine Zurechnung wird danach angenommen, wenn es sich um Wissen eines Vertreters/Wissensvertreters handelt, welches bei ordnungsgerechter Organisation aktenmäßig festzuhalten, weiterzugeben und vor Vertragsschluss abzufragen gewesen wäre. Dasselbe gilt auch bei einer GbR oder bei einer Behörde.[469] Aktuelles dazu: (nach herrschender Rspr. keine) Zurechnung des Wissens/der Arglist von VW zu den Vertragshändlern im VW-Abgasskandal.

IV. Die Haftung der Gesellschaft und der Gesellschafter

113 Haftungsfragen treten im Assessorexamen in der Regel bei der GbR und bei den Personenhandelsgesellschaften auf. Besonders relevant ist die Haftung der GbR und der GbR-Gesellschafter.

Klausurtipp: Bei den **juristischen Personen gilt das Trennungsprinzip**. Daher haften zB die Gesellschafter einer GmbH nicht für Verbindlichkeiten der GmbH. Eine persönliche Haftung ist nur nach allgemeinen Grundsätzen (zB Delikt, § 311 III BGB, Rechtsscheinhaftung → Rn. 102) und in den Fällen der sog. **Durchgriffshaftung** möglich (super für die Klausur: Palandt/*Ellenberger* BGB Einf v § 21 Rn. 12 f.). § 64 GmbHG regelt die Insolvenzverursachungshaftung, § 15a InsO iVm § 823 II BGB die Insolvenzverschleppungshaftung.

467 Palandt/*Ellenberger* BGB § 31 Rn. 6, ab Rn. 9 ff. mit vielen Beispielen für die Klausur.
468 Palandt/*Ellenberger* BGB § 166 Rn. 6 ff.
469 BGH NJW 1996, 1339; NJW 2001, 359; LG Arnsberg NJW-RR 2017, 945 zu VW; OLG Bamberg NJW-RR 2016, 1299 zu einer Gemeinde.

Klausurproblem Haftungsverhältnisse von Gesellschaft und Gesellschafter

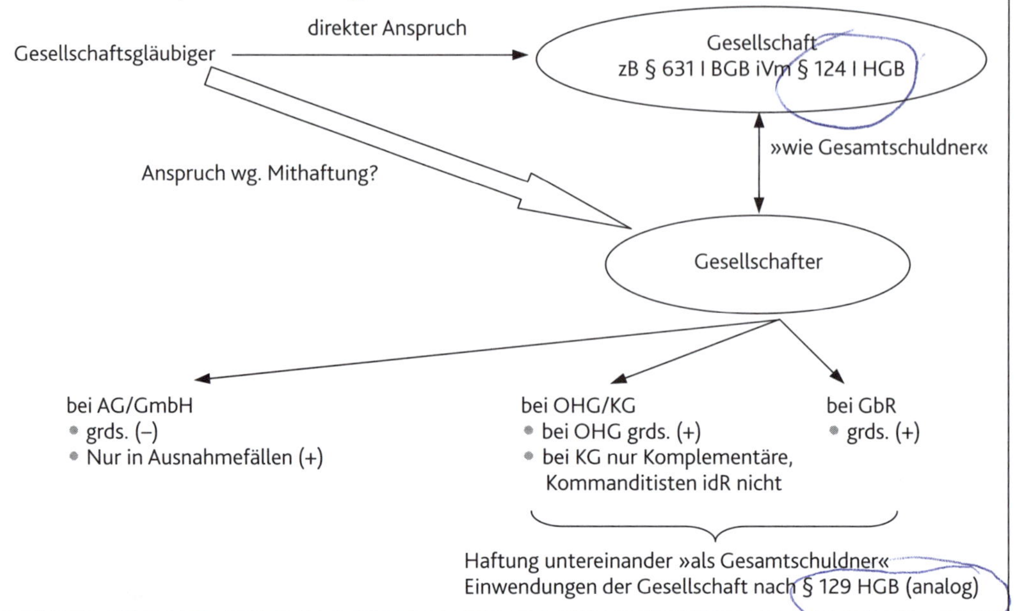

Merke: Denken Sie an die bei allen Gesellschaftsformen mögliche Eigenhaftung des Handelnden aus Rechtsscheingesichtspunkten (sog. Rechtsscheinhaftung, → Rn. 102).[470]

Die **OHG** und die **KG** haften als rechtsfähige Personenhandelsgesellschaften für »ihre« Schulden, zB aus § 631 I BGB iVm §§ 124 I, 161 II HGB oder aus § 535 II BGB iVm §§ 124 I, 161 II HGB. **§ 128 S. 1 HGB** iVm § 161 II HGB bestimmen, dass **auch die Gesellschafter für die Verbindlichkeiten der Gesellschaft** als Gesamtschuldner persönlich haften. Bei der KG sind dies die Komplementäre. Die Kommanditisten haften grundsätzlich nicht, wenn sie ihre Einlage geleistet haben, § 171 HGB (lesen! Ausnahmen: §§ 172 IV[471], 176 HGB **– beliebtes Klausurproblem vor allem in Bayern!**). Nach **§§ 129**, 161 II HGB kann sich der Gesellschafter gegen die eigene Inanspruchnahme auch auf die Einwendungen berufen, die der Gesellschaft zustehen. Umgekehrt gilt dies genauso: Ist ein rechtskräftiges Urteil gegen die Gesellschaft ergangen, wirkt dies auch gegen die Gesellschafter, indem es ihnen die Einwendungen nimmt, die der Gesellschaft abgesprochen wurden.[472] Eine Besonderheit gibt es: Durch die Klageerhebung gegen die Gesellschafter wegen einer Schuld der Gesellschaft wird diesen gegenüber die Verjährung gehemmt. Wenn im Laufe des Prozesses gegen die Gesellschafter der Anspruch gegen die nicht mit verklagte Gesellschaft verjährt, können sich die Gesellschafter nach hM[473] entgegen § 129 HGB wegen § 242 BGB nicht auf die Verjährung der Gesellschaftsschuld berufen (Argument: Gläubiger müsste sonst stets die Gesellschaft und die Gesellschafter zusammen verklagen, was umständlich und kostenintensiv wäre). Im umgekehrten Fall, also bei einer Klage nur gegen die OHG oder KG, wird aufgrund der Akzessorietät aus § 129 HGB auch gegenüber den einzelnen Gesellschaftern die Verjährung gehemmt. Die für die Gesellschaftsschuld maßgebliche Verjährung gilt dabei grundsätzlich auch für die akzessorische Haftung der Gesellschafter.[474]

470 Palandt/*Ellenberger* BGB § 164 Rn. 3. Teilweise wird neben den »Rechtsscheingrundsätzen« auch § 179 I BGB analog zitiert. Schöne Vorlagen für eine Klausur dazu wären BGH MDR 2012, 1216 f. oder BGH JA 2012, 868 ff.

471 Umstritten ist, ob die Haftung wieder auflebt, wenn die KG nicht die Einlage sondern das vom Kommanditisten gezahlte Aufgeld an ihn zurückzahlt, vgl. *Lieder* JA 2011, 658 ff. mwN. Wie Sie hier argumentieren ist egal, solange Sie das Problem überhaupt ansprechen.

472 BGH NJW-RR 2006, 1268 ff.

473 BGH NJW 1988, 1976 f.; zuletzt wieder OLG Zweibrücken MDR 2014, 1135.

474 BGH JuS 2010, 356 ff. zur GbR

Beachte: Nach der herrschenden **Erfüllungstheorie** haftet der persönlich haftende Gesellschafter akzessorisch so, wie auch die Gesellschaft haftet. Ausgenommen sind unvertretbare Handlungen iSv § 888 ZPO, bei denen von vorneherein nur das Interesse in Geld geschuldet wird.[475]

Die **GbR** kann als rechtsfähige Gesellschaft ebenso haften und im Prozess klagen und verklagt werden. Nach dem BGH haften die Gesellschafter analog § 128 S. 1 HGB für die Verbindlichkeiten der GbR **persönlich, akzessorisch und der Höhe nach unbeschränkt** wie Gesellschafter einer OHG.[476] **Scheingesellschafter** (Klausurbeispiel ist fast immer der angestellte Anwalt auf dem Briefkopf – »Scheinsozius«) haften nach Rechtsscheingrundsätzen (→ Rn. 102) wie echte Gesellschafter (Ausnahme: Forderungen, die nicht die anwaltstypische Tätigkeit betreffen).[477] Eine Haftungsbeschränkung auf das Gesellschaftsvermögen ist nur durch individuelle Vereinbarung mit dem Gläubiger möglich. Gesellschaft und Gesellschafter haften zwar nicht als Gesamtschuldner iSv §§ 421 ff. BGB, weil keine echte Gesamtschuld vorliegt (Primärschuldner soll die Gesellschaft sein, daher keine Gleichstufigkeit). Jedoch ist bei einer Zusammenverklagung eine Verurteilung **»wie Gesamtschuldner«** anerkannt. Die Gesellschafter haften dagegen untereinander gesamtschuldnerisch iSv §§ 421 ff. BGB.

Klausurtipp: Wird ein Gesellschafter für die Schuld der Gesellschaft persönlich in Anspruch genommen, kann er sich für den Regress zum einen an die Gesellschaft halten **(Regress bei der Gesellschaft)**. Anspruchsgrundlage ist bei der OHG/KG § 110 HGB und bei der GbR § 713 BGB (greift § 713 BGB nicht, kommt ein Anspruch aus § 670 BGB oder GoA in Betracht).[478] Zum anderen kann er auch bei seinen Mitgesellschaftern nach § 426 I, II BGB Rückgriff nehmen, jedoch nur anteilig in Höhe des internen Verlustanteils **(Regress unter Gesellschaftern).** Die Haftung der Gesellschafter wird **wegen der Treuepflicht** in der Regel als **subsidiär** angesehen: Ein Mitgesellschafter kann nur dann auf Ausgleich in Anspruch genommen werden kann, wenn ein Regress bei der Gesellschaft nicht möglich ist.[479] Die Subsidiarität soll nach neuer Rspr. zumindest in den Fällen, in denen der Gläubiger der Gesellschaft einer der Gesellschafter selbst ist, nicht gelten.[480] Beruht der Anspruch gegen die GbR, auf den der Gesellschafter gezahlt hat, auf seinem Verschulden, ist ein Regress in der Regel erfolglos: Der Regressanspruch gegen die GbR scheitert an einem gleich hohen Gegenanspruch der GbR aus § 280 BGB, der Regress bei den übrigen Gesellschaftern an § 254 BGB analog.[481] Beim Haftungsmaßstab im Innenverhältnis der Gesellschafter denken Sie bitte an § 708 BGB.

Bezüglich der von der Gesellschaft abgeleiteten Einwendungen der Gesellschafter gilt auch hier – wie bei der OHG und KG – **§ 129 HGB (analog).**[482] **Anders herum gilt dies nicht:** Nimmt ein Dritter die Gesellschafter einer GbR aus ihrer persönlichen Haftung für eine Gesellschaftsschuld in Anspruch, entfaltet die Rechtskraft des Urteils keine Wirkung in einem weiteren Prozess, in dem er nunmehr den Anspruch gegen die Gesellschaft verfolgt.[483] Die

475 Zuletzt BGH MDR 2013, 1415 f.

476 BGH NJW 2012, 2435 ff.; 2001, 1056 ff.; Argument: Vergleichbarkeit der Außen-GbR mit OHG. Achtung: Ist der Gläubiger der Gesellschaft selbst Mitgesellschafter, muss er sich nach hM bei seinem Anspruch gegen die Mitgesellschafter aus § 128 HGB (analog) dasjenige abziehen lassen, was er seinen Mitgesellschaftern im Innenausgleich über § 426 BGB wieder herauszugeben hätte (§ 242 BGB).

477 BGH NJW 2015, 3447; 2008, 2330: Dort verneint für den Kauf einer PC-Anlage durch die Sozietät.

478 BGH MDR 2011, 1187: Anders als bei der Bürgschaft finden bei der Zahlung (auf die Gesellschaftsschuld) dann §§ 774 I, 412, 401 BGB keine Anwendung, auch nicht analog!

479 Palandt/*Sprau* BGB § 714 Rn. 16; BGH NJW 2015, 3789 ff.; 2011, 1730 ff.; MDR 2008, 92. Der BGH bejaht sogar einen Regressanspruch analog § 426 BGB gegen Nicht-Mitgesellschafter, deren Stellung als Treugeber den von echten Mitgesellschaftern angenähert war.

480 BGH MDR 2014, 41 zur KG.

481 BGH JA 2014, 150 ff.; WM 2008, 1873.

482 Palandt/*Sprau* BGB § 714 Rn. 24. Von der Gesellschaft abgeleitete Einwendungen kann der Gesellschafter nach rechtskräftiger Verurteilung der Gesellschaft analog § 767 II ZPO nur dann erheben, wenn diese erst nach Schluss der letzten mündlichen Verhandlung im Prozess des Gläubigers gegen die Gesellschaft entstanden sind (vgl. BGH NJW-RR 2006, 1268 ff.).

483 BGH NJW 2011, 2048 ff.; Argument: Weder aus § 129 HGB noch aus § 736 ZPO ergeben sich Anhaltspunkte für eine derartige Erstreckung. Beachte: Die Problematik stellt sich nur, wenn der Anspruchsteller im Vorprozess gegen die Gesellschafter verloren hat. Verklagt er alle Gesellschafter und gewinnt, liegt ein Fall von § 736 ZPO vor. Er kann dann nicht nur in das Privat- sondern auch in das Gesellschaftsvermögen vollstrecken, ohne einen zusätzlichen Titel gegen die GbR zu benötigen, vgl. *Kaiser/Kaiser/Kaiser* Zwangsvollstreckungsklausur Rn. 67.

neue Klage gegen die GbR ist zulässig. Die Gesellschaft kann sich also nicht auf Einwendungen berufen, die (nur) den Gesellschaftern zustehen.

Klausurtipp: Gesellschaft und Gesellschafter sind im Falle der gemeinsamen Verklagung grundsätzlich nur einfache Streitgenossen. Lesen Sie dazu das Formulierungsbeispiel bei *Kaiser/Kaiser/Kaiser* Zivilgerichtsklausur I Rn. 345.

Der in die GbR eingetretene Gesellschafter (gilt nach der Rspr. auch für den Eintritt durch Rechtsnachfolge in einen Anteil durch den Erben des gestorbenen Gesellschafters) haftet auch für die **Altschulden der GbR nach § 130 I HGB analog.** § 130 HGB findet auch bei Partnerschaftsgesellschaften Anwendung, § 8 I 2 PartGG. § 130 I HGB wird allerdings nicht **auf Scheingesellschafter angewendet** (Argument: unbillig, weil diese keinen Zugriff auf Gesellschaftsvermögen haben). Für persönliche Altverbindlichkeiten des früheren Einzelanwalts, wenn sich mehrere Anwälte zu einer dann erst entstehenden GbR zusammenschließen, wird nicht gehaftet.[484]

Klausurtipp: Die **Nachhaftung** eines ausgeschiedenen GbR/KG/OHG-Gesellschafters für Altverbindlichkeiten regelt (§ 736 II BGB iVm) **§ 160 HGB** (lesen!). In der Regel geht es in Klausuren nur darum, diese Norm zu kennen und zu subsumieren.

V. Sonderfragen aus dem Gesellschaftsrecht zur GbR

114 Zum Teil sind auch gesellschaftsrechtliche Sonderprobleme Gegenstand von Examensklausuren. In der Regel ging es dabei um die GbR, sodass sich die folgenden Ausführungen auf diese Gesellschaftsform konzentrieren.

Beim **Tod eines Gesellschafters** erfolgt grundsätzlich die Auflösung und Abwicklung der Gesellschaft nach §§ 723 ff., 730 ff. BGB. Der Erbe wird dann Gesellschafter der Liquidationsgesellschaft. Andere Regelungen sind möglich. In der Praxis gibt es in der Regel sog. **Fortsetzungsklauseln.** Zudem kann frei bestimmt werden, ob die Erben des gestorbenen Gesellschafters automatisch Gesellschafter werden (Nachfolgeklausel) oder nur ein Recht haben, Gesellschafter zu werden. Fortsetzungsklauseln spielen auch beim **Austritt/Ausschluss eines Gesellschafters** nach §§ 736 f. BGB eine Rolle. Klausuren dazu sind natürlich sehr selten, aber möglich (zB in Hessen als Anwartschaftsrechts-Klausur im November 2015, im Ringtausch kam das im Dezembertermin 2016). Spontanwissen ist nicht gefordert, hier sollte sauber mit dem Kommentar zu §§ 1922, 727, 736, 737 BGB gearbeitet werden.

In manchen Klausuren spielen auch Probleme aus dem Innenverhältnis der GbR eine Rolle. Hier handelt es sich häufig um die Themenbereiche **Sozialansprüche** und **Sozialverpflichtungen.** Sozialansprüche sind die Ansprüche der Gesellschaft gegen ihre Gesellschafter. Wichtige Beispiele sind § 705 BGB (Beitragspflicht), § 709 BGB (Erfüllung der Pflichten durch die Geschäftsführer), die Einhaltung der gesellschaftsrechtlichen Treuepflicht und die Ansprüche im Zusammenhang mit der Verletzung von gesellschaftsvertraglichen Pflichten durch die Gesellschafter. Die Sozialverpflichtungen sind die Pflichten der Gesellschaft gegenüber ihren Gesellschaftern (korrespondierend natürlich ein jeweiliger Anspruch). Darunter fallen zB Informations- und Stimmrechte, der Anspruch auf Gewinnauszahlung nach §§ 721 f. BGB, der Aufwendungsersatzanspruch für Maßnahmen für die Gesellschaft oder der Abfindungsanspruch nach § 738 BGB (in § 738 BGB ist auch die sog. Anwachsung geregelt, März 2018!).

Problem: Die Geltendmachung der Sozialansprüche

- Eine Geltendmachung erfolgt grundsätzlich nur durch die Gesellschaft, da es ihre Ansprüche sind.
- Diese Ansprüche können aber per gesetzlicher Prozessstandschaft für die GbR auch von jedem einzelnen Gesellschafter im eigenen Namen mit Leistung an die GbR geltend ge-

484 §§ 128, 130 HGB und § 28 HGB sind weder direkt noch analog anwendbar, vgl. BGH NJW-RR 2012, 239 ff. und NJW 2004, 836 ff. Es bleibt daher bei der Einzelhaftung jedes Einzelnen für seine alten Haftungsfälle.

macht werden (*actio pro socio*). Dies wird in der Regel nur dann zugelassen, wenn dafür ein **hinreichender Grund** besteht (zB alle anderen Gesellschafter sperren sich ohne Grund), der grundsätzlich vom Kläger vorgetragen werden muss. Nach ähnlichen Kriterien erlaubt die Rspr. auch ausnahmsweise ein Einzelprozessführungsbefugnis für **Ansprüche der GbR gegen Dritte**,[485] was vor allem dann relevant wird, wenn die Voraussetzungen der natürlich auch hier möglichen gewillkürten Prozessstandschaft nicht vorliegen (Problem aus dem August 2016 und April 2017!). Das alles ist **nicht gut im Thomas/Putzo kommentiert!**

Problem: Die Haftung für Sozialverpflichtungen

- Grundsätzlich haftet nur die Gesellschaft für die Sozialverpflichtungen, nicht aber die Gesellschafter, weil dies ansonsten entgegen § 707 BGB auf eine Beitragserhöhung hinausliefe. § 128 S. 1 HGB analog gilt dann nicht.[486]
- Eine Ausnahme wird nur gemacht, wenn ein Gesellschafter die Schulden der Gesellschaft beglichen hat und ihm daraus ein Aufwendungsersatzanspruch gegen die Gesellschaft entstanden ist (→ Rn. 113). Hier wäre es ja unbillig, wenn sich der »hilfsbereite« Gesellschafter nur an die Gesellschaft halten könnte.[487]

Problem: Der Inhalt der gesellschaftsrechtlichen Treuepflicht und deren Verletzung

- Grundlage dieser Pflicht der Gesellschafter ist § 242 BGB. Die Treuepflicht gebietet, dass die Gesellschafter bei ihrem Handeln die Interessen der Gesellschaft (und der anderen Gesellschafter) wahren müssen.[488]
- Wenn durch die Handlung des treuwidrigen Gesellschafters (gilt im Übrigen bei jedem Verstoß gegen die Sozialansprüche durch die Gesellschafter) der Gesellschaft ein Schaden entsteht, ist der »böse« Gesellschafter nach **§ 280 I BGB** zum Schadensersatz verpflichtet, wobei stets der Haftungsmaßstab des § 708 BGB zu beachten ist (der aber nicht im Straßenverkehr gilt!). Gegebenenfalls kommen auch Ansprüche aus §§ 823, 826, 812 BGB in Betracht. Bei Schäden der anderen Gesellschafter steht auch diesen § 280 BGB zu.
- Beispiele: Vertretungsbefugter Gesellschafter tätigt ein Geschäft für die GbR unter Verstoß gegen interne Geschäftsführungsregeln, Gesellschafter hebt unbefugt vom GbR-Konto ab, Gesellschafter schnappt GbR eine Geschäftschance weg (»Grundsätze der Geschäftschancenlehre«): **BGH JA 2013, 548 lesen.** Die Entscheidung lief bereits mehrfach im Examen. Eine weitere schöne Vorlage zur Treuepflicht wäre **BGH NJW 2014, 1107 ff.**

Problem: Sog. »Durchsetzungssperre« während Liquidation der Gesellschaft

- Ansprüche der GbR gegen die Gesellschafter und deren Ansprüche gegen die GbR oder untereinander sind während der Liquidationsphase (§§ 723 ff. BGB) gem. § 730 BGB gesperrt (»**Durchsetzungssperre**«). Derartige Ansprüche sind nämlich nur noch Rechnungsposten im Rahmen der Auseinandersetzung und können zur Klarstellung lediglich Inhalt eines Feststellungsbegehrens sein, das darauf gerichtet ist, dass die entsprechende Forderung in die Auseinandersetzungsrechnung eingestellt wird. Allerdings lässt der BGH Ausnahmen zu.[489]
- Liegt keine Ausnahme vor, so kann nach der Rspr. die (unzulässige) Leistungsklage in eine Feststellungsklage ausgelegt werden, ohne dass dafür ein entsprechender Hilfsantrag gestellt werden müsste.[490]

---

485 Palandt/*Sprau* BGB § 714 Rn. 8 f.; BGH NJW-RR 2008, 1484 ff.; OLG Koblenz NJW-RR 2014, 45; OLG Düsseldorf MDR 2013, 1196.

486 BGH NJW 2016, 3597 ff. zur einer Ausnahme (nämlich § 738 BGB, hier soll § 128 HGB analog doch gelten).

487 Vgl. *Weber* JA 2014, 152 mwN.

488 Vgl. dazu umfassend Palandt/*Sprau* BGB § 705 Rn. 27.

489 Vgl. dazu Palandt/*Sprau* BGB § 730 Rn. 7.

490 BGH NJW-RR 2012, 1179 ff. Dies ergibt sich bereits aus § 308 ZPO!

§ 5 Das Arbeitsrecht

A. Einstieg

115 Nur wenn Sie in einem der wenigen Bundesländern Ihr Examen schreiben, in denen Arbeitsrechtsklausuren gestellt werden (Bayern, Hessen und Baden-Württemberg), müssen Sie sich auf das Arbeitsrecht vorbereiten. Hierfür bieten die **Kaiserseminare einen eigenen Crash-Kurs mit entsprechendem speziellem Skript** an. Eine zusätzliche ausführliche Darstellung der arbeitsrechtlichen Fragestellung in diesem Lehrbuch würde zum einen den Umfang des Buches sprengen und zum anderen der Intention der Verfasser widersprechen, mit diesem Werk zielgerichtet auf die materiellen Themen üblicher Zivilrechtsklausuren (Richter- und Anwaltsklausuren) vorzubereiten und nicht auf Spezialklausuren in den Nebengebieten. Im Folgenden wollen wir uns daher **auf das arbeitsrechtliche Thema konzentrieren, welches nach Analyse der Klausuren als einziges in die »normalen« Zivilrechtsklausuren im ganzen Bundesgebiet eingebaut wird**, und das ist der innerbetriebliche Schadensausgleich. Noch bekannt?

B. Das Wichtigste für die Zivilrechtsklausur: Der innerbetriebliche Schadensausgleich

116 Der sog. innerbetriebliche Schadensausgleich wird bei Schäden im Zusammenhang mit einer **betrieblich veranlassten Tätigkeit des Arbeitnehmers** relevant. Wann liegt die vor? Lesen Sie Palandt/*Weidenkaff* BGB § 611 Rn. 157, das genügt. Folgendes ist der Hintergrund: Das Haftungsrisiko des Arbeitnehmers, der in der Regel keinen Einfluss auf die Risikofaktoren seiner Tätigkeit hat, steht oft in keinem Verhältnis zum Arbeitsentgelt. Es wäre dann ungerecht, wenn der Arbeitgeber, der andere (nämlich seine Arbeitnehmer) für sich wirtschaften lässt, im Falle von Schäden sich stets an den Arbeitnehmer halten könnte. Nach dem **Rechtsgedanken von § 254 BGB** nimmt die Rspr. daher eine angemessene Verteilung des Betriebsrisikos zwischen den Parteien vor (Prüfungsort im Anspruchsaufbau: Höhe des ersatzfähigen Schadens). Im Zusammenhang mit der Unfallversorgung eines durch einen Arbeitsunfall geschädigten Arbeitnehmers sind zudem die Haftungsprivilegierungen des gesetzlichen Unfallversicherungsrechts nach **§§ 104, 105 SGB VII zu berücksichtigen** – abgedruckt in Fußnote zu § 618 BGB im Schönfelder!).

Problem: Verschiedene Fallkonstellationen beim innerbetrieblichen Schadensausgleich

- **Schaden des Arbeitgebers**: Führt ein Pflichtverstoß des Arbeitnehmers zu einem Schaden, kann der Arbeitgeber Schadensersatz aus Vertrag und Delikt verlangen. Grundsätzlich richtet sich die Haftung nach einer umfassenden **Abwägung der Umstände des Einzelfalles**, wobei in erster Linie auf den Verschuldensgrad des Arbeitnehmers und des Arbeitgebers abzustellen ist, sowie auf weitere Aspekte wie zB den Wert des geschädigten Rechtsguts, die Höhe des Arbeitslohns sowie die Gefahrneigung der Tätigkeit. Bei leichter Fahrlässigkeit des Arbeitnehmers scheidet eine Haftung des Arbeitnehmers in der Regel ganz aus. Bei »normaler« Fahrlässigkeit erfolgt in der Regel eine Schadensquotelung. Bei Vorsatz oder grober Fahrlässigkeit des Arbeitnehmers haftet dieser in der Regel voll, wobei in Fällen der groben Fahrlässigkeit in Ausnahmefällen auch eine Aufteilung der Haftung möglich ist (BAG NJW 2011, 1096 ff. ist der Klassiker dazu!). Die Beweislast für das Vorliegen eines die Haftung ergebenden Verschuldensgrades des Arbeitnehmers trägt der Arbeitgeber, vgl. § 619a BGB.
- **Schaden des Arbeitnehmers**: Der Unternehmer (Arbeitgeber) wird nach **§ 104 SGB VII** unter bestimmten Voraussetzungen von der Unternehmerhaftung für von ihm verursachte Schäden (zB durch Verletzung der Fürsorgepflicht/Schutzpflicht) freigestellt. Der Arbeitnehmer kann sich bezüglich seines **Personenschadens** (= Schaden am Körper plus Schmerzensgeld, aber auch jeder mittelbare materielle Vermögensschaden, der als Folge der Körperverletzung auftritt; wegen § 8 III SGB VII sind auch zerstörte Brillen Personenschäden!) in diesen Fällen dann nur an den Träger der gesetzlichen Unfallversicherung (Berufsgenossenschaft) wenden. Diese Haftungsfreistellung des Arbeitgebers – egal aus welcher

Anspruchsgrundlage – erfolgt zum einen im Hinblick darauf, dass der Unternehmer die gesetzliche Unfallversicherung allein aus seinen Beiträgen finanziert und dadurch die Unternehmerhaftpflicht abgelöst wird (Finanzierungsargument) und zum anderen vor dem Hintergrund, dass den Betriebsfrieden belastende Prozesse zwischen Arbeitnehmer und Arbeitgeber vermieden werden sollen (Friedensargument). Zu beachten ist, dass die Haftungsfreistellung nach § 104 I SGB VII jedoch dann nicht greift, wenn der Unternehmer den Versicherungsfall (Schaden) vorsätzlich verursacht hat oder statt eines Arbeitsunfalls ein **Wegeunfall** nach § 8 II Nr. 1-4 SGB VII vorliegt. Der Wegeunfall (= Unfall auf dem Weg von und zur Arbeit) ist von dem sog. Betriebsweg (= Weg im Zusammenhang mit betrieblicher Tätigkeit) abzugrenzen, für den als Arbeitsunfall die Haftungsfreistellung gilt.[491] Wenn Streit über die Frage besteht, ob ein Arbeitsunfall/Betriebswegunfall oder ein Wegeunfall vorliegt, so entscheidet der gesetzliche Unfallversicherungsträger bzw. das zuständige Sozialgericht mit bindender Wirkung. Das gegebenenfalls angerufene Zivilgericht muss den Rechtsstreit bis zu einer Entscheidung des Sozialgerichts aussetzen, vgl. § 108 SGB VII. Hingegen sind Ansprüche gegen den Arbeitgeber auf **Ersatz von Sachschäden** zB aus § 823 BGB und pVV nicht durch §§ 104 ff. SGB VII ausgeschlossen, weil die gesetzliche Unfallversicherung hier keine Leistungen erbringt. Achten Sie auch hier auf die Vermutungsregelung in § 619a BGB (Ausnahme von § 280 I 2 BGB).

Klausurtipp: Greift die Haftungsfreistellung des Arbeitgebers nach § 104 SGB VII, kann der geschädigte Arbeitnehmer auch keine **Schmerzensgeldansprüche** gegen den haftungsprivilegierten Arbeitgeber geltend machen, obwohl die gesetzliche Unfallversicherung selbst kein Schmerzensgeld leistet.[492] Das hört sich nur auf den ersten Blick ungerecht an, denn als Ausgleich für das fehlende Schmerzensgeld hat er mit der Unfallversicherung stets einen solventen Schuldner zumindest für die übrigen Schäden. Schmerzensgeldansprüche von Angehörigen des geschädigten Versicherten aufgrund eines Schockschadens sind nicht von §§ 104, 105 SGB VII betroffen.[493]

- **Arbeitnehmer schädigt seinen Arbeitskollegen**: Nach **§ 105 SGB VII** gilt das Haftungsprivileg des § 104 SGB VII auch für die Haftung anderer **im selben Betrieb** tätiger Personen, wenn sie den Arbeitsunfall durch eine betriebliche Tätigkeit verursacht haben. Für Personenschäden gilt daher die Haftungsfreistellung durch die gesetzliche Unfallversicherung, sodass Ansprüche (auch Schmerzensgeld) gegen den schädigenden Arbeitnehmer ausgeschlossen sind. Bezüglich seiner Sachschäden hat der geschädigte Arbeitskollege Schadensersatzansprüche gegen den Arbeitnehmer in voller Höhe, zB aus Delikt. Der in Anspruch genommene Arbeitnehmer kann jedoch in dem Umfang, der sich aus der oben genannten Verschuldensabwägung ergibt, Rückgriff beim Arbeitgeber nehmen bzw. in dieser Höhe Freistellung verlangen (§ 670 BGB analog).[494] Wie auch bei einer Schädigungshandlung durch den Arbeitgeber gilt die Haftungsfreistellung für Personenschäden nicht, wenn der Versicherungsfall vorsätzlich (erforderlich ist ein doppelter Vorsatz bezogen auf Handlung plus Schaden) oder auf einem nach § 8 II Nr. 1–4 SGB VII versicherten Weg herbeigeführt wurde, § 105 I SGB VII. Auch bei Unfällen von Schülern im Zusammenhang mit dem Schulbetrieb oder unter Kindern im Kindergarten gelten §§ 104 f., vgl. § 106 I SGB VII. Gleiches gilt nach **§ 106 III Alt. 3 SGB VII** auch bei **Unfällen zwischen betriebsfremden Arbeitern auf einer »gemeinsamen Betriebsstätte«**. Ein ganz gruseliges Thema, aber mittlerweile ein **MEGA-Liebling in den Assessorklausuren!** Haftet hier ein Schädiger (der Unternehmer wegen Verletzung seiner Verkehrssicherungspflicht über § 823 BGB und/oder über § 831 BGB) unprivilegiert und sein auf der Baustelle tätiger Angestellter/Verrichtungsgehilfe dem anderen (bei ihm angestellten oder dem betriebsfremden und auf der gemeinsamen Betriebsstätte zu Schaden gekommenen) Arbeiter nach SGB VII

491 Der Weg zur Arbeit endet am Werkstor, der Weg von der Arbeit beginnt am Werkstor, es sei denn, der Weg zur Arbeit ist schon Teil des Arbeitstages wie zB beim Sammeltransport zur Baustelle, vgl. OLG Hamm NJW 2018, 167 ff.; OLG Koblenz NJW-RR 2015, 1306 f.; LG Coburg NJOZ 2017, 1029 ff. zu dazwischengeschobenen Privatwegen (kein Arbeitsunfall – auch nicht bei Arztbesuch!).

492 OLG Hamm NJW 2018, 167 ff. mwN; *Tempel/Graßnack/Kosziol/Seyderhelm* Materielles Recht 496.

493 Argument: §§ 104 f. SGB VII erfassen nicht eigene Schäden von Angehörigen, Betriebsfrieden ist bei Geltendmachung dieses Anspruches nicht gestört, BGH VersR 2007, 803.

494 Palandt/*Weidenkaff* BGB § 611 Rn. 125 f.; *Fischels/Kies* JuS 2018, 155 ff.; *Eufinger* JA 2015, 98 ff.

privilegiert (dh sein Angestellter haftet nicht!), kommt es zur Problematik der gestörten Gesamtschuld (→ Rn. 62). Nach dem BGH sind in diesen SGB-Fällen Ansprüche des geschädigten Arbeiters gegen den nicht privilegierten Unternehmer auf den Betrag beschränkt, der auf diesen im Innenverhältnis zu dem anderen Gesamtschuldner (hier der andere Arbeitnehmer) endgültig entfiele, wenn die Schadensverteilung nach § 426 BGB nicht durch eine sozialversicherungsrechtliche Haftungsprivilegierung gestört wäre. **Lesen Sie zur Übung OLG Hamm NJW 2018, 167 ff.** und bei ausreichend Zeit auch BGH MDR 2015, 211; OLG Naumburg MDR 2014, 1253 und OLG Stuttgart NJW-RR 2017, 407 ff. Das Thema ist äußerst klausurrelevant!

- **Arbeitnehmer schädigt Betriebsfremde**: Der Dritte kann seine Personen- und Sachschäden nach § 823 I, II BGB in voller Höhe beim Arbeitnehmer geltend machen. Die Haftungsprivilegierung nach §§ 104 ff. SGB VII greift nicht. Der Arbeitnehmer hat jedoch, so wie bei der Schädigung von Arbeitskollegen, gegenüber dem Arbeitgeber einen Freistellungs- bzw. Rückgriffsanspruch (s. oben), dessen Höhe sich nach der oben genannten Abwägung bemisst.
- **Arbeitnehmer schädigt sich selbst**: Hinsichtlich der eigenen Personenschäden besteht ein Anspruch gegen den gesetzlichen Unfallversicherungsträger, versichert sind auch Wegeunfälle (§ 8 II SGB VII). Hinsichtlich seiner Sachschäden hat der Arbeitnehmer **analog § 670 BGB** einen Ersatzanspruch gegen den Arbeitgeber, wenn der Sachschaden dem Betätigungsbereich des Arbeitgebers zuzurechnen ist (häufigster Fall: Unfall mit Privatfahrzeug im Zusammenhang mit betrieblicher Tätigkeit). Auch für diesen Anspruch gilt die oben genannte Verschuldensabwägung, da es keinen Unterschied machen soll, ob der Arbeitnehmer ein Dienstfahrzeug oder ein Privatfahrzeug benutzt. Die Beweislast dafür, dass kein die Haftung ausschließendes grob fahrlässiges eigenes Verschulden vorliegt, trägt hier der Arbeitnehmer.[495]

Klausurtipp: Beachten Sie, dass in den obigen Fällen einer Haftungsprivilegierung die gesetzliche Unfallversicherung sich über § 116 SGB X in der Regel nicht wieder an den Schädiger halten kann, denn es gibt ja gar keine übergangsfähigen Ansprüche. Nur in den Fällen von **§§ 110, 111 SGB VII** besteht ein eigener originärer Anspruch des Sozialversicherungsträgers. Dazu klausurgeeignet wäre OLG Hamm NJW-RR 2017, 345 ff.

Merke: Die Problematik ist bei Palandt/*Weidenkaff* BGB § 611 Rn. 152 ff. und Einf v § 823 Rn. 16 ff. kommentiert und gehört mittlerweile zu den Standardthemen im Assessorexamen aller LJPAs.

Nachdem nun alle für die Assessorklausuren relevanten *»essentialia«* des materiellen Zivilrechts dargestellt wurden, verbleibt nur noch, Ihnen viel Glück im Examen zu wünschen, verbunden mit der stillen Hoffnung:

Prosit! (lat.: »Es möge nützen«!)

Und wenn Sie tatsächlich einmal nicht mit der Endnote zufrieden sind: Lesen Sie ***Klamser* JA 2013, 206 ff.** und machen Sie einen Verbesserungsversuch! Auch hier bieten wir individuelle Hilfe (einen »Schlachtplan« an), **kontaktieren Sie uns einfach!** Es wäre fatal, »einfach nochmal reinzugehen«, ohne eine vorherige professionelle Fehleranalyse und ohne einen individuellen Plan, wie man was in welchem Zeitraum besser machen kann.

Die Verfasser

495 BAG NZA 2012, 91; 2011, 406 ff. Gute Klausur dazu von *Boemke* JA 2014, 499 ff.

Stichwortverzeichnis

Die aufgeführten Zahlen bezeichnen Randnummern.